Marta Panaia y Andrea Delfino
El estallido del tiempo. De la formación al trabajo y el empleo
1ª ed. - Buenos Aires: Miño y Dávila editores - Diciembre 2019.

332 p.; 22,5x14,5 cm.

ISBN: 978-84-17133-99-3

IBIC: JNM [Educación Superior y continua, educación terciaria]
JHBS [Sociología del trabajo y del esfuerzo]
BGB [Biografía. Negocios e industria]

Depósito legal: M-38943-2019

Edición: Primera. Diciembre 2019

ISBN: 978-84-17133-99-3

IBIC: JNM [Educación Superior y continua, educación terciaria]
JHBS [Sociología del trabajo y del esfuerzo]
BGB [Biografía. Negocios e industria]

Depósito legal: M-38943-2019

Diseño: Gerardo Miño
Composición: Laura Bono

CONICET

MIÑO y DÁVILA
◆ E D I T O R E S ◆

Página web: www.minoydavila.com

Mail producción: produccion@minoydavila.com
Mail administración: info@minoydavila.com

Dirección postal: Miño y Dávila s.r.l.
Tacuarí 540. Tel. (+54 11) 4331-1565
(C1071AAL), Buenos Aires.

El estallido del tiempo

De la formación al trabajo y el empleo

Marta Panaia y Andrea Delfino

El estallido del tiempo

De la formación al trabajo y el empleo

CONICET

MIÑO y DÁVILA
EDITORES

ÍNDICE

Reflexión preliminar

"La medida del trabajo, es el tiempo de trabajo".
Marx, *El Capital*, 1964

"En sí mismo, el tiempo de trabajo no existe más que
bajo la forma subjetiva de la actividad".
Marx, *Fundamentos de la Crítica de la Economía Política*, 1968

"La sola cantidad de trabajo sirve de medida al valor".
Marx, *Miseria de la Filosofía*, 1965

"La inquietud del tiempo no es ajena a ninguna práctica humana".
I. Prigogine, 1991

Así expresó Einstein su pésame, a la hermana y al hijo de su
gran amigo Michele Besso: "Para nosotros físicos convencidos,
la distinción entre pasado, presente y futuro es sólo una ilusión,
por persistente que ésta sea".
1 jul. 2007

"Mirarse a sí mismo es mirar lo que el tiempo hace en nosotros".
Gaëtan Picon, «*Admirable Tremblement du temps*», *L'Atelier
Contemporain* [1970], Reedición 2015

Introducción

Tiempo de trabajo y tiempo de vida

Marta Panaia

En sus observaciones sobre los cambios en la Ciencia Prigogini (1990) señala que la ciencia redescubre el tiempo y que posiblemente a través de ella se pueda dibujar un nuevo tipo de unidad del conocimiento científico. Para la ciencia física que es su campo de conocimiento, a comienzos del siglo XX el tiempo era un enemigo –afirma–, la diversidad de los procesos temporales debía ser negada, reducida a una nueva apariencia. Actualmente, el tiempo múltiple, fragmentado y enmarañado que descubrimos puede convertirse en un hilo conductor de una exploración que permite articular sin reducir, explicar, sin negar.

Hoy en día hay un redescubrimiento de la temática del tiempo, que no proviene solo de la lógica de la ciencia, sino de la vida cotidiana, de los tiempos del trabajo y de los ciclos de vida.

Después de la segunda Guerra Mundial, la producción tiene la impronta fordista basada en el modelo automotriz, con grandes plantas de producción masiva, control gerencial vertical y tiempos reglamentados por día, por mes y por año. El proceso de trabajo se mantiene organizado con la impronta taylorista de tareas fragmentadas y organización científica y eficiente. El ámbito típico es la fábrica, con grandes poblaciones de obreros con fuerte identidad colectiva, defensa sindical organizada y un Estado benefactor que en la medida de lo posible repartía excedentes.

Los cambios civilizatorios de la década de los 1970 traen la globalización que multiplica los fabricantes en todo el mundo y genera una sobrecapacidad de producción que produce una fuerte tendencia para bajar los costos de producción, sostener con dificultad los niveles de rentabilidad y como consecuencia multiplicar los niveles de precariedad laboral. Se impone el modelo japonés, con su estilo magro y estricto control de calidad, que asegura disminución de los tiempos muertos y control del desperdicio y del error.

Los procesos de tercerización y subcontratación hicieron el resto con una persistente tendencia a la flexibilización laboral, a las bajas salariales cada vez más profundas con fragmentación incontrolable de los tiempos de trabajo y un férreo control centrado en la gerencia.

Hoy en día, la economía digital y la economía compartida o *"gig economy"* incorporan nuevos desafíos en el uso del tiempo de trabajo como las contrataciones en disponibilidad, el trabajo de plataforma, el trabajo temporal, los trabajadores uber, etc. (European Union, 2017).

Todos estos cambios en el proceso de trabajo y en la organización social de la producción abren un espacio privilegiado en las Ciencias Sociales. Desde la década de los '90 con las definiciones de *"horario de trabajo flexible"* (OIT, 1993) y a partir de los debates surgidos de la aplicación de la reducción de los tiempos de trabajo y sus consecuencias con la aplicación de las 35 horas en la Unión Europea (2000). Por el contrario, el persistente aumento del horario de trabajo que supera las 48/50hs semanales con la intensificación del uso de la mano de obra que produce los fenómenos de *overwork, workholim,* etc en USA (2008) y la mayoría de los países periféricos (Jacquot, L. Melchior, J.Ph y Paye, S. (2017).

A pesar de estos procesos tan definidos, en nuestro país son relativamente pocos los estudios en el área y cuando aparecen tratamientos del tema surgen como temas colaterales como la doble tarea de las mujeres que trabajan, el aumento de tiempo de permanencia en el puesto de trabajo en los sectores informales, el doble empleo para alcanzar el ingreso necesario y la flexibilización del mercado que presiona sobre las profesiones con mayor disponibilidad temporal, es decir aparece más como una comprobación de la falta de tiempo, de la extensión de la jornada de trabajo o de la aceleración de las tareas.

Hay una cuestión jurídica sobre el tiempo de trabajo que es el que establece la ley en los Convenios Colectivos, hoy en día puestos en cuestión por el aumento de la flexibilización de los tiempos de trabajo que modifican de hecho las prácticas laborales y que se apoyan, en general, en tres mecanismos: la medida de los tiempos de trabajo, el régimen de horas suplementarias o extraordinarias y las formas de gestión del tiempo en la jornada de trabajo. Estos tres mecanismos pueden estar utilizados para proteger a los trabajadores y mejorar sus condiciones de trabajo o para aumentar su desgaste y explotación y aumentar los niveles de incertidumbre hasta la desesperación.

El examen comparativo de indicadores sobre tiempo de trabajo entre varios países latinoamericanos es prácticamente imposible porque no existen acuerdos metodológicos, sin embargo, son de sumo interés ya que permitirían estudiar especificidades importantes de estos países. No obstante, sigue siendo una de las grandes deudas de la estadística la captación del tiempo.

Como aporta Prigogine (1990: 87 y ss)) la nueva ciencia redefine el problema dinámico, presentando como una solución la integración de las ecuaciones de movimiento en forma de *trayectorias* de los puntos del sistema. Las trayectorias espacio-temporales de un conjunto de puntos en interacción contienen la totalidad de la información que la dinámica reconoce como pertinente, constituyen la descripción completa del sistema dinámico. Según Prigogine, toda descripción dinámica implica dos tipos de datos empíricos, por una parte, la descripción de las posiciones y de las velocidades de cada uno de los puntos de un sistema en un tiempo dado y por otra parte, la naturaleza de las fuerzas dinámicas que se generan en el sistema.

Sin haber llegado a captar fehacientemente ese esquema, hoy en día muchas veces la trayectoria aparece caótica, fragmentada, desdoblada, con fuertes bifurcaciones y absolutamente incierta.

Sería importante contar como señala (Lallement, 2000) con indicadores sobre: duración legal, duración convencional (rama, región, empresa, establecimiento), duración ofertada, duración habitual, duración efectivamente trabajada (incluye ausentismo, conflictos, horas extras), duración remunerada, duración de apertura del establecimiento, duración de la vida activa, duración anual, duración de trabajo pleno y de trabajo parcial (en general con muchas variaciones por país), duración de la vida activa, etc. Ninguno de estos indicadores se releva en forma sistemática en nuestros países con parámetros comunes.

En el caso argentino, las estadísticas disponibles sobre horas trabajadas tienen una serie de limitaciones y los estudios son muy escasos en esta temática. Solo a partir del análisis de muchos estudios de caso, en diversas ramas y puestos de trabajo, es posible sintetizar la temática en nuestro país, y eso no asegura la comparabilidad ya que la variación por regiones y países es considerable.

Según Monza (1994) en las sociedades industriales con una perspectiva de largo plazo, a nivel legal, se observa una reducción de la jornada legal. Su expresión máxima es la regulación de la jornada de 8 horas para los asalariados, la regulación que incorporan los Convenios Colectivos y las prácticas empresarias. Históricamente, también han disminuido el ciclo productivo promedio de los trabajadores por la normativa de la prohibición del trabajo infantil, la mayor retención en el sistema educativo y la difusión de los sistemas jubilatorios.

Este autor y otros señalan que, en las sociedades industriales la reducción secular de la duración de la jornada de trabajo coincidió con el aumento promedio de las remuneraciones reales medias. Esto fue posible por el aumento de la productividad del trabajador y las mejoras en la distribución del ingreso. Como aporta Aldao Zapiola (2004) también el ciclo productivo promedio de los trabajadores ha disminuido por la normativa de la prohibición del trabajo infantil, la mayor retención en el sistema educativo y la difusión de los sistemas jubilatorios.

O sea la alta rentabilidad permite repartir una parte entre los menos favorecidos por el sistema.

Posteriormente, la reducción a 35horas semanales continúa en la línea de disminución de la jornada laboral en las economías más opulentas .A diferencia de países más pobres, de la propia Unión Europea, como Hungría que proponen trabajar 6 días por semana con el aumento de las horas extras, pero éstas solo se podrán cobrar hasta tres años después (Ley de Horas Extras). En el caso argentino, si bien en términos normativos se respeta la tendencia de los países industriales, en términos reales existen algunas diferencias importantes para marcar, particularmente después de los procesos de flexibilización laboral de la década de 1990.

Si bien como se señaló más arriba no hay estadísticas muy detalladas sobre estos procesos, se puede deducir de los datos de la Encuesta Permanente de Hogares (EPH) cuatro tipos de trabajadores en relación con el tiempo de trabajo:

1. Los trabajadores a tiempo completo con jornada ordinaria (de 31 a 48hs por semana).
2. Los trabajadores a tiempo completo con jornada extraordinaria (más de 48hs semanales con horas extras).
3. Los trabajadores a tiempo parcial (aproximadamente 30hs por semana).
4. Los no asalariados (más de 30hs semanales).
5. Recientemente a partir de los Convenios de Vaca Muerta y el trabajo en plataformas aparecen los contratos de "0" horas (o de disponibilidad), que todavía no tienen relevamientos oficiales.

La proporción de cada una de estas categorías y los matices de la distribución de esas horas de trabajo en la jornada laboral es difícil de establecer porque las formas de medición no captan muchas de esas diferencias; han variado en distintas etapas y los datos no son siempre comparables, pero si se puede afirmar que los promedios de disminución de las horas de trabajo, en nuestro país, tiene más que ver con el aumento del *trabajo a tiempo parcial* y a la *subocupación horaria* que a una mejor y más equitativa distribución de la jornada de trabajo. Lo mismo que si se realiza un análisis sectorial, hay ramas como la construcción, el comercio y los servicios personales que presentan habitualmente una jornada superior a la ordinaria. Todo esto hay que pensarlo dentro de los marcos de la normativa vigente y de acuerdo a las políticas de empleo que se instrumentan en cada período.

En ese sentido, en la Ley de Contrato de Trabajo (arts. 197 y 103) se entiende por *jornada de trabajo* todo el tiempo durante el cual el trabajador está a disposición del empleador y en el que no puede disponer de su actividad en beneficio propio, debiendo el empleador al trabajador la remuneración, aunque este no preste servicios, por la sola circunstancia de haber puesto su fuerza de trabajo a disposición de aquel.

En el contexto de la flexibilización laboral el *"tiempo de trabajo"* se define como la duración y distribución del tiempo que el trabajador dependiente debe contractualmente a su empleador y durante el cual viene obligado a cumplir con las tareas pactadas (Caro Figueroa, 1993: 197). Este tiempo de trabajo luego debe analizarse si se cumple en forma diurna o nocturna; si son tareas penosas o riesgosas; las condiciones de trabajo, los descansos diarios, semanales o anuales.

Otra clasificación posible es si la jornada es libre, si es limitada pero uniforme (horario fijo, con cantidad limitada de horas extras), si es limitada pero flexible (las horas de trabajo no son ni iguales ni uniformes). En la práctica, estas variaciones tienen muchas modalidades según las ramas y según convenios específicos por empresas y por actividad y que con el avance de la heterogeneidad estructural de la trama productiva argentina presentan muchas características poco estudiadas.

De hecho, la fuerte presión hacia la flexibilidad del mercado de trabajo impulsa más la intensificación del uso de la mano de obra, con largas jornadas de trabajo y trabajadores fuera de convenio por algunas diferencias salariales, que la tendencia que muestran los países industriales avanzados hacia la reducción de la jornada de trabajo.

Por otra parte, los Convenios Colectivos en nuestro país resultan bastante pobres en este tema (Aldao Zapiola, 2004), tanto en incorporación de resultados de estudios para la rama, como de condiciones de trabajo que ofrecen las empresas.

La OIT, por ejemplo, incorpora variantes del *"horario flexible de trabajo"* que en nuestro país no han sido objeto de estudios particularizados, ni del análisis de sus consecuencias[1].

Es por ello que en muchas oportunidades ante la falta de mediciones comunes se recurre, como forma preliminar a la descripción, como diría Dubar (2004), de la *producción de temporalidades*, que significa describir, comprender, interpretar, teorizar los diversos mecanismos y procesos por los cuales las estructuras temporales se construyen históricamente, incluyendo dentro de estos procesos los tiempos de trabajo, de la producción, los ciclos de vida, las temporalidades religiosas y simbólicas, los tiempos de la vida cotidiana, etc.

Dubar también incluye las *figuras de la temporalidad* que hacen un esfuerzo de reflexión permitiendo comprender cómo los distintos puntos de vista disciplinarios, llegan a mostrar la cuestión del tiempo y por último, los *usos de la temporalidad*, o regímenes temporales que permiten comprender las diversas distinciones, oposiciones, recortes que establecen las instituciones, agentes, actores, autores entre los *"tiempos controlados"* y los *"tiempos libres"*, los *"tiempos vacíos"* y los *"tiempos plenos"*; los *"tiempos para los otros"* y *"los tiempos para sí"*, los *"tiempos institucionales"* y los *"tiempos de urgencia"*, etc. para dar cuenta de la relación humana con el tiempo a partir de la coyuntura del presente con el trabajo.

Estas formas de análisis preliminares ayudan a comprender un territorio de conocimiento todavía sin analizar y a establecer áreas de trabajo cognitivo, que en los países periféricos y en contextos económicos recesivos o conflictivos resultan claves para encarar esta temática.

La preocupación en este trabajo se centra en los tiempos de formación-empleo, en las disrupciones de inserción y de continuidad de las trayectorias que se generan en los trabajadores y profesionales y en las trayectorias de formación-empleo de los trabajadores y los profesionales en distintos ámbitos institucionales.

La propuesta de Lallement (2000) para estudiar el tiempo de trabajo, incluye *cuatro factores*, el *primero* es la duración legal en cada país, el *segundo* el contexto económico ya que la cantidad de horas

---

1 Trabajo de Jornada parcial (media jornada); trabajo compartido (dos personas se encargan de un mismo trabajo y se reparten la remuneración); horario escalonado o flexible (cada trabajador elige la hora de entrada y de salida, pero cumpliendo cierta cantidad de horas establecidas); compresión de la semana de trabajo 4 días de 9 o 10hs; 3 días de 12hs; 1 semana de 4 días y una semana de 5 días alternadamente; Horario promediado (un número fijo de horas en un periodo dado, pero esto puede cambiar cada semana según la demanda); vacaciones en períodos distintos a los habituales para evitar la coincidencia con picos de demanda (OIT, 1993).

afectadas varía en períodos de crecimiento o de recesión. El *tercer* factor considera el triple efecto de la reducción del tiempo de trabajo de los empleos de tiempo completo; la reducción de los tiempos de trabajo de los empleos de tiempo parcial y el efecto de estructura ligado al desarrollo de estos últimos. Por último, el *cuarto* factor es el desarrollo del trabajo en equipo que, a partir de los años 80, corresponde a la preocupación por optimizar la utilización de los instrumentos de producción industrial y desplegar nuevos márgenes de mano de obra en términos de ajuste coyuntural cuando las normas de los horarios colectivos son percibidas por las empresas como una verdadera restricción externa.

Faltaría agregar aquí los nuevos formatos de tiempo de trabajo que incorpora la economía digital y la economía compartida o *"gig economy"* (European Union, 2017).

Esto también implica cambios en la duración del tiempo de trabajo en las distintas etapas de la vida activa o *ciclos de vida*, por otra parte, las estructuras sectoriales tienen una fuerte influencia en el horario de trabajo de cada uno.

La formación y la continuidad entre los tiempos de la formación y los tiempos de la empresa o del trabajo independiente mantiene una suerte de discontinuidad entre los tiempos de la carrera y las oportunidades ofertadas en el mercado de trabajo, también la incorporación del uso del tiempo en las dobles jornadas de estudio y trabajo, es muy frecuente hoy entre los estudiantes que trabajan para solventar sus estudios (Panaia, Parte I caps. 2 y 3).

Se observa que no hay una convergencia entre los tiempos sociales, los tiempos de trabajo y los tiempos de formación produciendo y profundizando zonas de fragmentación social y contradicciones en la relación salarial.

Volviendo a Prigogine (1990) cada ser complejo está constituido por una pluralidad de tiempos, conectados los unos con los otros, según articulaciones sutiles y múltiples. La historia sea la de un ser vivo o la de una sociedad, no podría jamás reducirse a un tiempo único y monótono. La multiplicidad de los tiempos no es una revelación repentina, pero no puede seguir siendo negada en su condición de objeto complejo.

Este es uno de los planteos que tratan de captar los estudios sobre la tasa de abandono de los trabajos a tiempo parcial por los de tiempo pleno y la proporción en que son ocupados por hombres y mujeres, en sus distintos ciclos de vida. El desarrollo del empleo a tiempo parcial se produce por dos factores principales. El primero es de orden estratégico, ya que el tiempo parcial es un medio eficaz de escape a las presiones sindicales en favor de una reducción colectiva del tipo hebdomadario del trabajo. Y; también hay un factor de tipo cultural, que tiene que ver con la valorización de la célula familiar, el déficit de los sistemas de guarda colectiva compensada por redes familiares, etc.

En algunas profesiones, esas atribuciones corresponden también al trabajo nocturno o al trabajo por turnos, que pesan de manera desigual en hombres y mujeres y en sus distintos momentos vitales (por ejemplo, las enfermeras, los médicos, las cuidadoras de niños o de ancianos, etc.).

Esto lo plantean otros autores (Barrère-Maurisson, M.A.; Rivier, S. y Marchand, O., 2001) que agregan la cuantificación de los *tiempos parentales*, la categorización de los tipos de familia según los usos del tiempo y las tareas domésticas.

También resulta muy importante el *análisis del contexto* en que se dan estas modalidades temporales del trabajo, que pueden variar su sentido y objetivo según sean etapas de fuerte recambio tecnológico, de aceleración de los procesos económicos de crecimiento o de fuerte recesión económica de los países. A nivel personal, períodos de urgencia y períodos de institucionalización pueden condicionar distintas distribuciones del uso del tiempo.

Por otra parte, está la *situación real de trabajo* que se puede analizar a partir de la semana de trabajo y de la jornada de trabajo, separando los trabajos habituales o estables y los trabajos temporales o informales.

Allí es importante establecer la cantidad de horas trabajadas por semana y cuantas semanas al mes son trabajadas habitualmente. La diversificación de los tiempos de trabajo con la flexibilización hace más difícil su medición y también más borrosas las fronteras entre el tiempo de trabajo efectivo y el tiempo del ocio o tiempo libre.

El analizador de estudio allí es la *estructura de la jornada de trabajo*, la distribución durante el día en horarios cortos y largos: la fragmentación de la jornada y su repercusión en los ingresos en ciertos trabajos y el alargamiento de la jornada de trabajo recurrente en otras.

Entonces los indicadores a analizar son *la densidad del tiempo de trabajo* cotidiano, en relación a la duración de la jornada, a la amplitud de la jornada de trabajo. La densidad de la jornada de trabajo permite analizar los horarios fuertemente fragmentados de algunas profesiones poco calificadas como: limpieza, la reparación, el comercio minorista, el transporte, el turismo, etc. Jacquot, L. Melchior, J.Ph y Paye, S. (2017).

En estos casos los niveles salariales son bajos y cercanos a la supervivencia y la fragmentación del tiempo de trabajo es el que explica el mecanismo de reducción del costo del trabajo (monotributistas, trabajadores a tiempo parcial, temporarios, de plataforma y uber).

Otra mirada posible se declina de los diferentes dispositivos de gestión que diseñan las empresas para organizar la producción y la secuencia temporal de utilización de la mano de obra, tarea que merece un volumen aparte para desplegar su riqueza. El aumento de regulaciones de las empresas en detrimento de reglas homogéneas de empleo se traduce en múltiples horarios atípicos o la obligación de mantenerse conectados digitalmente aún en tiempos de descanso, que ponen en tensión la noción de duración colectiva del trabajo. Esto no queda encerrado solamente en el ámbito de la empresa sino que tiene una fuerte resonancia en la salud y en la vida familiar y social de los trabajadores.

También la relación entre pares donde el nivel de compromiso con el trabajo exige la entrega de tiempo adicional para lograr los objetivos como ocurre en el trabajo de un espectáculo, el trabajo en un gabinete médico o de abogados, ingenieros consultores, docentes, etc.

Es menor el interés del dinero que el compromiso profesional que significa participar de esa elite de trabajo. En estos casos es fundamental la distribución sexual del trabajo, cuando participan mujeres o cuando en el seno de la familia, uno de los miembros de la pareja participa en actividades de este tipo.

Analizar qué modelos familiares permiten cumplir con tiempos prolongados de trabajo y con la guarda y funciones familiares, como ocurre frecuentemente con las mujeres.

Cómo afectan estos cambios en la ampliación del tiempo de trabajo en la calidad de vida y en la articulación con los tiempos personales y sociales en un marco de creciente flexibilización de tiempos de trabajo y de retraso de una cierta concordancia entre los tiempos de trabajo y los tiempos sociales.

Las normas sobre el derecho del trabajo pueden elaborarse para la emancipación del trabajador o para la gestión de la empresa. Si están elaboradas para mejorar las condiciones de trabajo van a tender a reducir el horario de trabajo y salvaguardar la salud del trabajador. En cambio, si están pensadas para la gestión de la empresa y la mejora de la competitividad, van a tender a aumentar el tiempo de trabajo y transferir algunos riesgos de la empresa al trabajador (Miné, 2017).

Lallement, plantea dos dimensiones del tiempo de trabajo la dimensión cuantitativa y la dimensión cualitativa de la distribución de esa duración de trabajo. La densidad del tiempo de trabajo cotidiano contiene dos dimensiones la amplitud de la jornada de trabajo y el período diario promedio calculado a partir del período semanal y el número de días trabajados. Este valor muestra qué profesiones están más perjudicadas por el recurso de tiempos de trabajo fragmentadas, que repercute en las remuneraciones mensuales y puede emparentarse con los salarios de subsistencia (trabajo nocturno y trabajo por turnos).

Según Lallement (2010) desde la aparición de los primeros signos de debilidad estructural del taylorismo y el fordismo, las transformaciones del trabajo han provisto de temas a numerosas investigaciones. Nuestro país carece de estudios sistemáticos tanto de la introducción, como de la permanencia y el debilitamiento de la organización taylorista del trabajo y menos aún de los impactos del uso de tiempo en la jornada de trabajo.

Los cambios provienen de la relación de servicios, de la visión que tienen los jóvenes del trabajo y también de los estudios de género que incorporan nuevas problemáticas a los estudios del tiempo de trabajo, de manera que habría que revisar sistemáticamente los procesos de institucionalización del proceso de trabajo en distintas ramas y sus consecuencias en la distribución del tiempo en la jornada de trabajo y en los tiempos de producción.

Lallement define cuatro componentes de ese proceso institucional: *la integración, la regulación, la individuación y la división* y hace intervenir la temporalidad como la dimensión cuantitativa de los procesos de socialización y de organización y como elemento de estabilidad relativa y de identidad de los actores y de la naturaleza de los espacios de acción.

La relación entre pares puede generar *"normas temporales de hecho"* por ejemplo en finanzas, consultoría, etc. Estudiar la duración elevada de trabajo significa también conocer las formas de socialización previas. En ese sentido el método de estudiar las biografías de los individuos permite comprender cómo se construye una *"carrera de tiempos de trabajo"*, desde la primera socialización familiar, la influencia de las instituciones educativas y universitarias y el curso de la inserción profesional (Hubault, 1998).

No hay estudios sobre las nuevas regulaciones del tiempo de trabajo y las formas de acompañamiento de la descentralización de la negociación colectiva, ellas han acelerado sobre todo la repartición de nuevos roles en la producción de diferentes tipos de reglas, para las ramas, las regiones, las empresas y los establecimientos.

Las negociaciones tienden a centrarse en las ventajas para las empresas de lograr los acuerdos que corresponden lo más exactamente posible a sus necesidades de flexibilidad, dejando de respetar las reglas establecidas por los Convenios de Trabajo por rama. El paradigma taylorista deja lugar al paradigma toyotista que plantea nuevas referencias y nuevas prácticas de organización del trabajo que hacen recaer la autonomía y la responsabilidad en el trabajador y que plantea lograr un objetivo sin mirar la cantidad de horas que ello implique. Ahora, la economía digital la producción 4.0 y el trabajo en plataformas incorporan una nueva dinámica, cuyas consecuencias es todavía prematuro predecir.

Con esta organización, el control no desaparece sino que toma otras formas que privilegian el conocimiento, el contenido simbólico y el control a distancia. Esta forma de control es totalmente opuesta a las instrucciones y reglamentos que caracterizan la autoridad taylorista-fordista y aún la toyotista, por eso aparecen las nuevas formas de control social.

El planteo de este proceso tiene cuatro líneas de demarcación que tienden a ser más permeables: *trabajo independiente/dependiente; trabajo remunerado/trabajo voluntario; trabajo asalariado privado/ trabajo asalariado del sector público* y *formación/empleo.*

El tiempo de trabajo está en plena transformación tanto en el sector industrial como en los servicios. El modelo taylorista-fordista con un horario regular por semana con tiempo pleno, que cada vez más es flexible y fragmentada. El tiempo toyotista controlado, informatizado y maximizado en su eficiencia y el tiempo de la producción 4.0; de la economía digital y la economía compartida coexisten y están en plena eclosión.

Los tiempos impuestos por la globalización de los cambios económicos, por el desarrollo de relaciones de servicios que obligan a inventar formas inéditas de deslocalización espacio-temporal (subcontratación, teletrabajo, etc.) y para los nuevos ritmos urbanos. Lejos de una sociedad con tiempos libres, lo que se está generando son las bases de una sociedad del *"trabajo a riesgo"* o *"contratos de disponibilidad"* o *"contratos '0' horas"* olvidando la seguridad de los trabajadores (European Union, 2017).

El libro que se presenta aquí hoy reúne el trabajo de las autoras en distintos contextos donde aparece con centralidad el tema del tiempo, mostrando las transformaciones del mismo como objeto de estudio complejo. Seguramente serán rápidamente obsoletos ya que la velocidad del cambio supera muy rápidamente los esfuerzos y los tiempos de abrir un campo de estudios, pero es de esperar que tengan un valor heurístico e histórico.

Está compuesto de tres partes: la *primera* da cuenta de los tiempos de formación y la instalación de distintas pautas de uso del tiempo por sexo, edad, institución y grupos de profesión.

La *segunda* plantea esta problemática en el trabajo y en el empleo, tanto en relación a las formas de organización del proceso de trabajo como de distribución de la jornada de trabajo en distintos tramos de empleo.

La *tercera* parte, concentra algunas notas metodológicas que les han servido a las autoras para encarar esta problemática e ir construyendo una sistematicidad en su cuantificación y en su análisis.

Bibliografía

Aldao-Zapiola, C. (1994) "La jornada de trabajo y su regulación convencional. (Lo que es y lo que debería ser)", *Revista de Trabajo* N° 2, Argentina, MTSS (pp. 77-110).

Barrère-Maurisson, M.A.; Rivier, S. y Marchand, O. (2001) "Tiempo de trabajo, tiempo parental. La carga parental: un trabajo de media jornada", *Cuadernos de Trabajo y género* N° 2, Argentina, PIETTE Trabajo y Sociedad.

Dubar, C. (2004) *Revue Temporalités* N° 1, 1er semestre, Presentación (pp. 1-4).

European Parlament (2017) *The Social Protection of Workers in the Platform Economy*, Directorate-General for Internal Policies.Brussels European Union.

Hubault, F. (1998) "Temps, Travail et Productivités", *Le temps de travail* Revue Perfomances Humaines et techniques 92 (pp. 14-18).

Jacquot, L.; Melchior, J.P. y Paye, S. (2017) "Travailler plus!", *La nouvelle revue du travail* (11/2017) (pp. 1-8).

Lallement, M. (2000) *Les comparaisons internationals des temps de travail: Apports, portees, limites*, Paris, CNAM.

Lallement, M. (2010) "Temps et nouvelles frontiers du travail: éléments de comparaison entre Allemagne et la France", *Deuschen Gesellschaft fur Sociologie Francfurt am Main*, octubre.

Marx, K. (1965) *Miseria de la Filosofía*, La Playade (p. 28).

Marx , K. (1968) *Fundamentos de la Crítica de la Economía Política*, Antropos (p. 167).

Miné, M. (2017) "Quand le droit favorise l'augmentation et la flexibilité du temps de travail", *La nouvelle revue du travail* (11/2017) (pp. 11-16).

Monza, A. (1994) "Reducción de la jornada de trabajo y creación de empleo. Algunas reflexiones sobre el caso argentino", *Revista de Trabajo* N° 2, Argentina, MTSS (pp. 67-76).

OIT (1993) *El trabajo en el mundo*, Ginebra, Ed. OIT (pp. 79 y ss).

Prigogine, I. e Isabelle, S. (1990) *La nueva alianza. Metamorfosis de la Ciencia*, Madrid, Alianza Editorial.

Parte I

Los tiempos de la formación-empleo-ciclo de vida

Capítulo 1

Tiempos personales, tiempos institucionales[1]

Marta Panaia

Los tiempos de inserción

Cuando se trata de abordar realidades sociales tan complejas como la inserción en el mercado de trabajo, el abandono del sistema educativo, los procesos repetidos de desempleo, las relaciones entre distintas cohortes o generaciones y aún las relaciones intra-generacionales, donde la medición del tiempo se hace indispensable para comprender la estabilidad de las trayectorias, se presentan distintos tipos de obstáculos (Panaia, 2007).

La *inserción* profesional designa a la vez un proceso y un resultado de ese proceso. Evaluar la inserción profesional de una cohorte de jóvenes es describir la manera en que ella pasa progresivamente y colectivamente del estado inactivo al estado activo o de ocupación, en el período observado y apuntando a definir el momento final de ese proceso; en el que el individuo o el grupo serán declarados insertos. La *empleabilidad,* pensada desde el mercado de trabajo, y las condiciones que demanda la empresa, en cambio, señala la facilidad de estos grupos para mantenerse en él y las condiciones en que lo hace, así como la rapidez en que puede volver a ingresar, cuando coyunturalmente queda fuera del mismo.

El proceso de inserción permite por un lado, el análisis de las características de este proceso hasta el momento en que la *estabilización* es definitiva o tiene importantes períodos de estabilidad. Teóricamente, la inserción es definitiva, si se logra acceder a un contrato por tiempo indeterminado o empleo con relación de dependencia durante

---

1   Fueron revisitados y actualizados de los artículos de mi autoría "Interrogantes sobre las temporalidades y los desafíos para los jóvenes insertos" publicado en *Inserción de Jóvenes en el Mercado de Trabajo,* La Colmena, 2009 y en *Abandonar la Universidad con o sin título,* Miño y Dávila, 2013, re-centrado en el tema temporal y "Ser Estudiante" en *REDU,* Vol. 13 (2), mayo-agosto 2015, 53-72.

el período de observación y se mantiene una *secuencia continua de empleo* superior a los dos años. Hoy en día el trabajo *"a vida"* es cada vez más escaso y es muy frecuente la existencia de varios cambios importantes en la trayectoria de empleo a lo largo de la vida activa. De manera que el concepto de estabilidad en el empleo es también variable de acuerdo a los marcos jurídicos y al contexto socio-económico.

La estimación depende de un indicador elegido para acercarse a *la noción de estabilización*, que es el *índice de empleo continuo* (medido en meses). La empleabilidad, en cambio, indica

> "(...) las competencias de empleabilidad como conjunto de capacidades esenciales para aprender y desempeñarse eficazmente en el puesto de trabajo, incluyendo capacidades de comunicación y relacionamiento interpersonal, de resolución de problemas y manejo de procesos organizacionales y de organización de los propios comportamientos en función de los requerimientos del puesto de trabajo". (Brunner, 2000).

Esto se refleja en la situación de cada uno de los grupos en un momento dado del análisis, respecto del pluriempleo, empleo único y más de un empleo, sin pluriempleo o sin acceso al mercado de trabajo.

La *duración de inserción* varía de una trayectoria a otra, pero lo más importante es que no es suficiente que se logre una inserción estable para que esta sea exitosa y tenga importancia para el desarrollo. En muchos casos, a pesar de ser insatisfactoria se mantiene porque asegura la manutención y en otros casos se prefiere una situación más inestable y riesgosa, pero independiente, solo para asegurar los logros económicos pretendidos, aunque ella no implique una verdadera inserción profesional.

Consideramos que un egresado está inserto cuando logra una posición de contrato con relación de dependencia y la mantiene durante más de dos años, con continuidad, es decir, sin períodos de desempleo. En este caso se considera que el período de inserción ha terminado, lo cual no libera al egresado de entrar en períodos de desempleos o contratos por tiempo determinado, posteriormente (Vernières, 1997). Pero la calidad del empleo logrado puede ser muy variada para cada una de las especialidades de la profesión de que se trate, que seguramente tiene por sus formas de ejercicio, características específicas de inserción.

No importa si el contrato y la duración de éste provocan el mantenimiento de la vinculación. Este es el signo, según Vernières, de que los jóvenes han adquirido y comprendido a través de una sucesión de empleos de corta duración, una calificación suficiente para estabilizarse. Una situación de desempleo muy largo o recurrente impide esta adquisición de experiencia valorizable en calificación. Sostener esta definición demanda ahora precisar que entendemos por *estabilización*. Los análisis sobre la inserción sostienen generalmente la permanencia en el empleo con una fuerte asociación a la conversión del contrato inicial en un contrato por tiempo indeterminado o relación de dependencia. Es difícil de utilizar un indicador de este tipo en el mercado de trabajo de jóvenes que está caracterizado por una tasa elevada de empleos temporarios, pero no exentos de calificación potencial. Sin embargo, parece muy pertinente en el caso de los jóvenes que estudian y trabajan en forma simultánea y por la proporción de estudiantes que estabilizan su posición accediendo a un contrato en relación de dependencia, aún antes de lograr su título[2]. Luego se verá que la velocidad de inserción de cada cohorte o generación está ligada a las características individuales, tales como el origen de clase, nivel de formación o el hecho de haber comenzado a trabajar antes, o en trabajos muy relacionados con su disciplina.

Ellos permiten sobre todo comparar la rapidez de acceso a cada una de esas fases de las cohortes o generaciones diferenciadas por el tipo de especialización u orientación y la presencia o ausencia de trabajo en el curso de estudios. Si bien se considera que, el número de jóvenes insertos depende de este criterio, es muy variable el tiempo que necesita cada uno para acceder a una posición estabilizada en el mercado de trabajo y es llamativo que esta no se convierta en un objetivo demasiado apreciado cuando tiene un *"techo salarial"* difícil de superar o cuando no existen carreras promocionadas con frecuentes etapas de capacitación y actualización.

El nivel de egreso del sistema educativo y la presencia de una actividad profesional durante los estudios tienen una gran influencia sobre la *duración de la inserción* y esta influencia perdura todo a lo largo del período. Este resultado no es nada evidente, pero se puede pensar que esta influencia sería en beneficio de características más profesionales en la medida que los jóvenes construyen una historia sobre el mercado de trabajo. Así el tipo de diploma, puede tener un efecto muy significativo al comienzo del período, cuando el joven sale del sistema educativo y algún efecto al fin del período, si no ha trabajado durante sus estudios o ha tenido largos períodos de desempleo. Trabajar en su especialidad mientras estudia tiene una fuerte influen-

---

2   Posiblemente se encuentran diferencias notorias entre una profesión y otra y entre diferentes cohortes.

cia al comienzo de la trayectoria y se estanca cuando los jóvenes ya han tenido una cierta experiencia profesional[3].

El efecto de una actividad profesional durante los estudios, aparece muy marcado para los secundarios técnicos y las universidades tecnológicas, aunque se hace abstracción de las pasantías, muchas veces obligatorias. Es posible que para estos jóvenes, la actividad profesional durante los estudios constituya una verdadera alternativa a la formación en el seno del sistema educativo. El nivel de ocupación es más alto que para los jóvenes de la misma franja etaria y la experiencia adquirida más importante que para los egresados de la universidad en otras disciplinas.

La metodología de las Ciencias Sociales ha tenido que discutir en las últimas décadas, en forma creciente, la revisión necesaria de las concepciones de temporalidad con que se afrontan los esquemas de investigación, dado los cambios que ha incorporado la comunicación informática, la velocidad del transporte y la flexibilidad laboral y los cambios vitales, familiares y sociales que acompañan las trayectorias de vida.

En principio se trata de discriminar, como lo plantea Dubar (2004):

1. los regímenes de temporalidad característicos de períodos históricos o de configuraciones sociales significativas, como marco más amplio del empleo;
2. cómo categorizar los cambios entre las relaciones de las temporalidades precedentes dentro de un mismo grupo, profesional u ocupacional, por ejemplo, y con otros grupos diferentes; por último,
3. cómo analizar estas temporalidades a nivel institucional, personal y más contextual, tratando de definir si se trata de una transformación de las temporalidades sociales o son cambios de los individuos y los grupos en relación a las temporalidades.

De hecho la instalación de las diferentes formas de flexibilidad en el mercado de trabajo (horario y salarial), en la organización del proceso de trabajo (particularmente la ruptura de la cadena fordista) y en las formas de contratación (precarización y contratación por tiempo determinado) se muestra la necesidad de plantear una visión más global de la articulación entre los tiempos de trabajo y los restantes tiempos sociales, tomando en cuenta por lo menos las temporalidades en la empresa, en la familia y en la vida urbana o en el traslado de la vivienda al trabajo.

---

3   Esto puede ser muy variable según los distintos grupos profesionales.

El estallido del tiempo

Lo primero que se puede observar es una tendencia creciente a la desincronización de los tiempos de trabajo y de los tiempos sociales en general, y en ese marco, la articulación entre los tiempos de trabajo y los tiempos sociales se ha vuelto un tema muy complejo (Samzun, 2000). Por otra parte, como bien señala Dubar (2004) no se puede seguir pensando el tiempo como una categoría singular, sino hay que recurrir a la pluralidad de temporalidades de la vida social y física. De los estudios sobre el trabajo y el empleo se pueden distinguir diferentes temporalidades producto de distintas situaciones:

a) La situación de empleo opone el tiempo de trabajo y el tiempo fuera del trabajo; también el tiempo en el trabajo y el tiempo de traslado de casa al trabajo y viceversa.

b) La situación de empleo, pero por tiempos limitados, incluye una nueva temporalidad que es la de tiempo de contrato o tiempo de trabajo y tiempo libre o de búsqueda o tiempo entre un trabajo y otro trabajo.

c) La situación de desempleo, que supone el tiempo de búsqueda, el tiempo de capacitación, el tiempo inactivo o libre o de desaliento.

Esto nos lleva por un lado, a separar lo que se llama *tiempos institucionales*, que son estructurados, organizados, planificados y el *tiempo de la urgencia o de los acontecimientos*, de la acción inmediata, de la intervención social o médica sobre lo que se podría llamar los problemas inmediatos a resolver y que por definición no es ni previsible, ni planificable sino funcionalmente reactiva y contingente (Dubar, 2004) O en su defecto, como señala Fieulaine (2007), estudiando la precariedad , lo que se convierte en inestable es la inserción, esa inestabilidad que se convierte en una amenaza se instala en todos los ámbitos de la vida y plantea los *tiempos de urgencia* y los *tiempos de proyectos*. Las situaciones pueden ser precarias en términos de empleo, de vivienda, de ingresos, de protección social y esto lleva a una fragilización social. Situación de inseguridad sobre el porvenir, pero sobre todo aparece una fragilidad biográfica que implica, rupturas, cambios o discontinuidades que afectan las trayectorias sociales de los individuos. Esta lógica se transmite a todos los ámbitos de la vida y esto aparece como momentos de la trayectoria donde se puede planificar, proyectar, pensar las articulaciones de un plan de vida y recomponer el pasado y tiempos de coyuntura, donde solo es posible pensar en resolver problemas inmediatos y no se los puede ver en perspectiva. Así *los tiempos de los proyectos* tienen mayores grados de libertad, permiten analizar perspectivas futuras y pueden tener intencionalidades para unir experiencias pasadas en relación a un futuro que se anticipa , en cambio el *tiempo de urgencia*, si se mantiene en el tiempo, si no logra superarse, tiene inevitablemente consecuencias en el futuro. Ahora también ocurre, que esos tiempos individuales no siempre son acordes o guardan coherencia con las temporalidades sociales, y entonces puede ocurrir que aunque individualmente se esté en condiciones de hacerlo, las personas se preguntan qué sentido tiene proyectar y pensar en un futuro a largo plazo. Si bien la inscripción de los tiempos individuales en los tiempos colectivos son condiciones indefectibles de la temporalidad social, la falta de concordancia entre los tiempos individuales y colectivos, imposibilitan la conformación del sujeto socio-histórico.

Como señalan estos autores los *tiempos institucionales* se apoyan sobre las normas, las rutinas y los procedimientos; mientras que los *tiempos de urgencia* son generalmente improvisados, movilizadores, apelan a la inventiva y son instantáneos, por eso agrega Dubar (2004) que son también *tiempos existenciales* porque hacen un llamado a la autenticidad, a la ética personal y al compromiso con los otros. El tiempo de los jóvenes resulta un buen ejemplo para mostrar estas temporalidades, mientras están estudiando en una institución, se puede trabajar con ellos sus alternativas, sus perspectivas futuras, comprender con ellos su proyecto de vida; en cambio el joven víctima de rupturas familiares, del desempleo de los padres, de la pobreza, del abandono de sus estudios, no tiene posibilidades de mantenerse en esa situación y la abandona para resolver la urgencia, el problema, la pobreza, la inestabilidad, etc. También la búsqueda de la inmediatez del placer puede producir este efecto.

Estas temporalidades no son una novedad para las Ciencias Sociales, están muy relacionadas con la larga duración, el tiempo de las instituciones y con el corto plazo el tiempo de los acontecimientos, de la inmediatez, el tiempo de la estructura y de la de la coyuntura. El tema es ver como se operacionalizan estos conceptos en las nuevas temáticas que nos preocupan, como la inserción de los jóvenes o la reinserción de los desempleados, o en las poblaciones migrantes, informales o excluidas que han visto tan fragilizadas sus trayectorias biográficas.

Resulta interesante agregar aquí la perspectiva de Nicole-Drancourt (1994) que agrega una nueva herramienta a la gestión de los tiempos de vida, más frecuente tal vez en las biografías de mujeres que es el *"tiempo de sí"* y que justifica en muchos casos decisiones de empleo parcial, de cambio de empleo, de abandono de los estudios causada por una *"actividad vital"*. Según esta autora, este concepto refleja la búsqueda de la realización personal muy propia de estos tiempos y que según ella es más frecuente en las mujeres, pero también se puede aplicar a los trabajadores deportistas, artistas, a los jóvenes, a los intelectuales e implica una búsqueda de un equilibrio personal, una etapa de mejora cultural, una etapa de cría de los hijos, etc. Esta autora otorga a estos tiempos tanta importancia como los tiempos profesionales o los tiempos de actividades domésticas.

Dubar (2004) construye lo que él llama modelo tetracrónico de temporalidades donde cruza dos dimensiones heterogéneas que son:

1. El modo de construcción.
2. El modo de apropiación de la síntesis.

Analizando la correspondencia entre las disyunciones *institucional/de acontecimientos*, por un lado, y *social/biográfica*, por el otro. La aplicación de estas categorías de análisis a tiempos de trabajo y la gestión de sus temporalidades lo lleva a verificar las nuevas formas de organización de del trabajo en las empresas con procesos de modernización donde señala un cruzamiento de la autonomía de los asalariados y un aumento de los controles que pesan sobre los trabajadores.

Llega a estos resultados separando dos regímenes o formas de apropiación de las temporalidades construidas por las instituciones o las organizaciones: *una temporalidad social individualizada*, es decir, apropiada y puesta en práctica por los individuos, transfiriendo las direcciones a iniciativas de los asalariados, según sus estrategias de actividad para atender los resultados y lograr cierta eficiencia y una *temporalidad social normalizada*, definida y controlada de manera normativa y uniforme, mucho más desarrollada y que se impone más que la anterior, siempre en el marco del aumento de la competitividad, de la maximización de los resultados y del aumento de la productividad y que no afectan a todos los trabajadores de todas las categorías por igual y menos aún, si son mujeres.

Para la distinción entre *temporalidades biográficas y sociales* Dubar (2004) sostiene que también es posible reconocer diferentes regímenes reconociendo por lo menos dos:

1. un *régimen de apropiación individualizada o flexibilidad temporal*, que implica poder anticipar la carrera, proyectar el futuro del ciclo de vida, gestionar las incertidumbres y oportunidades en el mercado de trabajo; y
2. un *régimen de apropiación normalizada o régimen de temporalidad burocrática*, basada en la antigüedad, en las especialidades de cada empleo, en la promoción, la edad de retiro.

Según este autor, tomar estas dos formas de temporalidades permite abarcar el nivel *"macro"* de más larga duración de las instituciones normalizadas que se imponen por sobre los individuos y el nivel *"micro"* más contingentes, pero también más personales, aunque en realidad muchas de las decisiones se toman en el nivel intermedio entre las temporalidades individuales y las sociales. Justamente es el nivel intermedio u *"horizonte temporal"* en el que se sitúan la mayor parte de los estudios, aunque muy frecuentemente se limitan a estudiar la larga duración institucional o, en el otro extremo los acontecimientos personales de una vida en particular. El autor, propone para realizar estos estudios de articulación micro/macro utilizar estos cuatro regímenes que le permiten distinguir entre *"tiempo sufrido"* (nivel macro) y *"tiempo vivido"* (nivel micro). Y que se corresponden con los que Norbert Elias (1996 y 1990) llama *"cuadros sociales de la temporalidad"* o configuraciones y *"estructuras vividas de personalidad"* o habitus.

Los tiempos de formación

La creciente democratización de las instituciones universitarias no se limita a la igualdad de oportunidades en el acceso sino a generar la posibilidad de permanencia de los estudiantes en la institución universitaria. De manera, que no es solo entrar, sino quedarse y participar del proceso educativo logrando los objetivos planteados.

Para comprender la evolución del reclutamiento social y escolar en la universidad, se toma como base a los *"herederos"* (Bourdieu y Passeron, 2003) y los estudios centrados sobre la socialización y la adaptación de los estudiantes al sistema universitario. Hoy en día es una banalidad decir que el encuadramiento de los estudiantes en el primer ciclo es deficiente, porque se han hecho muchas constataciones sobre las dificultades sociales y culturales que debe superar un estudiante para sentirse ciudadano de la universidad. Si comparamos los que dejan el secundario y los que ingresan en el primer año de la universidad, se toma conciencia del salto que deben dar para adaptarse a las restricciones de un sistema anómico sin verdaderas reglas y débilmente estructurado. De los estudiantes que ingresan casi el 50% promedio, dejan antes de terminar el segundo año de cursada.

Durante este último período, el comportamiento de las carreras técnicas sigue manteniendo escaso crecimiento y especialmente escasa feminización, mientras que las carreras humanísticas y sociales aumentan mucho su matrícula a manos del ingreso masivo de mujeres, las carreras técnicas tienen un aumento muy lento de postulantes femeninas. Si bien es cierto que estos cambios duran décadas antes de ser captados por el interés de los jóvenes, verdaderamente estas carreras siguen siendo percibidas como largas y difíciles para las nuevas generaciones, que buscan rápidas salidas al mercado de trabajo y salarios altos, con relativa facilidad. Hay un interés marcado por la informática, que no siempre tiene nivel de ingeniería, pero sobre las ingenierías tradicionales hay pocos cambios (SPU, 2010).

La afiliación universitaria (Coulon, 1997) es tanto más difícil de realizar, en ese contexto poco definido, donde el capital escolar y social es débil. Este autor, dice que la transición del secundario al superior es un momento delicado porque es un período de rupturas y de cambios, que van desde la ruptura del espacio, hasta la distribución del tiempo, la vida familiar y la pérdida de los amigos. Hace aportes muy interesantes sobre los ritos de pasaje y el proceso de adopción de una socialización universitaria proponiendo tres etapas: a) el *tiempo de extrañamiento* que implica para el estudiante el ingreso a una institución desconocida y que denomina noviciado; b) el *tiempo de aprendizaje* en los que progresivamente se va adaptando a las nuevas reglas institucionales y que él denomina de *ancianidad*, porque se desmarca poco a poco de los esquemas del secundario y adquiere la experiencia del manejo de las normas universitarias; c) el *tiempo de la afiliación* que implica la adopción de las nuevas reglas, manejar los códigos y la cultura estudiantil: Esto incluye la expresión oral y escrita, la inteligencia práctica, la seriedad, la ortografía y el manejo de la cultura institucional. A partir de estas etapas va construyendo los indicadores que dan cuenta del logro de cada etapa y del acceso a la afiliación, de manera de contar con elementos que sean objetivos sobre estos procesos de transición. Esto no solo implica investigación en cada institución, sino también un profundo conocimiento de los docentes de las etapas que deben superar estos estudiantes novicios.

De estos trabajos existen muchas derivaciones realizadas en distintas universidades del país para facilitar el proceso de pasaje, que hemos citado en otras oportunidades. Un caso sistemáticamente trabajado en las investigaciones realizadas es el logro de la ciudadanía universitaria como proceso de transición entre la escuela secundaria y la universidad.

El ser estudiante universitario es un devenir en el tiempo, que está limitado e incentivado por un campo de fuerzas que fija límites y libertades. Este proceso varía constantemente según sus bases cognitivas, especialidades y regiones y las demandas del mercado de trabajo.

En su definición, interviene la díada docente-alumnos y la institución en la que se forma el estudiante, en un contexto más amplio, ciudad, región, estado[4].

Se define el proceso de educación como una co-producción por tres características y se plantean las principales críticas con otros encuadres teóricos. Se considera un proceso dinámico que se modifica en el tiempo y al que no es ajeno el campo institucional en el que ocurre.

Por último se plantea la formación de dos perfiles: uno durante los primeros años donde se transforma el aspirante en estudiante y la segunda donde el estudiante ya asumido como tal comienza a pensar en sus formas de inserción profesional y a definir un proyecto en el mercado de trabajo.

El ser estudiante universitario es un proceso que se modifica en el tiempo y que está limitado e incentivado por un campo de fuerzas que deja improntas, pero alienta libertades. Por esta razón es muy complejo trabajar identidades y detener imágenes que se transforman constantemente en el tiempo y que tienen perfiles distintos de cambios según sus bases cognitivas, especialidades y regiones.

En primera instancia muestran la relevancia de las dificultades encontradas durante el primer y segundo año de cursada y las posibilidades de superarlas o no. Esto incluye el seguimiento que hace la institución de los tropiezos que tiene el estudiante durante la cursada para adaptarse al nuevo sistema universitario, las formas de movilizar la ayuda para hacer ese seguimiento, de los tipos de relación que se plantean con los docentes y también los modelos de estudiante que se instalan en las generaciones nuevas como modelos a seguir. Este fue el disparador para encarar *la identidad del estudiante*, que no resulta de un modelo fijo sino que surge de la relación docente-alumno y de los estudiantes entre sí, con la institución, con el medio y va variando con el tiempo. En Argentina hay pocos estudios generalizados sobre los cuadros temporales e institucionales, de los modos de aprendizaje y los valores ligados al trabajo y al estudio, que son los que permitirían encuadrar la orientación de la institución en relación al problema de las tensiones que genera la relación formación empleo.

---

4   Las reflexiones que se presentan aquí, surgen del relevamiento de trayectorias de abandonadores y estudiantes de ingeniería, en distintas regiones de la Argentina. De manera que no son generalizables a otras profesiones, pero tienen la ventaja de captar procesos de cambio en el tiempo por medio de técnicas longitudinales y biográficas y de contar con relevamientos metodológicamente comparables en distintas regiones y especialidades de las ingenierías, incluso diferenciando las ingenierías tradicionales de las tecnológicas y las nuevas ingenierías (Panaia, 2011).

En casi todos los campos profesionales se observa una desaparición de las *vías regias* para acceder al mercado de trabajo y una complejización creciente de la transición entre el período de formación y la vida activa. En este marco, la reestructuración del campo de la educación superior y de sus instituciones, particularmente la masificación en el caso de la Universidad Pública, pero también por el incremento de las entidades privadas que aumenta la variedad de títulos, está sometido a múltiples presiones, por el constante aumento masivo de la matrícula, especialmente en las últimas décadas, las que la han llevado a un proceso de reorganización académico-laboral, y una fuerte demanda de renovación edilicia, con diversas repercusiones en su personal académico; en la cantidad de actividades e intereses estudiantiles, en los procesos de transformación desarrollados en el marco de una nueva división internacional del trabajo académico, de una tendencia mundial hacia la desvalorización de la profesión académica y de la masividad estudiantil (Panaia, 2014).

La necesidad de comprender estos nuevos procesos impulsa la continuidad de las investigaciones longitudinales que atraviesan la línea de tiempo, permitiendo observar un proceso a lo largo de la historia, los estudios biográficos y las trayectorias profesionales, ocupacionales y estudiantiles, que permiten captar las nuevas estructuras decisionales, los motores y motivaciones de esas decisiones y los nuevos rumbos que eligen los jóvenes, que se forjan en la temprana relación estudiantil universitaria.

Hay que reconocer que las bases estadísticas para estudiar estos fenómenos, por lo menos en Argentina, no han acompañado estos cambios y están muy lejos de proporcionar un material útil para enfrentar este tipo de análisis, que son los que requiere hoy el mercado de trabajo y la educación superior. En el caso de nuestro país, por ejemplo, no hay estadísticas sobre el mercado de trabajo profesional, no hay estadísticas sobre la relación formación-empleo, por especialidad, no hay estadísticas sobre las transformaciones del cuerpo docente y tampoco hay estadísticas sobre inserción profesional de graduados, estudiantes y abandonadores, que ayudarían mucho a comprender los lugares que ocupan en la estructura productiva y especialmente los comportamientos grupales de los estudiantes que ayuden a comprender expectativas, transformaciones y tendencias para establecer programas que mejoren esas *performances*. También es muy poco lo que se sabe de la mejora de la formación del cuerpo docente y de las transformaciones de los modelos estudiantiles.

El devenir estudiantes

Las instituciones funcionan como campos de fuerza que controlan, socializan y ayudan a construir la subjetividad (Ortiz Cárdenas y Martínez Flores, 2010). Estas construyen caminos propios de socialización donde se interiorizan valores porque contienen referentes simbólicos míticos y rituales.

Para Dubet (2007: 40) la institución tiene la función de instituir y de socializar. Entonces la institución es definida por su capacidad de lograr un orden simbólico y de formar un tipo de sujeto ligado a este orden, de instituirlo y construir una cultura de la subjetividad de los individuos donde se *"institucionalizan"* valores y símbolos porque instituyen una naturaleza social en la naturaleza que traen los individuos.

Definir los perfiles estudiantiles en este campo de fuerzas implica por un lado, reconocer que el proceso inicial de llegada del estudiante al nuevo ámbito universitario y transitar los dos primeros años de cursada plantea un perfil que apunta a una primera construcción del ser estudiantil.

Autores como Dubet (1994: 512) señalan tres dimensiones a considerar, el proyecto, la integración y la vocación, sin hacer distinciones temporales en la construcción de esta identidad. Se considera que esta primera instancia funciona como un aprendizaje donde el ingresante se convierte en estudiante. Las dimensiones que van a permitir reconocer este proceso son los orígenes sociales, los mandatos familiares, la formación de origen y la centralidad que le den al tema del estudio.

Esta primera etapa funciona como un proceso de identificación y aprendizaje del ser estudiante por la individualización creciente de conductas dentro de un nuevo colectivo, donde existen distintos estilos de vida y de valores, el alejamiento relativo del hogar, por los mandatos familiares y el sentido e importancia que se le da a la continuidad de los estudios, la mayor o menor conciencia de la elección de los estudios y de el acompañamiento o no de grupos ya conocidos de pares (Dubet, 2005; Panaia, 2013).

Sigue existiendo el prototipo de *estudiante aplicado o estudioso*, centrado fuertemente en el estudio, que encuentra siempre la manera de cumplir con lo demandado por los profesores, pero también aparecen perfiles donde la centralidad esta puesta en aprovechar la mayor libertad que dan los estudios universitarios en el manejo de los tiempos o en el aprovechamiento de actividades co-programáticas como las deportivas, artísticas, políticas o sociales. En algunos ámbitos existen profesores que funcionan como referentes y en cambio en otros, los profesores resultan inaccesibles. Por otra parte, esto tiene importantes variaciones por institución, por carrera y por región y hay muy pocos estudios sobre estas identidades y sus modificaciones en el tiempo[5].

A partir del relato de sus propias trayectorias biográficas los estudiantes se afianzan como sujetos capaces de definir sus propias reglas, sus propias decisiones y sus propias conductas y se perciben como sujetos capaces de auto-controlarse y de asumir su propia libertad. En el análisis es necesario diferenciar las dimensiones significativas en los primeros años en que el devenir convierte los ingresantes en estudiantes y las dimensiones que va definiendo el estudiante en la medida que se va percibiendo como un futuro profesional.

Las dimensiones que permiten analizar la construcción de estos primeros perfiles está basada en las biografías que se vienen realizando de estudiantes de varias profesiones en distintas regiones del país en los Laboratorios MIG[6]: el origen social, la formación de base, el mandato familiar y la centralidad de los estudios como actividad.

Los cambios de estas conductas están relacionados con las diferentes elecciones o de los compromisos profesionales (Panaia, 2013). Se identifican dos polos, siguiendo una tipología de conductas iniciales (Bouffartigue, 1994), todavía no demasiado complejas, dada la edad temprana de estas primeras elecciones:

- la etapa de *la moratoria*, en el cual los estudiantes parecen delegar el tiempo de trabajo a un plazo posterior, ya sea porque no se consigue o porque existe una cierta duda sobre las actividades de interés. Puede o no estar acompañada con un nivel económico mejor, ya que las décadas de desocupación condicionan mucho la entrada al mercado de trabajo, independientemente del tema de las preferencias y de los centros de interés;
- la etapa de la *experimentación*, en la cual el sujeto es muy activo en la exploración del campo de posibilidades. Se toma en cuenta, en ambos casos, la explicación que da cada joven para decidir su conducta.

Hay una variación bastante importante por especialidad y por región en el peso que tienen estos componentes −social, escolar y profe-

---

5   Los resultados de los distintos Laboratorios MIG, aportan un buen ejemplo de estas variaciones en las distintas geografías del país (Panaia, 2013).

6   Laboratorios de Monitoreo de Inserción de Graduados que utilizan técnicas longitudinales y biográficas en el análisis de las trayectorias de graduados y estudiantes universitarios (Panaia, 2006).

sional– en sus trayectorias de socialización. Examinadas de cerca, las trayectorias sociales inter-generacionales –origen social y nivel educativo de los padres– de la mayor parte de esos jóvenes estudiantes no son justamente de una estricta reproducción social del campo profesional, ni de su situación de clase.

Se identifican estos dos polos: el polo de *la moratoria* en el cual el estudiante expresa más su situación relacional y social que sus preferencias y muchas veces sin anticipaciones sobre el porvenir; y el polo de la *experimentación*, término reservado a los estudiantes que toman una postura muy activa en experimentar la exploración, asociadas generalmente a pensar por adelantado los proyectos profesionales ideales.

La noción de *moratoria* es utilizada por Erickson (1966) y retomada por Coninck y Godard (1991) porque tiene la ventaja de evitar asociar a la conducta de los jóvenes el concepto de estrategia que implica un grado de racionalidad, intencionalidad y consecuencia, no siempre presente en sus conductas.

En el primer polo, el de la moratoria, los sujetos no expresan casi preferencias, no hay todavía verdaderos proyectos en cuando en su porvenir profesional y se contentan en delegar en una suerte de tiempo que pasa, el trabajo de discernimiento respecto del campo profesional y de sus posibles objetivos, así como de sus propias preferencias subjetivas. Se encuentran aquí casi todas las variantes de abandono de los estudios por tiempos cortos, de cambio de carrera, de cambio de universidad y también de alargamientos de carrera (Panaia, 2013).

Por ejemplo, cuando los padres tienen un perfil técnico, a veces este polo implica una primera elección de estudios no técnicos y una posterior elección, más definitiva por una socialización técnica. En otras oportunidades es una experiencia de trabajo la que condiciona cambios de carrera, abandonos o alargamientos en la cursada. Hay algunos casos para los cuales la experiencia de dos años de trabajo no parece realmente haber modificado una sensación de indeterminación profesional, la dimensión personal parece ahora más estructuralmente condicionante.

En el segundo polo, el de la experimentación, la diferenciación parece más activa, muy frecuentemente se traduce por el rechazo de todo compromiso profesional durable que precedería a una elección definida. Al mismo tiempo, en estos recorridos se observa, claramente, valores o modelos de referencia, expectativas que se relacionan con los desarrollos posteriores. Ese tipo de modalidad está referido a *cinco tipos de argumentos*:

- *El mundo del trabajo es vivido como un universo total o muy ideal*: la formación y la experiencia escolar no ha podido proporcionar con sus discursos una visión realista del universo profesional (pasantía, situación de trabajo, visitas a empresas, charlas de profesionales, prácticas pre-profesionales) y los estudiantes no están preparados para afrontarlo.
- *Tiene una gran ambigüedad.* Sus propias ideas o aspiraciones profesionales son amplias y oscuras, la experimentación de situaciones de trabajo variadas y en distintos campos es el único medio de saber en qué situación le gustaría desenvolverse.
- *Aprender a trabajar.* Una de las cualidades esenciales de la situación de trabajo es su función formativa, enseña a trabajar, a obedecer órdenes, a conocer los límites posibles de la trasgresión, etc. Esa cualidad es una garantía a la vez de una actividad rutinaria y de su capacidad de preservar o de desarrollar el valor profesional del que se inicia en la actividad. Es siempre necesario para aquellos aprendizajes que son muy generales y polivalentes adquiridos en una etapa del aprendizaje en cualquier área de conocimiento, que no implica una especialización irreversible.
- *La experiencia profesional* permite ampliar el horizonte de empleos accesibles, de ampliar sus posibilidades de elección, de evitar un rótulo que limite el campo de las posibles propuestas. Es por ello, que ella debe ser concebida como instrumental, de períodos cortos, preferiblemente realizada en el período de acumulación de experiencias y de saberes, que luego funcionarán como referencia y antecedente.
- *Inconformismo.* La etapa de experimentación está muchas veces ligada al inconformismo, al rechazo del modelo de vida adulto, a la necesidad de aventuras, emociones y cambios continuos y, por tanto, al rechazo de todo lo que signifique rutina, monotonía, permanencia, etc. Esto condiciona las primeras elecciones profesionales.

En la segunda etapa cobra importancia su posibilidad de autonomía (económica y familiar), su proyecto profesional, la capacidad de superar obstáculos y su capacidad de aplicar los conocimientos adquiridos, tanto en pequeños trabajos como en experiencias de emprendimientos propios, es decir la centralidad que le otorgue al trabajo y, por último, su ambición de ganar dinero, seguir formándose en el exterior o hacer aportes a la ciencia y al conocimiento. Estas son las características que se van definiendo en el estudiante que ya asumido como tal, va dando forma a su inserción profesional o su vinculación permanente o esporádica con el mercado de trabajo.

En el caso argentino, vale hacer además una diferencia dentro de las ingenierías con las ingenierías tecnológicas, que incentiva la formación del estudiante que trabaja, y que va a conformar un tipo de estudiante particular, que en su mayoría trabaja y valora mucho estudiar aquellos problemas que tiene que resolver, muchas veces con horarios nocturnos. Si bien es cada vez más frecuente que un alto porcentaje de estudiantes de las universidades públicas hoy en día trabajan, esto no es constitutivo de su normativa como lo fue desde sus orígenes para la Universidad Tecnológica Nacional. En otras universidades nacionales, los estudiantes no trabajan mientras estudian más que en pequeños trabajos generalmente no relacionados con su profesión ni con sus estudios, pero que les permiten realizar pequeños gastos de sostenimiento, sobre todo cuando vienen de zonas alejadas de la universidad.

Frecuentemente, se encuentra entre estudiantes tecnológicos cambios de carrera condicionados por la estabilización en un tipo de trabajo que pertenece a otra orientación o abandonos de ciertos trabajos, porque no están relacionados con su campo de estudios.

En este sentido la formación del ingeniero está rápidamente inclinada hacia una elección definida en el campo de la técnica y de la especialización y por lo mismo impide una elección más básica y general, que se vaya especializando gradualmente (Bouffartigue, 1994).

Estas características llevan a la mayor parte de los jóvenes estudiantes de las ingenierías a pasar por una etapa de su socialización profesional con una fuerte *"dominante técnica"* (ingenierías duras), en desmedro de funciones de *"dominante relacional"* (comercio, gestión, administración o nuevas ingenierías). Con este criterio, el abandono de puestos de trabajo específicamente técnicos hacia otros más relacionales es vivido por los estudiantes de ingeniería como un prematuro abandono de la profesión y una opción por otras disciplinas. Al mismo tiempo, no moverse de las disciplinas técnicas, no siempre significa adoptar un modelo claro de carrera, sino que muchas veces está asociado a mantenerse en posiciones subalternas y no poder acceder a posiciones de mando.

Por último, las empresas han multiplicado las fórmulas de transición entre la formación y el trabajo (contrato a prueba, contrato por proyecto, contrato de aprendizaje, pasantía, beca, etc.) y no es raro recibir en la empresa a los estudiantes avanzados de distintas profesiones, como pasantes o para hacer sus prácticas pre-profesionales, simplemente como contratados, donde son objeto de numerosos cuidados y viven un período de latencia y de descubrimiento de realidades de la empresa, que tiene importantes consecuencias después del contrato.

Las conductas adoptadas con los primeros compromisos profesionales —como evocan los jóvenes profesionales graduados— se puede conceptuar en distintos modelos de pasaje a la edad adulta, que van desde un *modelo de identificación* a un *modelo de construcción interactiva de posiciones*, que excede el campo de los alumnos solamente. Estas situaciones que contribuyen a la definición de su identidad profesional y social frente a un destino más o menos trazado o condicionado por el contexto o por los orígenes sociales, afectaría igualmente a los jóvenes dotados de un capital escolar que en adelante competirían por los primeros empleos. Esta constante invita a estudiar de manera más profunda, las formas de reproducción generacional e inter-generacional de estos grupos estudiantiles, el peso de los docentes en estas elecciones y de la institución formadora, dando cuenta de los modos dominantes de la socialización, los condicionantes del contexto socio-económico y poniendo atención a las transformaciones que afectan los recorridos profesionales.

Por último cabría destacar, el rol que juega en estos cambios y expectativas, la visión que prestan los Centros de Estudiantes y las Asociaciones Profesionales e incluso las campañas universitarias de orientación vocacional que se acercan a los grupos estudiantiles ofreciendo alguna imagen del mundo del trabajo o de la tarea profesional. Si bien no hay muchos estudios al respecto, la experiencia en el trabajo de campo de los Laboratorios MIG es que se puede observar una fuerte actividad en el campo estudiantil de estas organizaciones, aunque, en general, muy poco orientada al pasaje del estudiante al mundo del trabajo, sino más bien con el activismo político.

El material recogido en las entrevistas biográficas muestra que los parámetros que usan los propios estudiantes y graduados cuando son entrevistados después del título, para calificar sus expectativas iniciales y la representación de su experiencia profesional, tanto referida a las dificultades para construir la trayectoria profesional, como la realización de sus expectativas, la percepción de la solidez de la formación recibida y la importancia de provenir de una determinada institución educativa, es predominantemente individual, a pesar de que esta instancia implica un proceso colectivo, cuando se trata de una especialidad o de una institución común son pocos los apoyos mencionados por los egresados sobre la construcción del proyecto profesional.

El concepto básico que se indaga es el de *estrategia profesional* (*Profesional Proyect*, Sarfati Larson, 1977), con la que se trata de nombrar los procesos históricos por los cuales ciertos grupos profesionales llegan objetivamente a establecer un monopolio sobre un segmento específico del mercado de trabajo, al hacer reconocer su experiencia por el público, con la ayuda del Estado. Más que de estrategias individuales se trata de *estrategias colectivas* llamadas también objetivos.

Esta es una estrategia histórica de constitución de un mercado profesional y no del ejercicio individual de una actividad profesional, está vinculada con las Asociaciones Profesionales y los Centros de control de la profesión. Las biografías realizadas muestran que ninguno de los estudiantes avanzados o graduados espera que los Centros de Graduados o Asociaciones de Ex alumnos o de las Asociaciones Profesionales les dé una guía o una sugerencia sobre los caminos a seguir y las dificultades a enfrentar. La figura de algunos profesores aparece con valor de liderazgo y promueve la imitación, algunos de ellos han conseguido su actual inserción o anteriores experiencias a partir de alguno de ellos, pero este modelo también tiene mucho más valor personal que institucional. Esto es más llamativo, en momentos en que surgen grupos profesionales en proceso de constitución o modificaciones importantes en los grupos profesionales tradicionales por la incorporación de las nuevas tecnologías informatizadas o el surgimiento de nuevas actividades. En ninguno de los entrevistados surge un discurso relativo a la nueva articulación del campo profesional, en cambio aparece conflictivamente el conocimiento de las competencias de otras instituciones universitarias que poseen carreras similares con currículum diferenciados del propio. Pero no existe conciencia del nuevo rol ni en los viejos, ni en los nuevos grupos profesionales y, en cambio, se observa una conflictividad y desprecio subyacente hacia Carreras más cortas como las tecnicaturas. Esta base conflictiva no resuelta es motivo de preocupaciones teóricas aplicables a este caso con mucha vigencia (Panaia, 2017).

La individualización de un corpus de conocimiento científico o técnico sobre el cual fundar la propia competencia y del cual reivindicar la exclusividad, puede ser considerado el proceso decisivo; el segundo que condiciona los otros tres procesos y es a su vez influido por ellos, es decir, constituye uno de los más importantes terrenos sobre los cuales se ejercita la acción de institución formadora, de la asociación profesional y del Estado.

Además, los conocimientos básicos deben ser renovados frecuentemente para impedir la rutinización, pero no tan frecuentemente como para obstaculizar la posibilidad de socializar a los aspirantes a profesionales en un cuerpo unificado de conocimiento. En la evaluación de las características de la base cognitiva ocurre que hay que tener presente que la educación esencial de la profesión es la producción hacia sí misma de conocimiento científico y técnico, hasta la propia aplicación de los problemas humanos. Resulta importante señalar, que el análisis de la base cognitiva de la profesión no va separada de su uso, de la modalidad con la cual el conocimiento es utilizado en la práctica profesional concreta. El carácter reciente de los graduados de las *nuevas profesiones*, posiblemente todavía no permita este tipo de debate, aunque la conflictividad de la base cognitiva se encuentra presente muy claramente en el mercado de trabajo.

El predominio de proyectos fuertemente individuales y las reivindicación de bases cognitivas apropiadas por determinados proyectos de socialización resultan procesos altamente conflictuales.

Según Tousijn (1994) la base cognitiva de una profesión debe ser producida a través de los futuros profesionales y tiene como finalidad defender el campo profesional de los ataques de otras profesiones. Por esta razón, se considera muy importante el acompañamiento de los Centros Estudiantiles y de las Asociaciones Profesionales, con el fundamento de estudios adecuados, para facilitar la transición de la formación al empleo, especialmente de estos nuevos grupos profesionales (Panaia, 2017).

En todos los países occidentales las funciones de producción y de transmisión de la base cognitiva son para la mayor parte afiliados a una única institución, la universidad. Una formación de nivel universitario representa para una profesión una fuente de prestigio social, por su carácter elitista, pero representa también en virtud del aparente universalismo y de la independencia de esta institución del exterior, una fuente de legitimación de la encuesta de parte de la profesión, de autonomía y de monopolio (Sarfati Larson, 1977). El aumento de las opciones de establecimientos públicos y privados de formación, agrega un nuevo matiz a esta disputa por la base cognitiva, que es acompañada por los procesos de prestigio y de proyección en el mercado de trabajo de la eficacia de sus titulados.

Bibliografía

Bouffartigue, P. (1994) "Ingénieurs débutants à l'epreuve du modèle de carrière. Trajectoires de socialisation et entrée dans la vie professionnelle", *Revue Française de Sociologie* XXXV.

Bourdieu, P. y Passeron, J.-C. (2003) *Los herederos. Los estudiantes y la cultura*, Argentina, Siglo XXI Editores.

Brunner, J.J. (2000) "Globalización y el futuro de la educación, tendencias, desafíos, estrategias", *Seminario UNESCO*, Chile.

Coulon, A. (1997) *Le Métier d'étudiant : l'entrée dans la vie universitaire. Le Métier d'étudiant : l'entrée dans la vie universitaire*, París, PUF.

De Coninck, F. y Godard, F. (1991) "Les sytayégies temporelles des jeunes adulltes", *Enquête* 6, CNRS EHESS-UP-UAPV (pp. 6-19).

Dubar, C. (2004) "Régimes de renporalités et mutation des temps sociaux", *Temporalités* N° 1 (pp. 100-119).

Dubet, F. (2007) "El declive y la mutación de la institución", *Revista de Antropología Social* 16 (pp. 39-66).

Dubet, F. (2005) "Los estudiantes", *Revista de Investigación Educativa* N° 1 (julio-diciembre), México, Universidad Veracruzana (pp. 4-88).

Dubet, F. (1994) "Dimensions et figures de l'expérience étudiante dans l'université de masas", *Revue française de sociologie* 35-4, Monde étudiant et monde scolaire (pp. 511-532).

Elías, N. (1996) *Du temps*, París, Fayard.

Elías, N. (1990) *La société des individus*, París, Fayard.

Erikson, E. (1966) *Infancia y Sociedad*, Buenos Aires, Paidós.

Fieulaine, N. (2007) "Temps del'urgence,temps du projet: la rencontre des temporalities dans le recours aux soins et à la aide sociale en situations de précarieté", *Missión Régionale d'Information sur l'Exclusion*, Rhône-Alpes, Janvier.

Nicole-Drancourt, C. (1994) "Mesurer l'insertion professionnelle", *R. Française de Sociologie XXXV* (37-68), París.

Ortiz Cárdenas, J. y Martínez Flores, R. (2010) "Las institucioens como campos de fuerzas que controlan, socializan y subjetivizan", *Veredas Especial*, México, UAM-Xochimilco (227-240).

Panaia, M. (2006) *Trayectorias de ingenieros tecnológicos*, Buenos Aires, Miño y Dávila-UTNFRGP.

Panaia, M. (coord.) (2009) *Inserción de jóvenes en el mercado de trabajo*, Buenos Aires, La Colmena.

Panaia, M. (coord.) (2011) *Trayectorias de graduados y estudiantes de ingeniería*, Buenos Aires, Biblos.

Panaia, M. (coord.) (2013) *Abandonar la universidad con o sin título*, Buenos Aires, Miño y Dávila UTN-FRA.

Panaia, M. (2014) "La inclusión social, a partir de las formas de ingreso a la universidad y las trayectorias de sus estudiantes y egresados", Ponencia presentada en el PRE-ALAS.

Panaia, M. (coord.) (2017) *De la formación al empleo. El desafío de la innovación*, Buenos Aires-Madrid, Miño y Dávila.

Panaia, M. (2007) "Los estudios de graduados y la discusión de algunos conceptos teóricos", *Itinerarios* N° 5, Laboratorio de Monitoreo de Inserción de Graduados Facultad de Ingeniería-Río Cuarto, mayo.

Sarfatti Larson, M. (1977) *The Rise of Professionalism*, Berkeley, University of California Press.

Sarfatti Larson, M. (1988) "A propos des professionnels et des experts ou comme il est peu utile d'essayer de tout dire", *Sociologie et Sociétés* N° 2/88, Montréal.

SPU Anuario, Secretaría de Políticas Universitarias (2010).

Samzun, T. (2000) *Temps de travail et temporalités sociales*, DT LEST-CNRS, Provence.

Tousijn, W. (1994) "In concetto di professionalizzazione e la divisione del lavoro tra occupazioni", *Sociologia del Lavoro* N° 53, AIS, Italia (pp. 99-115).

Vernières, M. (1997) *L'insertion professionnelle, analyse et débats*, París, Económica.

Capítulo 2

Los tiempos fragmentados de las trayectorias universitarias[1]

Marta Panaia

Los criterios voluntaristas de que la universidad se cursa inmediatamente después de la escuela secundaria y que se comienza y se termina con continuidad, es casi un mito, por lo menos en la Argentina. En realidad la necesidad de profundizar estudios y de realizar una cursada sistemática en la universidad tiene mucho más que ver con los ciclos de vida, con las vocaciones, los mandatos familiares, los contextos económicos-laborales y los contextos institucionales.

En este sentido la creciente flexibilidad de la economía y de los mercados de trabajo atenta muy frecuentemente con la continuidad de las trayectorias de formación-empleo fragmentando en varias etapas el logro de los títulos universitarios.

La flexibilidad económica y laboral no es acompañada frecuentemente en la práctica con una flexibilización de los estudios de nivel superior, de las cargas horarias de cursada presencial y de cumplimiento de metas formales de rendimiento, tampoco se ha flexibilizado el logro de reconocimientos académicos de los conocimientos logrados fuera del ámbito universitario, particularmente en el ámbito del trabajo. Si bien, se han extendido con bastante celeridad los estudios a distancia, ésta es todavía limitada a algunas especialidades y tiene más que ver con las dificultades de acceso de zonas poco provistas con especialidades profesionales requeridas, pero en la valoración social, no tienen el mismo reconocimiento que los estudios presenciales de grado.

---

1 Artículos revisitados "Temporalidades individuales e institucionales del abandono universitario" en *Pensamiento Universitario*, Año 17, N° 17, 2015 y "Los tiempos del abandono universitario", en *De la Formación al empleo. El desafío de la innovación*, Miño y Dávila, 2017.

No obstante, una de las metas de la Universidades posterior a los acuerdos de Bologna es la de asegurar la permanencia de los estudiantes y la reducción de las salidas tempranas sin diploma de la Educación Superior, sin embargo, no todos los abandonos universitarios tienen la misma motivación ni el mismo significado. Es importante detallar qué se entiende por abandono y cómo se produce. Lejos ya del concepto de deserción con reminiscencias militares y del de exclusión con características de expulsión, son varios los matices que se expresan en la salida del sistema universitario sin el preciado título. Tanto lograr la permanencia como constatar los reingresos universitarios es un tema poco contabilizado por la estadística universitaria.

Definir realmente el abandono como un abandono definitivo o por lo menos que implique un alejamiento por bastante tiempo de los estudios, resulta en principio, bastante impreciso. Hay que pensar más en términos de fragmentación de las trayectorias universitarias de formación, que en algunos casos –todavía muy numerosos–, no logran continuidad posterior.

Cuando se analizan las justificaciones posteriores al abandono, aparece en los estudiantes abandonadores muchas cuestiones que tienen que ver con una definición errática de sus propios proyectos futuros, pero no descartan volver a los estudios universitarios o lo mantienen como un proyecto pendiente, a veces en otras carreras o en otras especialidades más afines con lo que les interesa, pero se mantiene una relación positiva con la importancia de lograr un título universitario. El abandono inicial, parece más circunstancial, producido por necesidades que pueden ser superadas y que una vez que ello ocurra, pueden dar paso a una vuelta a la universidad. En otros casos, la decepción de la carrera elegida produce el abandono, pero casi inmediatamente aparece una nueva carrera o una mejor definición de sus intereses, encaminando a los abandonadores a seguir en otras orientaciones, no siempre universitarias, pero que implican estudios de algún tipo. En otros casos, lo que decepciona es la modalidad institucional, por la falta de transparencia, por la incertidumbre que genera, por la presión disciplinaria, por la inestabilidad de la gestión, por la extensión de la carga horaria, etc. Y entonces se toma la decisión de interrumpir la cursada para elegir una institución privada o una institución con una modalidad más libre o más contenedora, etc. Lo que sí es cierto, es que el sistema estadístico no tiene ningún seguimiento de los que salen del sistema, de los que reingresa ni de sus motivaciones.

La situación es más grave, cuando el rechazo producido por la institución, engloba un rechazo al estudio mismo y hay en los estudiantes un rechazo a la situación propia del estudiante y junto con ello una imposibilidad de volver a la institución y un rechazo de considerar cualquier otra entidad académica.

Por otra parte, los accesos que abre el logro del título tienen que ser significativos socialmente y reconocidos económicamente, sino es comprensible que tanto esfuerzo no se justifique para las nuevas generaciones que le dan otra centralidad al esfuerzo y a la gratificación. Una prueba de que este valor continúa vigente, es que dos o tres años cursados en la universidad hacen la diferencia al momento de conseguir una mejor inserción en el mercado de trabajo o un mejor ingreso.

En estos casos no se puede hablar de un abandono definitivo, sino de una interrupción de la trayectoria de formación, pero hay que poder evaluar estas modalidades, construir indicadores y saber qué evolución tienen, cuestión que hasta hoy es difícil de saldar porque no existen datos oficiales para hacerlo. Lo que efectivamente se puede afirmar, desde los relevamientos propios realizados es que dejar la universidad es un proceso, ya sea que la decisión se tome racionalmente o sea el resultado de un acontecimiento puntual, que funciona de desencadenante, permite identificar muchos momentos previos que funcionan como indicios del desencadenamiento de esa conducta abandonadora y que las instituciones, si están atentas a los estudios e investigaciones de sus Laboratorios de Monitoreo, pueden anticipar esas conductas y actuar preventivamente para evitarlas o por lo menos disminuirlas.

Por otra parte, estas interrupciones tienen significados diferentes según la etapa o ciclo de vida del cursante y puede tener resoluciones diferentes según las responsabilidades que cada estudiante deba asumir en esa etapa, es decir, no es solo la motivación, el deseo o el interés en la materia, sino que juegan muchas circunstancias que tienen que ver con el ciclo vital y las responsabilidades familiares e institucionales asumidas por los estudiantes.

En algunas de estas premisas se avanza con las investigaciones realizadas hasta aquí, pero la falta de datos generales de todo el sistema y de secuencias estadísticas longitudinales de largo plazo, que den cuenta de los procesos de abandono y de la racionalidad de las fracturas en las trayectorias de formación-empleo, dificulta avanzar más rápidamente.

Para el caso argentino, la Síntesis de la Información de la Secretaría de Políticas Universitarias 2013-2014[2], señala que entre 2003

---

2   SPU (2014) Síntesis de la Información de la Secretaría de Políticas Universitarias 2013-2014, ME/SPU.

y 2013, los estudiantes crecen 23%, los nuevos inscriptos un 16% y los egresados un 50%, datos con tres y cuatro años de retraso y que mantienen este mismo tipo de estadísticas hasta la actualidad. No hay ningún tipo de cifras sobre abandono ni totales, ni por área de conocimiento. Tampoco hay una vinculación entre la trayectoria de formación y la trayectoria de empleo, mucho menos sobre las entradas y salidas del ámbito universitario y del mercado de trabajo que permita construir esas secuencias y las interrupciones de formación que esto provoca.

Los valores de los Laboratorios MIG[3], que no están generalizados para todos los títulos ni para todas las universidades, arrojan valores muy altos, superiores al 50% en los dos primeros años de cursada, con un decrecimiento de los valores en los años posteriores, pero muestran un alargamiento de la duración de los estudios que alcanza un promedio de 10,5 años, para títulos de 5 años de cursada teórica y cuando se siguen secuencias de largo plazo aparecen casos individuales, donde la trayectoria de formación-empleo tarda más de 30 años en el logro de título debido a distintas circunstancias del ciclo de vida.

En las universidades nuevas del conurbano bonaerense, donde accede a la universidad una población que hasta la actualidad ha tenido dificultades geográficas y económicas para el acceso, se observa frecuentemente una población que es primera generación de estudios universitarios, pero sobre todo es muy llamativa una población de edades avanzadas que accede a la universidad para cumplir proyectos postergados a lo largo de su vida por razones personales, económicas, etc. y que tiene muy pocas posibilidades de proyectar esa formación en el mercado de trabajo, pero que cumple con deseos de realización personal, que nada tienen que ver con la de pensar en una trayectoria laboral, ya que muchas veces está cercana a las edades de retiro. En

---

3   Los Laboratorios MIG trabajan con un dispositivo de recolección de datos basado en la articulación de los métodos cuantitativos y cualitativos. La recolección de los datos de tipo cuantitativo se realiza por medio de una encuesta de tipo longitudinal, la cual hace hincapié solamente en la trayectoria de formación-empleo. Los datos de tipo cualitativo se realiza a través de una entrevista semi-estructurada, biográfica, que capta las diferentes secuencias de su vida familiar, residencial, laboral y de formación, en forma retrospectiva. Los análisis que se presentan aquí fueron tomados de las entrevistas biográficas para comprender los motivos de las tomas de decisiones de cambios de carrera y de abandono de una especialidad, que es la ingeniería (Panaia, 2006). Existen Laboratorios que producen datos longitudinales, comparables en UTN-Gral. Pacheco (2002); UTN-Avellaneda (2006); Facultad de Ingeniería-Universidad Nacional de Río Cuarto (2005); UTN-Resistencia (2004); UTN-Regional Santa Cruz (2009); Universidad Nacional de Avellaneda (2014). También existen datos de cuatro años de relevamientos del MIG en Carreras de Turismo (2008-2010) y el MIG-UN-Córdoba (2013) releva datos de la Carrera de Comunicación (Panaia, 2015a).

otros casos, en cambio, convalida una trayectoria pragmática que se consolida por el logro de un título.

Las reflexiones que se presentan aquí, surgen del relevamiento de trayectorias de abandonadores y estudiantes de diversas profesiones, en distintas regiones de la Argentina. De manera que no son generalizables a todas las profesiones, pero tienen la ventaja de captar la mecánica de los procesos de cambio en el tiempo por medio de técnicas longitudinales y biográficas y de contar con relevamientos metodológicamente comparables en varias regiones del país (Panaia, 2011).

Las conclusiones no son generalizables, porque los estudios realizados hasta aquí, muestran importantes diferencias por título, por institución y por región, que mueven a pensar que son necesarios muchos estudios de caso, para hablar de tendencias generales o de lo contrario contar con un sistema estadístico general que capte estos procesos. No obstante, las metodologías longitudinales, permiten captar matices y relacionar los procesos de formación y empleo, por lo tanto es posible que muchas de las reflexiones resultantes sean equiparables a los procesos de abandono, interrupciones del proceso de formación e intermitencias en el mercado de trabajo, producidos en otras titulaciones.

En ese sentido, una de las preocupaciones constantes de los Laboratorios MIG, además de trabajar los graduados, los alumnos y las características de la demanda, es la descripción de una población poco estudiada y difusa en su definición, pero sin embargo preocupante como la de los *alumnos que abandonan sus estudios universitarios*, a través de las interrupciones temporales de los estudios y sus causas, ya que estos constituyen una señal que anticipa posibles abandonos y que pueden ser captadas con las técnicas longitudinales. Al mismo tiempo, el análisis de sus causas, permite relacionar esas interrupciones con los ciclos de vida y con los contextos institucionales y socioeconómicos.

Estos datos muestran en primera instancia la relevancia de las dificultades encontradas durante el primer y segundo año de cursada y las posibilidades de superarlas o no. Esto incluye el seguimiento que hace la institución de los tropiezos que tiene el estudiante para adaptarse al nuevo sistema universitario, las formas de movilizar la ayuda para hacer ese seguimiento, los tipos de relación que se plantean con los docentes y también los modelos de estudiante que se instalan en las generaciones nuevas como modelos a seguir. De hecho, *la identidad del estudiante* (Panaia, 2015b), que no resulta de un modelo fijo sino que surge de la relación docente-alumno, en el campo de fuerzas de la institución y de los estudiantes entre sí, con la institución, con el medio, va variando a lo largo de la cursada y esto solo puede captarse con los estudios longitudinales.

En Argentina hay pocos estudios generalizados sobre los cuadros temporales e institucionales, de los modos de aprendizaje y los valores ligados al trabajo y al estudio, que son los que permitirían encuadrar la orientación de la institución en relación al problema de las tensiones que genera la relación formación-empleo, con respecto a la inserción posterior en el mercado de trabajo y de las posibilidades futuras del título a conseguir. Sin embargo, estos estudios son claves para comprender los factores institucionales del abandono.

La apertura de la universidad a nuevos estudiantes socialmente menos favorecidos y escolarmente menos seleccionados ha dado lugar a la desigualdad, de una nueva forma. La de un sistema *"segmentado"* que jerarquiza los individuos en función de su institución de formación. La desvalorización de diplomas de la universidad, es en principio el desclasamiento de las formaciones más abiertas y más democráticas desde el punto de vista de su reclutamiento social. Y si los recorridos de inserción son cada vez más complejos es también porque la enseñanza superior es más compleja en su diferenciación (Feluozi, 2008). De hecho, el crecimiento de las matrículas en los establecimientos del sector público, pero también en el privado dan cuenta de una mayor diversificación de carreras y modalidades de gestión y diferentes momentos de crecimiento por región del país, sumadas a la masificación de la matrícula. Mientras que el crecimiento de la matrícula no se ve acompañado por un crecimiento de la cantidad y de la calidad de la formación docente necesaria para encarar esta mayor diversidad (Panaia, 2014).

Dentro de los indicadores significativos que se identifican como construcción analítica en los procesos de abandono se pueden señalar *cuatro* sobre los cuales se pudo construir datos comparables y que resultan significativos por su volumen, partiendo de las biografías realizadas a abandonadores en los distintos Laboratorios MIG. Sin embargo, es importante aclarar que estos son procesos complejos que se desencadenan en el tiempo y que nunca tienen una sola dirección, a veces se producen bifurcaciones o pueden revertirse o interrumpirse por múltiples factores, nunca son unidireccionales y están enmarcados en el campo de fuerzas de una institución y de un sistema social; así que es difícil tipificar y cristalizar estas categorías (Panaia, 2013).

De estos *cuatro indicadores analíticos* dos apuntan a identificar la existencia de una *racionalidad estudiantil*, entendida como relación entre medios y fines, en el proceso de abandono, que son: 1. el *abandono voluntario*, que puede derivar en interrupciones de cursada cuando se encara como etapa de *experimentación* o como cambio de carrera; y 2. el *abandono involuntario* que ocurre cuando la primera etapa de los estudios universitarios es vivida como *moratoria*; puede presentarse como aumento de duración de los estudios o cronificación, o cuando son simultáneos períodos de estudio-trabajo, donde la necesidad marca como opción prioritaria el trabajo o los ingresos y no el estudio; o cuando la elección de carrera se realiza *por defecto,* es decir, cuando la carrera deseada resulta inalcanzable por diversos motivos (distancia, costos, horarios, mandatos familiares, etc.). Los otros dos indicadores apuntan al reconocimiento de una *racionalidad institucional*, entendida como preocupación política en relación a las prácticas pedagógicas y de acompañamiento de los estudiantes al título, y serían: 3. la *eficacia interna* o capacidad del sistema de resolver los problemas que se plantean durante la cursada y de acompañar los estudiantes hasta lograr el título; y 4. la *eficacia externa*, es decir, la capacidad del título al que se aspira de proporcionar una buena inserción profesional (Panaia, 2013).

Abandono voluntario

El abandono estudiantil universitario voluntario se refiere al proceso de salida declarado de una institución, por una opción diferente, que es explícita o por lo menos consciente.

Actualmente, el altísimo abandono de los estudiantes en el primer ciclo universitario, debería llamar la atención sobre estos procesos Si comparamos las cifras de los estudiantes que ingresan a la universidad y luego abandonan en los dos primeros años se observan muchas dificultades que deben superar para adaptarse a las restricciones de un sistema anómico, con mensajes contradictorios entre lo formal y lo implícito, sin reglas claras y débilmente estructurado.

La afiliación universitaria, o sea una socialización en el nuevo sistema tan distinto a la escuela secundaria, según dice Coulon (1997) es muy difícil de realizar, en ese contexto poco definido, donde el capital escolar y social es débil. Por otra parte, estas nuevas camadas de estudiantes tienen nuevos códigos que la universidad muchas veces desconoce. Los nuevos estudiantes que salen del secundario, así como los nuevos universitarios, traen un capital cultural diferente y una débil matriz de códigos universitarios, porque no son los habituales en su medio, de manera que se hace más difícil la adaptación a un *mundo de códigos implícitos* como es el universitario en el que "*se debe entender que es lo que no está dicho y ver lo que no se muestra*" (Feluozi, 2008: 18).

La primera etapa, que se transita en los dos primeros años, funciona como un proceso de identificación y aprendizaje de la identidad estudiantil por la individualización creciente de conductas dentro de un nuevo colectivo, donde existen distintos estilos de vida y de valores, el alejamiento relativo del hogar, a veces la mudanza a otra ciudad, la importancia de los mandatos familiares y el sentido y centralidad que se le da a la continuidad de los estudios, la mayor o menor conciencia de la elección de los estudios y del acompañamiento o no de grupos ya conocidos de pares (Dubet, 2005; Panaia, 2013).

Sigue existiendo el prototipo de *estudiante aplicado o estudioso*, centrado fuertemente en el estudio, que encuentra siempre la manera de cumplir con lo demandado por los profesores, pero también aparecen perfiles donde la centralidad esta puesta en aprovechar la mayor libertad que dan los estudios universitarios en el manejo de los tiempos o en el aprovechamiento de actividades co-programáticas como las deportivas, artísticas, políticas o sociales. En algunos ámbitos existen profesores que funcionan como referentes y en cambio en otros, los profesores resultan inaccesibles. Por otra parte, esto tiene importantes variaciones por institución, por carrera y por región y hay muy pocos estudios sobre estas identidades y sus modificaciones en el tiempo (Panaia, 2015b).

Esta situación es típica de los estudiantes más jóvenes que cursan la universidad casi siempre a la salida de la escuela secundaria (ingresan entre los 18 y los 22 años), o con alguna *etapa de experimentación* en algún otro establecimiento o especialidad. Es frecuente que estos estudiantes se anoten en más de una Carrera y en más de un establecimiento y a medida que avanzan en la cursada, se decidan por alguna que les genera mayor interés o se queden con el establecimiento que les resulte más contenedor. En este perfil, el estudiante, en general ingresa soltero y una proporción importante se mantienen solteros hasta el fin de su carrera. Una proporción pequeña terminan su carrera unidos de hecho o casados. Son muy pocos los que a lo largo de una carrera con pocas interrupciones tienen un primer hijo, pierden alguno de sus progenitores y se ven obligados a trabajar o se independizan del hogar paterno.

Una situación diferente es la de los estudiantes que ingresan a la universidad ya independizados de su hogar de origen (entre los 25 y 40 años), con un hogar formado con hijos, a veces separados de una primera pareja y con responsabilidades económicas para su sostenimiento y el de su familia, que lo obliguen a compartir estudio y trabajo.

En estos casos las prioridades son distintas, la obligación económica condiciona muchas veces interrupciones en los estudios que muchas veces se arrastran por varios años. En los contextos económicos recesivos se observa la multiplicación de trabajos y la extensión de horarios que complican mucho más el cumplimiento de las exigencias de las instituciones académicas. Por otra parte, la extensión de la flexibilidad laboral, especialmente en algunas profesiones, con el aumento de la extensión de las horas extraordinarias, el trabajo nocturno, el trabajo por turnos, el trabajo a disponibilidad, alarga estas interrupciones hasta convertirlas en algunos casos en difíciles de superar.

Una experiencia conocida en los Laboratorios MIG en distintas Regionales de la Universidad Tecnológica Nacional (UTN), pero también en Universidades Nacionales muestra como en Carreras como la Ingeniería muy valoradas en las empresas, es frecuente que se contraten a los estudiantes avanzados, tentándolos con cargos interesantes y muchas veces jerárquicos, bien remunerados y esto dificulta e impide en muchos casos el logro de título, alargando indefinidamente la finalización de la Carrera, por la dificultad de dedicar largas horas al estudio y de cumplir con las exigencias de exámenes finales.

En este tramo etario, un caso particular los constituyen las mujeres que tienen que compatibilizar el trabajo profesional y el ciclo reproductivo y el cuidado de los niños. Las mujeres tienen, en general, una buena *perfomance* durante el período de formación, con pocas interrupciones y altas calificaciones. Sin embargo, tienen mayores dificultades en el acceso al mercado de trabajo y sobre todo si durante su trayectoria laboral, contraen matrimonio o terminan sus estudios ya casadas, e inician el ciclo reproductivo. En estos casos la posibilidad de interrupciones temporales tanto de la terminación de su carrera como de su ejercicio profesional, depende mucho del apoyo familiar y del tipo de pareja que construyen, para poder volver al mercado de trabajo o para finalizar sus estudios.

En algunas profesiones, donde la competencia laboral es más dura o se desarrolla en ambientes masculinizados o típicamente masculinos, es frecuente que estas mujeres elijan por no formar una familia, ni tener hijos para facilitar la continuidad de sus trayectorias profesionales (Panaia, 2018).

Por último, como señalamos más arriba, existe una proporción muy pequeña de estudiantes tardíos que cursan una segunda carrera, que vuelven a terminar una carrera que se interrumpió por necesidades económicas o por el ciclo vital y que retoman los estudios universitarios en la misma carrera y universidad o en otra, que les permita realizar un proyecto pendiente, completar una formación desarrollada en la práctica o mejorar sus ingresos agregando estudios a una actividad ya establecida.

Este fenómeno se observa, en universidades nuevas que acercan un establecimiento de estudios superiores en zonas geográficas que carecían de ellas o en grandes universidades de mucho prestigio, que cuentan con todas las especialidades profesionales y muchas alternativas de horarios y de modalidades. Igualmente, la proporción de este tramo etario (más de 45 años), que cursa estudios universitarios, es significativamente menor.

El abandono involuntario

El *abandono involuntario* estudiantil universitario se refiere al proceso de salida más o menos prolongado de una institución, sin que necesariamente se informe explícitamente a la misma de las razones o del reingreso a la misma. Aparece bajo la forma de *interrupciones* frecuentes y más o menos prolongadas de la cursada o coincidiendo con la *etapa de moratoria* de los primeros años en que se forja la identidad estudiantil.

En el primer tramo etario (18-24 años), es frecuente la aparición de un compás de espera, la llamada etapa de *la moratoria*, en el cual los estudiantes parecen delegar el tiempo de trabajo a un plazo posterior, ya sea porque no se consigue o porque existe una cierta duda sobre las actividades de interés. Puede o no estar acompañada con un nivel económico mejor, ya que estas décadas de desocupación y problemas en el empleo condicionaron mucho la entrada al mercado de trabajo, independientemente del tema de las preferencias y de los centros de interés. Son etapas en las cuales el estudiante expresa más su situación relacional y social que sus preferencias y muchas veces sin anticipaciones sobre el porvenir. La noción de *moratoria* es utilizada por Erickson (1966) y retomada por Coninck y Godard (1991) porque tiene la ventaja de evitar asociar a la conducta de los jóvenes el concepto de estrategia que implica un grado de racionalidad, intencionalidad y consecuencia, no siempre presente en sus conductas.

En la *moratoria*, los sujetos no expresan casi preferencias, no hay todavía verdaderos proyectos en cuando en su porvenir profesional y se contentan en delegar en una suerte de tiempo que pasa, el trabajo de discernimiento respecto del campo profesional y de sus posibles objetivos, así como de sus propias preferencias subjetivas. Encontramos aquí casi todas las variantes de abandono de los estudios por tiempos cortos, de cambio de carrera por decepción, de cambio de universidad, de fracaso académico y también de alargamientos de carrera (Panaia, 2013). A veces esta *etapa de moratoria* implica una primera elección de estudios *por defecto*, es decir, sin haber podido elegir con un conocimiento de la formación y de su adecuación a sus características como estudiante, quedando muy asociada esta elección al fracaso universitario (García, 2011). En otras oportunidades es una experiencia de trabajo la que condiciona cambios de carrera, abandonos o alargamientos en la cursada. Hay algunos casos para los cuales la experiencia de dos años de trabajo no parece realmente haber modificado una sensación de indeterminación profesional, de inercia sin resolver, la dimensión personal parece más estructuralmente condicionante.

En un tramo etario posterior (24-45 años), en edades más avanzadas, es el peso de las responsabilidades del ciclo de vida o las imposibilidades materiales las que muchas veces define una interrupción que se considera involuntaria, obligada por las circunstancias.

La *interrupción de la cursada* es uno de los procesos más significativos en el análisis de secuencias de abandono, esto es la presencia de *"trayectorias interrumpidas"* en la etapa de formación y en la relación formación-trabajo, como un indicador de las dificultades que tienen los estudiantes para terminar su Carrera, para alargar los estudios o incluso para mantener una inserción en ascenso en el mercado de trabajo. Vale la pena hacer algunas precisiones sobre este proceso que no se da en todos los lugares igual y tampoco para todos los grupos. Si rastreamos el concepto, encontramos que Bourdieu y Passeron (1996) consideran el *"efecto de trayectoria interrumpida"* como un accidente que ocurre con *"las estrategias que los individuos emplean para evitar la devaluación de sus títulos, que es correlativa a la multiplicación de titulados del mismo título, y entonces se reconocen solo los más visibles"*.

"Es decir, las estrategias colectivas por las cuales un grupo logra mantener el dominio de los mecanismos para mantener o aumentar las ventajas adquiridas, encontrando así el fundamento de la declinación, particularmente marcadas en ciertas coyunturas y en ciertas posiciones sociales, entre las chances objetivamente ofertadas en un momento dado del tiempo y las aspiraciones realistas que no son otra cosa que el producto de otro estado de las chances objetivas: esa declinación es muy frecuentemente el efecto de una caída en relación a las trayectorias personales o colectivas que ya estaba inscripta como potencialidad objetiva en la posición anterior y en la trayectoria que conducen a esa caída"[4].

Para comprender el concepto planteado por Bourdieu, vamos a plantear tres puntos esenciales, siguiendo los razonamientos de otro autor que hace una lectura interpretativa de Bourdieu, según Eckert (2005) para profundizar los objetivos de trabajar este concepto. El *primero* es que las interrupciones de Carrera afectan sobre todo las trayectorias de grupos sociales, aunque la interrupción sea un hecho personal y la encontremos en trayectorias individuales, afectan por el solo hecho de su ocurrencia a todo el grupo. Esto, sin duda no es igual para todos los grupos, hay grupos que son más vulnerables a la aparición de este tipo de conductas de interrupción. Muchas veces estos hechos están acompañados por algunos hechos sociales remarcables, que contribuyen a que esos grupos más vulnerables, tiendan a interrumpir sus Carreras.

El *segundo* punto a tener en cuenta es que los grupos profesionales, en general tratan de mejorar la posición adquirida o por lo menos de mantenerlas, de manera que las pugnas ocultas de cada grupo están muchas veces ligadas a las diferentes condiciones de quienes participan de cada grupo, sobre todo si tienen roles docentes o reproductivos de la base cognitiva de la profesión. Es allí que hay que buscar, las razones de las decisiones de algunos de interrumpir o abandonar, especialmente ante la decepción que proviene de las condiciones de ejercicio o de remuneración.

Por último, hay que ver si *las interrupciones* en estos grupos no aparecen como efectos de contagio asociados a situaciones históricas de expectativas que no son cubiertas, para cuando se cuente con el título o cuando ya se está en el mercado de trabajo.

Alguno de estos mecanismos son capaces de producir la interrupción de las trayectorias, pero hay que saber cuál se corresponde con el grupo que estamos analizando, para lo cual hay que poder caracterizar la evolución social particular, ver qué estrategias de reproducción o de mejoramiento utiliza y cuál es la posición social del grupo en el contexto social, sus estrategias educativas y sus prácticas educativas. En trabajos anteriores, se muestran con ejemplos estas diferencias en varias regiones del país como Río Cuarto, Avellaneda, Gral. Pacheco (Panaia, 2013).

---

4 Traducción propia.

Para seguir el razonamiento de Bourdieu[5] (1978) es importante recordar que

"entrar en la cursada y en la competencia por lograr el título, en fracciones hasta ese momento débiles, que utilizan la institución para mejorar su posición relativa, ha producido muchas veces el efecto contrario al buscado por esos grupos, ya que las instituciones aseguran las promociones justamente a los grupos que ya están afianzados y que invierten en educación y en titulación aumentando permanentemente la demanda de mayor educación y produciendo una suerte de inflación en los títulos".

Esto nos lleva a otro tema de importancia para la evaluación de las *trayectorias interrumpidas,* que es la valorización del título, el valor que le dan al diploma los grupos de las nuevas generaciones de profesionales y, especialmente el grado de expectativas que cumplen estos títulos cuando se llega a su ejercicio: nivel de salarios, prestigio social, posibilidad de continuar ejerciéndolo, posibilidad de acceder a cargos de poder. En el caso de las ingenierías, la duración de la carrera, las dificultades a enfrentar para terminarla y los bajos salarios que se obtienen en el mercado de trabajo para estas posiciones, contribuye muchas veces a desvalorizar el logro del título.

La *cronificación o aumento de la duración de carreras* es el efecto contraproducente a la ausencia de una racionalidad explícita de abandono de los estudios, que produce el alargamiento de la duración de la carrera, la aparición de grupos que interrumpen, porque no ven colmadas sus expectativas y la desvalorización de los títulos que se persiguen. Se puede considerar que un título tiene todas las *chances* de haber sufrido una devaluación en la medida que aumentan muy rápidamente los titulados y este aumento es más rápido que el acrecentamiento del número de posiciones en las cuales esos títulos tienen posibilidad de inserción (Bourdieu, 1978)[6]. De esta manera resulta fundamental aumentar la cantidad de posiciones en las que ese título tiene incumbencia.

Por último, los *cambios de carrera* pueden también ser producto de una definición lenta de las preferencias de los estudiantes y graduados o incluso si este es en principio vago, el mandato familiar o la expectativa de cómo será su vida laboral y personal cuando ejerzan la profesión elegida, funciona como el motor que moviliza el proceso y las secuencias dentro del mismo. La frustración o el desencanto

---

5   Traducción propia.
6   Traducción propia.

de la carrera elegida provoca justamente una situación de tensión y conflicto que genera bifurcaciones en la trayectoria o abandonos de la carrera en curso para encontrar una solución a la tensión planteada, pero también puede resultar un factor de regresión, con el abandono de los estudios, sin encontrar un modelo alternativo suficientemente atractivo como para movilizar el cambio por otra carrera. A veces es la permanencia en una empresa que pertenece a otra especialidad, la que ocasiona el cambio de carrera o la posibilidad de ascenso a posiciones gerenciales, la que genera la necesidad de cambiar de orientación, para ampliar los conocimientos. También en este caso se muestra con exhaustivos ejemplos de distintas regiones del país, la mecánica de los *cambios de* carrera (Panaia, 2013).

Hay pocos estudios que consulten a los graduados cuando ya llevan varios años de graduados, para saber si la especialidad elegida cuando eran estudiantes favoreció o dificultó su ingreso al mercado de trabajo, su realización personal, o sus expectativas profesionales. Es difícil que los graduados o estudiantes universitarios renieguen de la importancia que tienen los estudios realizados, pero hay que profundizar en el éxito o fracaso de sus vidas para poder comprender si la especialidad elegida, fue la que le brindó más posibilidades de progreso o una elección distinta, le hubiera facilitado el camino. Es frecuente encontrar que las experiencias adquiridas en la práctica, a partir de la base cognitiva estudiada, son las que más marcan sus posibilidades de ingreso o cambio en el mercado de trabajo y que reconozcan, a posteriori, que deberían haber cambiado de carrera o de orientación, para tener más chances.

El *cambio de carrera* ayuda a comprender las expectativas y representaciones de los alumnos respecto de sus dificultades y ventajas para la inserción académica y profesional y de alguna manera comenzar a explicar las decisiones de abandono y de inserción en el mercado de trabajo, en una especialidad. En ese sentido el análisis de los cambios de carrera capta el momento en que se hace evidente *"la inadecuación"* entre las expectativas de los estudiantes, siempre cambiantes, y aquello que determinada carrera pueda ofrecerles en términos posibilidades de empleo e ingresos (Panaia, 2013).

En realidad, este tipo de decisiones, lo que pone en cuestión es la capacidad del sistema de formación actual de llevar a los jóvenes a tomar decisiones acertadas, para lograr su posterior inserción profesional o por lo menos en el mundo del trabajo. ¿Una mala elección de la especialidad puede ser la causa del fracaso de una parte de los jóvenes en terminar sus estudios o lograr un empleo? Hacer una conclusión lineal, nos llevaría a negar la complejidad de las representaciones individuales sobre la relación entre la formación y el empleo y sobre las decisiones de elección de especialidad que realizan los jóvenes (Panaia, 2013).

La eficiencia institucional interna

Es frecuente en la literatura sociológica la asociación entre el enfoque de la regulación institucional y los modos de socialización propuestos de los comportamientos estudiantiles, especialmente asociados al fracaso universitario y a los dispositivos institucionales de lucha contra el fracaso, el modelo pedagógico universitario y su posición en el conjunto de las instituciones de Educación Superior.

Sin embargo es imposible separar los logros estudiantiles de los planteos institucionales, que aparecen reflejados en la relación que los estudiantes tienen con el futuro, es decir, de la posibilidad que ellos tienen de identificar un futuro profesional deseable en el abanico de orientaciones posibles.

En términos institucionales la cantidad de dispositivos y actores encargados de luchar contra el abandono universitario son numerosos, casi todas las instituciones tienen alguno adaptado a sus objetivos y misiones como formadores, pero rara vez se logra unificar y evaluar resultados interinstitucionales.

Ya en el tránsito de los dos primeros años, los síntomas de abandono funcionan como un proceso de identificación y aprendizaje de la identidad estudiantil por la individualización creciente de conductas dentro de un nuevo colectivo, donde existen distintos estilos de vida y de valores, el alejamiento relativo del hogar, a veces la mudanza a otra ciudad, la importancia de los mandatos familiares y el sentido y centralidad que se le da a la continuidad de los estudios, la mayor o menor conciencia de la elección de los estudios y del acompañamiento o no de grupos ya conocidos de pares (Dubet, 2005; Panaia, 2013).

Sigue existiendo el prototipo de *estudiante aplicado o estudioso*, centrado fuertemente en el estudio, que encuentra siempre la manera de cumplir con lo demandado por los profesores. En algunos ámbitos existen profesores que funcionan como referentes y en cambio en otros, los profesores resultan inaccesibles o ya no funcionan como modelos institucionales. Por otra parte, esto tiene importantes variaciones por institución, por carrera y por región y hay muy pocos estudios sobre estas identidades y sus modificaciones en el tiempo (Panaia, 2015a).

Los resultados de los distintos Laboratorios MIG, aportan un buen ejemplo de estas variaciones en las distintas geografías del país, en carreras técnicas y carreras generalistas; cómo van variando el peso de las dimensiones centrales en el mantenimiento y consecuencia de la cursada, la impronta de los distintos modelos docentes e institucionales en los abandonos de carrera, en el cambio de orientaciones, en las interrupciones de los estudios, etc. En los últimos años de carrera pasa a ser más definitorio la experiencia acumulada, la continuidad de los estudios, el sexo y la mayor formación de los padres (Panaia, 2013). En los primeros años la falta de control de los tiempos de los estudiantes, que quedan librados a su criterio bajo la forma del voluntarismo, muestra una forma de descuido institucional, que debe por lo menos ser repensado, para no convertirse en una persecución absurda y tampoco anular los valores intelectuales críticos, relativizándolos, pero que es importante que acompañen la construcción del proyecto de carrera de los estudiantes que están iniciándose en un mundo distinto al que conocían del secundario.

En la construcción de sus propias trayectorias biográficas, que se recolectan articuladas con los cuestionarios longitudinales en los Laboratorios MIG, los estudiantes se afianzan como sujetos capaces de definir sus propias reglas, de compararse con sus pares, de tomar sus propias decisiones y adoptar sus propias conductas y se perciben como sujetos capaces de auto-controlarse y de asumir su propia libertad. En la definición de los perfiles de los abandonadores es crucial diferenciar las dimensiones significativas en los primeros años en que el devenir convierte a los ingresantes en estudiantes universitarios y las dimensiones de su propio proyecto que el estudiante va definiendo en la medida que avanza en la carrera y se va percibiendo con un futuro profesional.

Las dimensiones que permiten analizar la construcción de estos primeros perfiles de abandono —tanto el de los primeros dos años, como el de los últimos años— están basadas en las biografías que se realizan de estudiantes en distintas regiones del país: el origen social, la formación de base, el mandato familiar y la centralidad de los estudios como actividad. Estas biografías se dan en un campo de fuerzas institucionales, que otorgan cierta racionalidad externa al individuo, pero que también generan inercias. Se considera que en la medida que se va definiendo el proyecto profesional, tiene más peso en la racionalidad de las decisiones estudiantiles la eficiencia de sus estudios en relación al mercado profesional o de trabajo en el cual va a participar (Panaia, 2013). Sin embargo, no siempre la racionalidad institucional acompaña ese proceso abriendo nuevas posibilidades al estudiante que está definiendo su proyecto o manteniendo inercias poco activas para acompañarlos al título.

Esto lleva por un lado, a separar lo que se llama *tiempos institucionales*, que son estructurados, organizados, planificados y el *tiempo de la urgencia o de los acontecimientos*, de la acción inmediata, de la intervención social o médica sobre lo que se podría llamar los problemas inmediatos a resolver y que por definición no es ni previsible, ni planificable sino funcionalmente reactiva y contingente (Dubar, 2004). O en su defecto, como señala Fieulaine (2007), estudiando la precariedad, lo que se convierte en inestable es la inserción, la inestabilidad del empleo, esa inestabilidad que se convierte en una amenaza se instala en todos los ámbitos de la vida y plantea los *tiempos de urgencia* y los *tiempos de proyectos*. Las situaciones pueden ser precarias en términos de empleo, de vivienda, de ingresos, de protección social y esto lleva a una fragilización social, desconocida por la institución y que puede presionar hacia el abandono de los estudios privilegiando las necesidades de empleo o ingresos.

La situación de inseguridad sobre el porvenir, pero sobre todo aparece una fragilidad biográfica que implica, rupturas, cambios o discontinuidades que afectan las trayectorias sociales de los individuos. Esta lógica se transmite a todos los ámbitos de la vida y esto aparece como *tiempos de proyectos*, momentos de la trayectoria donde se puede planificar, proyectar, pensar las articulaciones de un plan de vida y recomponer el pasado y *tiempos de coyuntura*, donde solo es posible pensar en resolver problemas inmediatos y no se los puede ver en perspectiva. Así *los tiempos de los proyectos* tienen mayores grados de libertad, se permiten analizar perspectivas futuras y pueden tener intencionalidad para unir experiencias pasadas en relación a un futuro que se anticipa , en cambio el *tiempo de urgencia*, si se mantiene en el tiempo, si no logra superarse, tiene inevitablemente consecuencias en el futuro.

Como señalan estos autores los *tiempos institucionales* se apoyan sobre las normas, las rutinas y los procedimientos; mientras que los *tiempos de urgencia* son generalmente improvisados, movilizantes, apelan a la inventiva y son instantáneos, por eso agrega Dubar (2004), que son también *tiempos existenciales* porque hacen un llamado a la autenticidad, a la ética personal y al compromiso con los otros.

El tiempo de los jóvenes resulta un buen ejemplo para mostrar estas temporalidades, mientras están estudiando en una institución, se puede trabajar con ellos sus alternativas, sus perspectivas futuras, comprender con ellos su proyecto de vida; en cambio el joven víctima de rupturas familiares, del desempleo de los padres, de la pobreza, del abandono de sus estudios, no tiene posibilidades de mantenerse en esa situación y la abandona para resolver la urgencia, el problema, la pobreza, la inestabilidad, etc. También la búsqueda de la inmediatez del placer puede producir este efecto. También la falta de programas institucionales que contemplen este tipo de acompañamientos o que reflexionen poco sobre los efectos de sus propios proyectos institucionales sobre la situación del colectivo de estudiantes, puede agravar las tendencias al abandono de los estudios.

Estas temporalidades no son una novedad para las Ciencias Sociales, están muy relacionadas con la larga duración, el tiempo de las instituciones y con el corto plazo el tiempo de los acontecimientos, de la inmediatez, las de la estructura y las de la coyuntura. El tema es ver cómo se operacionalizan estos conceptos en las nuevas temáticas que nos preocupan, como el abandono, la inserción y de la identidad de los jóvenes o la reinserción de los desempleados, o en las poblaciones migrantes, informales o excluidas que han visto tan fragilizadas sus trayectorias biográficas.

Resulta interesante agregar aquí la perspectiva de Nicole-Drancourt (1994) que encuentra una nueva herramienta a la gestión de los tiempos de vida, más frecuente tal vez en las biografías de mujeres que es el *"tiempo de sí"* y que justifican en muchos casos decisiones de empleo parcial, de cambio de empleo, de abandono de los estudios causada por una *"actividad vital"*.

También es importante considerar, que esos tiempos individuales o institucionales no siempre son acordes o guardan coherencia con las *temporalidades sociales* (1996) y entonces puede ocurrir que aunque individualmente se esté en condiciones de cumplir con los objetivos planteados, las personas se preguntan qué sentido tiene proyectar y pensar en un futuro a largo plazo. Si bien la inscripción de los tiempos individuales en los tiempos colectivos son condiciones indefectibles de la *temporalidad social*, la falta de concordancia entre los tiempos individuales y colectivos, imposibilitan la conformación del sujeto socio-histórico. La Argentina que ha pasado por períodos de fuerte inestabilidad institucional o económica refleja claramente en las historias estudiantiles, efectos de este tipo. El trabajo longitudinal, que permite analizar las consecuencias en cada generación, permite mostrar los efectos diferenciados en las trayectorias de abandono de la *Década menemista*, los efectos en la *Generación de Malvinas*, etc. (Panaia, 2006).

La eficiencia institucional externa

En Argentina hay pocos estudios generalizados sobre los cuadros temporales sociales e institucionales de los modos de aprendizaje y los valores ligados al trabajo y al estudio, que son los que permitirían encuadrar la orientación de la institución en relación al problema del abandono y de las tensiones que genera en la inserción laboral.

La apertura de la universidad a nuevos estudiantes socialmente menos favorecidos y escolarmente menos seleccionados da lugar a la desigualdad, de una nueva forma. La de un sistema *"segmentado"* que jerarquiza los individuos en función de su institución de formación. La desvalorización de los diplomas de la universidad, es en principio el desclasamiento de las formaciones más abiertas y más democráticas desde el punto de vista de su reclutamiento social. Y si los recorridos de inserción son cada vez más complejos es también porque la enseñanza superior es más compleja en su diferenciación (Feluozi, 2008: 17). De hecho, el crecimiento de las matrículas en los establecimientos del sector público, pero también el privado dan cuenta de una mayor diversificación de carreras y modalidades de gestión y diferentes momentos de crecimiento por región del país, sumadas a la masificación de la matrícula. Mientras que el crecimiento de la matrícula no se ve acompañado por un crecimiento de la cantidad y de la calidad de la formación docente necesaria para encarar esta mayor diversidad (Panaia, 2015a).

La evolución del reclutamiento social y escolar en la universidad, según los *"herederos"* (2003) está cada vez más centrado en la socialización y la adaptación de los estudiantes al sistema universitario, pero la universidad presenta una suerte de extrañeza para los estudiantes, especialmente para aquellos que constituyen la primera generación de universitarios de sus familias de origen, en que el nivel cultural no les permite comprender los implícitos de la comunicación pedagógica.

Para Dubet (2007) la desacralización de la educación también modifica la relación de deber y obediencia por el diálogo a pesar de que este diálogo siempre es jerarquizado por la relación de poder, pero que reconoce una personalidad, una singularidad y una autonomía del estudiante. Para Dubet, en la ruptura del acuerdo pedagógico del *"programa institucional"*, es el propio docente el que construye el marco simbólico de la actividad. Este trabajo plantea matices con esas posturas, porque el docente nunca está solo para construir un marco simbólico, siempre hay detrás una institución. Que ésta no sea única, ni sagrada, que haya grandes variaciones y heterogeneidades en el campo institucional no quiere decir que toda la responsabilidad caiga sobre el docente. En el análisis que se plantea en este trabajo, lo que varía es el nivel de compromiso que tiene el docente con la institución y sus estrategias de socialización y su compromiso con el alumno en el proceso mismo de realización de su trabajo de co-producción (Panaia, 2015a).

Lo que sí es posible es que el grado de inestabilidad y rotación del personal docente, los bajos salarios, la forma de ingreso a la docencia formal e informal, pueden incidir en los grados de compromiso e identificación de los docentes con las estrategias institucionales de socialización. En este marco, el desafío que se plantea es que el docente debe lograr con su propio compromiso la adhesión y el compromiso de los estudiantes para producir un eficiente proceso de aprendizaje y de acompañamiento al título. Las instituciones funcionan como campos de fuerza que controlan, socializan y ayudan a construir la subjetividad (Ortiz Cárdenas y Martínez Flores, 2010). Estas construyen caminos propios de socialización, mediante estrategias con las que se interiorizan valores porque contienen referentes simbólicos míticos y rituales.

Para Dubet (2007) la institución tiene la función de instituir y de socializar. Entonces la institución es definida por su capacidad de lograr un orden simbólico y de formar un tipo de sujeto ligado a este orden, de instituirlo y construir una cultura de la subjetividad de los individuos donde se *"institucionalizan"* valores y símbolos porque instituyen una naturaleza social en la naturaleza que traen los individuos. Autores como Dubet (1994) señalan tres dimensiones a considerar, el *proyecto*, la *integración* y la *vocación*, sin hacer distinciones temporales en la construcción de esta identidad.

Los resultados de los distintos Laboratorios MIG, aportan un buen ejemplo de estas variaciones en las distintas geografías del país y cómo van variando el peso de las dimensiones centrales en el mantenimiento y consecuencia de la cursada, cómo pesan los distintos modelos docentes e institucionales en los abandonos de carrera, en el cambio de orientaciones, en las interrupciones de los estudios, etc. En los últimos años de carrera pasa a ser más definitoria la experiencia acumulada, la continuidad de los estudios, el reconocimiento de un proyecto profesional propio, el sexo y la mayor formación de los padres (Panaia, 2013).

La institución tiene un rol fundamental en la salida sin diploma de la universidad y también en el acceso a una mejor inserción en el mercado de trabajo: la selección de los mejores por sus aptitudes naturales, de los estudiantes calificados, de los más destacados es un modelo de comportamiento habitual en todas las especialidades. Este interés institucional en atraer una gran cantidad de estudiantes para luego seleccionar a los mejores, marca una primera forma de selección de la mano de obra. También explica que muchas instituciones no tengan ningún tipo de cuidados para el seguimiento de las dificultades y problemas que tienen las poblaciones estudiantiles más frágiles. Las diferencias de financiamiento de la Educación Superior, también contribuye a que el efecto de selección se concrete más en el primer ciclo de estudios ya que el *costo de oportunidad* plantea mayores tensiones a los más pobres.

Las características de masividad universitaria pueden disminuir la sensación de barrera infranqueable para muchos jóvenes desfavorecidos y permitirles el ingreso a la universidad y la integración a la comunidad universitaria, lo cual resuelve un enorme desafío para estos jóvenes de origen más precario, pero como plantean Bourdieu y Passeron (1996), la desigualdad se plantea mucho más que en el acceso a la educación, en términos de eliminación o dificultades en la permanencia. Frente a la multiplicación del número de graduados universitarios, hay una disminución del rendimiento de los diplomas, con lo cual muchos estudiantes frente al fracaso o las largas permanencias en la institución cambiarán sus objetivos en búsqueda de logros inmediatos, de inserción rápida, del rápido acceso a los bienes materiales y culturales y abandonarán la institución.

Dubar (2004) construye lo que él llama modelo tetracrónico de temporalidades donde cruza dos dimensiones heterogéneas que son 1. el modo de construcción; y 2. el modo de apropiación de la síntesis, analizando la correspondencia entre las disyunciones *institucional/ de acontecimientos*, por un lado, y *social/biográfica*, por el otro. Llega a estos resultados separando dos regímenes o formas de apropiación de las temporalidades construidas por las instituciones o las organizaciones: *una temporalidad social individualizada*, es decir, apropiada y puesta en práctica por los individuos, transfiriendo las direcciones a iniciativas de los asalariados, según sus estrategias de actividad para atender los resultados y lograr cierta eficiencia y una *temporalidad social normalizada*, definida y controlada de manera normativa y uniforme, mucho más desarrollada y que se impone más que la anterior, siempre en el marco del aumento de la competitividad, de la maximización de los resultados y del aumento de la productividad y que no afectan a todos los trabajadores de todas las categorías por igual y menos aún, si son mujeres.

Para la distinción entre *temporalidades biográficas y sociales* Dubar (2004) sostiene que también es posible reconocer diferentes regímenes reconociendo por lo menos dos: 1. un *régimen de apropiación individualizada o flexibilidad temporal*, que implica poder anticipar la carrera, proyectar el futuro del ciclo de vida, gestionar las incertidumbres y oportunidades en el mercado de trabajo; y 2. un *régimen de apropiación normalizada o régimen de temporalidad burocrática*, basada en la antigüedad, en las especialidades de cada empleo, en la promoción, la edad de retiro.

Según este autor, tomar estas dos formas de temporalidades permite abarcar el nivel *"macro"* de más larga duración de las instituciones normalizadas que se imponen por sobre los individuos y el nivel *"micro"* más contingentes, pero también más personales, aunque en realidad muchas de las decisiones se toman en el nivel intermedio entre las temporalidades individuales y las sociales. Justamente es el nivel intermedio u *"horizonte temporal"* en el que se sitúan la mayor parte de los estudios, aunque muy frecuentemente se limitan a estudiar la larga duración institucional o, en el otro extremo los acontecimientos personales de una vida en particular.

Algunas reflexiones finales

Actualmente, los estudios de articulación micro/macro utilizando los conceptos de *temporalidades personales, institucionales y sociales*, son imprescindibles para comprender las motivaciones y finalidades de los procesos sociales de sociedades fragmentadas y complejas y para ello es fundamental incluir la evaluación estadística del tiempo en los cómputos sociales.

Por otra parte, el acceso al empleo de los graduados de la Educación Superior es hoy uno de los criterios de evaluación de las universidades, una de sus misiones fundamentales pasa a ser *"la orientación y la inserción profesional"* de los estudiantes. Las misiones de las universidades no se limitan pues a la producción y la difusión del conocimiento y de los saberes, sino que se extienden además al campo de aplicación profesional, a la formación profesional y los procesos de profesionalización y comprende la formación inicial. En Argentina no existen muchos estudios sobre la inserción de los titulados universitarios y menos aún sobre la inserción de aquellos que abandonaron la universidad sin lograr su título, ya que esto implica seguimientos por varias décadas de las trayectorias de los estudiantes y graduados y su relación con los cambios ocurridos en cada región y en cada etapa histórico-política y socio-económica del país.

De los estudios realizados por los Laboratorios MIG, en el territorio, podemos afirmar que además es muy diferente el proceso de inserción y la calidad del empleo lograda según las profesiones, el grado de institucionalización de la misma y las características de la demanda de calificaciones. Por otra parte, las estadísticas propias de la educación superior tampoco dan cuenta de estos fenómenos, porque están más preparadas para controlar los stocks, que para mostrar flujos y trayectorias, de manera, que aunque hoy en día esa prioridad es reconocida, es casi imposible reconstruir los procesos que dieron lugar a la situación actual y al mismo tiempo prever cómo se desarrollarán estos procesos de aquí en más.

Las estadísticas deberían poder aportar elementos de juicio para conocer cuáles son las características de la demanda que han ido variando para orientar a las instituciones educativas sobre la marcha del mercado y los lugares que ocupan los universitarios que no logaron su título.

Hoy en día, las desigualdades entre las universidades se miden por las diferencias de las tasas de egreso de los estudiantes en función de la serie de sus bachilleratos y en la calidad de sus inserciones posteriores al logro del título universitario o al abandono sin el título universitario. Sin embargo, se observa que la institución educativa profundiza y reproduce las diferencias de origen, en lugar de borrarlas. A ese nivel de formación, los recorridos escolares en el secundario han transformado las desigualdades sociales en desigualdades educativas.

Existe poca reflexión al interior de las unidades académicas sobre la organización económica e industrial en que se insertan las especialidades de ingeniería u otras profesiones que dicta y menos aún de los actores de distintos segmentos del mercado de trabajo que participan en la inserción de sus egresados y la capacidad de retención que tiene la zona, de los estudiantes y graduados que forma. Independientemente de la movilidad territorial que significa un país tan grande como la Argentina, el desarraigo que plantea a los estudiantes y graduados la imposibilidad de ejercer en sus regiones de origen o alejados de sus familias, es poco considerada en las instituciones educativas superiores.

Por otra parte, la vinculación entre las estadísticas de educación-trabajo permite una relación fundamental para comprender los procesos de inserción y los itinerarios profesionales. Actualmente, el miedo al desempleo y la pérdida de la estabilidad aparece como una sombra permanente en las decisiones de abandono de los estudios y/o en su continuidad, así como en muchas de las decisiones de cambio de trabajo y cambio de carrera, según cuál sea la prioridad que define la decisión.

En el caso argentino, se considera que es un factor decisivo para la continuidad de los estudios la lucha contra la permanente crisis económica del país y los bajos salarios, así como las crisis productivas y resulta muy difícil poder vincular las estadísticas de estos ámbitos.

Por último, la enseñanza superior, tiende hacia una visión más amplia que incluye la empleabilidad y las competencias tanto profesionales como sociales, porque tiene que adaptarse a un contexto de desempleo, de crisis económica y de altas tasas de fracaso en los primeros años universitarios y con los estudiantes que no completan el ciclo universitario, tienen como nueva misión la orientación y la inserción profesional, tienen que complementar competencias generales útiles en el mercado de trabajo y competencias disciplinarias específicas que favorezcan la inserción en la vida activa.

Bibliografía

Bouffartigue, P. (1994) "Ingénieurs débutants à l'épreuve du modèle de carrière. Trajectoires de socialisation et entrée dans la vie professionnelle", *Revue Française de Sociologie* XXXV.

Bourdieu, P. (1978) "Classement, déclassement, reclassement", *Actas de la recherche en sciences sociales* N° 24, París.

Bourdieu, P. (1988) "La ilusión biográfica", *Razones Prácticas*, Granica, España.

Bourdieu, P. y Passeron, J.-C. (1996) *La Reproducción*, México, Fontamara.

Bourdieu, P. y Passeron, J.-C. (2003) *Los herederos. Los estudiantes y la cultura*, Argentina, Siglo XXI Editores.

Coulon, A. (1997) *Le Métier d'étudiant : l'entrée dans la vie universitaire. Le Métier d'étudiant : l'entrée dans la vie universitaire*, París, PUF.

De Coninck, F. y Godard, F. (1991) "Les stratégies temporelles des jeunes adultes", *Enquête 6*, CNRS EHESS-UP-UAPV (pp. 6-19).

Dubar, C. (2004) "Régimes de temporalités et mutation des temps sociaux", *Temporalités* N° 1 (pp. 100-119).

Dubet, F. (1994) "Dimensions et figures de l'expérience étudiante dans l'université de masas", *Revue française de sociologie* 35-4, Monde étudiant et monde scolaire (pp. 511-532).

Dubet, F. (2005) "Los estudiantes", *Revista de Investigación Educativa* N° 1 (julio-diciembre), México, Universidad Veracruzana (pp. 4-88).

Dubet, F. (2007) "El declive y la mutación de la institución", *Revista de Antropología Social* 16 (pp. 39-66).

Eckert, H. (2005) *Declassement: de quoi parle-t-on?* Net. Doc. 19, Cereq, Marseille, noviembre.

Erikson, E. (1966) *Infancia y Sociedad*, Buenos Aires, Paidós.

Feluozi, G. (2008) "Des mondes incertains: les universités, les diplômes et l' emploi", *Formation et Emploi* N° 101, Numéro Anniversaire (pp. 135-147).

Fieulaine, N. (2007) "Temps de l'urgence, temps du projet: la rencontre des temporalités dans le recours aux soins et à la aide sociale en situations de précarité", *Mission Régionale d'Information sur l'Exclusion*, Rhône-Alpes, Janvier.

García, S. (2011) "Déscolarisation universitaire et rationalités étudiantes", *Actes de la Recherche en Sciences Sociales* N° 183 (pp. 48-57).

Godard, F. y Cabames, R. (1996) "Uso de las Historias de Vida en las Ciencias Sociales", *Centro de Investigaciones sobre Dinámica Social Serie II*, Bogotá, Universidad del Externado de Colombia, julio.

Gury, N. (2007) "Les sortans sans diplôme de L'enseignement supérieur: temporalités de l'abandon et profils des decrocheurs", *L' orientation scolaire et professionnelle* vol. 36, N° 2 (137-156).

Nicole-Drancourt, Ch. (1994) "Mesurer l'insertion professionnelle", *R. Française de Sociologie* XXXV (37-68), París.

Ortiz Cárdenas, J. y Martínez Flores, R. (2010) "Las instituciones como campos de fuerzas que controlan, socializan y subjetivizan", *Veredas Especial*, México, UAM-Xochimilco (227-240).

Panaia, M. (2006) *Trayectorias de ingenieros tecnológicos*, Buenos Aires, Miño y Dávila-UTNFRGP.

Panaia, M. (coord.) (2011) *Trayectorias de graduados y estudiantes de ingeniería*, Buenos Aires, Biblos.

Panaia, M. (coord.) (2013) *Abandonar la Universidad con o sin título*, Buenos Aires-Madrid, Miño y Dávila.

Panaia, M. (2014) "La inclusión social, a partir de las formas de ingreso a la universidad y las trayectorias de sus estudiantes y egresados", ponencia presentada en el PRE-ALAS, PATAGONIA, Calafate, mayo.

Panaia, M. (coord.) (2015a) *Universidades en movimiento. Generalistas o profesionalizantes*, Buenos Aires, Madrid, Miño y Dávila Editores.

Panaia, M. (2015b) "Ser estudiante", *Revista de Docencia Universitaria* vol. 13, N° 2 junio-agosto, Santiago de Compostela, España, RED-U.

Prieto, L. (2010) Informe de horas de investigación dirigido por la Dra. Marta Panaia para aspirar al título de Lic. de la Carrera de Sociología, Facultad de Ciencias Sociales, (mimeo), sin publicar.

Sarfatti Larson, M. (1977) *The Rise of Professionalism*, Berkeley, University of California Press.

Secretaría de Políticas Universitarias (SPU) (2011) *Anuario Estadístico*, Argentina, ME, SPU.

SPU (2014) Síntesis de la Información de la Secretaría de Políticas Universitarias 2013-2014, ME, SPU.

Capítulo 3

Tiempos simultáneos: estudio y trabajo[1]

Marta Panaia

L os estudiantes frecuentemente declaran trabajar durante el tiempo que estudian en el secundario o en la universidad. En el caso de la Universidad Tecnológica Nacional (UTN), esto es además un requisito que justifica la cursada nocturna, pero que ha tenido importantes consecuencias en la vida profesional posterior.

La democratización de la enseñanza superior, el alargamiento de la duración de los años de escolaridad, la aproximación entre la escuela y la empresa, la valorización de la experiencia profesional y el propio discurso de la empresa, la abundancia de pequeños trabajos ligada a una gran flexibilidad del mercado de trabajo, la búsqueda de autonomía financiera de parte de los jóvenes, ya sea por razones socio-económicas para explicar la expansión del trabajo estudiantil y para complementar la ayuda de los padres. Sin embargo, hay pocas indagaciones sobre cómo se articulan estos dos tiempos, el del trabajo y el del estudio.

El trabajo en el curso de estudios secundarios es más frecuentemente considerado, por los estudiantes, como *"pequeños trabajos"* o *"trabajos alimentarios"*, muchas veces sin vinculación con los estudios seguidos y sin valor en una perspectiva profesional. El objetivo esencial de esos trabajos es procurar un complemento de presupuesto y ayudar a sus padres en la inversión que hacen para sus estudios, así como disponer de algunos medios para necesidades inmediatas.

---

1 En este trabajo se revisitaron los siguientes artículos: "El trabajo en el curso de estudios en dos Facultades de Ingeniería: el caso de UTN-Gral Pacheco y Universidad Nacional de Río Cuarto", publicado en *Inserción de Jóvenes en el mercado de trabajo*, Buenos Aires, La Colmena, 2009 y Panaia, M., Formento, C. y Massetti, A. (2006b) "Trayectorias emprendedoras de jóvenes graduados en ingeniería", Documento de Trabajo N° 4, Laboratorio MIG Regional Gral. Pacheco, Universidad Tecnológica Nacional, Noviembre.

Así, uno de los desafíos de este capítulo será establecer los tiempos comprometidos por una y otra actividad hasta lograr el diploma, y sus continuidades en el período posterior que puede significar una mejor inserción en el mercado de trabajo.

Las reflexiones se basan en el trabajo de campo[2] realizado en tres zonas diferentes del país, para carreras de distintas especialidades de la Ingeniería: una Avellaneda, *zona industrial* en decadencia reconvertida a la actividad *energética y de servicios*, pero con restos todavía de la antigua actividad industrial; otra que se puede considerar una zona *en vías de industrialización*, pero con una fuerte base agro-industrial, en Río Cuarto en el sur de la Provincia de Córdoba; y una tercera que se puede considerar *industrializada*, la zona de mayor concentración industrial automotriz, en Gral. Pacheco (Partido de Tigre), en la Provincia de Buenos Aires.

Los tres trabajos de campo responden a años diferentes, pero dentro de la misma década y muestran como co-varían la situaciones de contexto históricos y económicos distintos y cómo se articulan trabajo y estudios, para una misma profesión con una metodología de relevamiento y procesamiento compatibles. Al ser una profesión homogénea, con distintas modalidades de cursada en universidades tecnológicas y nacionales, también se pueden observar los efectos académicos sobre el uso del tiempo de trabajo durante el curso de los estudios.

En varios trabajos anteriores se analizan las demandas de calificaciones de las empresas, las ramas de actividad de los estudiantes y otras variables que surgen del campo. En este caso lo que se analiza es el proceso temporal de los estudiantes que trabajan durante el período de estudios.

En *primer* lugar se muestran las diferencias entre las tres zonas: zonas industrializadas y agro-industriales o de servicios.

En *segundo* lugar se muestra que la condición de actividad de los estudiantes es significativa en relación a la superposición de actividades laborales y formativas.

---

2   El trabajo de campo en la zona de Gral. Pacheco, se utilizaron bases compatibilizadas en 2006 que abarcaron 557 casos para el caso de la situación de independientes (Panaia, Formento, Massetti, 2006) y para el relevamiento de alumnos, realizado por el Laboratorio MIG durante 2000 y abarcó 767 casos de una base renovada por muestra en panel. En Río Cuarto se utilizó el relevamiento realizado por el Laboratorio MIG en 2005 y abarcó 1300 casos. En el caso de Avellaneda el trabajo de campo se realizó en 2006 en el caso de los alumnos, con un total de 923 casos (Simone, Pazos y Wejchenberg, 2009). En los tres Laboratorios se trabaja con técnicas longitudinales y biográficas, por los que los datos son absolutamente comparables desde el punto de vista de la metodología de relevamiento y análisis (todos bajo mi dirección).

En *tercer* lugar se muestra la incidencia de estas superposiciones en el ciclo de vida de los estudiantes en cada una de las zonas.

Las características de las zonas encuestadas

En las últimas cuatro décadas la economía argentina ha cambiado su modelo de funcionamiento, con una mayor apertura de la economía y una especialización internacional todavía poco cristalizada, que demanda una creciente dotación de recursos naturales y una importante producción de bienes intermedios. En ese contexto globalizado y muy heterogéneo, por las diferentes formas que adopta la reestructuración y las marchas y contramarchas de la política económica sobre el tipo de mercado de la Argentina actual, es muy difícil establecer cuáles son las estrategias de articulación del tiempo de trabajo durante el curso de los estudios de los estudiantes sobre todo de carreras técnicas y de larga duración. Es de hacer notar que los ingenieros, tienen una duración teórica de la carrera de 5 años desde la década de los 90, pero su duración práctica supera los 10 años promedio, lo cual significa que muchas veces abarca más de una etapa del ciclo de vida. El período en que se realizan los relevamientos de campo comienza en una crisis recesiva muy grave en 2001/2002, pero a partir de 2003 se presenta un período de expansión económica con una vuelta a la sustitución de importaciones, con un mercado semi-protegido, y fuerte incentivo hacia las carreras técnicas.

La zona industrial de Avellaneda

El desarrollo de la actividad productiva se convirtió, en un elemento constitutivo de los partidos del conurbano bonaerense, especialmente los de la primera corona[3] entre los que se encuentra Avellaneda[4].

Sin embargo, si se observa al interior de la actividad industrial, el patrón de especialización heredado de la etapa de sustitución de

---

3   Actualmente, la denominada Región Metropolitana de Buenos Aires (RMBA) incluye a la Ciudad de Buenos Aires, a los 24 partidos del Gran Buenos Aires (definición utilizada por el INDEC) y a los partidos ubicados más allá pero que tienen fuertes interrelaciones con el resto de la metrópoli. Asimismo, los partidos de la RMBA se suelen agrupar en tres coronas o anillos de conurbación.

4   Según los últimos datos del Censo Nacional de Población, Hogares y Viviendas de 2001 (INDEC), el conurbano sur es un territorio mayormente urbano, donde viven unos 3.123.316 habitantes distribuidos de manera asimétrica dentro de la región, siendo Avellaneda uno de los partidos más densamente poblados, con 328.980 habitantes (Simone y Bolado, 2009).

importaciones no ha sufrido cambios significativos. En este sentido, la reestructuración de los años noventa, no logró reorientar la actividad industrial hacia un nuevo patrón de especialización, sino que debilitó seriamente la estructura existente provocando un fuerte retroceso.

El núcleo de especialización de la industria, está conformado por siete ramas que concentran el 55% del empleo. Estas son: química, productos de metal, plástico, automotores, textil, maquinaria y cuero (Rojo y Rotondo, 2006). A pesar de este deterioro, la actividad manufacturera sigue ejerciendo una influencia importante en el desarrollo de los distritos del conurbano. En el primer semestre de 2005 la industria concentra el 40% de los puestos de trabajo, superando a la media nacional que representa el 28%.

De este modo, la incidencia de la actividad industrial en la zona, se observa en la evolución del empleo, el desarrollo socioeconómico y la calidad de vida de los habitantes de la región. Toda el área Metropolitana constituye un centro de crecimiento que ocupa menos del 1% del territorio provincial y contiene cerca de los dos tercios de los habitantes y gran parte del Producto Bruto de la provincia de Buenos Aires.

La estructura industrial de la zona sur del conurbano bonaerense tiene predominio de pequeñas y medianas empresas, en su mayoría de desarrollo *"independiente"*, es decir, que no se desenvuelven como subcontratistas de firmas de mayor tamaño, ni forman parte de redes productivas. Presentan escasa vinculación con la infraestructura científica y tecnológica y tienen capacidades tecnológicas heterogéneas, razón por la cual plantean un desafío a la hora de estudiar las empresas y las características de su organización productiva, las diferencias sectoriales y su relación con la inserción de estudiantes y graduados de ingeniería. Los datos de la Secretaría de Industria del Ministerio de Economía y Producción de la Nación, a través de un monitoreo y relevamiento de PyMEs, en 2007 –Mapa PyME– arrojan que la cantidad de locales industriales de la provincia de Buenos Aires que declararan haber realizado inversiones, asciende de un 24% en el año 2003 a un 37% en 2005 y se mantiene en 2006.

La zona agro-industrial de Río Cuarto

El Departamento de Río Cuarto, ubicado en el extremo sudoeste de la provincia de Córdoba representa el 11% del total de la superficie de la provincia y el 9,1% de la población total de la provincia de Córdoba, que se aproxima a los 160.000 habitantes. Su producción representa un porcentaje importante del PBI de la provincia. Por otra parte, es la única universidad del sur de Córdoba, el resto de las universidades de la zona se encuentran ubicadas o en el norte de la provincia (Universidad Nacional de Córdoba; UTN-Regional Córdoba; UTN-Regional Villa María; Universidad Católica de Córdoba), o en el sur de Santa Fe (Universidad Nacional de Rosario; UTN-Regional Rosario; Universidad Católica de Santa María de los Buenos Aires de Rosario; UTN-Venado Tuerto; UTN-Regional Santa Fe; UTN-Rafaela; UTN-UA-Reconquista; Universidad Nacional del Litoral y la Universidad Católica de Santa María de Buenos Aires en Santa Fe) o en San Luis (Universidad Nacional de San Luis-sede de Villa Mercedes). También el CIC (Consejo de Investigaciones de Córdoba) se encuentra en el norte de la provincia.

Río Cuarto tiene un comportamiento central en el sur de la provincia y también como nudo de comunicaciones del MERCOSUR por su ubicación geográfica privilegiada para acceder a las rutas chilenas, pero además el MERCOSUR es el destino de algunas de las producciones del sector alimentario de la región[5].

Es una zona agro-industrial, con: 1. un *área vegetativa* típicamente agrícola y de industria alimentaria; 2. un *área dinámica* centrada en la industria metálica y un área de transformación poco desarrollada servicios, reparaciones y transporte. De acuerdo a los datos existentes se la puede definir como una *zona en proceso de industrialización* (UIA-Universidad de Bologna, 2002). No obstante, es una de las zonas más productivas de la actividad sojera y lechera.

Zona industrial de Gral. Pacheco

Es un Departamentos con predominio de actividades dinámicas (98 sectores) respecto de las vegetativas (75 sectores); flanqueada al Norte por una zona de partidos donde predominan las actividades vegetativas (58 sectores) sobre las dinámicas (45 sectores) y al Nor/Este por la zona del Delta, que es una región en transformación, con predominio de base económica forestal, agrícola ganadera, minera y turística, que requiere un amplio ordenamiento económico-administrativo y se separa fuertemente de la zona más típica de influencia de la Universidad Tecnológica.

---

5   Con las políticas macroeconómicas de apertura y convertibilidad, se acentúa la orientación exportadora de otras industrias de la alimentación tradicionalmente orientadas al mercado interno, surgiendo nuevos sectores exportadores: como bebidas gaseosas, lácteos, galletitas y bizcochos, vinos cacao y chocolate, pastas alimenticias, harinas, algunos preparados de frutas y hortalizas (aceitunas, aceites de oliva). En todos estos sectores, las exportaciones totales crecieron a tasas anuales acumulativas iguales o superiores al 25% y en muchos de ellos el principal y mayoritario destino ha sido el mercado brasileño. Cf. Gutman, G. 1999 [13].

Regional Gral. Pacheco se encuentra en el área noroeste de la zona más dinámica de esta regionalización, que abarca los partidos de Vicente López, San Isidro, San Fernando y Tigre que tiene una relación de 20 a 14 sectores dinámicos sobre vegetativos. Entre los sectores dinámicos se destacan la producción de papel (San Isidro), productos químicos (Vicente López, San Isidro y San Fernando), caucho (San Fernando) y plásticos (Vicente López y San Isidro). La siderurgia de base no se encuentra en el área (hierro y acero), pero tiene un importante papel en la base económica de la sub-región los productos metálicos, los aparatos eléctricos y el material de transporte (automotrices). Por último, como ocurre también en La Plata, la zona tiene importancia en la fabricación de equipos de tipo profesional y científico, instrumentos de medidas y control y aparatos fotográficos e instrumentos de óptica.

Condición de actividad de los estudiantes

El estudio de trayectorias laborales durante el período de estudios comprende el análisis de los diferentes trabajos que desempeñan los alumnos desde el ingreso a la UTN hasta el momento de la entrevista. Según la tipología *"situación ocupacional"*[6] (Massetti, 2006), los estudiantes pueden ser clasificados en base a su comportamiento en el mercado de trabajo a lo largo de toda su trayectoria, de acuerdo a la cantidad de empleos y a la existencia de superposición de los mismos.

Los *"tipos"* de inserción logrados son los siguientes: 1. Nunca trabajó; 2. Tuvo un solo empleo en toda su trayectoria laboral (Empleo único); 3. Tuvo más de un empleo con o sin períodos de superposición (Multi/Pluriempleo).

UTN. Facultad Regional de Avellaneda[7]

Del total de alumnos relevados de la cohorte 2007, en la regional Avellaneda, el 71% presenta trayectorias *"Multi/Pluriempleo"*, el 23%

---

6   El camino procesual seguido por Massetti (2006) relaciona la trayectoria educativa con la trayectoria laboral en términos de calidades de inserción en el mercado de trabajo. Estas calidades tienen que ver con: a. el tiempo que tardó cada individuo en insertarse en el mercado laboral; b. la permanencia en el empleo; y c. el régimen de contratación con estabilidad, por contrato o independiente.

7   Parte de los datos de este parágrafo fueron publicados en "El seguimiento de una cohorte de alumnos. Los recorridos académicos a cinco años del ingreso". Vanina Simone / Ivana Iavorski Losada / Lucila Somma / Darío Wejchenberg, DT Nº 7, Avellaneda, Octubre de 2013, UTN-FRA y en Simone, Pazos y Wejchenberg (2009) "Los alumnos de la UTN-Facultad Regional Avellaneda: entre el estudio y el trabajo", DT Nº 2, MIG-UTN-FRA, Mayo.

corresponde a alumnos con trayectorias de *"Empleo único"* y el 6% restante no ha tenido vinculación con el mercado de trabajo (es decir, con trayectorias *"Nunca trabajó"*).

Gráfico N° 1. Alumnos según situación ocupacional (n=103)

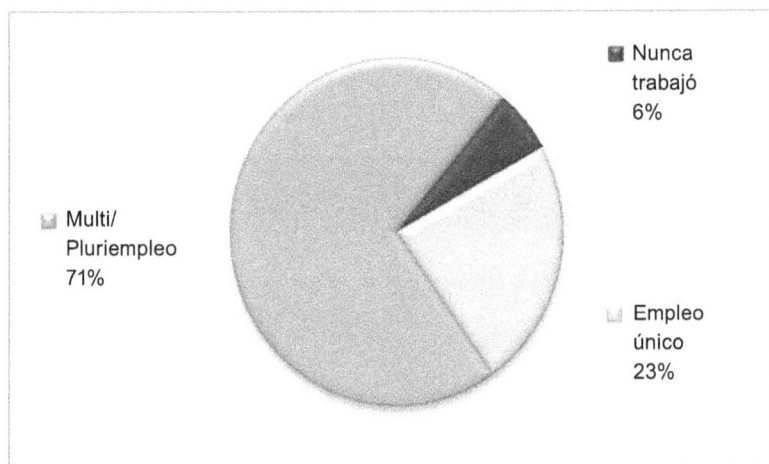

Fuente: Laboratorio MIG, UTN-FRA (2013).

Para esta cohorte, 7 de cada 10 alumnos tienen trayectorias laborales de más de un empleo y, de esos siete, dos presentan períodos de superposición de empleos.

En el caso de las situaciones de multiempleo es interesante analizar las características del primer empleo de la trayectoria y su comparación con el último empleo que registran al año del relevamiento (2012). De esta manera se concluye que los primeros empleos muestran mayores signos de fragilidad en el lazo con el mercado de trabajo (menor proporción de empleos estables, menor duración y mayor proporción de empleos en sectores no relacionados con la profesión y más ligados a la búsqueda de ingresos como el sector de comercio) comparados con los últimos empleos de la trayectoria, que al tratarse de alumnos no corresponde con situaciones de egreso o titulación.

Gráfico N° 2. Primer y último empleo de los alumnos con situación de *"Multiempleo"* según tipo de contratación (n=53)

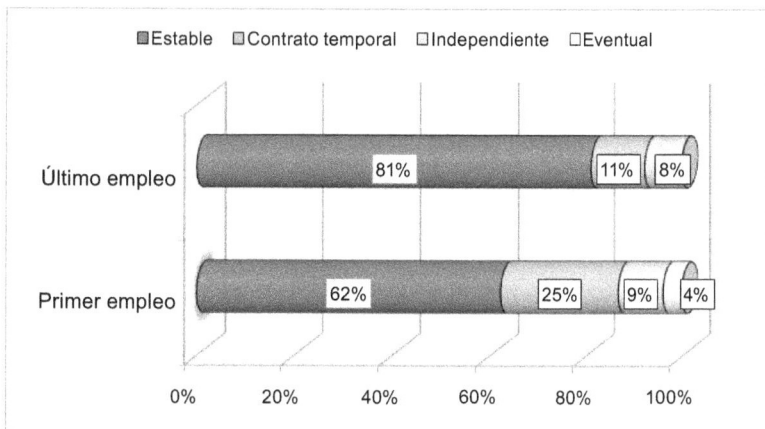

Fuente: Laboratorio MIG, UTN-FRA (2013).

Gráfico N° 3. Primer y último empleo de los alumnos con situación de *"Multiempleo"* según sector de actividad económica (Primer empleo n=51*; Último empleo n=53)

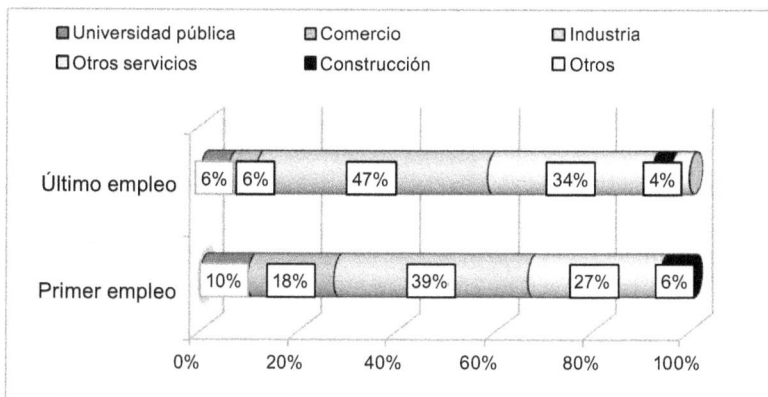

(*) En dos casos no se registra el sector de actividad debido a que se trata de trabajos eventuales (de tipo *"changas"*).
Fuente: Laboratorio MIG, UTN-FRA (2013).

El momento de ingreso muestra la forma en la que los alumnos combinan sus estudios con el trabajo. En términos generales y sin especificar el tipo de trabajo se observa que cerca del 40% del total de estudiantes se encuentra empleado al ingresar a la UTN. Aproximadamente un 20% de los casos se inserta durante el primer año de la trayectoria educativa y otra proporción similar (17%) lo hace en el tercer año, es decir que su primer contacto con el mercado de trabajo se desarrolla durante los estudios universitarios y no en forma posterior, luego del egreso. Esto indica que el proceso de inserción implica búsquedas, alternancia de períodos de trabajo y de períodos de búsqueda y, además, pone en juego las expectativas de quienes se quieren insertar en el mundo laboral y las limitaciones o márgenes de oportunidad del mercado de trabajo.

Los alumnos que en algún momento de su trayectoria han declarado trabajar en dos empleos o más en forma simultánea —pluriempleo— se dividieron en cuatro grupos de comportamientos típicos para esta población, a partir de la conjunción de tres variables: a) forma de contratación (estable - contrato temporal - independiente y pequeños trabajos/changas) de las actividades laborales que se combinan; b) duración de la situación de multiempleo; c) etapa de la trayectoria en que se presentan las superposiciones (Simone y Wejchenberg, 2013).

Estos gráficos muestran el proceso de estabilización de los alumnos en el mercado laboral y las similitudes y diferencias acerca de las características que asume la inserción laboral de los estudiantes de las distintas especialidades. La trayectoria laboral en el momento de estabilización de la inserción, utilizando como indicadores el tipo de contratación y el tiempo de permanencia en un mismo empleo. Para el tipo de contratación se consideran como parámetros tanto el empleo en relación de dependencia como las modalidades de trabajo en forma independiente; mientras que para el tiempo de permanencia se considera una duración igual o mayor a los dos años. Es decir, que el momento de la estabilización se presenta para un individuo cuando transcurre en un mismo trabajo (en relación de dependencia no eventual o en una actividad independiente) por un lapso mínimo de 24 meses (Panaia, 2006a) y se relacionan con la forma y el tiempo suficiente para adquirir una posición en el mundo laboral que permita asegurar la permanencia en la actividad (Simone, Iavorski, Pazos y Wejchenberg, 2009).

Gráfico N° 4. Alumnos según momento de inserción en el mercado de trabajo (n=97*)

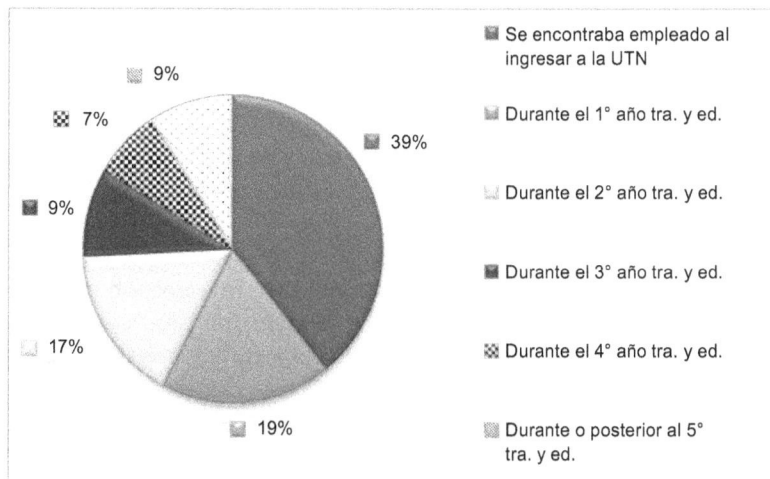

Se encontraba empleado al ingresar a la UTN — 9%

Durante el 1° año tra. y ed. — 39%

Durante el 2° año tra. y ed. — 7%

Durante el 3° año tra. y ed. — 9%

Durante el 4° año tra. y ed. — 17%

Durante o posterior al 5° tra. y ed. — 19%

(*) 6 casos no registran ningún empleo a lo largo de toda la trayectoria.
Fuente: Laboratorio MIG, UTN-FRA (2013).

Del total de alumnos de la cohorte 2007 relevados, excluyendo a quienes se mantienen inactivos durante toda la trayectoria, un 38% no se encuentra estabilizado aún, mientras que un 24% se encontraba trabajando y con muestras de estabilización al ingresar a la Facultad. El resto logra la estabilización en los años posteriores al ingreso, casi un 20% lo hace durante los primeros tres años y el resto entre el cuarto y quinto año de la trayectoria en la institución.

En los datos por carrera (ver Gráfico N° 5) se constata que las carreras de Mecánica y Eléctrica son las que tienen entre un 20% y un 30% sin estabilización, contra las demás carreras cuyas proporciones de "no estabilizados aún" rondan el 40%. Este dato coincide con los correspondientes a trayectorias laborales más estables para los alumnos de estas carreras con altas concentraciones de casos tanto en las categorías de "empleo único" y en las de "estabilizado al momento de ingresar a la Facultad" principalmente para los estudiantes de Ingeniería Mecánica.

Las características que asumen estos empleos de estabilización. Sus características son similares a las del "empleo único", se trata de empleos pertenecientes a mayoritariamente a dos sectores económicos: la industria manufacturera; y los servicios empresariales (consultorías y ensayos técnicos) y de correos y telecomunicaciones, englobados bajo la denominación de "*otros servicios*". De la industria manufacturera la rama que predomina es la de "*Productos de metal, excepto maquinaria y equipo*".

Gráfico N° 5. Alumnos por carrera según momento de inserción en el mercado de trabajo (n=97*)

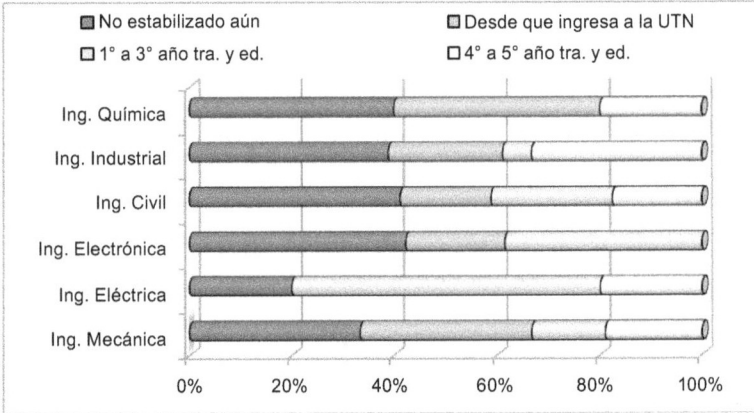

(*) 6 casos no registran ningún empleo a lo largo de toda la trayectoria.
Fuente: Laboratorio MIG, UTN-FRA (2013).

Gráfico N° 6. Composición de los empleos de estabilización según sector de actividad económica (n=60)

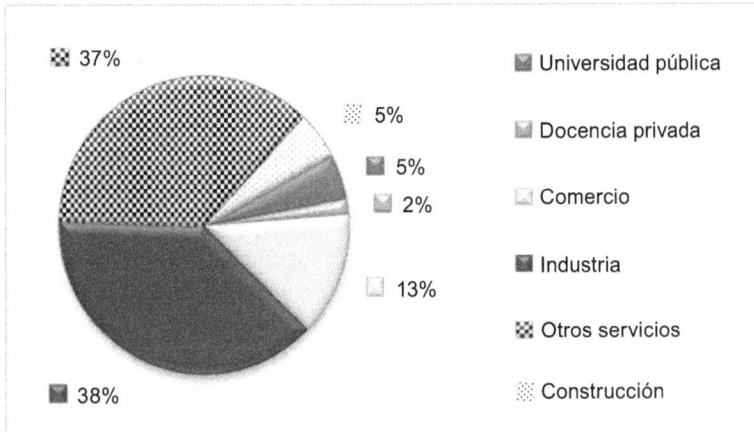

Fuente: Laboratorio MIG, UTN-FRA (2013).

Además, respecto de la duración de estos empleos, mientras que un 40% se extiende entre dos y tres años, otro 40% lo hace por períodos mayores a los cuatro años. Las carreras de Mecánica y Eléctrica son las que muestran mayor concentración de empleos con duraciones mayores a los cuatros años, seguidas por las carreras de civil, electrónica e industrial y por último con una proporción mucho menor la carrera de química.

Gráfico N° 7. Composición de los empleos de estabilización según duración (n=60)

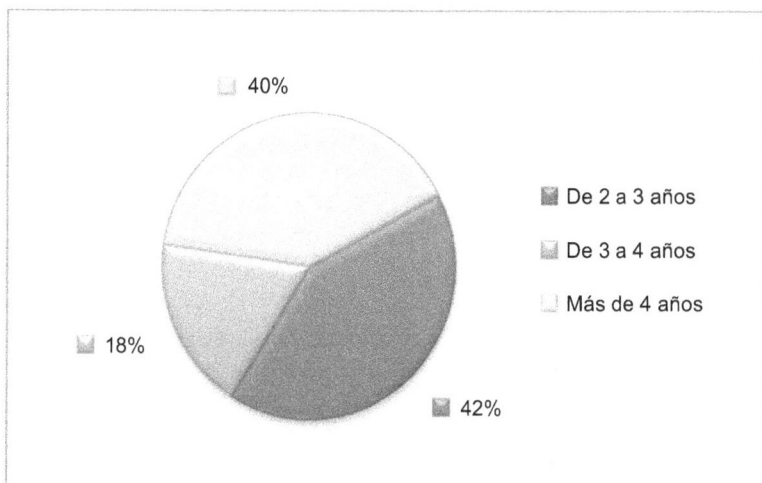

Fuente: Laboratorio MIG, UTN-FRA (2013).

Las trayectorias laborales y educativas, muestran algunas características de la condición laboral actual de los alumnos, es decir, al momento del relevamiento (2012). Como se observa en el Gráfico N° 7 es significativa la alta proporción de alumnos que trabajan, cercana al 90%. Se registra una baja cantidad de estudiantes que no trabajan pero buscan trabajo en forma activa (desocupados), mientras que un mínimo porcentaje se mantiene inactivo respecto al mercado laboral.

El ingreso temprano en el mercado laboral es una característica propia del alumno de la Regional, hacia el primer año de carrera el 59% del total de alumnos de la Regional se encontraba empleado (Simone, Pazos y Wejchenberg, 2009). Según estos autores, ya desde los primeros dos años de estudio la prolongación de la carrera es un fenómeno extendido en ambas especialidades siendo el trabajo el principal motivo de aquellos que cursan la especialidad de electrónica y el segundo más importante en industrial. En consecuencia, emerge la problemática de la inserción temprana y el lugar que se le da a la formación académica en la estrategia planteada.

En un trabajo posterior (Pazos, 2010)[8] también en la regional Avellaneda de la UTN se analizan tres grupos de control de alumnos: los alumnos que nunca trabajaron, lo que cuentan con un único trabajo a lo largo de su trayectoria y los que presentan multiempleo, es decir, más de dos empleos, en dos Carreras Industrial y Electrónica.

Los alumnos de industrial que nunca trabajaron constituyen el grupo de mayor peso (40%) pero por muy poca diferencia respecto a los casos con multiempleo (38%), mientras que la población con un único trabajo es notablemente inferior (22%). En el caso de electrónica también predominan los alumnos que nunca trabajaron (39%), pero a diferencia de industrial la proporción de estudiantes con multiempleo (33%) supera por muy poca diferencia a la de alumnos con único trabajo (29%). Uno de los datos para destacar es que en las dos carreras la mayor parte de los alumnos trabajó en alguna oportunidad (60%). En relación a esto y en base al origen socioeconómico descrito cabe descartar la hipótesis de una necesidad económica que obligue la incursión en el mercado laboral ya que los casos que trabajan para colaborar con la supervivencia familiar son escasos.

Si se identifica el grupo más joven que inicia la universidad inmediatamente después de terminar el secundario, se toma a los egresados de la secundaria en 2005-2006 (menores de 21 años) la proporción de casos sin experiencia laboral aumenta significativamente (55%). La diferencia se observa también en el comportamiento del multiempleo que como muestra el Gráfico N° 8 se reduce su peso sustancialmente (del 38% al 24%).

La población de Electrónica al tener una composición etaria más homogénea, no presenta variaciones significativas al desagregar la franja etaria menor de 21 años. Por lo tanto, como indica el Gráfico N° 8 la población de alumnos menores de 21 años de electrónica pre-

---

8   Pazos, Cecilia (2010) "Los primeros años de la trayectoria universitaria. Un análisis comparativo de los alumnos de Ingeniería Industrial e Ingeniería Electrónica". D. de T. N° 4. UTN-FRA, Avellaneda. En base a una metodología longitudinal retrospectiva se realizaron entrevistas biográficas a 94 alumnos desde septiembre de 2008 a agosto de 2009. De Ingeniería Industrial pudieron entrevistarse 45 casos de un total de 54 alumnos registrados y de Ingeniería Electrónica 49 alumnos de un total de 75 casos, los alumnos que no pudieron entrevistarse contaban con una reducida disponibilidad horaria dada su situación laboral.

senta un nivel menor de casos sin experiencia laboral superando la
proporción de multiempleo de Industrial y sobre todo de trabajo único.

Gráfico N° 8. Presencia de experiencia laboral según carrera Ne =
49 Ni = 45

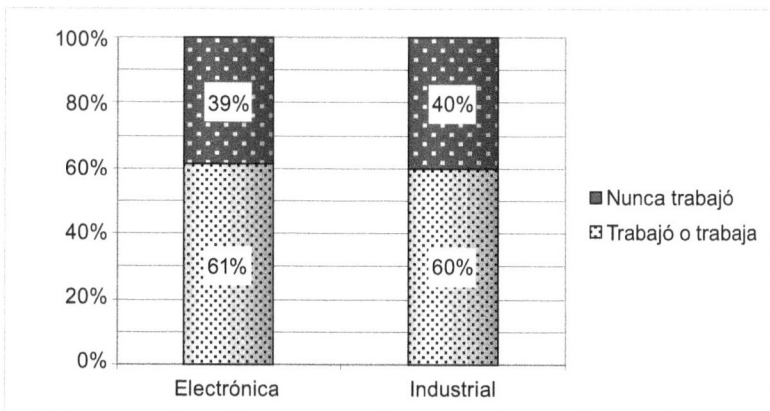

Fuente: Laboratorio MIG UTN-FRA, 2009.

Gráfico N° 9. Situación ocupacional de industrial según franja etaria
N = 45 N < 21 años = 33

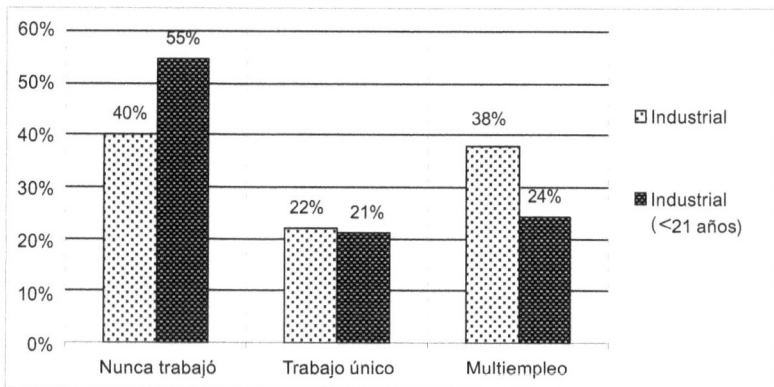

Fuente: Laboratorio MIG UTN-FRA, 2009.

Gráfico N° 10. Situación ocupacional de electrónica según franja etaria
N = 49 N = 43

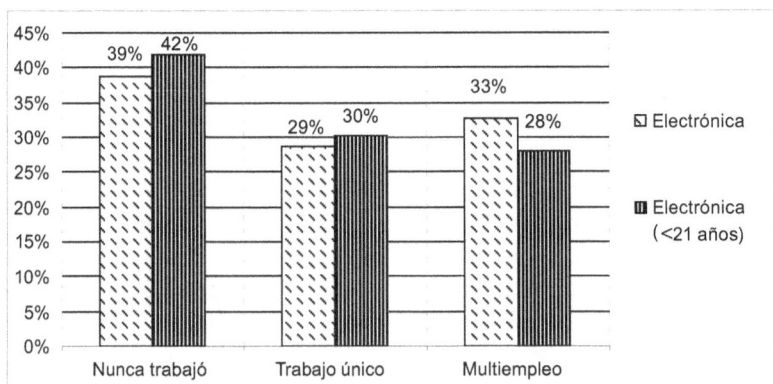

Fuente: Laboratorio MIG UTN-FRA, 2009.

Según los autores, el análisis de la población de demorados arroja las mayores diferencias, coincidente con los motivos de demora expresados por los entrevistados, los alumnos que nunca trabajaron tienen más peso en Industrial (36%) que en Electrónica (19%). Entre los no demorados de ambas carreras la mayoría nunca trabajó, en Industrial el 50% y en Electrónica el 78%.

Si bien el multiempleo es de magnitud en ambas carreras la cantidad de trabajos de cada trayectoria muestra el nivel del recambio laboral y muestra una tendencia a la estabilidad ya que en general los alumnos sólo cuentan con dos experiencias laborales. Al comparar las dos Ingenierías, se observa que en ambas especialidades hay un claro predominio de los alumnos con dos empleos a lo largo de su trayectoria (50%). Sin embargo, mientras que en industrial la proporción de alumnos con tres empleos es significativamente inferior (28%) en el caso de electrónica hay una distribución más homogénea, los jóvenes con tres antecedentes laborales alcanzan el 44%. Finalmente, la población de alumnos con más de cuatro empleos corresponde al grupo de mayores de 21 años, 22% en Industrial y sólo un 6% en Electrónica.

Teniendo en cuenta la composición etaria de la población, el análisis de la situación ocupacional y de la cantidad de empleos dan cuenta de una mayor predisposición de los alumnos de electrónica más jóvenes por *experimentar* la posibilidad de estudiar y trabajar a la par, lo que se tradujo en la temprana extensión de la carrera por motivos laborales. Se trata de una etapa en la cual el sujeto es muy activo en la exploración del campo de posibilidades (Panaia, 2006: 515). Se identifican claramente dos de los cinco argumentos que sostienen dicha etapa. Por una lado, la experimentación de situaciones de trabajo variadas y en distintos campos es un medio para definir la situación laboral a desenvolverse en el futuro y por otro, la función formativa del trabajo en tanto se aprende a obedecer órdenes, a trabajar, a conocer los límites posibles de la transgresión, etc. (Panaia, 2006a).

En 2008, se observa que en ambas especialidades la población de alumnos ocupados coincide en un 51%. Por lo tanto, hay un 10% de alumnos en cada carrera que tras su primera experiencia laboral no retornó al mercado de trabajo en busca de un empleo estable.

En ambas carreras prevalece la relación de dependencia (*estabilidad*) con alrededor del 90% de los casos. En Ingeniería Industrial el empleo no registrado alcanza un 60% mientras que en electrónica se presenta la situación inversa siendo superior el empleo registrado con un 67%.

Gráfico N° 11. Informalidad de la relación salarial actual según carrera Ne = 25 Ni = 22

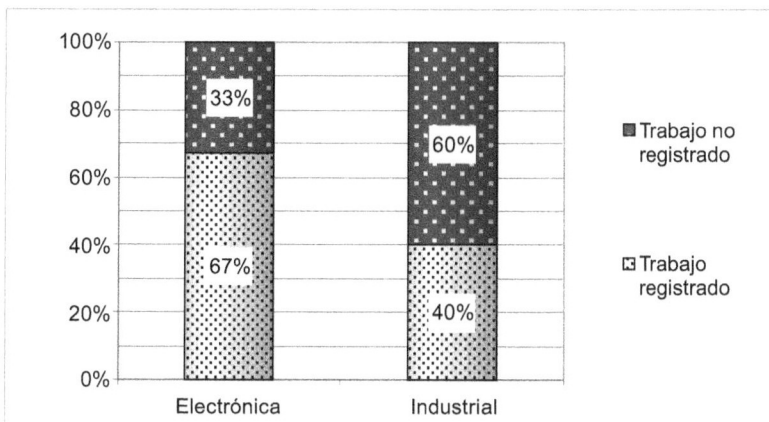

Fuente: Laboratorio MIG UTN-FRA, 2009.

En principio, el laboratorio UTN-FRA, señala que tanto en Ingeniería Industrial como en Electrónica se observan comportamientos similares. Respecto a la jornada de trabajo se observa la preponderancia de los empleos *part time*, en industrial representa el 45% y en electrónica el 54%.

Gráfico N° 12. Tipo de jornada según carrera

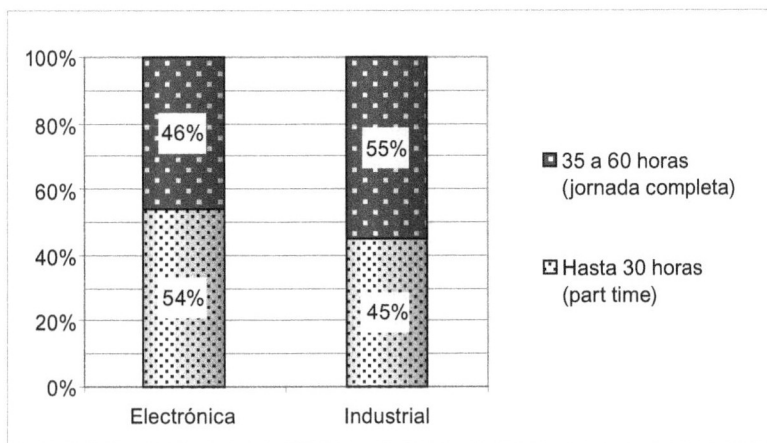

Fuente: Laboratorio MIG UTN-FRA, 2009.

Los autores señalan que, en este sentido, la vinculación del empleo actual de los alumnos de Industrial se da en el 54% de los casos mientras que en Electrónica tiene lugar en el 50% de los empleos. En el caso de Ingeniería Electrónica sobretodo, uno de los factores que condicionan la inserción en un trabajo vinculado a la carrera es la jornada laboral, la tendencia es buscar un trabajo de pocas horas de manera de percibir un ingreso para uso personal sin ver perjudicado el estudio. De esta manera, ante la dificultad de encontrar trabajos de media jornada más relacionados a la carrera, en la mayor parte de los casos los alumnos piensan la experiencia laboral como un aporte económico más que formativo (Pazos, 2010).

En edades más avanzadas, los estudiantes ya han logrado su autonomía o quieren lograrla. Los alumnos de Industrial que no tienen un empleo relacionado a la carrera en su mayoría trabajan más de 40 horas semanales. Se trata de estudiantes que quieren tener independencia económica y que la informalidad del trabajo les da cierta flexibilidad horaria para estudiar en la facultad o que iniciaron la carrera en edades avanzadas ya insertos en el mercado laboral con una dedicación mayor en pos de una independencia próxima o ya lograda. Al igual que en Electrónica, los alumnos que trabajan hasta 30 horas semanales planean cambiar de empleo cuando estén más avanzados en la carrera.

Los alumnos diferencian dos formas de hacer la carrera, dedicarse al estudio y recibirse en el tiempo estipulado, es decir, cinco años, o trabajar y estudiar extendiendo la carrera en un promedio de dos años. La primera opción es desechada porque entienden que no se puede obtener el título de ingeniero sin contar con experiencia laboral.

La segunda alternativa se sostiene principalmente por el motivo contrario, es decir, porque la experiencia laboral "*hace*" al ingeniero. De acuerdo a la dinámica del mercado de trabajo comprenden conveniente reunir antecedentes en pos de crear las condiciones necesarias para acceder a puestos ingenieriles una vez obtenido el título. En otras palabras, se elige extender la carrera y recibirse a mayor edad pero con una historia laboral afianzada (Pazos, 2010). En otras palabras, se elige extender la carrera y recibirse a mayor edad pero con una historia laboral afianzada.

Universidad Nacional de Rio Cuarto- Facultad de Ingeniería

Río Cuarto es típicamente una ciudad universitaria, donde los jóvenes concurren desde la provincia de Córdoba y desde todas las provincias cercanas, incluso desde Chile solo para estudiar. Es un estudiantado de nivel medio acomodado, que tiene fuerte apoyo de su familia para estudiar sin preocupaciones de manutención y toda la comunidad de la zona ha construido dispositivos de ayuda para aquellos estudiantes que lleguen a la región y tengan inconvenientes o inestabilidades económicas que puedan perjudicar sus estudios (Panaia, 2004).

De manera que, en general no se encuentra al estudiantado trabajando sino en *pequeños trabajos de subsistencia o alimentarios*, tipo *changas* con escasas repercusiones en su trayectoria posterior en el mercado de trabajo y generalmente esporádicos o estacionales. Esto habla de un *mercado interno local*, que incorpora esta oferta durante el período académico y puede prescindir de ella durante el período vacacional. El relevamiento realizado en la Facultad de ingeniería abarca 1300 alumnos y se realiza entre agosto y diciembre de 2005[9].

En la Facultad de Ingeniería de la Universidad Nacional de Río Cuarto, solo trabaja el 30,9% de sus estudiantes, cuando se indaga si se trabajó alguna vez, aunque ahora no lo hagan, el porcentaje sube al

---

9   Parte de los datos de este parágrafo fueron publicados en Paoloni, P., Chiecher, A. y Sanchez, L. (2007) "Los alumnos de la Facultad de Ingeniería de la UNRC. Características, perfiles, trayectorias…", DT N° 7, MIG-UNRC-FI.

45% aproximadamente, pero en el momento del relevamiento, el 70% no trabaja. Ocho de cada diez alumnos son varones, aunque esta proporción se modifica sustancialmente según la carrera elegida. Mientras que en las carreras de Ingeniería Mecánica y Eléctrica la población femenina es ampliamente minoritaria, en la carrera de Telecomunicaciones asciende a un 10% y en la carrera de Ingeniería. Química representan la mitad del alumnado.

La población de alumnos de la Facultad es joven, promediando los 21 años. La franja etaria de 21 a 25 años concentra casi a la mitad de la población (47%). En la carrera de Telecomunicaciones la franja etaria de 21 a 25 años tiene una presencia proporcional y absolutamente mayor que en las otras carreras. De todas maneras el promedio de edad apenas se modifica según la carrera con una pequeña variación entre 21 y 22 años. En el acumulado de alumnos ingresados históricamente, cada carrera promedia los 325 alumnos. La carrera de Ingeniería en Telecomunicaciones es la que concentra la mayor cantidad de alumnos, seguida por Mecánica y luego por Química con valores muy similares. La Carrera de Telecomunicaciones es de creación reciente y tiene todavía muy pocos graduados, pero ejerce una gran atracción en la zona, en cambio la Carrera de Química es la más antigua, la que tiene mayor cantidad de graduados y la que tiene mayor cantidad de mujeres.

La excepción en cantidad de alumnos es la Ingeniería Eléctrica, que solo alcanza a la mitad del promedio de la Facultad. Si se analiza la cantidad de estudiantes que trabajó al menos alguna vez por Carrera, las distribuciones varían. El 55% de los estudiantes de Ingeniería Mecánica trabajaron al menos una vez y en cambio el 45% nunca trabajó; en la Ingeniería Eléctrica el 70,3% trabajó al menos una vez y el 29,7% nunca trabajó; el 36,5% de Ingeniería Química trabajaron al menos una vez, mientras que nunca trabajaron el 63,5% y por último en Telecomunicaciones 57,4% trabajó por lo menos alguna vez y 42,6% nunca trabajaron. El trabajo en el curso de estudios en Río Cuarto es más frecuentemente considerado, por los estudiantes, como *"pequeño trabajo"* o *"trabajo alimentario"*, muchas veces sin vinculación con los estudios seguidos y sin valor en una perspectiva profesional. El objetivo esencial de esos trabajos es procurar un complemento de presupuesto y ayudar a sus padres en la inversión que hacen para sus estudios. Esto disminuye el alargamiento de las Carreras y el abandono de los estudios, ya que un promedio elevado de los mismos realiza la Carrera en el tiempo estipulado para la cursada (ver gráfico 13).

Gráfico N° 13. Tiempo teórico y tiempo real de cursada de las Carreras de la Facultad de Ingeniería de la UNRC

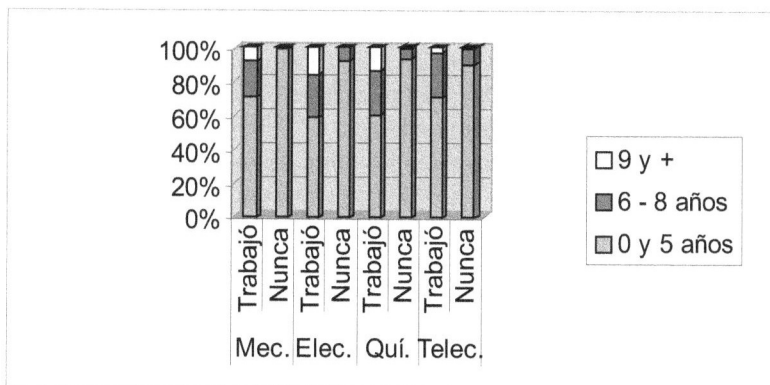

Fuente: MIG UNRC-FI, 2006.

Gráfico N° 14. Estrategias de subsistencia de los estudiantes que no buscan trabajo. UNRC-Facultad de Ingeniería

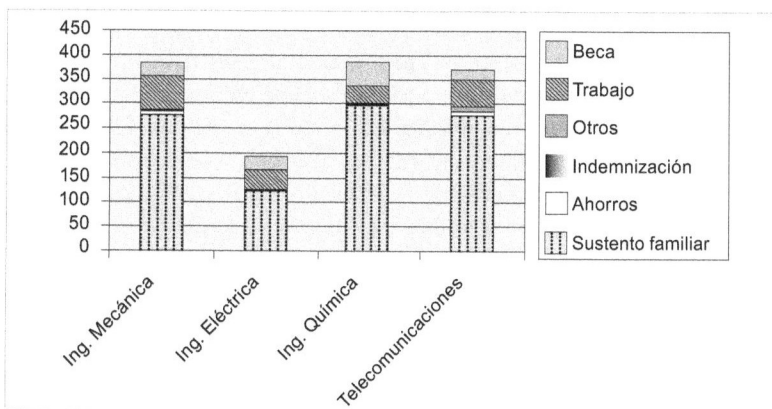

Fuente: MIG-UNRC-FI, 2006.

La estrategia de subsistencia de los estudiantes no consiste en buscar trabajo. Esto se debe en una mínima proporción porque trabajan, pero en su mayoría es porque cuentan con becas[10], ahorros o apoyo familiar. Este apoyo es más importante en las Carreras de Química, Mecánica y Telecomunicaciones.

Faltaría señalar que los *pequeños trabajos y los trabajos de vacaciones* aparecen en el comercio, el secretariado y de los servicios a las personas con fuertes diferencias según los años cursados de estudio. Los estudiantes son supervisores, encuestadores o efectúan tareas de secretariado o de atención diversa, pero sobre todo trabajan en talleres familiares y de reparaciones varias. Los jóvenes usan la enseñanza secundaria y sobre todo encuentran pequeños trabajos en el sector industrial (construcción, mecánica, en la hotelería, la restauración o los servicios a las personas).

Las pasantías[11] en empresas son aquellas realizadas en el marco de la formación y −a veces− obligatorias, como las *prácticas profesionales supervisadas*. Su efecto sobre la inserción es cierto, pero no siempre un pasaje asegurado para entrar en la empresa. Esto dependerá también de la empresa y de su política de contratación. En los estudiantes que no trabajan o lo hacen en trabajos menores prácticamente no hay alargamiento de las Carreras de estudio, y cuando se extienden, no es mayor a uno o dos años. La casi totalidad del alumnado de Río Cuarto cursa en los años que le corresponden a la cohorte.

La duración esperada de los estudios y la antigüedad actual del colectivo de estudiantes, se corresponden. Esta información es relevante porque es un indicador al menos de las dificultades en materia formativa. Solo 2 de cada 10 alumnos superan la duración formal de la carrera. Es significativo que 8 de cada diez alumnos no superan los 5 años desde el ingreso, ya que nos permite suponer que las trayectorias educativas son hoy exitosas en términos de extensión del plan de estudios.

---

10 Hay ocho sistemas diferentes de becas para apoyar los estudios de los alumnos de la Universidad de Río Cuarto, algunos de ellos creados por los Comerciantes de la zona para facilitar la estadía de sus hijos en el campus y otros para asistir a los alumnos que provienen de otras provincias. Hay becas de estudios de empresas, de Fundaciones y de Centro Comunitarios de la zona, además de las de la Universidad. También han contribuido en la construcción de Residencias Universitarias en el campus, para la estadía de los estudiantes de zonas alejadas.

11 Para un estudio detallado de las pasantías y prácticas profesionales supervisadas de la Facultad de Ingeniería de la Universidad de Río Cuarto Cf. Campetelli, 2007.

Gráfico N° 15. Interrupciones de trayectoria de formación en la Facultad de Ingeniería de la UNRC

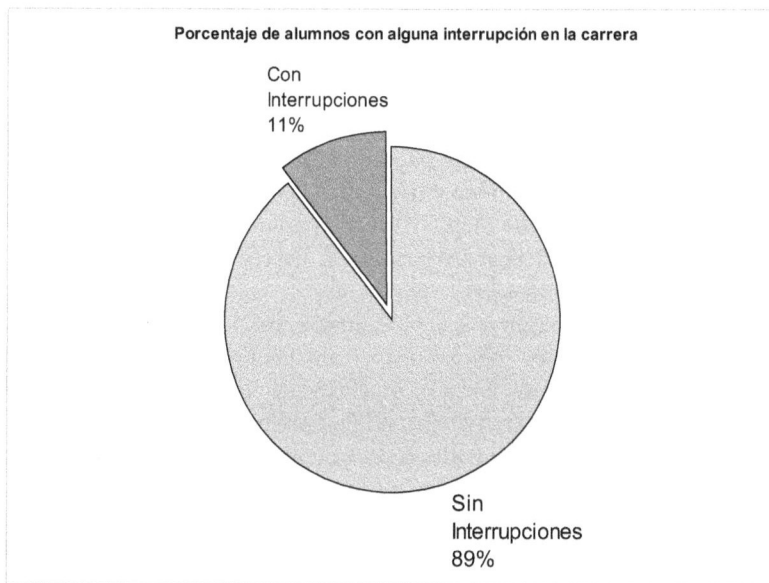

Porcentaje de alumnos con alguna interrupción en la carrera

Con Interrupciones 11%

Sin Interrupciones 89%

Fuente: MIG-UNRC-FI, 2006.

El MIG-Río Cuarto señala que otro hecho que refuerza la idea de que no son frecuentes las interrupciones es que 8 de cada diez alumnos registra solo una interrupción en su trayectoria de estudios y el 77% del alumnado tiene una sola interrupción en sus estudios. Las interrupciones en la carrera no son aleatorias[12] sino que existen motivaciones más frecuentes para que se dé esta interrupción.

La distribución de las interrupciones por Carrera no es la misma, Ingeniería Eléctrica tiene una proporción mayor de alumnos con interrupciones que otras carreras. En esta ingeniería, casi dos de cada diez alumnos interrumpen al menos una vez sus estudios. El caso opuesto es el de Ingeniería Química, que solo un 7% interrumpe alguna vez los estudios.

---

12 En este caso, la *"aleatoriedad"* nos remite a un sistema de causalidad que *a priori* es ajeno a la trayectoria educativa.

EL ESTALLIDO DEL TIEMPO

Cuadro N° 1. Interrupciones según Carrera UNRC-Fac. de Ingeniería

	Sin Interrupciones		Con Interrupciones		Total	
	n	%	n	%	n	%
Ing. Mecánica	332	90%	38	10%	370	100%
Ing. Eléctrica	141	82%	31	18%	172	100%
Ing. Química	337	93%	27	7%	364	100%
Telecomunicaciones	353	90%	41	10%	394	100%
Total	1163	89%	137	11%	1300	100%

Fuente: MIG-UNRC-FI, 2006.

No hay una relación lineal entre las interrupciones de Carrera y el alargamiento de la duración de los estudios En este caso, sólo en un 24% de los alumnos las interrupciones coinciden con las trayectorias educativas que exceden los 5 años de duración[13].

Cuadro N° 2. Duración de la trayectoria e interrupciones UNRC-Fac. de Ingeniería

	Sin Interrupciones		Con Interrupciones		Total	
	n	%	n	%	n	%
Dentro de Duración	960	93%	74	7%	1034	100%
Trayectorias Extensas	203	76%	63	24%	266	100%
Total	1163	89%	137	11%	1300	100%

Fuente: MIG-UNRC-FI, 2006.

Los estudios realizados por el MIG-Río Cuarto señalan que la baja correlación puede deberse a la causal de la interrupción, como ocurre en el caso de la Ingeniería Eléctrica, ya que la relación entre interrupciones y retraso es en esta carrera mucho más fuerte[14] que en las otras; representado un 37% de los casos. Cuando se analizan las motivaciones de estas interrupciones en el 35% de los casos es debido a problemas económico-laborales y la incompatibilidad que produce tener horarios de trabajo y los horarios de cursada.

---

13   r de Pearson .240.
14   r de Pearson .335.

Cuadro N° 3. Retrasos e interrupciones según carrera (En %). UNRC-Fac. de Ingeniería

		Sin Interrupciones	Con Interrupciones	Total
Ing. Mecánica	Dentro de Duración	92	8	100
	Trayectorias Extensas	77	23	100
Ing. Eléctrica	Dentro de Duración	91	9	100
	Trayectorias Extensas	63	37	100
Ing. Química	Dentro de Duración	95	5	100
	Trayectorias Extensas	82	18	100
Telecomunicaciones	Dentro de Duración	92	8	100
	Trayectorias Extensas	80	20	100

Fuente: MIG-UNRC-FI, 2006.

En el caso de Río Cuarto, es justamente la Carrera que tiene más demandas laborales durante la cursada la que presenta mayores interrupciones motivadas por causas económico-laborales. Sin embargo la relación de estas interrupciones con el alargamiento de las Carreras no es tan clara.

UTN Regional Gral. Pacheco

En el caso de la Regional Gral. Pacheco, la condición de actividad por carreras o especialidades es la que se observa en el gráfico siguiente. En el momento del relevamiento del campo el 84,7% de los alumnos está ocupado y el 15,3% desocupado. El relevamiento consta de un total de 767 alumnos a los que se les ha realizado la encuesta entre marzo y agosto del año 2000. El mayor nivel de ocupación se da en la Licenciatura de Organización Industrial que alcanza el 87,4% y el 12,6% de desocupación y la tasa más baja de ocupación en Ingeniería Civil que tiene el 78,9% y 21,1% de desocupación.

Gráfico N° 16. Condición de actividad de los estudiantes según especialidad. UTN-Gral. Pacheco

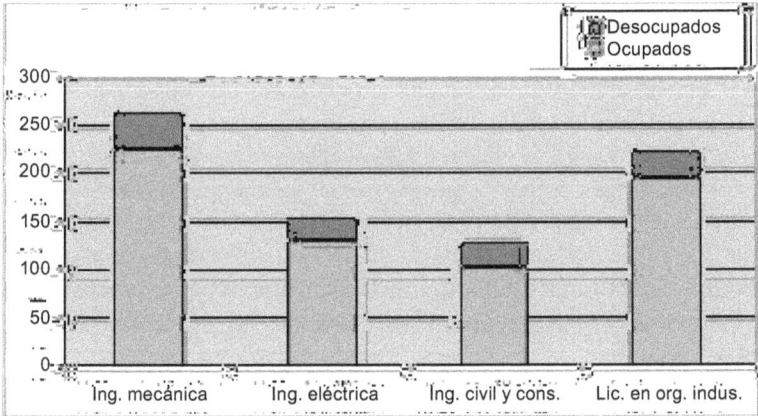

Fuente: MIG-UTN-Gral. Pacheco, 2006.

Es evidente que se mantiene una relación formación/trabajo importante ya que en ninguna de las Carreras se aleja del 60'% los alumnos que estudian y trabajan durante todo el período. El nivel más bajo lo tiene la Ingeniería Civil (57%) y el más alto la Licenciatura en Organización Industrial (70,3%). Es muy bajo el porcentaje de los alumnos que solo estudian, 5,1% para toda la Facultad. Allí el porcentaje más alto lo tiene la Ingeniería Civil que alcanza un 10% y el más bajo la Licenciatura en Organización Industrial que es de 3,6%.

Gráfico N° 17. Relación formación –empleo de los estudiantes por especialidad. UTN Gral. Pacheco

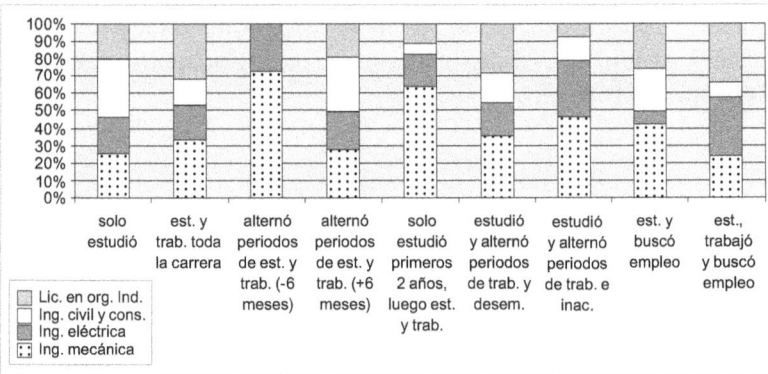

Fuente: MIG-UTN-Gral. Pacheco, 2006.

Del resto de los estudiantes la proporción más significativa alterna el estudio con períodos de trabajo y desempleo, representa un 14% para toda la Regional y los valores más altos se dan en la Ingeniería Civil, con 14,8% y los más bajos en la Ingeniería Eléctrica, con 13,1%. Luego tenemos un 3,7% de la Regional que estudio y buscó empleo, pero no consiguió y un 2,2% que los primeros dos años por decisión propia solo estudió y luego estudió y trabajó. Si bien este porcentaje no es muy alto llama la atención por la decisión voluntaria del grupo que lo conforma. Ese grupo es más grande en la Ingeniería Mecánica que tiene 4,2%, muy pequeño en Civil y en Organización, 0,8% y 0,95 respectivamente y alcanza el 2% en Eléctrica. Hay grupos de estudiantes que tienen como estrategia no buscar empleo, si aparece alguna oportunidad lo hacen, sobre todo si tiene que ver con la profesión que están estudiando, pero son bastante reacios a tomar cualquier trabajo. De ellos un 3,4% alternó estudio y trabajo, por períodos de más de 6 meses, el que tiene mayor proporción en este grupo es la Ingeniería Civil que alcanza el 6,3% y luego Eléctrica que tiene el 3,9%, Mecánica y organización que tienen 2,7% y 2,3%, respectivamente.

Hay un pequeño porcentaje 4,3% para toda la Regional que estudió, trabajó, pero también pasó por períodos de búsqueda, es decir, hubiera trabajado más tiempo si hubiera tenido la oportunidad de hacerlo. En esta situación el porcentaje más alto corresponde a los alumnos de Ingeniería Eléctrica que alcanza el 7% y 5% los de Organización Industrial, con porcentajes del 2,3% y 3% en Civil y Mecánica, respectivamente.

La noción de "*trabajo durante los estudios*" que se utiliza en este capítulo, es el medido por la encuesta del MIG donde se retienen tres situaciones que servirán de hilo conductor del análisis: el trabajo frecuente; el trabajo ocasional y las pasantías en empresas efectuadas en el marco de la formación. Esas situaciones se excluyen unas a las otras. Ellas suponen la existencia de una remuneración (al menos en las dos primeras), y está relevada en la entrevista cualitativa. Se incluye el mismo tipo de análisis de la simultaneidad para estudiantes, graduados y abandonadores.

Gráfico N° 18. Simultaneidad de empleos según carrera

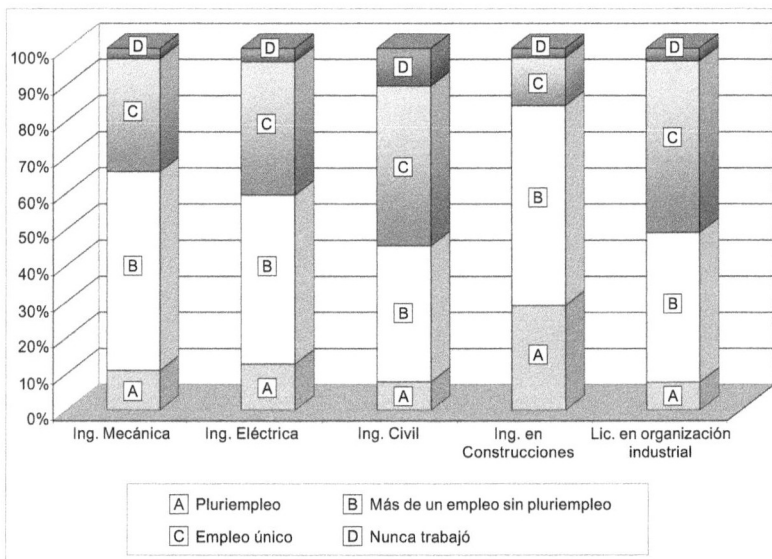

Fuente: MIG-UTN-Gral. Pacheco-Astor Massetti, 2006.

Gráfico N° 19. Simultaneidad por subgrupo de población

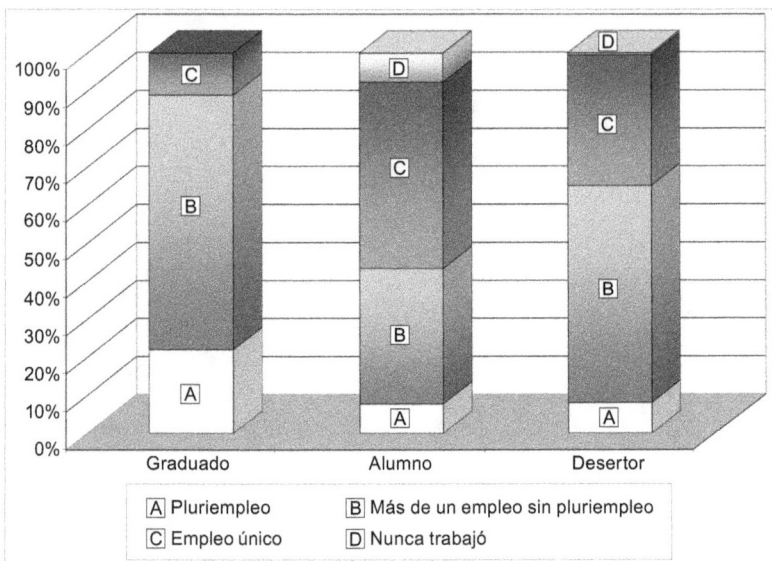

Fuente: MIG-UTN-Gral. Pacheco-Astor Massetti, 2006.

Gráfico N° 20. Cantidad de trabajos por carrera

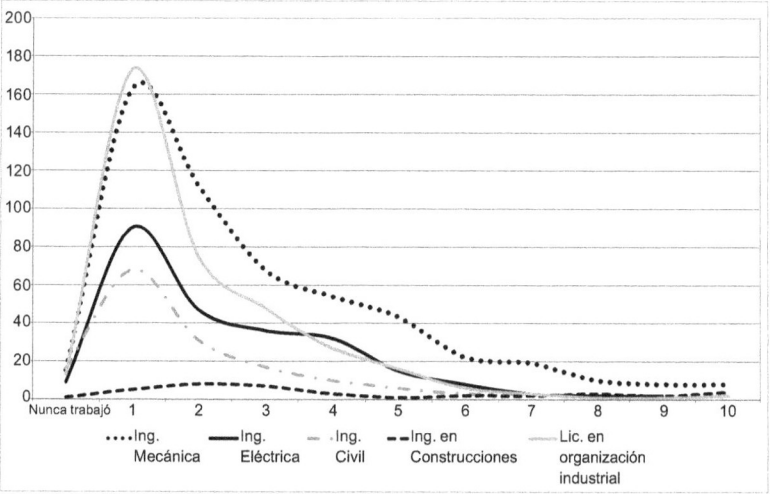

Fuente: MIG-UTN-Gral. Pacheco-Astor Massetti, 2006.

Gráfico N° 21. Cantidad de empleos por subpoblación y carrera. En números absolutos

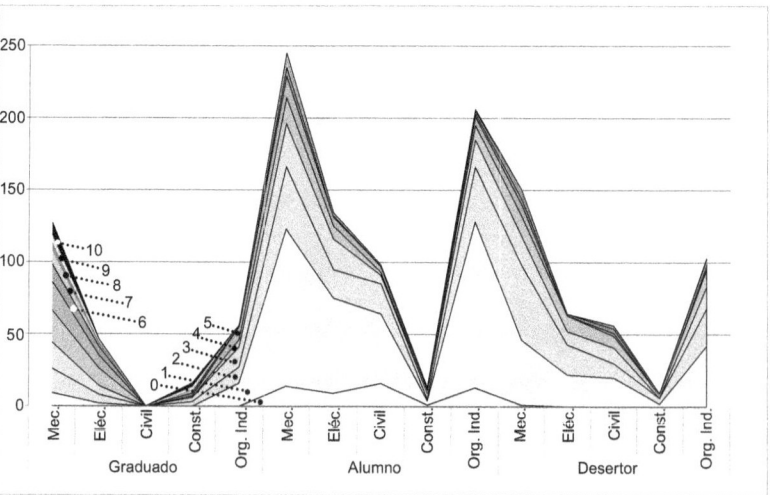

Fuente: MIG-UTN-Gral. Pacheco-Astor Massetti, 2006.

Gráfico N° 22. Simultaneidad por cohorte. En valores Absolutos

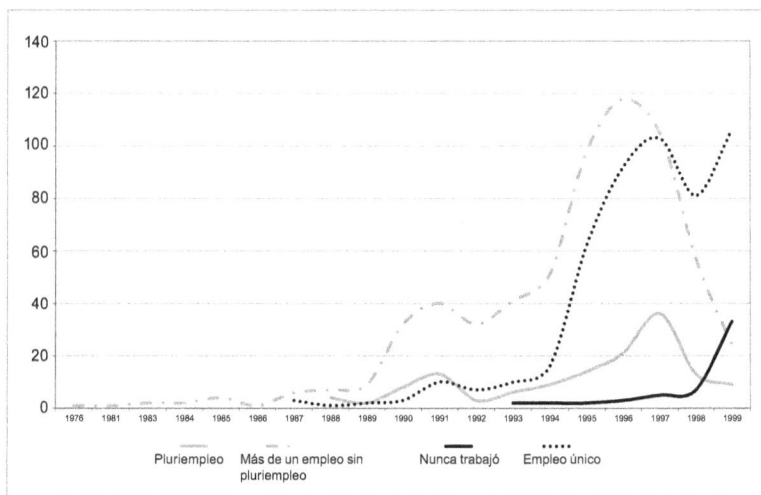

Fuente: MIG-UTN-Gral. Pacheco-Astor Massetti, 2006.

El trabajo de campo confirma la importancia del *"trabajo en el curso de los estudios"*: pero muestra situaciones bastante variadas al interior del grupo que tiene trabajo. Del 80% que tiene empleo, la gran mayoría no busca trabajo. Los que buscan conforman casi el 70%, para toda la Regional y las tasas más altas las tiene Organización con el 79,7%, Mecánica con el 70,8%, Eléctrica con el 61,9% e Ingeniería Civil con el 54,2%. Del 17,3% que es independiente, pero no busca porque está cómodo en su situación, la mayor proporción es de Civil, con una tasa del 33,3% luego Eléctrica con el 27,1%, Mecánica con el 13,4% y por último Organización, con el 7,1%.

El 7% de los que no buscan empleo son contratados, de estos la tasa más alta es del 9,4% en Civil, el 7,9% en Mecánica, el 6% en Organización y el 5,1% en Eléctrica. Luego hay un 3,6% de la Regional que hace pasantías y un 2,9% que tiene una situación de doble o triple empleo y no busca una nueva situación de empleo. En estos casos, a veces uno de los empleos es estable, aunque no siempre el que le da mayores ingresos.

Gráfico N° 23. Ocupación y no búsqueda de empleo en estudiantes según orientación. UTN-Gral. Pacheco

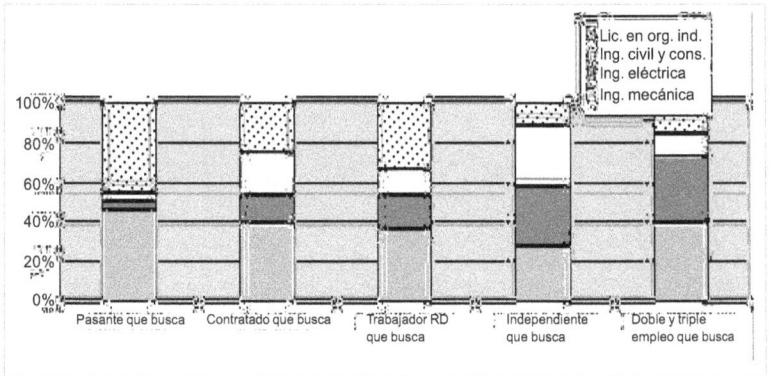

Fuente: MIG-UTN-Gral. Pacheco-Astor Massetti, 2006.

El 10% de jóvenes que está ocupado, sigue buscando trabajo, aun cuando este empleo sea con relación de dependencia. En esta circunstancia hay muchas diferencias según la especialidad y la situación de contrato, por ejemplo el 32,5% de los que buscan empleo tienen trabajo estable con relación de dependencia, pero se hallan desconformes con el nivel de ingresos o con la actividad en sí misma. Esta proporción es muy alta en la Licenciatura en Organización Industrial, quiere decir que hay una disconformidad entre los empleos logrados y los estudios que se realizan. En esta situación se halla el 68,8%, en Eléctrica el 46,7% y en Mecánica el 38,9%.

El 41,6% de los que siguen buscando empleo tiene trabajo independiente, pero la inestabilidad del mercado o las condiciones económicas que requiere para seguir creciendo le obligan a sacar menores ingresos de los que requiere para vivir, entonces busca otras alternativas de trabajo, para aumentar sus ingresos. La mayor proporción de estos se encuentra entre los Ingenieros Civiles que alcanza el 33,4%, mientras que Eléctrica tiene el 26,7%, la Licenciatura en Organización el 25% y Mecánica el 22,2%.

El 16,9% de los que busca empleo tiene situación de contrato, con lo cual la propia inestabilidad lo hace mantenerse en constante búsqueda. De este grupo el 58,3% pertenece a la Ingeniería Civil 16,7% a Mecánica, 13,3% a Eléctrica y 6,2% a Organización. Hay un 3,9% que son pasantes y buscan para tratar de concretar un contrato de mayor duración. De estos la mayor proporción se encuentra en Mecánica

11,1% y luego en Civil con el 8,3%. No aparecen casos ni en Eléctrica ni en Organización.

Gráfico N° 24. Ocupación y búsqueda de empleo en estudiantes según orientación-UTN-Gral. Pacheco

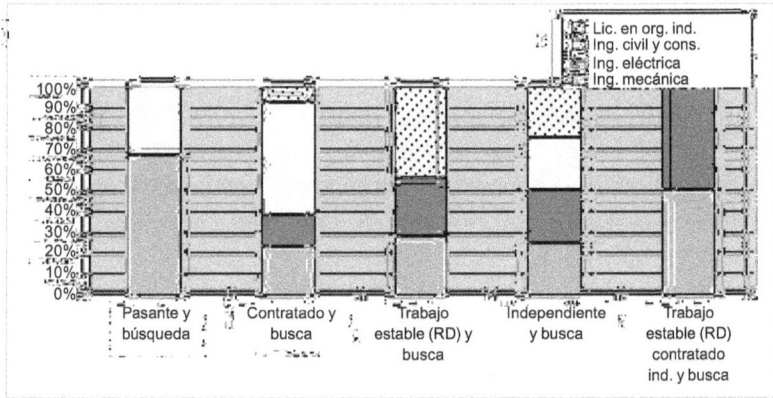

Fuente: MIG-UTN-Gral. Pacheco-Astor Massetti, 2006.

También hay un 5,1% del total de los que buscan que tienen un trabajo estable, muchas veces docente, trabajan en forma independiente o tienen un contrato, pero siguen buscando para acceder a una relación mejor de ingresos o para completar ingresos porque no les alcanza. Este tipo de situación se da principalmente en Eléctrica 13,3%, en Mecánica 11,1% y no aparece ni en Civil ni en Organización.

En los períodos de desempleo el 84,9% de los alumnos cuenta con la ayuda familiar sobre todo en las Carreras de Eléctrica e Ingeniería Civil (86,7 y 86,9% respectivamente). Solo se da esta situación para el 80% de la Carrera de Organización Industrial. El 6,9% tiene ahorros realizados durante los períodos en que tiene trabajo y sobrevive con ellos durante los períodos de desempleo. Allí el porcentaje más alto es del 13,3% en Eléctrica y 10,7% en Mecánica, mientras que en Organización es del 5% y en Civil esto no ocurre, hay un 5,85 que sobrevive utilizando la indemnización que ha cobrado de un trabajo anterior, sobre todo en Civil, que llega al 13% y un 1,2% que utiliza otras estrategias para soportar los períodos de desempleo.

Faltaría señalar que los pequeños trabajos y los trabajos de vacaciones aparecen en el comercio, el secretariado y de los servicios a las personas con fuertes diferencias según los años cursados de estudio. Los estudiantes son supervisores, encuestadores o efectúan tareas de secretariado o de atención diversa, pero sobre todo trabajan en talleres familiares y de reparaciones varias. Los jóvenes usan la enseñanza secundaria y sobre todo encuentran pequeños trabajos en el sector industrial (construcción, mecánica, en la hotelería, la restauración o los servicios a las personas).

Las pasantías en empresas son aquellas realizadas en el marco de la formación y –a veces– obligatorias. Su efecto sobre la inserción es cierto, pero no siempre un pasaje asegurado para entrar en la empresa. Esto dependerá también de la empresa y de su política de contratación.

Ambos procesos implican una recomposición de los mercados de la región y una variación en las demandas de calificaciones de los ingenieros y alumnos trabajadores, que se forman en la zona, que puede tener como consecuencia su retención o su expulsión.

Cuadro N° 4. Alumnos por carrera s/motivos de la interrupción (en %)

Motivos	Carreras				
	Ing. Mecánica	Ing. Eléctrica	Ing. Civil/Cons.	Lic. Org.Ind.	Total
Acont.familiares	12,12	34,78	18,75	16,67	20,00
Acont.Laborales / Económico	60,61	43,48	56,25	38,88	51,11
Acontecimientos Personales(salud)	12,12	17,39	6,25	16,68	13,33
Otros	15,15	4,35	18,75	27,78	15,56
Total %	100	100	100	100	100

Fuente: MIG-UTN-Gral. Pacheco, 2006.

Como consecuencia de la alta exigencia de trabajo y formación de este alumnado, las trayectorias de los alumnos se define tempranamente. Muchos de ellos ya tienen un trabajo estable en el momento de graduarse y éste está relacionado con su especialidad, pero se observa un marcado retraso en la terminación de los estudios y mayor frecuencia de interrupciones en la cursada.

Si bien la duración en años de la cursada viene disminuyendo actualmente se encuentra entre los 9 y 10 años de duración, es todavía muy larga en relación a otros alumnos que tienen menores exigencias en carga horaria de trabajo y no tienen obligación de estudiar y trabajar. En la medida que la Carrera se alarga aumentan las responsabilidades familiares y la necesidad de ingresos superiores para atender la familia (Panaia, 2004). No obstante, hay que señalar, que son sus importantes conocimientos prácticos y su experiencia en trabajos anteriores, los que les permiten definir tempranamente las trayectorias y estabilizarse antes de concluir sus estudios.

Reflexiones finales

Este ejercicio permite mostrar que la situación estudiantil de los jóvenes estudiantes de ingeniería es bastante variada en las distintas regiones del país, que tienen diversas problemáticas y exigencias y que sus condiciones de logro de título, de articulación de los tiempos de trabajo en el curso de los estudios y de inserción en el mercado de trabajo son bastante diferentes según la región, la demanda empresarial, la institución en la que se forman, el origen social y el apoyo institucional que tengan para culminar sus estudios.

En el caso particular de las ingenierías, se puede observar también diferencias importantes por orientación y por región, teniendo algunas especialidades mayores dificultades que otras. En el país es bastante reciente la preocupación por realizar este tipo de estudios, de manera comparativa como base de políticas académicas y para detectar las causas del fuerte grado de abandono que existe en el nivel universitario. Estos estudios son importantes para realizar comparaciones en diferentes puntos del país y construir programas institucionales y políticas públicas que tiendan a disminuir las desigualdades de la condición de estudiante que trabaja para colaborar en la culminación de los estudios y en mejorar la calidad de su inserción posterior, para las Carreras de mayor interés, por su repercusión en el desarrollo o por su importancia en el futuro.

Esto está ligado en parte a una re-actualización de la Sociología de las Profesiones, puesta en cuestión a partir del los interrogantes que se plantean en el área de formación –empleo y que se deben insertar en un contexto económico de alta flexibilidad que tiene fuertes repercusiones en las trayectorias profesionales. Si este tema se plantea solamente desde el mundo del trabajo, no siempre se halla una explicación. La perspectiva individual de la trayectoria y sus diferencias profesionales, así como la articulación con el plano institucional y de mercado de trabajo agrega una mayor complejidad a esta problemática y forma parte de las desigualdades frente a la movilidad social que nos plantean las nuevas formas sociales. La necesidad de articular la Sociología del Trabajo y las Sociología de las Profesiones, augura un importante aporte teórico a los estudios sobre el uso del tiempo, pero también posibilidades metodológicas que se pueden extender a otros ámbitos de estudio.

Bibliografía

Bourdieu, P. (1997) "La ilusión biográfica", *Razones Prácticas*, Barcelona, Editorial Anagrama.

Campetelli, V. (2007) "Universidad Nacional de Río Cuarto y las empresas locales. Una mirada a través del sistema de pasantías", *DT* N° 6, MIG-UNRC-FI Río Cuarto, Córdoba, diciembre.

Eckert, H. (2000) *Analyser les mouvements d'accès et retrait de l'emploi au cours de la pèriode de insercion professionnelle*, Marseille, CEREQ.

Godard, F. y Cabanes, R. (1996) *Uso de las Historias de Vida en las Ciencias Sociales*, Centro de Investigaciones sobre Dinámica Social Serie II Universidad del Externado de Colombia, Bogotá, julio.

Gutman, G. (1999) "Trayectorias y demandas tecnológicas de las cadenas agroindustriales en el Mercosur ampliado", DT, Montevideo, PROCISUR-BID.

Massetti, A. (2006) "Trayectorias laborales de la población estudiantil. El uso del SPSS en el procesamiento de sistemas de medición longitudinal para las trayectorias de empleo continuo", *DT* N° 3, MIG-UTN-Gral. Pacheco, abril.

Panaia, M. (2009) "El trabajo en el curso de estudios en dos Facultades de Ingeniería: el caso de UTN-Gral Pacheco y Universidad Nacional de Río Cuarto", en Panaia, M. (coord.), *Inserción de Jóvenes en el mercado de trabajo*, Buenos Aires, La Colmena.

Panaia, M. (2004) "El aporte de las técnicas biográficas a la construcción de teoría", *Revista Espacio Abierto*, vol. 13, enero-marzo, Venezuela, Universidad del Zulía (pp. 51-73).

Panaia, M. (2006a) *Trayectoria de ingenieros tecnológicos. La inserción de graduados y alumnos en el mercado de trabajo*, Buenos Aires-Madrid, Miño y Dávila, marzo.

Panaia, M.; Formento, C. y Massetti, A. (2006b) "Trayectorias emprendedoras de jóvenes graduados en ingeniería", *Documento de Trabajo* N° 4, Laboratorio MIG Regional Gral. Pacheco, Universidad Tecnológica Nacional, noviembre.

Panaia, M. (2006c) "Incidencia de las políticas empresariales y los programas de emprendedores en las trayectorias de los ingenieros en dos zonas del país; la zona industrial de Gral. Pacheco (Buenos Aires) y la zona agro-industrial de Río Cuarto (Córdoba)", *Experiencias Docentes en Ingeniería*, Mendoza, CONFEDI-Universidad Nacional de Cuyo, setiembre, Tomo II (1057-1064).

Paoloni, P.; Chiecher, A. y Sánchez, L. (2007) "Los alumnos de la Facultad de Ingeniería de la UNRC. Características, perfiles, trayectorias...", *DT* N° 7, MIG-UNRC-FI, Río Cuarto, Córdoba, agosto.

Pazos, C. (2010) "Los primeros años de la trayectoria universitaria. Un análisis comparativo de los alumnos de Ingeniería Industrial e Ingeniería Electrónica", *DT* N° 4, Avellaneda, UTN-FRA.

Rojo, S. y Rotondo, S. (2006) "Especialización industrial y empleo registrado en el Gran Buenos Aires", *Trabajo, ocupación y empleo*, Informe de la Dirección de Estudios y Estadísticas Laborales de la Subsecretaría de Programación Técnica y Estudios Laborales, Serie Estudios Ministerio de Trabajo, Empleo y Seguridad Social.

Simone, V. y Bolado, M. (2009) "El abordaje de las empresas metalmecánicas, químicas y plásticas de Avellaneda a partir de las características de su organización productiva y la inserción de ingenieros", DT N°3, UTN-FRA.

Simone, V.; Iavorski Losada, I. y Somma, L. (2007) *DT* N° 7, Avellaneda, octubre de 2013, MIG-utn-fra.

Simone, V.; Pazos, C. y Wejchenberg, D. (2009) "Los alumnos de la UTN-Facultad Regional Avellaneda: entre el estudio y el trabajo", *DT* N° 2, MIG-UTN-FRA, mayo.

Simone, V.; Tasca, A.; Campitelli, V. y Solari, N. (2004) "Más allá de los límites de Río Cuarto. Estructura productiva y demanda profesional regional", *Documento de Trabajo* N° 1, Laboratorio MIG/Rio Cuarto, UNRC, marzo.

Simone, V. y Wejchemberg, D. (2013) "Una visión de conjunto sobre los ingenieros graduados en los años 2006 y 2007 de la UTN-FRA", en Panaia, M. (coord.), *Abandonar la Universidad con o sin título*, Buenos Aires-Madrid, UTN-FRA-Miño y Dávila editores.

Vagnola, A. (2005) *Las PyMES y el futuro del país y las regiones*, FCE/Universidad de Río Cuarto.

UIA/Università de Bologna (2002) *La nueva geografía industrial argentina*, Buenos Aires, UIA, noviembre.

Vincens, J. (1997) "L'insertion professionnelle des jeunes : à la recherche d'une définition conventionelle", *CEREQ. Formation et Emploi* N° 60 (21-36).

Vincens, J. (1998) "L'insertion professionnelle des jeunes: quelques reflexions theoriques", *CEREQ. Formation et Emploi* N° 61 (59-72).

Vincens, M. (1988) "Les enseignements de l'application de la notion de filière à l'etude de la construction immnobilière", *Revue d'Economie Industrielle* N° 46 4to trimestre, París.

Parte II

Los tiempos del empleo-desempleo

Capítulo 4

Las transformaciones en el mundo del trabajo desde la óptica temporal. Un tiempo con nuevos tiempos[1]

Andrea Delfino

Desde el último cuarto del siglo XX se vienen sucediendo profundas modificaciones estructurales producto de la conjunción de cambios sustantivos en los modos de producción junto al debilitamiento y virtual extinción de las protecciones organizadas por el Estado de Bienestar. Desde la perspectiva de Boltanski y Chiapello (2000), el capitalismo logró superar las críticas de las décadas del 60 y el 70 –centradas sobre todo en la caída de la rentabilidad– asumiendo nuevas premisas de justificación y validez general. Por un lado, la acumulación se vio liberada de ciertos obstáculos propios del modelo anterior –entre ellos las protecciones ligadas al trabajo y las restricciones a la libre circulación del capital– así como de las demandas de justicia social que ese modelo asumía. Para Leite (2009) los procesos de globalización y reestructuración productiva, representan el resultado de definiciones políticas de los sectores sociales, que frente a una nueva correlación de fuerzas entre el capital y el trabajo, decidirán no solamente romper el pacto anterior, sino también destruir el conjunto de institucionalidades que dieron lugar a la llamada sociedad salarial.

A partir de entonces se inaugura una etapa de *"capitalismo floreciente"* (Boltanski y Chiapello, 2000) en la cual el capital ha conocido numerosas oportunidades de inversión que ofrecían tasas de beneficio a menudo más elevadas que en épocas anteriores. La desregulación de los mercados financieros, su liberalización, la desintermediación y la creación de *"nuevos productos financieros"* han multiplicado las posibilidades de obtener beneficios puramente especulativos mediante los cuales se incrementa el capital sin que sea necesaria la inversión

1 Versión revisada del artículo publicado en la *Revista Colombiana de Sociología*, vol. 34, N° 1, enero-junio, pag: 86-101, 2011, Universidad Nacional de Colombia, Bogotá.

en actividades productivas. Las empresas multinacionales también han resultado beneficiadas durante esos años de reorganización del capitalismo mundial.

En este marco renovado de generación de ganancias, los modelos productivos, las estrategias de gestión y las modalidades de trabajo se ven transformados. Junto a ellos se transforma también el enfoque del tiempo de trabajo. La diversificación y heterogeneización de los tiempos de trabajo pasan a constituirse en una de las características distintivas del capitalismo contemporáneo. En este sentido, este artículo se propone revisar las características centrales de la dinámica de diversificación de la organización del tiempo de trabajo y los impactos que ese escenario heterogéneo produce, tanto en el tiempo presente (es decir, en las diferentes formas de jerarquización, encadenamiento, sincronización y ordenamiento de los diferentes tiempos sociales), como en el denominado tiempo histórico (es esto, en la construcción de horizontes temporales). De esta manera, las transformaciones en la temporalidad laboral se constituyen en un elemento privilegiado para el análisis de los cambios en el mundo del trabajo.

1. La articulación tiempo/trabajo en la sociedad industrial y su crisis

Con el advenimiento de la sociedad industrial el trabajo pierde su connotación de padecimiento y humillación y se constituye tanto en la base principal de la cual se derivan las condiciones materiales de vida de la población como en el sustento al cual se ligan las protecciones contra la inseguridad. De forma conjunta, el trabajo supuso la sujeción de los individuos al orden social a través de la interiorización de dispositivos disciplinares. El concepto de trabajo que se erige a partir de entonces adquiere una significación homogénea, mercantil y abstracta cuya esencia es el tiempo (Nun, 1999).

Desde la perspectiva de Thompson (1984), el largo proceso de transformaciones en la noción y percepción del tiempo, que comenzó en la Edad Media, supuso un cambio de enfoque en el tiempo de trabajo, conllevando un pasaje desde el trabajo orientado hacia las tareas de la época preindustrial hacia una nueva situación en la cual el trabajo pasa a ser regulado por el tiempo de las horas. A partir de esta revolución temporal, es el ritmo estandarizado del reloj el que pasa a gobernar la rutina y el tiempo de trabajo. Así, el tiempo del reloj, lineal, homogéneo, continuo, abstracto, divorciado de los ritmos naturales, independiente del evento, con carácter universal y fraccionado produce una ruptura con los tiempos cotidianos y los tiempos de la experiencia.

La sociedad industrial y su –intrínseca– noción del tiempo, a la vez que consagran como hegemónica una noción determinada y específica de trabajo[2], instauran un esquema de organización del tiempo que moldea y es moldeado por esa noción de trabajo. Esta asimilación entre tiempo y trabajo permite apreciar la característica central de una sociedad signada por el valor y la acumulación, en la cual todo aquel que no acceda al trabajo productivo, creador de valor, puede considerarse como una verdadera amenaza al sistema.

En términos generales es posible establecer la existencia de tres dimensiones del tiempo que pueden ser aplicadas al trabajo: la duración, la distribución y el grado de intensidad. Estas dimensiones deben, necesariamente, incorporar como ejes de análisis transversales las formas subjetivas de vivir, sentir y hacer frente a los tiempos, la diversidad de situaciones impuestas por las culturas, así como también, los valores y el género de los trabajadores. Si bien todas estas dimensiones se presentan de forma entrelazadas en la problemática del tiempo de trabajo, la jornada de trabajo se expresa primeramente por el componente de duración, que comprende la cantidad de tiempo que el trabajo consume de la vida de las personas.

Desde la constitución y diseminación de las relaciones de producción capitalista la duración de la jornada laboral ha sufrido una serie de transformaciones. Según Dal Rosso (2006a), es posible describir genéricamente la duración de la jornada por medio de una curva compuesta por tres elementos gráficos: ampliación o alargamiento, jornada máxima y reducción de la jornada. La necesidad de mejorar la seguridad y la salud de los trabajadores son los elementos que marcan las primeras medidas vinculadas a la reducción de la jornada (De la Fuente Lavín y Zubiri Rey, 2016).

La reducción de la duración del tiempo de trabajo contempla en su interior dos aspectos básicos. El primero de ellos refiere a la reducción de la jornada de trabajo (semanal, mensual y anual), en tanto que el segundo aspecto está relacionado con la duración de la vida activa (edad de entrada y edad de retiro). Ambas tendencias han caminado en la misma dirección, sin embargo han presentado ritmos dispares. Mientras que la jornada de trabajo ha mostrado desde fines el siglo

---

2 Esta noción coloca a las restantes formas de trabajo en el lugar de "*otras*", de poco importantes y destinadas a desaparecer.

XIX importantes reducciones (Boisard, 1984, 1996, 1998; Dal Rosso, 2004, 2006a), la edad de jubilación a variado muy poco (Boisard, 1998). El desarrollo y consolidación de una sociedad centrada en el trabajo dependió fundamentalmente de dos variables centrales: crecimiento económico y desarrollo del Estado Social. En este modelo de sociedad, el trabajo remunerado edifica una temporalidad que se organizaba de manera cíclica, regular y repetitiva a través de la existencia de prácticas habituales y cotidianas que articulaban la organización de la vida práctica. En él, los horarios adquieren un carácter profundamente colectivo. Esta disciplina orientada por el tiempo de las horas está irremediablemente unida a la relación de trabajo. El espacio laboral y la jornada de trabajo delimitada demarcan –de forma material y simbólica– la vida de los trabajadores. Este entramado práctico se articulaba con un horizonte temporal de mediano y hasta de largo plazo, en el cual el esfuerzo personal –que podía ser además, sacrificio– recibía como compensación la posibilidad concreta de una movilidad social ascendente inter e intra-generacional.

Sin embargo, desde el último cuarto del siglo XX se vienen sucediendo profundas modificaciones estructurales producto de la conjunción de cambios sustantivos en los modos de producción junto al debilitamiento y virtual extinción de las protecciones organizadas por el Estado de Bienestar. A partir de entonces se inaugura una etapa de "*capitalismo floreciente*" (Boltanski y Chiapello, 2000) caracterizada por un marco renovado de generación de ganancias y por transformados modelos productivos, estrategias de gestión y modalidades de trabajo. Estas nuevas formas de organización de la producción han generado una dinámica de diversificación de los tiempos de trabajo que da lugar a la coexistencia de múltiples formas de organización de los tiempos de trabajo (De Castro, 2010).

2. Las transformaciones del trabajo y del tiempo de trabajo

Tal como señaláramos, las nuevas formas de organización de la producción han dado lugar a sustantivas modificaciones en las formas de organización del tiempo de trabajo. Las mismas introducen verdaderos desafíos tanto en lo que respecta a la gran reducción en los avances por el control del tiempo de trabajo, como en sus efectos sobre el desempleo o el excedente de fuerza de trabajo. Es en este sentido que las nuevas maneras de organizar el tiempo, y en especial el tiempo de trabajo, se constituyen en una de las características distintivas del nuevo capitalismo. Concomitantemente, estas transformaciones se convierten en verdaderos instrumentos para el disciplinamiento de la población tanto al interior de los procesos directos de producción como, en sentido más amplio, en el conjunto del proceso social de producción.

En este proceso, la óptica de género constituye un prisma de lectura insoslayable en tanto el tiempo en general y el tiempo de trabajo en particular son reveladores de diferenciaciones, incluso de profundas inequidades, entre los géneros.

La flexibilidad del tiempo de trabajo

El vocablo *"flexibilidad"* comporta la disposición de las cosas para doblarse sin romperse y la capacidad de las personas a adaptarse sin dificultad al dictamen o resolución de alguien. Sin embargo, a partir de la década del 80, la noción se presenta como uno de los ejes centrales de la redefinición del capitalismo, dando lugar a un sinnúmero de estrategias tendientes a trasladar sobre los asalariados, así como a los subcontratistas y otros prestadores de servicio, el peso de la incertidumbre del mercado (Boltanski y Chiapello, 2002). Dicha flexibilidad puede descomponerse en:

a) *Flexibilidad interna o del proceso de trabajo:* basada en una profunda transformación de la organización del trabajo y de las técnicas empleadas –polivalencia o polifuncionalidad de los trabajadores, trabajo en equipo y otros aspectos vinculados exclusivamente con la forma en que el proceso productivo es organizado en el interior de la empresa (Boltanski y Chiapello, 2002)–. En este sentido, se relaciona a la obtención de adaptabilidad de los trabajadores a través de la modificación de las condiciones de trabajo previamente pactadas.

b) *Flexibilidad externa o de mercado:* supone una organización del trabajo en red en la que las empresas *"esbeltas"* encuentran los recursos de los que carecen a través de una subcontratación abundante, así como de una mano de obra maleable en términos de empleo –empleos precarios, interinos, trabajadores independientes–, de horarios o de duración del trabajo –tiempo parcial, horarios variables– (Boltanski y Chiapello, 2002). Dentro del aspecto de la mano de obra, refiere a la capacidad empresarial de contratar trabajadores fuera de los esquemas de contrato de trabajo de duración indefinida, mediante el reconocimiento legal de modalidades de trabajo que permiten disponibilidad fácil y barata del despido como forma de adecuar el personal contratado a las variaciones de la demanda. Contiene en su interior la flexibilidad de entrada y la flexibilidad de salida.

En este sentido, y haciendo especial foco en la flexibilidad del tiempo de trabajo, Mantero de San Vicente (1988) establece algunas diferenciaciones analíticas en el abordaje de la problemática. Para el autor, la expresión flexibilidad o flexibilización del tiempo de trabajo alcanza a dos fenómenos diferentes. Mientras que una cosa sería postular la flexibilidad del tiempo de trabajo, pero reconociendo la existencia de límites máximos inflexibles en el tiempo de trabajo; otra cosa, sustancialmente distinta, sería entender la flexibilidad como la derogación de las normas inflexibles, e invocar el renacimiento de la autonomía de la voluntad de las partes, es decir, la posibilidad de que el patrón y trabajador fijen *"libremente"* el tiempo de trabajo.

Estos dos postulados responden, para Mantero de San Vicente (1988), a causas diferentes. La flexibilidad acatando las normas sobre jornada máxima entraría dentro del concepto de flexibilidad del puesto de trabajo, la cual es incluida por el autor dentro de la categoría flexibilidad de la organización productiva. Se trata de una flexibilidad impuesta por la forma de producir, que no sólo no supone la derogación de los límites máximos inflexibles, sino que hasta podría llegar a mejorar esos límites[3]. En tanto, el segundo postulado podría ser pensado como una forma de flexibilización del mercado de trabajo, donde las condiciones laborales y los salarios son fijados de forma individual por las partes contratantes.

El paso de la distribución rígida a la distribución flexible de los tiempos de trabajo supone el desdibujamiento de la jornada *"normal"* como patrón (donde la normalidad estaría dada por el tiempo de trabajo integral, los horarios rígidos y repetitivos) y la formación cada vez más frecuente de más de un patrón (Dal Rosso, 2004, 2006b). Lo que se consideraba como *"la jornada normal"* se ha resquebrajado en múltiples direcciones: al trabajo integral y por tiempo indeterminado se le contrapone el trabajo a tiempo parcial y el empleo temporario; y los horarios rígidos han sido suplantados por una variedad de hora-

---

3 Sin embargo, y como veremos más adelante, la reducción de la jornada de trabajo no comporta en sí misma una mejoría en las condiciones laborales, ya que, la gran mayoría de la veces, viene acompañada de procesos de intensificación o densificación del ritmo de trabajo.

rios atípicos, tales como trabajo los días domingos y feriados, horarios rotativos, trabajo nocturno, trabajo por "*objetivos*", etc.

La flexibilidad del tiempo de trabajo surgió como una gran promesa para los trabajadores, sin embargo, la decepción tomó el lugar de la esperanza ya que terminó beneficiando sólo a una parte de la ecuación. Fortaleció a las empresas durante las oscilaciones de los mercados permitiendo atender los compromisos de producción y reducir los costos empresariales a través de la generalización de los contratos de trabajo cortos, inferiores a la media jornada y de los empleos temporarios.

En este sentido, la precarización de las formas de contratación así como también el desarrollo de la subcontratación permiten no pagar más que el tiempo realmente trabajado, dejando fuera del tiempo remunerado todos aquellos tiempos muertos, los tiempos de formación y los descansos parcialmente integrados anteriormente a la definición de la jornada laboral justa.

La utilización de los horarios de trabajo para obtener flexibilidad no pasa necesariamente por el tiempo parcial. El mecanismo puede funcionar igualmente en sentido inverso y pasar por un incremento de la carga de trabajo más allá del horario legal (Boltanski y Chiapello, 2002). En este sentido, la extensión de la jornada de trabajo se presenta como una dimensión más en el estudio de la flexibilidad laboral.

Según Dal Rosso (2006a), se ha comenzado a acumular evidencias en el sentido de que importantes países del bloque capitalista occidental están retomando la práctica de la ampliación de la jornada de trabajo en la actualidad[4]; constituyendo, esta tendencia, una histórica vuelta atrás ya que la extensión de la jornada de trabajo presentaba una tendencia a la reducción de más de un siglo. Para el mismo autor (2004), las jornadas de trabajo extensivas, largas y reguladas propias del patrón industrial, estarían siendo lentamente modificadas hacia un patrón de trabajo siempre largo, pero ahora desregulado e intensivo. La pérdida de la fuerza reguladora y protectora del sistema normativo, laboral y social constituye, sin lugar a dudas, la piedra angular de este proceso.

La ampliación de la jornada es un fenómeno propio de la década del 90 y se encuentra determinado por la reestructuración del trabajo en las empresas que reaccionan de esta manera contra la competencia global, por la amenaza del desempleo sobre aquellos que trabajan y por

---

4   Un ejemplo de esta tendencia lo constituye el caso francés. En julio de 2008 se aprueba en Francia el proyecto impulsado por el gobierno de Sarkozy que permite superar las 35 horas de trabajo semanales a través de negociaciones con los empleados hasta un límite de 48 horas.

las dificultades que el movimiento obrero ha tenido para implementar una política adecuada de control de las horas extras. Esta tendencia se observa tanto en países de capitalismo periférico como de capitalismo central y su impacto es diferencial en las distintas categorías de trabajadores y por sexo.

En este sentido, es posible señalar que la división del trabajo por sexo se constituye en otra de las cuestiones que recorren de forma transversal la problemática sobre las nuevas formas de uso flexible del tiempo de trabajo. En este sentido, la creciente incorporación de las mujeres al mercado de trabajo se articula, de forma estrecha, con la ampliación de los puestos de trabajo a tiempo parcial.

La reducción de la duración del trabajo: la persistencia de la tendencia en algunos países de Europa

Las "nuevas" tendencias relacionadas con el tiempo de trabajo, anteriormente planteadas, conviven con la consolidación y profundización de la histórica tendencia a la reducción de la duración del tiempo de trabajo. La vigencia de esta tendencia se da fundamentalmente en los países europeos y asiáticos capitalistas avanzados. Este proceso de reducción de la norma no es lineal y en el interfieren una serie de actores que han podido influir a lo largo de la historia en la evolución de las regulaciones (Lallement, 2007).

El debate contemporáneo sobre la reducción de la duración del trabajo gira en torno a dos ejes fundamentales. El primero de ellos hace referencia a las posibilidades que la reducción de la jornada laboral brindaría como forma para intentar minimizar el desempleo estructural[5]. Planteada de esta manera, la problemática es pensada desde el ángulo del reparto del trabajo remunerado. Este eje de análisis, denominado por algunos autores como "reparto defensivo" (Boulin, 1996), podría localizarse en la esfera de la inmediatez y/o de la contingencia (Antunes, 1999). El segundo de los ejes en torno al cual se desarrolla el debate trasciende la problemática del trabajo remunerado, en la medida en que suscita una reflexión sobre el reparto del trabajo en sentido

---

5   De la Fuente Lavín y Zubiri Rey (2016) señalan que la atribución a la reducción del tiempo de trabajo del objetivo de la creación de empleo se propuso por primera vez en Estados Unidos con motivo de la "Gran Depresión" de 1929. Allí, aunque el Senado llegó a aprobar una ley que fijaba una jornada máxima de 30 horas semanales, las presiones de la patronal llevaron a que el presidente Roosevelt derogase la ley.

amplio[6] y de la cuestión de la reapropiación y control, por parte de los trabajadores, de los tiempos destinados a las diferentes actividades.

Las posibilidades que la reducción de la jornada de trabajo brindaría como forma de reducir el desempleo, en la medida en que permitiría una mayor absorción de mano de obra, se presenta en algunos países como una solución *"poskeynesiana"* (Nun, 1995; Offe, 1997) a la problemática del desempleo estructural. Desde la perspectiva de Recio (1997), este tipo de reparto es, ante todo, el reparto del acceso a una fuente de renta.

Sin embargo, una serie de factores plantearían límites concretos a las esperanzas de disminución del desempleo a través de una reducción de la jornada de trabajo. Entre ellos sería posible enumerar, por un lado, la segmentación y la diversidad de tiempos de trabajo entre las distintas categorías de trabajadores y, por otro, los valores que se requiere poner en juego en este tipo de políticas. En este sentido, la política de reparto del trabajo remunerado impone un sacrificio a los trabajadores ocupados y ese sacrificio se basaría en valores como la solidaridad y/o la alteridad, los cuales difícilmente consigan ser perseguidos en forma colectiva (Boulin, 1996; Offe, 1997).

El segundo de los ejes en torno al cual se articula el debate de la reducción del tiempo y del reparto de trabajo en sentido amplio estaría *"anclado en el universo de la vida cotidiana"* (Antunes, 1999), permitiendo una reflexión fundamental sobre la distribución igualitaria de la carga de trabajo entre todos los miembros de la sociedad y sobre el autocontrol sobre el tiempo de trabajo y el tiempo de la vida.

En este sentido, la problemática de la reducción del tiempo y redistribución del trabajo en sentido amplio cuestiona la desigual distribución de actividades y tareas, valores y prestigio que rigen entre hombres y mujeres; es decir, cuestiona la división sexual del trabajo tanto en el ámbito doméstico como en el espacio público (Boulin, 1996; Recio, 1997). Al mismo tiempo abre la posibilidad de desarrollo de actividades situadas fuera de la esfera capitalista y que no tengan como condición la valorización del capital (Gorz, 1994).

La tendencia a la reducción del tiempo de trabajo persistente –básicamente– en algunos países de Europa es un proceso que esconde en su interior rasgos que no van en una única dirección y que presentan, incluso, características contradictorias. Estas fueron, precisamente, las que llevaron a varios autores a hablar de la reducción de la jornada como un verdadero *"caramelo amargo"*. Si por un lado, esta ten-

---

6   Esta forma de reparto es denominada por Boulin (1996) como *"reparto ofensivo"*.

dencia permite una mayor disponibilidad de tiempo para el ocio y el enriquecimiento cultural, por el otro, no impacta de igual manera en ambos sexos. En el caso de las mujeres, cada hora que ocupan menos en su trabajo productivo lo aumentan en la dedicación hogareña. Así, el tiempo libre no es libre para la mujer (Hirata, 2001). Además, la intensificación de los ritmos del trabajo comienza a constituirse en el nuevo rasgo con el cual convive la reducción del tiempo de trabajo. Lejos de estar aproximándonos a la sociedad del ocio, la mayor parte las tendencias actuales convergen en la acumulación de repercusiones sobre la explotación del trabajo.

La intensificación de los ritmos del trabajo

Todo acto de trabajo envuelve un gasto de energía y exige esfuerzo del trabajador. Esto equivale a considerar que el trabajo puede gastar más o menos energía, pero siempre gasta alguna cosa. Para Dal Rosso (2006c), una actividad concreta demanda en formas variables de todas las capacidades del trabajador, incluso cuando en la acción concreta haga uso más focalizado de una de ellas (esfuerzo físico, cognitivo, involucramiento afectivo/emocional). Es, en esta idea, que se encuentra la raíz del concepto de intensidad del trabajo.

A partir de lo anterior es posible establecer, siguiendo a Dal Rosso (2006c), que la intensidad del trabajo se refiere al esfuerzo gastado por los individuos en el proceso de trabajo, pero también se relaciona con las inversiones de energía y con el desgaste a que se encuentran sometidos los trabajadores. De esta manera, la intensidad está relacionada con el modo, con la manera en cómo es realizado el trabajo. El grado de gasto de energías personales realizado por el trabajador en la actividad concreta constituye el primer elemento del concepto, pero no el único. La intensidad de trabajo es más que el esfuerzo, porque envuelve todas las capacidades del trabajador, sean capacidades de su cuerpo, de su mente, involucramiento emocional y saberes adquiridos a través del tiempo y transmitidos en el proceso de socialización. Así, definir a la intensidad del trabajo centrando la mirada en el trabajador, o mejor, en el esfuerzo gastado por el individuo en el proceso de trabajo, distancia el concepto, de forma sustancial, de la noción de productividad (Dal Rosso, 2006a).

Dentro del modo de producción capitalista, el control de la intensidad del trabajo sale de las manos del trabajador y pasa a ser definido, total o parcialmente, por el empleador. Los trabajadores sólo no permanecen a total merced de los empleadores por dos razones: su capacidad de lucha y resistencia, y la existencia previa de patrones de intensidad del trabajo construidos a través del tiempo y que los trabajadores asumen como referencia. El proceso que resulta en un mayor gasto de energías/capacidades físicas, cognitivas y emotivas del trabajador con el objetivo de elevar cuantitativamente o mejorar cualitativamente los resultados sería, así, producto de una nueva manipulación del capitalismo de los grados de intensidad del trabajo teniendo como objetivo la consecución de determinados resultados.

En la medida en que el tiempo de trabajo puede ser pensado como un elemento central en la gestión empresarial, la intensificación de los ritmos de trabajo se presenta como una de las formas concretas que este tipo de estrategia puede adoptar. La intensificación o *"densificación"* (Boltanski y Chiapello, 2002), al máximo, de las horas trabajadas se presenta como una manera de ganar tiempo, ya que el tiempo es dinero. Desde la perspectiva de Grossin (1993), esta estrategia convierte a los industriales en los adeptos más consistentes de la teoría marxista del valor basada en el tiempo socialmente necesario de la producción de mercancías.

Una serie de autores (Castel, 2004; Dal Rosso, 2004, 2006a, 2006c; Fernex, 2000; Hirata, 2001) señala a la década del 80 como el período en que comienzan a ser detectados signos de una nueva ola de intensificación del trabajo que se disemina en el mundo, en el marco del proceso de reestructuración productiva. Si bien el planteo de Marx vinculaba la idea de intensificación del trabajo —en tanto práctica de explotación de los trabajadores— al momento en que las horas de trabajo comienzan a ser controladas por la legislación, esta nueva etapa del proceso de intensificación del trabajo se produciría en el marco de la flexibilización y de la desregulación de las relaciones laborales.

Ahora bien, ¿cuáles serían los factores que se encuentran en la base de la tendencia contemporánea de intensificación del trabajo, otorgándole, de esta manera, un carácter singular y distintivo con relación a las etapas de intensificación anteriormente existentes?

Desde la perspectiva de Boltanski y Chiapello (2002) es posible establecer seis factores que se encontrarían en la base de este proceso:

1) La externalización permite incrementar la intensificación del trabajo recurriendo a la presión del mercado. En este sentido, se presenta como un factor externo imposible de controlar y permite desresponzabilizar a los cuadros locales que se hallarían totalmente sometidos al mismo. Para los autores, este modo de control externo es más poderoso y legítimo que el que podría ejercer la jerarquía de la empresa contratante sobre su propio personal.

2) Los nuevos métodos de gestión constituyen una forma interna de aumento de la intensificación del trabajo. Las técnicas de control de gestión (extensión del control presupuestario a unidades cada vez más reducidas en tamaño y establecimiento de facturación interna) tienen las mismas consecuencias que el desarrollo de la subcontratación y de los contratos temporales: la expulsión hacia el tiempo de no-trabajo de todo cuanto no sea directamente productivo, y la carga de los gastos de reproducción de la fuerza de trabajo sobre los trabajadores o, en caso de paro o de incapacidad profesional, sobre el Estado.

3) Las nuevas formas de organización del trabajo, en general, y el toyotismo, en particular, permiten tender hacia una situación en la que la fuerza de trabajo jamás será improductiva y podrá ser descartada desde el momento en el que disminuyan los pedidos. A partir de esto una serie de autores acuerda en que las nuevas formas de organización del trabajo, sientan las bases de la nueva ola de intensificación del mismo. En este sentido, mientras Dal Rosso (2004) focaliza en la disminución del número de puestos de trabajo y la redistribución de las tareas entre los trabajadores restantes, Antunes (1999) y Grossin (1993) señalan a los *"círculos de calidad"* como la ingeniería que dio lugar a que el trabajador decidiera la intensificación de su propio esfuerzo. La práctica generalizada de competencia entre los grupos de trabajadores insertos en programas de círculos de control de calidad hace que algunas de las supresiones voluntarias de pausas sean practicadas para obtener mejores puestos en los lugares de trabajo.

4) La utilización de nuevas tecnologías constituyen también otra forma de incrementar la presión sobre los asalariados en la medida en que pueden organizar un control férreo sobre las actividades de los trabajadores, suprimiendo progresivamente los espacios fuera de control. Para Boltanski y Chiapello (2002), uno de los resultados más evidentes de la informatización del trabajo ha sido dotar a los directivos de las empresas de herramientas de control mucho más numerosas y mucho más sensibles que antes, hasta el punto de hacer posible el cálculo del control del valor añadido a escala no sólo de la empresa o del establecimiento, sino también del equipo o incluso del individuo. Se trata de un mecanismo que opera a distancia y permite, al mismo tiempo, reducir el número de supervisores. Desde la perspectiva de Sennett (1998), estos elementos estarían dando cuenta de un nuevo sistema de poder que acecha en las formas modernas de flexibilidad. Este nuevo sistema, al que

denomina *"concentración sin centralización del poder"*, toma la forma de *"una península de poder en el archipiélago del poder flexible"* y constituye una manera de trasmitir la operación de mando en una estructura que ya no tiene la claridad de una pirámide. La estructura institucional se ha vuelto más intrincada, no más sencilla y la dominación desde arriba es, a la vez, fuerte y amorfa.

5) Otra forma de aumentar la intensidad del trabajo, menos visible que el incremento de las cadencias, es el desarrollo de la polivalencia manteniendo el salario idéntico. Así, la voluntad de utilizar nuevos *"yacimientos de competencias"* de los trabajadores, sometidos hasta entonces a un trabajo parcelario, favoreciendo su implicación, conduce a un incremento del nivel de explotación. En efecto, la explotación se ha reforzado porque, el modelo de gestión flexible, utiliza para sí capacidades humanas (de relación, de disponibilidad, de flexibilidad, de aplicación efectiva, de compromiso, etc.) que el taylorismo, precisamente por tratar a los seres humanos como máquinas, no podía ni pretendía alcanzar. Lo que el trabajador pone en juego en la tarea depende cada vez más de capacidades genéricas o de competencias desarrolladas fuera de la empresa, resultando cada vez menos medible en términos de horas de trabajo. Con los nuevos dispositivos de expresión y de resolución de problemas se comenzó a exigir a las personas, mucho más que antes, que movilizasen su inteligencia, su sentido de observación y su astucia a favor de la empresa. Boltanski y Chiapello (2002) consideran que, aunque esta evolución no es en sí misma negativa —nadie puede desear que el trabajo se limite a una serie de gestos mecanizados—, es cierto que este aporte suplementario incorporado por el personal no ha sido remunerado más allá de un simple mantenimiento en el empleo para quienes son capaces de llevarlo a cabo y la exclusión para el resto.

6) Finalmente, el movimiento hacia la individualización de las condiciones de trabajo (el cual corre paralelo a una gran diversidad en los contratos de trabajo, en los horarios y en la gestión del tiempo de trabajo), y en particular de las remuneraciones, permite incrementar el control sobre cada asalariado tomado individualmente, obteniendo, de este modo, un incremento del esfuerzo mucho más eficaz. Es a partir de las décadas del 70 y 80 que la creciente autonomización del trabajo va a la par de la diferenciación y de la individualización creciente de las remuneraciones, mucho más directamente conectadas con los rendimientos individuales (salario de eficiencia) o los resultados de la unidad a la que pertenece el

asalariado. Este nuevo esquema estaría dejando atrás un modelo caracterizado por una relativa autonomización de la remuneración con respecto al rendimiento individual, por aumentos colectivos en los salarios en función de los incrementos en la productividad evaluados en términos agregados y por una uniformización de la remuneración. Las remuneraciones, que se encuentran hasta entonces asignadas a los puestos de trabajo, pasaron cada vez más a depender de las propiedades personales de quienes ocupan dichos puestos y de la evaluación de sus resultados por parte de la dirección de la empresa; la solidaridad de los status profesionales tiende así a transformarse en competencia entre iguales (Castel, 2004). Boltanski y Chiapello (2002) señalan que esta evolución fue progresando conforme a la demanda de una parte de los asalariados y fue acompañada por un profundo cambio en las concepciones de la justicia, que supuso el paso de una concepción centrada en un reparto equitativo de los beneficios entre las categorías socio-profesionales (la *"justicia social"*) a una concepción de la justicia centrada en la redistribución equitativa del rendimiento individual. El efecto pernicioso que comporta esta individualización de las competencias, de las gratificaciones y de las sanciones es que tiende a hacer a cada individuo único responsable de sus éxitos y fracasos. Estas ideas aparecen en la obra de Castel (2004) *"como la obligación del trabajador a ser libre"*. Para el autor, las nuevas formas de organización de la producción liberan al trabajador de las coerciones colectivas que lo aplastaban en el marco de la organización taylorista. Sin embargo, a partir de ahora se le impone ser capaz de un buen desempeño, a pesar de estar en gran medida librado a sí mismo. Evidentemente, las obligaciones no han desaparecido, muy por el contrario tienden a aumentar en un contexto de competencia exacerbada y bajo la amenaza permanente del desempleo. No todos los trabajadores están igualmente armados para afrontar estas exigencias. Mientras que algunos salen beneficiados de este *aggiornamento* individualista[7], como lo denomina Castel (2004), otros no pueden hacer frente a la redistribución de cartas que comporta la nueva economía. Esta dualización de los trabajadores no sólo es producto de diferencias en las capacidades propias de los individuos en el plano psicológico, sino, y en forma

---

7 Dentro de este grupo se encuentran aquellos individuos capaces de maximizar sus oportunidades, desarrollar sus potencialidades y de descubrir en sí mismos capacidades de emprendimiento que podrían verse sofocadas por obligaciones burocráticas y por reglamentaciones rígidas.

EL ESTALLIDO DEL TIEMPO

esencial, de los recursos objetivos –de los diferentes capitales– que estos individuos pueden movilizar y de los soportes en los que pueden apoyarse para hacer frente a estas nuevas situaciones.

El resultado de estas transformaciones ha permitido a las empresas generar un importante incremento de productividad. Sin embargo, los trabajadores asalariados han pagado un precio muy alto por estas transformaciones, ya que todo parece indicar que, simplemente para mantener su nivel de vida, deben trabajar de manera más intensa. Además, en este mismo movimiento quienes han sido considerados como incapaces de seguir el ritmo y definidos como *"incapaces"* se han visto expulsados a empleos de menor calidad e incluso fuera del mercado de trabajo.

En este sentido y desde la perspectiva de Boltansky y Chiapello (2002), una parte de la falta actual de empleos debe ser explícitamente atribuida a las prácticas que han evacuado fuera del tiempo de trabajo remunerado todos los tiempos muertos, así como una parte de los beneficios de las empresas debe asignarse a la mayor extracción de valor añadido del trabajo humano a cambio de un salario no modificado.

3. Consideraciones finales: vida cotidiana y ¿nuevo modelo temporal?

Tal como fue presentado en este trabajo, las nuevas formas de organización de la producción dieron lugar a la heterogeneización y a la diversificación de las formas de organizar los tiempos de trabajo. En este proceso el tiempo de trabajo sufre una continua intensificación y flexibilización, en tanto el histórico movimiento de reducción de la jornada de trabajo evolucionó poco (Cardoso, 2010). Estas nuevas dinámicas temporales se constituyen en una de las características distintivas del capitalismo contemporáneo.

Hay un acuerdo generalizado entre los autores en que estas mutaciones operadas en el tiempo de trabajo actúan imprimiendo una serie de transformaciones en las prácticas tanto a nivel social como individual. Los aspectos temporales de las actividades productivas se articulan con los aspectos temporales del resto de las actividades sociales puesto que tales relaciones son las que contribuyen a configurar la estructura temporal de la sociedad. Así, cualquier cambio generalizado en la organización interna del tiempo de trabajo obliga en alguna medida a reestructurar el resto de los tiempos sociales (de Castro,

2010). Más aun, la profundidad de los cambios es de tal magnitud que pone en entredicho varios de los aspectos de la temporalidad de la sociedad industrial en los cuales se basaban los equilibrios sociales y las formas de vida cotidiana (Boisard, 1984, 1996).

La rigidez de los repartos temporales de las distintas actividades y el carácter colectivo de los horarios se sacuden seriamente; sin embargo, la ideología del tiempo (es decir, la soberanía del tiempo mecánico como valor de uso) y la exigencia de precisión basada en la difusión de instrumentos de medida del tiempo (esto es, la disciplina temporal) se acentúan. La relación con el tiempo se individualiza a través de los horarios variables y atípicos, y la flexibilización y la desincronización esfuman las fronteras entre las grandes secuencias colectivas de actividades (Boisard, 1984, 1996). Los rígidos límites entre trabajo/ocio o trabajo/no-trabajo se desdibujan y la tradicional separación entre la casa y el trabajo entra en proceso de desgaste a medida que el trabajo pasa a invadir el espacio doméstico (Adam, 1995). El ritmo cada vez más intenso e interiorizado rompe la idea de un tiempo reservado al trabajo y otro al descanso (Alonso, 2004).

En este contexto, las exigencias de exactitud y precisión son más fuertes que nunca. La proliferación de relojes y distintos instrumentos de medida del tiempo colonizan todos los espacios de vida y de trabajo. Más que nunca el tiempo se constituye en un valor, tanto en el trabajo como en el ocio (Boisard, 1984, 1996).

Desde la perspectiva de Adam (1995), las personas encuentran grandes dificultades en coordinar los elementos flexibles e inflexibles de sus vidas laborales, familiares, amigos, ocio, actividades culturales, compromiso político, etc. Con la flexibilización y con patrones de trabajo poco predecibles se gasta mayor tiempo en la sincronización de las actividades. Así, lo que para los empleadores es una cuestión de racionalidad y eficiencia, deviene para el trabajador en una carga insoportable por el hecho que los trabajadores no operan exclusivamente en el tiempo mecanizado, mercantilizado y racionalizado del empleo industrial, sino en la complejidad de los tiempos que deben ser sincronizados con los otros tiempos significativos y con la sociedad en la cual estos empleados viven y trabajan.

La flexibilidad se manifiesta en la vida de los trabajadores en el paso de un alto grado de control sobre su tiempo a un creciente aumento de la impredictibilidad del tiempo de trabajo –múltiple complejidad, interpenetración, constitución simultánea–. En adelante, su tiempo de trabajo se rinde, de forma directamente sensible, a las fluctuaciones del mercado, dando lugar a una operación de desencaje entre el tiempo de trabajo y el tiempo de las organizaciones, y de los ritmos colectivos de las actividades públicas y familiares, erosionando las actividades comunales, tanto las de dominio público como privado. Esta caracterización le permite a Adam (1995) retomar la diferenciación realizada por Elchardus entre flexibilidad para el trabajador y flexibilidad del trabajador. Esta idea da cuenta del impacto que las transformaciones en el mercado de trabajo tienen respecto a los mecanismos de disciplinamiento de la mano de obra, y a las formas y maneras en que producen cambios en los ordenamientos temporales de grupos sociales específicos. La diferencia entre ambos tipos de flexibilidad se basa en el grado de autonomía que los diferentes modelos de flexibilidad fomentan entre los trabajadores (de Castro, 2010).

La relación con el tiempo se individualiza a través de los horarios variables y atípicos. La necesidad de exactitud y precisión es el corolario obligatorio de este proceso. En este sentido, la flexibilización y la desincronización esfuman las fronteras entre las grandes secuencias colectivas de actividades. La adaptación al tiempo deja de ser dictada enteramente por normas colectivas centralmente impuestas.

Incluso en aquellos países donde persiste la reducción del tiempo del trabajo (la cual permite concentrar el trabajo sobre una fracción limitada del día liberando franjas de tiempo para otras actividades) la jornada parcial actúa dificultando el desarrollo de otras actividades. Más aun el tiempo liberado del trabajo no es, necesariamente, un tiempo liberado de toda dificultad en la medida en que suscita problemas organizativos complejos. A su vez, el tiempo libre de los asalariados es crecientemente invertido en actividades de ocio que demandan un fuerte desarrollo de todo un sector de servicios (deportivos, culturales, de transporte, de comercio, hotelería, gastronomía), el cual promueve –de forma casi paradojal– la instauración de trabajos nocturnos, durante los fines de semanas, períodos de vacaciones, etc.

Boisard (1984, 1996) condensa todos estos procesos en la hipótesis de la existencia de una nueva temporalidad caracterizada por los siguientes aspectos: 1) un conflicto centrado en el control del tiempo; 2) la desincronización del tiempo; 3) la programación individual del tiempo; 4) la fluidez y la indiferenciación del tiempo; 5) la constitución de un mercado de tiempo; 6) la primacía concedida al tiempo como valor y 7) la flexibilidad de la gestión del tiempo.

Estas transformaciones no sólo impactan en el ordenamiento y en el encadenamiento de las actividades cotidianas sino que repercuten de manera profunda en la forma de vivir el tiempo histórico de los trabajadores. Desde la perspectiva de Sennett (1998) es la dimensión temporal del nuevo capitalismo lo que más directamente afecta las vidas emocionales de las personas. La organización a corto plazo de las instituciones modernas y los equipos de trabajo (en los cuales se pasa de una tarea a otra rápidamente y el personal que lo forma cambia durante el proceso) limitan la posibilidad de que madure la confianza informal y los vínculos sólidos, por tratarse de relacionamientos que tardan en desarrollarse, que dependen de una asociación de largo plazo y de una disposición a establecer compromisos con los demás. Trasladado al terreno de la familia, el lema *"nada a largo plazo"* significa moverse continuamente, no comprometerse y no sacrificarse, pero por sobre todas las cosas es un principio que corroe la confianza, la lealtad y el compromiso mutuos. El desencaje y la desincronización hunden a las familias en la anarquía, al imposibilitar una programación adecuada de las necesidades familiares, laborales y comunitarias.

Así, el capitalismo a corto plazo amenaza con corroer el carácter; en especial aquellos aspectos del carácter que unen a los seres humanos entre sí y brindan a cada uno de ellos una sensación de un yo sostenible. El resquebrajamiento del yo sostenible aparece expresado en el temor a estar al borde de la pérdida del control de la propia vida, un miedo que se enraíza en historias laborales flexibles y quebradas. Pero para Sennett (1998) el miedo a perder el control tiene, en muchos casos, raíces más profundas que la preocupación a perder poder en el trabajo o directamente a perder el empleo. El temor se centra en que las medidas que se necesitan tomar y la manera cómo se tiene que vivir para sobrevivir en la moderna economía lanzan a la deriva las vidas interiores. Para el autor lo que hoy tiene de particular la incertidumbre contemporánea es que existe sin la amenaza de un desastre histórico, y en cambio, está integrada en las prácticas cotidianas de un equipo vigoroso.

Las características presentadas permiten evidenciar que la dinámica de diversificación de los tiempos de trabajo repercute tanto en el tiempo presente (jerarquización, ordenamiento, encadenamiento y ritmo diario de los actividades) como en el tiempo histórico (dimensión de la experiencia temporal que hace referencia a la memoria a largo plazo, a la resignificación del pasado y a la relación que un agente entabla con su futuro). Si para los empresarios la heterogeneización de los aspectos temporales de los procesos productivos posibilitó una mayor racionalidad y eficiencia para los trabajadores constituyó un verdadero obstáculo en la organización práctica de la vida y en la posibilidad de construcción de trayectorias biográficas a largo plazo.

Bibliografía

Adam, B. (1995) *Timewatch. The social analysis of time*, Cambridge, England, Polity Press.

Alonso, L. (2004) "La sociedad del trabajo: debates actuales. Materiales inestables para lanzar la discusión", *REIS* (107), 21-40.

Antunes, R. (1999) *Os sentido do trabalho*, São Paul, Brasil, Biotempo Editorial.

Boltanski, L. y Chiapello, È. (2002) *El nuevo espíritu del capitalismo*, Madrid, Ediciones Akal.

Boisard, P. (1984) "Réduction de la durée du travail et transformation du modèle temporel", *Temporalistes* (2), 4-6. Recuperado de: [http://www.sociologics.org/temporalistes].

Boisard, P. (1996) "Temporalité industrielle et temps libre", *Temporalistes* (33), 23-24. Recuperado de: [http://www.sociologics.org/temporalistes].

Boisard, P. (1998) "Las políticas del reparto del tiempo de trabajo en la Unión Europea", en Gautié, J. y Neffa, J.C. (comps.), *Desempleo y Políticas de Empleo en Europa y Estados Unidos*, Buenos Aires, Argentina, Lumen/Humanitas/Trabajo y Sociedad/PIETTE.

Boltanski, L. y Chiapello, È. (2002) *El nuevo espíritu del capitalismo*, Madrid, España, Ediciones Akal.

Boulin, J. (1996) "Las políticas de tiempo de trabajo: El caso de Europa", *Ekonomiaz: Revista Vasca de economía* (34), 42-49.

Cardoso, A.C.M. (2010) "Os trabalhadores e suas vivências cotidianas - Dos tempos de trabalho e de não-trabalho", *Revista Brasileira de Ciências Sociais*, 25 (72), pp. 101-177. Doi: 10.1590/S0102-69092010000100008.

Castel, R. (2004) *La inseguridad social. ¿Qué es estar protegido?* Buenos Aires, Argentina, Manatial.

Dal Rosso, S. (2004) "Dilemas do tempo de trabalho no Brasil e no mundo globalizado", en Dowbo, L.; Furtado, O.; Trevisan, L. y Silva, H. (orgs.), *Desafios do trabalho* (pp. 47-62), Petrópolis, Brasil, Editora Vozes.

Dal Rosso, S. (2006a) "Jornada de trabalho: duração e intensidade", *Ciência e cultura* 58 (4), pp. 31-34.

Dal Rosso, S. (2006b) "Longas jornadas: o tempo de trabalho na construção da sociedade brasileira", *Guanicus. Revista da Faculdade de Educação e Ciências Humanas de Anicuns* (03/04), 27-62.

Dal Rosso, S. (2006c) "Intensidade e imaterialidade do trabalho e saúde", *Revista Trabalho, Educação e Saúde*, FIOCRUZ, 4(1), 65-92. Doi: 10.1590/S1981-77462006000100005.

De la Fuente Lavín, M. y Zubiri Rey, J.B. (2016) "Significado histórico y actualidad de las políticas de reducción del tiempo de trabajo", *Lan Harremanak. Revista de Relaciones Laborales* (34), 19-48. Doi: 10.1387/lan-harremanak.16554.

De Castro Pericacho, C. (2010) "Trabajadores en busca de narraciones: las consecuencias de las transformaciones del tiempo de trabajo sobre la configuración de las identidades narrativas de los trabajadores", Tesis Doctoral, Universidad Complutense de Madrid.

Fernex, A. (2000) "Intensité du travail, definition, mesure, evolutions. Premiers reparages", *Seminaire CEE-LATTS "Intensification du travail"*.

Gorz, A. (1994) "Salir de la sociedad salarial", *Debats* (50), 74-83.

Grossin, W. (1993) "Une maladie obsessionnelle: 'gagner du temps!'", *Temporalistes* (25). Recuperado de: [http://www.sociologics.org/temporalistes].

Hirata, H. (2001, 1 de febrero) "¿Sociedad del ocio? El trabajo se intensificó", *Página 12*. Recuperado de: [www.pagina12.com.ar].

Lallement, M. (2007) "Tiempo, trabajo, sujeto. Balance, cuestiones clave y perspectivas de las transformaciones contemporáneas", en Prieto, C. (ed.), *Trabajo, género y tiempo social* (pp. 49-63), Madrid, España, Editorial Hacer, Editorial Complutense.

Leite, M. (2009) "O trabalho e suas reconfigurações: Conceitos e realidades", en Leite, M. de P. y Carneiro Araújo, A.M. (ed.), *O trabalho reconfigurado. Ensaios sobre Brasil e México* (pp. 113-132), São Pablo, Brasil, Editorial FAPESP.

Mantero de San Vicente, O. (1988) "Flexibilización del trabajo", en Calero, F. (coord.), *Nuevos retos del sindicalismo* (pp. 13-40), Caracas, Venezuela, ILDIS, Editora Nueva Sociedad.

Nun, J. (1995, 31 de diciembre) "¿Cómo será el trabajo del siglo que viene?", *Clarín*. Recuperado de: [https://www.clarin.com/].

Nun, J. (1999) "El futuro del empleo y la tesis de la masa marginal", *Desarrollo Económico* 38 (152), 985-1004.

Offe, C. (1997) "¿Pleno empleo? Para la crítica de un problema mal planteado", en AAVV, *El paro y el empleo: enfoques alternativos*, Valencia, España, Germania.

Recio, A. (1997) *Trabajo, personas y mercados*, Barcelona, España, ICARIA, FUHEM.

Sennett, R. (1998) *La Corrosión del Carácter*, Barcelona, España, Anagrama.

Thompson, E.P. (1984) "Tiempo, disciplina de trabajo y capital industrial", en Thompson, E.P., *Tradición, revuelta y conciencia de clase. Estudios sobre la crisis de la sociedad preindustrial* (pp. 239-293), Barcelona, Crítica.

CAPÍTULO 5

TENSIONES Y HETEROGENEIDADES TEMPORALES EN LA DESOCUPACIÓN[1]

Andrea Delfino

A partir de la sociedad industrial el trabajo se constituye tanto en la base principal de la cual se derivan las condiciones materiales de vida de la población como en el sustento al cual se ligan las protecciones contra la inseguridad. De forma conjunta, el trabajo supuso la sujeción de los individuos al orden social a través de la interiorización de dispositivos disciplinares.

Este proceso conlleva la entronización de la idea de trabajo con una significación homogénea, mercantil y abstracta cuya esencia es el tiempo (Nun, 1999). Se plasma, entonces, la idea de una sociedad con un tiempo dominante en torno al cual se construye el orden social. El tiempo del reloj, lineal, homogéneo, continuo, abstracto, divorciado de los ritmos naturales, independiente del evento, con carácter universal y fraccionado intenta imponer un modo de organización a los demás tiempos sociales.

Así, la sociedad industrial y su –intrínseca– noción del tiempo, a la vez que consagran como hegemónica una noción determinada y específica de trabajo, instauran un esquema de organización del tiempo que moldea y es moldeado por esa noción de trabajo. En este modelo de sociedad, el trabajo remunerado edifica una temporalidad que se organizaba de manera cíclica, regular y repetitiva a través de la existencia de prácticas habituales y cotidianas que articulaban la organización de la vida práctica. En él, los horarios adquieren un carácter profundamente colectivo. Esta disciplina orientada por el

---

1   Versión revisada del artículo publicado en la *Revista Estudios Regionales y Mercado de Trabajo,* N° 9, 2013, Red Simel (Sistema de Información del Mercado de Trabajo) / CEUR; Buenos Aires, Argentina.

tiempo de las horas está irremediablemente unida a la relación de trabajo.

Desde el último cuarto del siglo XX se vienen sucediendo profundas modificaciones estructurales producto de la conjunción de cambios sustantivos en los modos de producción junto al debilitamiento y virtual extinción de las protecciones organizadas por el Estado de Bienestar. Estas nuevas formas de organización de la producción introducen verdaderos desafíos tanto en lo que respecta a la gran reducción en los avances por el control del tiempo de trabajo, como en sus efectos sobre el desempleo o el excedente de fuerza de trabajo.

La privación involuntaria del trabajo tiene profundas consecuencias sobre el tiempo vivido de las personas. El desempleo no sólo conduce a liberar tiempo sino que fundamentalmente da lugar a una desestabilización del tiempo de referencia (Bourdieu, 1979, 1999; Demazière, 2005, 2006; Jahoda, 1987; Lazarsfeld, Jahoda y Zeisel, 1996). Así, es posible considerar que el desempleo no puede ser disociado de una perspectiva temporal (Demazière, 2006).

En este sentido, este capítulo tiene como objetivo analizar las características principales del ordenamiento temporal de las actividades relacionadas con la sobrevivencia material de un grupo de desocupados asistidos por el Estado en la ciudad de Rosario. Partimos de considerar que la utilización del tiempo es expresiva de la forma que toman los diferentes tipos de relaciones sociales y que la misma constituye una referencia estructurante de los niveles de comprometimiento y/o involucramiento de las personas en toda una serie de actividades.

Los segmentos de tiempo adquieren relevancia para los análisis sociales en la medida en que no son sólo el resultado de una elección individual sino que son adoptados de forma colectiva por la comunidad e institucionalizados, adquiriendo estabilidad, consistencia y desarrollando un complejo sistema interno de regulación. Desde la perspectiva de Bouffartigue (2007, 2012) el tiempo está dentro de los conflictos −visibles o invisibles− que animan la visa social y personal. Así, el tiempo es un revelador de las determinaciones más hondas que afectan al trabajo, a la vida cotidiana, la familia y las relaciones de género. Creemos que este tipo de análisis posibilita, por un lado, reflexionar sobre las formas en que las personas que permanecen largos periodos transitando experiencias vinculadas a la desocupación organizan sus vidas en el nuevo capitalismo, y por el otro, permite repensar el lugar que ocupa el trabajo dentro de los esquemas de ordenación temporal de los desocupados asistidos por el Estado.

1. Algunas consideraciones en torno al tiempo y al trabajo

Tanto la tradición marxista como la tradición clásica de la sociedad burguesa comparten el punto de vista de que el trabajo es el hecho social principal en la sociedad moderna. Ambas tradiciones atribuyen al trabajo una posición clave como principio organizador de las dinámicas internas de la estructura social. En este sentido, la sociedad moderna y su dinámica principal son concebidas como una *"sociedad del trabajo"*.

A diferencia de órdenes sociales anteriores, la Modernidad estatuye un sistema central de clasificaciones de individuos y actividades claramente distinto. A partir de esta nueva época el trabajo va a convertirse en la categoría central entre las actividades y los trabajadores en el grupo social central de los miembros de la sociedad (Prieto, 2000). Tal como señala Castel (1997), la construcción de esta sociedad fue ante todo la respuesta política a la cuestión social que arrastraban las sociedades europeas desde fines del siglo XVI y que no era posible reabsorber dentro de las estructuras de funcionamiento del Antiguo Régimen. El aumento del vagabundeo y la exacerbación del pauperismo por el largo período de dos o tres siglos fueron los elementos que impusieron (a través del temor) la necesidad de un nuevo orden.

De esta manera, la naciente sociedad liberal supone un proyecto de orden social centrado en el trabajo. Separado de las formas de asociación familiares y tradicionales, y destituido de protección política, el trabajo asalariado fue ligado a la organización capitalista y a la división del trabajo, así como a los procesos de pauperización, alienación, racionalización y a las formas organizadas y no organizadas de resistencia (económica, política y cultural) inherentes a esos procesos (Offe, 1995).

Dos cuestiones centrales se desprenden de este proceso. La primera de ellas nos lleva a interrogarnos sobre la relación establecida entre las teorizaciones –tanto marxistas como burguesas– entre la noción de trabajo y la categoría durkhemiana de hecho social. La segunda fuerza a una explicitación central: ¿qué trabajo es ese; es decir, qué tipo particular de actividad fue reconocido en ese momento histórico como trabajo?

Dentro de la noción de hecho social sólo es posible comprender un grupo determinado de fenómenos. Estos son pasibles de ser reconocidos por el poder de coerción externa que ejercen o que son susceptibles de ejercer sobre los individuos. La presencia de ese poder se reconoce en la existencia de alguna sanción o en la resistencia que ese hecho opone a toda empresa que tienda a violarlo. Considerar al trabajo como un hecho social supone, entonces, pensarlo como aquel orden de hechos que presenta estas características especiales.

Sin embargo no es cualquier tipo de trabajo el que ha ocupado este lugar en el proyecto de la Modernidad. El trabajo que ha ocupado el lugar de actividad central creadora del vínculo social en el proyecto liberal es el trabajo inscripto en la economía de mercado. Es decir, sólo aquellas actividades que se realizan en el espacio público de la economía de mercado y que, por consiguiente, se realizan a cambio de una retribución monetaria son las contenidas en la idea de trabajo forjada a partir de la sociedad industrial.

Desde la perspectiva de Polanyi (2006), es lógico que así fuera, ya que en el pensamiento liberal es, precisamente, en la economía donde se sitúa la matriz de la nueva sociabilidad ordenada. Para el autor, lo peculiar de las sociedades modernas no es que su economía sea una economía de mercado, sino que sean "*sociedades de mercado*". Dado el papel central que la economía juega en el orden social liberal y el trabajo en esa economía, de igual manera es posible decir que las sociedades modernas son sociedades de mercado como que son sociedades de trabajo (Prieto, 2000).

Para Offe (1995), la existencia de dos mecanismos principales permitió garantizar que el trabajo desempeñara un papel central en la organización de la existencia individual durante la Modernidad. El primero de esos mecanismos corresponde a los niveles de integración del sistema y refiere al establecimiento del trabajo como una "*necesidad*". En este sentido, el trabajo asumió la "*función manifiesta*" (Jahoda, 1987) de proveer los ingresos necesarios para posibilitar la mera sobrevivencia física. El segundo mecanismo, referido a la integración social, sanciona normativamente al trabajo como un "*deber*" en el marco de una vida caracterizada como honesta y moralmente buena.

Este doble mecanismo edificó una temporalidad que se organizaba de manera cíclica, regular y repetitiva a través de la existencia de prácticas habituales y cotidianas que articulaban la organización de la vida práctica. Esta disciplina orientada por el tiempo de las horas está irremediablemente unida a la relación de trabajo. Tal como señala Belloni (1986), el tipo de organización social del tiempo que adopta un grupo o una comunidad es indisociable de ciertas condiciones estructurales y, más específicamente, de las formas de organización del trabajo. En este sentido, la introducción del trabajo industrial fue acompañada de una definición más rígida del tiempo y la invención de las tablas horarias. A partir de la Revolución Industrial, un componente importante del valor del trabajo fue calculado en términos de duración. El espacio laboral y la jornada de trabajo delimitada demarcan –de forma material y simbólica– la vida de los trabajadores. Este entramado práctico se articulaba con un horizonte temporal de mediano y hasta de largo plazo, en el cual el esfuerzo personal –que podía ser además, sacrificio– recibía como compensación la posibilidad concreta de una movilidad social ascendente inter e intra-generacional.

Sin embargo, la existencia de un tiempo dominante no puede ocultar, por un lado, la pluralidad de los tiempos y, por el otro, que las concepciones del tiempo no se expresan uniformemente en los diferentes grupos sociales. Así, a la par del tiempo dominante se despliegan otros tipos de tiempos que no se pueden medir como la forma hegemónica porque son discontinuos, irregulares y no homogéneos. Por otra parte, el tiempo es pensado y experimentado de manera diversa en cada grupo social. Esta diversidad es producto tanto de criterios internos a la estructura simbólica de los grupos sociales como también a las relaciones de jerarquía que presiden una sociedad basada en clases sociales.

Desde el último cuarto del siglo XX se vienen sucediendo profundas modificaciones estructurales producto de la conjunción de cambios sustantivos en los modos de producción junto al debilitamiento y virtual extinción de las protecciones organizadas por el Estado de Bienestar. El estado de la relación capital-trabajo se expresa a partir de la proliferación de las formas de subutilización de la fuerza de trabajo, la flexibilización de los tiempos de trabajo, la intensificación de los ritmos de trabajo y la precariedad laboral. En este marco, la dimensión temporal se presenta como una de las características distintivas de las transformaciones que ha experimentado el capitalismo, incidiendo tanto en las formas de organizar la producción como en la magnitud de la población excedentaria.

En este sentido, la flexibilidad se manifiesta en la vida de los trabajadores en el paso de un alto grado de control sobre su tiempo a un creciente aumento de la impredictibilidad del tiempo de trabajo –múltiple complejidad, interpenetración, constitución simultánea–. En adelante, su tiempo de trabajo se rinde, de forma directamente sensible, a las fluctuaciones del mercado, dando lugar a una operación de desencaje entre el tiempo de trabajo y el tiempo de las organizaciones, y de los ritmos colectivos de las actividades públicas y familiares, erosionando las actividades comunales, tanto las de dominio público como privado (Adam, 1995).

Asimismo, es posible señalar que el desempleo también tiene profundas consecuencias sobre el tiempo vivido por las personas, dando lugar a corrimientos que desorganizan los ritmos y destruyen las referencias temporales (Bourdieu, 1979, 1999; Demazière, 2005, 2006; Jahoda, 1987; Lazarsfeld, Jahoda y Zeisel, 1996).

Así, cualquier perspectiva temporal sobre las dinámicas de la división social de las actividades en nuestras sociedades no debe omitir dos elementos: el deterioro del trabajo y el desempleo masivo (Bouffartigue, 2007, 2012).

2. La metodología de investigación y las características de la población estudiada

Dentro de este trabajo fue considerada como desocupada aquella persona cuya condición de tal fue reconocida por las instituciones especializadas de acción social. Se trata, entonces, de desocupados asistidos por el Estado nacional y más específicamente beneficiarios del Programa Jefas y Jefes de Hogar Desocupados (PJJHD)[2].

Para alcanzar los objetivos planteados se recurrió a la metodología de uso del tiempo a través de la técnica del diario autoadministrado[3]. Fueron encuestados 119 beneficiarios del PJJHD en la ciudad de Rosario, entre marzo y septiembre de 2006. De las 119 encuestas realizadas, 107 corresponden a mujeres, mientas que las 12 restantes corresponden a hombres, todos ellos beneficiarios del PJJHD[4]. El

---

2   El PJJHD fue creado en 2002 el marco de una crisis económica, social y política sin precedentes en la historia argentina. Hacia 2004 el gobierno de Néstor Kirchner comenzó a imprimir una serie de reformas tendientes a la reformulación del Programa. El PJJHD aseguraba un ingreso mensual mínimo de 150 pesos a familias en condiciones de pobreza cuyo jefe/a de hogar se encontrase desocupado y tuviera al menos un hijo menor de 18 años o discapacitados de cualquier edad. El beneficiario debía retribuir este ingreso con la realización de una contraprestación laboral o educativa. Estas características permiten incluir al PJJHD dentro de los programas de transferencias monetarias condicionadas a una contraprestación (Alvarez Leguizamón, 2013).

3   Una descripción general de la metodología de uso del tiempo, sus potencialidades y limitaciones pueden encontrarse en Aguirre (2005), Delfino (2009a) y Durán (1997).

4   Para delimitar el porcentaje de encuestas correspondientes a cada uno de los sexos se utilizó como referencia los datos surgidos de la Encuesta Permanente de Hogares (EPH) que realiza el Instituto Nacional de Estadísticas y Censos (INDEC) para el Aglomerado Gran Rosario durante el segundo semestre de 2005 (periodo inmediatamente anterior a la realización del trabajo de campo). Para ese momento, en el Aglomerado Gran Rosario, la población con planes de empleo estaba compuesta por un 92,4% de mujeres y un 7,8% de hombres. Tal como señalara Neffa (2007), desde el inicio de la implementación

análisis de uso de tiempo se centró exclusivamente en las "*actividades instrumentales*", es decir en aquellas que teniendo por contenido y función la producción y reproducción de las condiciones materiales que hacen posible la supervivencia de la especie, se caracterizan por ser socialmente heterónomas, producto de una división social del trabajo que se explica en líneas complejas de diferenciación y desigualdad[5]. Dentro de ellas se analizaron dos conjuntos: el primero constituido por el trabajo remunerado, las actividades de contraprestación y los estudios, y el segundo integrado por el trabajo doméstico y familiar, y el trabajo voluntario.

Por las características propias del Programa y/o por los "*criterios de elegibilidad*" de los perceptores, los beneficiarios encuestados comparten las siguientes características: 1) todos los encuestados son argentinos, 2) excepto una beneficiaria, todos tienen al menos un hijo menor de 18 años a cargo o discapacitados de cualquier edad. La excepción señalada es producto del hecho que en una segunda etapa el Programa se hizo extensivo a desocupados jóvenes y a mayores de 60 años que no contaban con prestación previsional, 3) para la fecha en la cual fue desarrollado el trabajo de campo (marzo y septiembre de 2006), los beneficiarios llevaban entre tres y cuatro años de permanencia dentro del Programa, 4) por tratarse el PJJHD de un programa de transferencias monetarias condicionadas a una contraprestación, los beneficiarios estaban obligados a retribuir contraprestando con diferentes tareas entre 4 y 6 horas diarias por el subsidio recibido. En este caso en particular todos los encuestados se encontraban realizando actividades de contrapestación o mantenían algún tipo de vínculo con la institución que avala el proyecto de contraprestación en el cual se encontraban insertos[6], y 5) la escasa significación económica del subsidio hacía que en lagunas oportunidades sea complementado con una serie de trabajos

---

del PJJHD, la cantidad y la proporción de mujeres fue superior a la de varones y esta diferencia fue acentuándose a medida que pasó el tiempo. Este proceso llegó a ser tan relevante que comenzó a hablarse de una paulatina feminización del Programa a lo largo del tiempo en todo el país.

5   Dentro de los estudios de uso del tiempo estas actividades se oponen a las denominadas "*actividades expresivas*". Es decir, se oponen a aquellas actividades cuyo contenido y función consiste en saciar las necesidades bio-socio-culturales de la especie y se caracterizan por situarse en los polos extremos de la escala de autonomía: son, por un lado, aquellas en las que hay un máximo de heteronomía, impuesta por la naturaleza, y por otro, son las que gozan de un máximo de autonomía y potencialidad para la expresión (Ramos Torre, 1990).

6   No todos los beneficiarios del PJJHD realizaban las actividades de contraprestación requeridas en la normativa del Programa. Una problematización de este punto puede encontrarse en Delfino (2011).

informales. Este tipo de actividades conforman el único camino posible dentro de una estrategia de complementación de ingresos, ya que por tratarse de actividades no reguladas por el Estado posibilitan la continuidad del subsidio.

En relación a la edad de los beneficiarios encuestados es posible señalar que hay diferencias marcadas entre las mujeres y los hombres. Las primeras se encuentran concentradas fundamentalmente entre los 25 y los 49 años. Dentro de este rango, la mayor presencia es de las beneficiarias con edad entre 30 y 34 años. En el caso de los hombres la situación es diferente ya que predominan los hombres mayores a 45 años.

Respecto del nivel de escolaridad de los beneficiarios encuestados, tanto en el caso de los hombres como de las mujeres, priman los beneficiarios con primaria completa, seguidos por los de secundaria incompleta en el caso de las mujeres y de secundaria completa en el caso del los hombres. En relación al estado conyugal de las beneficiarias, y si consideramos de forma agregada a las casadas y unidas de hecho, este grupo constituiría el más representativo, seguidas por las solteras. El único grupo con escasa presencia es el de las viudas, situación que puede ser explicada claramente por la edad de las beneficiarias que son fundamentalmente jóvenes y adultas. Entre los hombres beneficiarios entrevistados también predominan los casados y unidos de hecho.

Las preguntas relacionadas con el número de hijos y de la cantidad de personas convivientes en el hogar presentaron altos niveles (alrededor del 50%) de no respuesta o de errores, lo cual no permite elaborar tendencias claras. Entre los que respondieron priman los hogares con cinco miembros y los beneficiarios con 2 y 3 hijos.

3. Características del ordenamiento temporal de las actividades instrumentales de los desocupados asistidos por el Estado

Partimos de considerar, junto a Demazière (2005, 2006) que el tiempo de los desempleados es tan heterogéneo y diversificado como el tiempo de los trabajadores. En la misma dirección Bouffartigue (2007, 2012) señala que el tiempo de los desempleados se ha vuelto demasiado personal al no inscribirse en las temporalidades impersonales del trabajo. Sin embargo, consideramos que es posible identificar algunos trazos en común presentes en la vida cotidiana del grupo de desocupados asistidos por el Estado encuestados. En este sentido, son reseñadas a continuación las características principales del ordenamiento temporal de las actividades instrumentales del grupo de desocupados asistidos por el Estado en la ciudad de Rosario.

Las actividades de contraprestación

El tiempo de los desocupados puede caracterizarse por una incertidumbre recurrente, sin embargo el mismo es también objeto de encuadres y prescripciones que tienden a imponer una forma específica a la experiencia del desempleo. Para el caso de los desocupados encuestados, surge que los beneficiarios dedican menos de 3 horas a las actividades de contraprestación a lo largo de un día promedio semanal[7]. Esto es producto tanto del hecho de que algunas actividades se realizan sólo algunos días a la semana como del hecho de que, cuando se realizan todos los días hábiles, en pocos casos se alcanza el mínimo de cuatro horas exigido por la normativa del programa de transferencias monetarias del cual los encuestados son beneficiarios.

De forma mayoritaria las actividades de contraprestación realizadas por los beneficiarios se relacionan directamente con la supervivencia material (copa de leche y comedores comunitarios, huertas, roperos comunitarios, atención sanitaria) y con tareas técnicas o de servicios que posibilitan el funcionamiento y gestión de las organizaciones de base territorial en las cuales se desarrollan las actividades de contraprestación. Los recursos (alimentos y vestimenta, fundamentalmente) puestos en disponibilidad por estas actividades constituyen un resguardo y un refugio ante las situaciones de pobreza y precariedad que atraviesan los beneficiarios y la comunidad en la que se insertan. Esas actividades se realizan mayoritariamente en el contexto del espacio social más próximo, el barrio. Así, el tipo de actividades de contraprestación realizado junto con la cercanía y la familiaridad que aporta el barrio permiten cerrar un círculo mínimo de contención a la vulnerabilidad social en la que se encuentran los beneficiarios.

Si bien este *"tiempo impuesto"*, esta *"madeja de prescripciones y obligaciones"* (Demazière, 2006) adquiere un peso considerable, es importante destacar que un importante número de recorridos individuales se apartan de esos mecanismos de control[8].

---

7   La diferencias en términos de género son mínimas, siendo los beneficiarios hombres quienes contraprestan por un tiempo mayor.

8   Desarrollos de estas ideas se pueden encontrar en Delfino (2009b) y Delfino (2011).

El trabajo remunerado

La escasa significación de la asignación monetaria proporcionada por el plan social y la insuficiencia de los recursos puestos en disponibilidad por las actividades de contraprestación hace necesario su complemento con algún trabajo informal. En este sentido, es posible señalar que los beneficiarios del PJJHD encuestados se caracterizan por ocupar un lugar precario, informal e inestable en la división social del trabajo. Además, la inserción laboral de los beneficiarios muestra un comportamiento diferencial por sexo que perpetua los patrones tradicionales. La inserción laboral de los beneficiarios (tanto de los hombres como de las mujeres) se produce en el sector informal de la economía como una forma de contornear las regulaciones estatales y de complementar los magros aportes de los mecanismos de asistencia. La mayor parte de esas actividades se incluyen en el sector servicios, cuya expansión se corresponde, principalmente, con la absorción de una oferta de trabajo que de otra forma sería no absorbible.

La realidad laboral de los beneficiarios muestra una localización temporal de la jornada de trabajo a lo largo del día y de la semana que no es confiable ni estable. Esta irregularidad de las jornadas de trabajo se deriva de las vicisitudes de una actividad económica fundada básicamente en una perpetua y constante adaptación a la demanda. De forma clara, la irregularidad en la jornada se corresponde con inestabilidad en los ingresos, la cual, sumada a la ausencia de seguridades y protecciones, construyen un marco cotidiano caracterizado por la precariedad. La vida vinculada al trabajo remunerado parece estar formada por un número indefinido de etapas de duración e intensidad variables que describen un movimiento arrítmico y desacompasado. La falta de predictibilidad en los planes temporales del trabajo remunerado se evidencia en trayectorias marcadas por la precariedad laboral, por los reducidos salarios, por el encadenamiento de trabajos temporales de baja calidad (en el mejor de los casos) y/o por la intermitencia ocupacional. A partir de lo expuesto queda de manifiesto de forma clara el proceso circular planteado por Beck (2007). Para el autor la percepción de las prestaciones por desempleo obliga a los beneficiarios a *"no hacer nada"*. Si esto no es cumplido el beneficiario pasará por un *"mentiroso social"* que se hace culpable del hundimiento del espíritu comunal. Así, los procesos se refuerzan circularmente, favoreciendo y acelerando la propagación del trabajo y la economía informal.

EL ESTALLIDO DEL TIEMPO

Los estudios

Son muy pocos los beneficiarios que al momento de la realización de la encuesta manifiestan a través de los diarios de actividades estar realizando algún tipo de estudios. Se trata en total de 8 beneficiarias mujeres que llevan adelante actividades relativas a instancias de educación formal o cursos de capacitación para el trabajo. Todas ellas realizan estos estudios por fuera de las actividades de contraprestación. Es importante recordar que otras dos beneficiarias realizaban estudios en el marco de las actividades de contraprestación. El tiempo medio asignado por estas 8 beneficiarias a los estudios es de 12,85 horas semanales. Sin embargo esta media contiene en su interior un amplio abanico de situaciones y de asignaciones de tiempo, las cuales oscilan entre 2 y 42 horas semanales de estudio.

Es interesante observar que de las beneficiarias que realizan estudios por fuera de las actividades de contraprestación 5 de ellas tienen completos los estudios primarios y las otras 3 han completado la educación secundaria. Esta característica se contrapone con la situación de las beneficiarias que estudiaban en el marco de las actividades de contraprestación. Las mismas estaban intentando completar su educación primaria en el marco de las actividades del PJJHD.

El trabajo no remunerado al interior del hogar

A partir de los datos surgidos de los diarios de actividades es posible observar una amplia desigualdad existente en los tres subconjuntos de actividades relativas al trabajo no remunerado realizado en el interior del hogar (trabajo doméstico en sentido restringido, trabajo de cuidados no pagados, y adquisición de bienes y servicios y gestiones relacionadas con el hogar y la familia) tanto en lo que respecta a las tasas de participación como a las medias genéricas y específicas de tiempo. Si bien la mayor participación femenina es innegable en el trabajo doméstico (en sentido restringido) y en el trabajo de cuidados, ésta se acentúa aún más en las actividades relacionadas con la adquisición de bienes y servicios y gestiones relacionadas con el hogar y la familia.

En este tercer subconjunto, la "*crónica desigualdad que estructura el trabajo doméstico y familiar en su conjunto*" (Ramos Torre, 1990b: 128) se ve reforzada, mostrando la mayor distancia entre uno y otro sexo en lo relativo a sus tasas de participación. Estos datos van a contrapelo de una serie de investigaciones que mostraban el estrechamiento de las desigualdades entre varones y mujeres en las tasas de participación y en las medias específicas de tiempo en las actividades vinculadas con la adquisición de bienes y servicios y gestiones relacionadas con el hogar y la familia.

Esta tendencia podría ser explicada, fundamentalmente, por las características que adquieren dos de las actividades básicas que conforman este subgrupo en la vida cotidiana de los beneficiarios del PJJHD. La primera de ellas, las compras corrientes, se caracterizan por ser diarias, al menudeo y en diferentes comercios e, incluso, en muchos casos se realizan dos veces al día. La segunda está relacionada con el tiempo de gestiones externas realizadas por las y los beneficiarios del PJJHD, las cuales están mayoritariamente direccionadas a la procura de turnos médicos en los centros de salud públicos (actividad íntimamente ligada a las tareas de cuidado) y en mucho menor medida por pagos de impuesto y búsquedas de tickets o vales de alimentación. Es decir, en las tareas de gestión, el peso mayoritario está constituido por gestiones relacionadas con los cuidados. Sin lugar a dudas, los magros ingresos obtenidos a través de las asignaciones monetarias estatales, el tipo de trabajo remunerado realizado que conlleva ingresos irregulares y la precariedad general en la que discurre la existencia de los beneficiarios son los elementos básicos en los que se asientan este tipo de prácticas.

El trabajo voluntario[9]

En la ciudad de Rosario, al igual que en buena parte de Argentina, la participación de los sectores populares –fundamentalmente de las mujeres– en el denominado "trabajo voluntario" se ha canalizado históricamente a través de organizaciones de base territorial y ha estado relacionado con las estrategias de supervivencia de los hogares de estos sectores.

Si tenemos en cuenta que las actividades de contraprestación realizadas por los beneficiarios del PJJHD adoptaron características similares a las realizadas en el marco del trabajo voluntario desempeñado por los sectores populares, sería posible señalar a manera de hipótesis que los programas de transferencias monetarias condicionadas a una contraprestación reconfiguraron el trabajo voluntario, llevándolo incluso a su virtual extinción. Si bien en ninguno de los diarios de actividades de los beneficiarios encuestados fue posible observar

---

9   Consideramos trabajo voluntario a aquel tipo de trabajo que se presta a la comunidad con un carácter altruista o solidario, desarrollado a través de una institución o de una organización pública o privada. Supone aportaciones en tiempo que comprenden una amplia gama de actividades.

tiempo asignado a actividades relativas al trabajo voluntario, esto no significa plantear que las actividades realizadas hayan desaparecido sino que continúan realizándose, sólo que ahora se enmarcan dentro de las actividades de contraprestación.

Es factible suponer que no todos los beneficiarios del PJJHD encuestados hayan participado con anterioridad a la implementación del Programa de actividades ligadas a la subsistencia material y realizadas en el marco de organizaciones de base territorial, pero también es bien probable que muchos realizaran con anterioridad estas actividades –formando parte de un trabajo de tipo voluntario– y que con posterioridad a la implementación del Programa hayan continuado realizándolas sólo que ahora como parte de su retribución por la percepción del subsidio recibido.

4. A manera de cierre

La temporalidad del desempleo estará condicionada por las formas concretas que asuma la vida cotidiana del desocupado. El amparo de instituciones protectoras, las maneras que asuma esa protección, la obtención de prestaciones sociales compensatorias, la presencia/ausencia de búsqueda de trabajo y/o la presencia/ausencia de trabajos temporarios moldean las maneras de vivir el desempleo, dando lugar a una amplia diversidad de formas de organizar la temporalidad. En este sentido, el tiempo de los desempleados es tan heterogéneo y diversificado como el tiempo de los trabajadores (Demazière, 2005, 2006).

De las características antes señaladas se desprende que la lucha por la sobrevivencia cotidiana junto con las prescripciones introducidas por los programas de transferencias monetarias condicionadas a una contraprestación terminan imponiendo múltiples, simultáneas y/o fragmentadas jornadas tanto fuera como dentro del hogar. Esta multiplicidad de jornadas lejos de organizar el cotidiano termina por desorganizarlo. La irregularidad y la fluctuación de los ingresos, por un lado, y la ausencia de protecciones, por otro, configuran una forma de administrar el tiempo en la vida cotidiana que da cuenta de las condiciones de vulnerabilidad social en la cual se hallan insertos los beneficiarios del PJJHD. La heterogeneidad temporal extrema lleva a los individuos a sumergirse en la incertidumbre.

Esta situación permite mostrar que el tiempo de desempleo –tal como lo señaló Demazière (2006)– lejos de ser un tiempo vacío es un tiempo pleno que puede generar problemas de competencia en los usos del tiempo de los desocupados. La multiplicidad de las jornadas y los patrones de trabajo poco predecibles conllevan grandes dificultades para coordinar los elementos flexibles e inflexibles de la vida y se gasta un tiempo mayor en la sincronización de las actividades. Lo específico de la situación descripta es la pluralidad de tiempos sociales, la cual se manifiesta en una multiplicidad de jornadas caracterizadas por su interdependencia, múltiple complejidad, interpenetración y constitución simultánea. Así, cualquier cambio en la organización de uno de los tiempos sociales supone una modificación en la coordinación entre ellos. De este modo, los desocupados asistidos por el Estado, a través de sus operaciones de articulación, convierten esa informe masa de tiempos en un orden temporal personalizado en el que discurre sus existencias (de Castro, 2008).

Asimismo, el tiempo de los desempleados es también objeto de encuadres y prescripciones que tienden a imponer una forma específica a la experiencia del desempleo. En este sentido, el status del desempleo enmarca a los desempleados en una *"madeja de prescripciones y obligaciones"* (Demazière, 2006); así, el tiempo impuesto adquiere también un peso considerable en el ordenamiento temporal de los desocupados.

En términos generales, es posibles establecer que las estrategias de articulación temporal remiten a las diferentes formas en las que los individuos ordenan prácticamente las múltiples propiedades temporales de los procesos sociales en los que se encuentran inmersos. Al constituirse la irregularidad y la precariedad las principales característica de la vida cotidiana del grupo de desocupados asistidos por el Estado encuestado, terminan por establecerse en una forma de regularidad. Esta inestabilidad se expresa en la vida cotidiana, pero encuentra su origen en las formas en las que las instituciones organizan la cohesión social.

Bibliografía

Adam, B. (1995) *Timewatch. The social analysis of time*, Cambridge, England, Polity Press.

Aguirre, R. (2005) "Trabajo no remunerado y uso del tiempo. Fundamentos conceptuales y avances empíricos. La encuesta Montevideo 2003", en Aguirre, R.; García Sainz, C. y Carrasco, C. (ed.), *El tiempo, los tiempos, una vara de desigualdad* (pp. 9-34), Santiago de Chile, Chile, CEPAL, Unidad Mujer y Desarrollo, N° 65.

Álvarez Leguizamón, S. (2013) "La nueva economía política de la pobreza: diagnóstico y asistencia", *Revista Voces en el Fénix* (22), 26-34. Recuperado de: [http://www.vocesenelfenix.com/category/ediciones/n%C2%BA-22].

EL ESTALLIDO DEL TIEMPO

Beck, U. (2007) *Un nuevo mundo feliz. La precariedad del trabajo en la era de la globalización*, Buenos Aires, Argentina, Paidós.

Belloni, M.C. (1986) "Social time dimensions as indicators of class distintion in Italy", *International Social Science Journal I* (38), 65-76.

Bouffartigue, P. (2007) "División sexual del trabajo profesional y doméstico. Algunos apuntes para la perspectiva temporal", *Estudios del trabajo* (34), pp. 3-21.

Bouffartigue, P. (2012) *Temps de travail et temps de vie. Les nouveaux visages de la disponibilite temporelle*, París, Francia, Prees Universitaries de France.

Bourdieu, P. (1979) *O desencantamento do mundo: estruturas econômicas e estruturas temporais*, São Paulo, Brasil, Editora Perspectiva.

Bourdieu, P. (1999) *Meditaciones Pascaliana*, Barcelona, España, Anagrama.

Castel, R. (1997) *La metamorfosis de la cuestión social*, Buenos Aires, Argentina, Paidós.

De Castro, C. (2008) "La influencia de las expectativas en la organización temporal de la vida laboral", *Política y sociedad* 45 (2), 169-188.

Delfino, A. (2009a) "La metodología de uso del tiempo: sus características, limitaciones y potencialidades", *Espacio Abierto, Cuaderno Venezolano de Sociología*, 18 (2), 199-128.

Delfino, A. (2009b) "La territorialización del control social a través de las políticas de workfare", *Avaliaçao de Políticas Públicas 3* (3-4), 27-36.

Delfino, A. (2011) "Desempleo, transferencias monetarias y condicionalidad. Un análisis en la ciudad de Rosario, Argentina", *Gaceta Laboral* 12 (1), 5-30.

Demaziere, D. (2005) "Le chômage de longue durée a l'empreuve du temps", Comunicación presentada en el encuentro "Desempregados de longa duração: trajectórias e peripecias" organizado por el Instituto de Sociología de la Facultad de Letras de la Universidade de Porto.

Demaziere, D. (2006) "Ni tiempo vacío ni sobrante de tiempo: el desempleo como prueba fragmentada", *Revista de Trabajo* (2), 43-52.

Durán, M.A. (1997) "La investigación sobre uso del tiempo en España: algunas reflexiones metodológicas", *Revista Internacional de Sociología* (18), 163-189.

Jahoda, M. (1987) *Empleo y desempleo. Un análisis socio-psicologico*, Madrid, España, Morata.

Lazarsfeld, P.; Jahoda, M. y Zeisel, H. (1996) *Los Parados de Marienthal*, Madrid, España, La Piqueta.

Neffa, J.C. (2007) "Plan Jefes y Jefas de Hogar Desocupados y su Evolución en Argentina (2002-2006)", *V Congreso de la Asociación Latinoamericana de Sociología del Trabajo*, Montevideo, Uruguay, del 18 al 20 de abril.

Nun, J. (1999) "El Futuro del Empleo y la Tesis de la Masa Marginal", *Desarrollo Económico* 38 (152), 985-1004.

Offe, C. (1995) *Capitalismo Desorganizado*, São Paulo, Brasil, Brasiliense.

Polanyi, K. (2006) *La gran transformación*, Ciudad de México, México, FCE.

Prieto, C. (2000) "Trabajo y orden social: de la nada a la sociedad de empleo (y su crisis)", *Política y sociedad* (34), 19-32.

Ramos Torre, R. (1990) *Cronos Dividido. Uso del tiempo y desigualdad entre mujeres y hombres en España*, Madrid, España, Ministerio de Asuntos Sociales, Instituto de la Mujer, Madrid.

Capítulo 6

Los procesos de inserción en el mercado de trabajo y la medición del tiempo[1]

Marta Panaia

Nuestro país tiene pocas estadísticas respetadas y continuas por períodos históricos largos, y mantiene lagunas de conocimiento muy importantes sobre todo en ciertos temas que tradicionalmente no se han incluido en las estadísticas oficiales. Entre ellas hay que marcar como muy deficitarias las estadísticas de educación y particularmente las de formación-empleo, que deberían dar cuenta de los procesos de inserción de los estudiantes , los graduados y los abandonadores con distintos niveles de actividad, formas de contratación y especialidades.

Además de su ausencia es frecuente que las estadísticas que se realicen sobre estos temas mantengan un criterio de stock y no de proceso, es decir no se incluye el tiempo y no hay reconocimiento de trayectorias en el tiempo, de manera que es muy difícil, a partir de ellas deducir cuáles son los programas o políticas que puedan ayudar a solucionar problemas de inserción o desigualdades entre sectores, especialidades o regiones, muy frecuentes en un país como la Argentina extenso y con fuertes desigualdades sociales y problemáticas regionales específicas.

Como señala Castel (2001) las políticas de inserción obedecen a una lógica de discriminación positiva. Se focalizan en poblaciones particulares y zonas singulares del espacio social con estrategias específicas. Discrimina dos tipos de modalidades de inserción: la *inserción*

---

1 Se revisitó Panaia, M. (2011) "Los procesos de inserción y algunas cuestiones metodológicas" publicado en Panaia, M. (Coord.) (2011) *Trayectorias de graduados y estudiantes de Ingeniería*, Buenos Aires, Editorial Biblos.
Este trabajo refleja el trabajo de los últimos años de los distintos Laboratorios de Monitoreo de Inserción de Graduados (MIG) de ingeniería, que vienen realizando estudios de seguimiento utilizando técnicas longitudinales y modelos de análisis comparativos.

profesional que implica la integración, volver a encontrar un lugar en la sociedad, y la puramente *social* que abre un registro original de existencia que genera un problema nuevo. Claramente este trabajo se centra en el primer caso.

En sus orígenes, como señala Castel las políticas de inserción tenían que ver con ciertas categorías de población, sobre todo los jóvenes que no entraban en las modalidades habituales de las representaciones y de la acción de los servicios públicos y que sobre todo en la etapa de formación representan un grupo de características propias.

La compatibilización de los esquemas teóricos para analizar estos problemas, por lo menos en la Argentina, carecen todavía de instrumentación adecuados, por varias razones. En *primer* lugar, los cambios de la estructura productiva de las últimas décadas han significado modificaciones en los requerimientos de calificaciones profesionales. Estos procesos de reconversión se encuentran en plena evolución y en correspondencia con los cambios de paradigma técnico-productivo internacional que asociados a la aparición de una serie de nuevas tecnologías contribuyeron a modificar sustancialmente aspectos de la producción mundial.

En *segundo* lugar, las propias instituciones empresarias y educativas se encuentran en un proceso de reacomodamiento para ajustar su rol, enfrentando los nuevos requerimientos, actualizando sus planes de estudio y desarrollando nuevos vínculos con la sociedad, para revisar los esquemas teóricos.

Por *último*, el propio sistema productivo ha modificado sus formas de gestión de la producción al punto que las habituales formas de sector y rama, que apuntan respectivamente al análisis micro-económico y de mercado ya no son de utilidad para comprender las formas de inserción y la movilidad profesional en el mercado de trabajo. Las identidades profesionales se han modificado como resultado de la doble presión que ejercen sobre ellos las transformaciones del mercado y los nuevos sistemas de relaciones entre actores, de manera que se reestructuran en nuevas direcciones, escapando a los análisis transversales que proporcionan los estudios estadísticos tradicionales en base a los datos recogidos por Censos y Encuestas[2].

---

2   Dadas las dificultades para predecir el comportamiento futuro de los solicitantes del puesto, los empresarios tienden a tomar las calificaciones educativas como recurso de selección para distinguir a los nuevos trabajadores en lo que se refiere a su capacidad, móvil de logro y posibles orígenes familiares, que tienen que ver con los rasgos de personalidad, más que con los conocimientos, éstos muchas veces se logran en la formación en el trabajo y por eso también se toma en cuenta la capacidad de ser formado. (Cf. Blaug, 1983).

Argentina carece de toda estadística sistemática sobre el mercado de trabajo profesional, sus estadísticas transversales son pobres y con problemas de completud y sus relevamientos son sumamente limitados en cuanto a trayectorias de los graduados en el mercado de trabajo, con posterioridad a la graduación.

A esto se agregan las nuevas modalidades de organización del proceso de trabajo, que incluyen nuevas modalidades temporales de contratación, todavía *débilmente reglamentadas en el país, pero que se encuentran frecuentemente "de* hecho", en el trabajo de campo (por ej. Trabajos estacionales, trabajos no remunerados, trabajo voluntario, trabajos familiares, pequeños trabajos, etc.) y que significan un dificultad adicional en las formas de inserción de los jóvenes sobre todo en sus períodos de formación, pero también en los jóvenes de más bajos recursos.

En ese ámbito solo pueden encontrarse estudios de caso, realizados con variados marcos teóricos y estadísticos, que si bien resultan pioneros a la luz de la carencia sistemática, alumbran poco sobre el fenómeno a nivel nacional[3].

Los datos relevados por el Ministerio de Educación sobre los egresados con título universitario no tienen ninguna continuación posterior a su egreso, de manera que una vez que salen del sistema, es difícil saber sus trayectorias y las formas de su inserción en el mercado de trabajo. La única fuente sistemática son los Censos de Población que se realizan cada 10 años y que producen información muy agregada y las Encuestas Permanentes de Hogares, que producen información muestral, solo de 24 ciudades y por el tamaño de la muestra no se pueden desagregar sectores tan pequeños y mantener la representatividad[4].

---

3   Gallart, María Antonia, 1984 "Estrategias de supervivencia en un mercado cíclico: la inserción ocupacional de los técnicos de nivel medio en la industria de la Construcción en Buenos Aires" CIE Cuaderno N° 34, marzo. También los estudios sobre los egresados de las distintas Carreras de la Facultad de Ciencias Sociales, realizados por Julio Testa, entre 1994 y 1998, son de los pocos trabajos de la década en esa dirección.

4   Mediciones ligadas a las políticas macroeconómicas realizan países como Francia, España e Italia, que no han sido aplicadas en nuestro caso ya que se basan en estructuras de grandes encuestas con mecanismos de procesamiento basados en la regresión, métodos probabilísticos y que no se adaptan a nuestra necesidad de medir el tiempo real. El caso italiano, por ejemplo, está basado en el *Grupo Alma Laurea*, que depende del Consejo Inter-universitario y realiza los estudios concentrados para todas las Carreras. Este grupo monitorea cada grupo de graduados al año, dos años y tres años de la graduación para ver los ocupados y desocupados por profesión y complementa el relevamiento con entrevistas en profundidad (Cf. Borghi y Lilli, 2004).

Por otra parte, tampoco se conoce la suerte de los que tienen estudios universitarios incompletos o cambios en su elección universitaria y que sin duda mantienen una situación diferenciada en el mercado de trabajo, dada la cantidad de años de estudios. A pesar de la masificación de los estudios universitarios, el aumento de los abandonadores ha crecido sistemáticamente durante las últimas décadas, predomina, implícitamente, el concepto de que la meta a lograr es la carrera universitaria terminada y el resto de las trayectorias incompletas constituyen casos desviados del tipo ideal representado por el graduado, de allí que no se realice ningún tipo de seguimiento sobre las trayectorias laborales de los estudiantes que no terminan su carrera universitaria o que la abandonan por otra, porque ni siquiera se registran los ingresos y egresos del sistema en otro establecimiento.

De esta forma son muy pocos los datos que nos permiten evaluar la secuencia de comportamiento de los titulados universitarios en el mercado de trabajo y en la estructura productiva y aún la movilidad de la oferta por las preferencias de Carrera o el destino de los abandonadores del sistema. Los datos para la población argentina con calificación profesional, se contabilizan por primera vez con esta codificación en el Censo de 1991 y permiten realizar determinado tipo de estudios. En él se considera operacionalmente la calificación ocupacional como

> "(…) la referida a la complejidad de la tarea concreta. Esta complejidad se establece a partir de ciertos elementos constitutivos del proceso de trabajo: objeto de transformación o materia prima, instrumentos de trabajo y actividades o acciones del trabajador"[5].

Incluso, no hay en este sistema de estadísticas una recuperación del desgranamiento ni de los estudiantes universitarios, que cambian de especialidad, con seguimientos posteriores. Lo que puede observarse, ante las estadísticas existentes de los establecimientos educativos universitarios, es el gran desbalance que existe entre los alumnos que ingresan en el sistema y los que egresan. Una visión cuantitativa de esta evolución no da cuenta de las causas[6].

---

5   Código de Ocupaciones aplicado al censo Nacional de 1991 y a la Encuesta Permanente de Hogares. Una evaluación más detallada de los datos que proporciona la fuente censal se puede ver en INDEC, 1998 y aplicado a las necesidades de esta tesis. Cf. Panaia, 1999.

6   Otra forma de procesamiento es la que propone la *Escuela de Oviedo* (Cf. García Espejo, 1998) y que también es utilizada por algunos autores franceses como Eckert (2001). Estos tratamientos, como el que propone *el modelo de Cox*, procesan con factoriales aunque el relevamiento sea longitudinal. En nuestro caso, no lo consideramos apropiado ya que se pierde la riqueza de la medición del tiempo que en nuestro medio es una variable muy definitoria del alargamiento de las Carreras, las interrupciones de los estudios, etc.

No obstante, la visión cuantitativa de la diferencia debe ser evaluada, por un lado, a la luz de las políticas universitarias de potenciación de los proyectos de investigación universitarios, detección de áreas de vacancia y creatividad y, por el otro, a partir de la política nacional y las estrategias empresarias de creación de puestos de trabajo, donde resulta fundamental analizar la emergencia de nuevos campos profesionales.

Para ello, los estudios de datos transversales resultan muy limitados y se considera necesario actualizar las propuestas estadísticas con recolecciones de datos de tipo longitudinal (incorporando la medición del tiempo) y, asimismo, integrar los datos de tipo cuantitativo con la recolección de datos de tipo cualitativo, articulados desde la recolección para facilitar el análisis[7].

Los profundos cambios producidos en la sociedad no pueden ser comprendidos plenamente solo con la investigación cuantitativa y *"tradicional"*, especialmente si el intento cognitivo se dirige específicamente hacia el mundo del trabajo y hacia las nuevas formas de debilidad social derivadas de sus transformaciones estructurales. Los grupos sociales involucrados en procesos de debilitamiento social, presentan mayores dificultades de medición que otros más homogéneos. Las revelaciones estadísticas tradicionales parecen de hecho incapaces de rastrear a través de las categorías clásicas de sexo, edad, nivel de instrucción, renta, clase social, movilidad social, pobreza, etc., un perfil adecuado.

Es necesario un análisis muy profundo y referido a la específica situación personal (Rossanvallon, 1995) a la historia de vida y a las vivencias particulares de cada sujeto involucrado. Quien vive situaciones de *riesgo de exclusión social* o de *riesgo económico* ligada al mundo productivo no es definible solo a través de categorías conceptuales tradicionales y, al contrario, parece ser siempre muy discriminatoria y significativa, en este sentido, intentamos individualizar algunas homologías internas a las diversas trayectorias biográficas: fractura social o familiar, dificultades comunes sobre el mercado de trabajo, carencia cognitiva y/o experiencia escolástica trabajada, etc. (Chicchi, 2000).

---

7   Las experiencias realizadas en otros campos del conocimiento como los análisis del sector informal, nos permiten afirmar que en los estudios de situaciones muy heterogéneas, donde predomina la diversidad, la captación estadística no es suficiente para comprender y explicar la riqueza de un fenómeno social dado y es necesario apelar a una combinatoria de ambos métodos. En este caso, se agrega la necesidad de captar trayectorias o itinerarios que pueden ser de corto plazo, pero significativos por su repercusión en la vida laboral.

Subsiste el problema del área gris que se forma entre el trabajo y el no trabajo para poder definir sociológicamente, de manera que recurrir a conceptos *"maniqueos"* como los de ocupación y desocupación, que por supuesto tienen una utilidad estadística. Sin embargo, la situación de los que recién ingresan al mercado de trabajo o de los individuos que experimentan situaciones de grave riesgo de exclusión social debe ser analizada a partir del recorrido que ha llevado la persona y qué es lo que lo lleva a *"abandonarlo"* y no por su pertenencia a categorías macro-estadísticas. La variable que vincula la actividad con la inactividad es el tiempo y es por ello que se convierte en una variable estratégica en términos de la medición.

Dubar y Demàziere (1999) señalan la extrema complejidad y diversificación de los fenómenos se presta más a estudiar las nuevas fases débiles de la sociedad o los espacios inestables sin renunciar a quedarse solo con las estrategias cuantitativas de investigación, e incorporar particularmente las estrategias cualitativas en grados, al mismo tiempo de mirar contemporáneamente a los dos lados de la relación y por eso, proponen la explotación diacrónica de la experiencia singular de vida y el contexto socio-económico en transformación[8].

La trayectoria de formación, a su vez tiene demarcado sus propios cortes como ser el momento del ingreso a la carrera, los años de estudio para lograr el título y las decisiones que significan las interrupciones temporales y sus motivos, las perspectivas por la formación recibida y para la población de graduados la finalización de los estudios y su relación con las expectativas laborales.

La inserción

La inserción profesional designa a la vez un proceso y un resultado de ese proceso. Evaluar la inserción profesional de una cohorte de jóvenes es describir la manera en que ella pasa progresivamente y colectivamente del estado inactivo al estado activo o de ocupación, en

---

8   Cf. Dubar y Demàziere, 1999. Estos dos autores han elegido trabajar sobre un cuerpo de entrevistas realizadas en 1994/1995 acerca de jóvenes salidos 8 años antes del sistema escolar sin el bachillerato. Los jóvenes estaban invitados a contar su recorrido de inserción desde su salida de la escuela primaria. Las entrevistas han sido conducidas para escapar en la medida de lo posible del cuestionario. Se trata de que los jóvenes que cuentan su historia se impliquen en el relato, que digan sus experiencias y sus trayectorias en el mundo del trabajo, que digan qué es lo que ha sido más importante para ellos, cómo lo viven y qué es lo que ellos proyectan para el futuro. Estas entrevistas son deliberadamente conseguidas para tomar sus trayectorias de inserción en su dimensión más subjetiva.

EL ESTALLIDO DEL TIEMPO

el período observado y apuntando a definir el momento final de ese proceso; en el que el individuo o el grupo serán declarados insertos. En principio se diferencian las siguientes dimensiones:

1. *Inserción totalmente adquirida*-----acceso a la relación de dependencia;
2. *Inserción en el empleo inestable*-----acceso a contratos o en formas independientes;
3. *Inserción no adquirida*-----marcada por el desempleo o el cambio permanente;
4. *Inserción en moratoria*-----continuación de la formación e inactividad laboral.

La *primera aproximación* es analítica: la *estabilización* es definitiva teóricamente si se logra acceder a un contrato por tiempo indeterminado o empleo con relación de dependencia durante el período de observación y se mantiene una *secuencia continua de empleo* superior a los dos años.

La estimación depende de un indicador elegido para acercarse a *la noción de estabilización*, que es el *índice de empleo contínuo* (medido en meses). La *segunda aproximación* es relevada a través de las entrevistas biográficas y desde el análisis cualitativo de las mismas se describen las trayectorias de empleo recorridos por los jóvenes durante la visión retrospectiva realizada que dura más de diez años. El número y la naturaleza de las trayectorias tipo son relevadas por los datos recogidos en estas entrevistas biográficas y relatados por ellos mismos. Los dos métodos están basados sobre un análisis de datos individuales: la *trayectoria tipo* y la *duración de acceso a una posición estabilizada*.

La *duración de inserción* varía de una trayectoria a otra, pero lo más importante es que no es suficiente que se logre una inserción estable para que esta sea exitosa y tenga importancia para el desarrollo. En muchos casos, a pesar de ser insatisfactoria se mantiene porque asegura la manutención y en otros se prefiere una situación más inestable y riesgosa, pero independiente, solo para asegurar los logros económicos pretendidos, aunque ella no implique una verdadera inserción profesional. Así definiremos subcategorías dentro de las inserciones típicas. El rol del tipo de orientación en el logro de trabajos durante el período de estudios y de facilitar los tiempos de inserción los planteamos con el estudio de cada título.

Consideramos que un egresado está inserto cuando logra una posición de contrato con relación de dependencia y la mantiene durante más de dos años, con continuidad, es decir, sin períodos de desempleo. En este caso se considera que el período de inserción ha terminado, lo cual no libera al egresado de entrar en períodos de desempleos o contratos por tiempo determinado, posteriormente (Vermières, 1997). No importa si el contrato y la duración de éste provocan el mantenimiento de la vinculación. Este es el signo, según Vernières, de que los jóvenes han adquirido y comprendido a través de una sucesión de empleos de corta duración, una calificación suficiente para estabilizarse. Una situación de desempleo muy largo o recurrente impide esta adquisición de experiencia valorizable en calificación. Sostener esta definición demanda ahora precisar que entendemos por *estabilización*. Los análisis sobre la inserción sostienen generalmente la permanencia en el empleo con una fuerte asociación a la conversión del contrato inicial en un contrato por tiempo indeterminado o relación de dependencia. Sin embargo, es difícil de utilizar un indicador de este tipo en el mercado de trabajo de jóvenes que está caracterizado por una tasa elevada de empleos temporarios, pero no exentos de calificación potencial. Sin embargo, parece muy pertinente en el caso de los egresados de la Universidad Tecnológica Nacional, por su característica de trabajo/estudio simultáneo y por la proporción de estudiantes que estabilizan su posición accediendo a un contrato en relación de dependencia, aún antes de lograr su título de ingenieros[9]. Luego veremos que la velocidad de inserción de cada cohorte o generación está ligado a las características individuales, tales como el nivel de formación o el hecho de haber comenzado a trabajar antes, o en trabajos muy relacionados con su disciplina.

Ellos permiten sobre todo comparar la rapidez de acceso a cada una de esas fases de las cohortes o generaciones diferenciadas por el tipo de especialización u orientación y la presencia o ausencia de trabajo en el curso de estudios. Si bien consideramos que, el número de jóvenes insertos depende de este criterio, es muy variable el tiempo que necesita cada uno para acceder a una posición estabilizada en el mercado de trabajo y es llamativo que esta no se convierta en un objetivo demasiado apreciado cuando tiene un *"techo salarial"* difícil de superar.

El nivel de egreso del sistema educativo y la presencia de una actividad profesional durante los estudios tienen una gran influencia sobre la *duración de la inserción* y esta influencia perdura todo a lo largo del período. Este resultado no es nada evidente, pero se puede pensar que esta influencia sería en beneficio de características más profesionales en la medida que los jóvenes construyen una historia

---

9   Si se aplicara este mismo estudio a egresados de otras disciplinas, posiblemente encontráramos diferencias notorias entre una disciplina y otra y entre diferentes cohortes.

sobre el mercado de trabajo. Así el tipo de diploma, puede tener un efecto muy significativo al comienzo del período, cuando el joven sale del sistema educativo y algún efecto al fin del período, si no ha trabajado durante sus estudios o ha tenido largos períodos de desempleo. Trabajar en su especialidad mientras estudia tiene una fuerte influencia al comienzo de la trayectoria y se estanca cuando los jóvenes ya han tenido una cierta experiencia profesional[10].

El efecto de una actividad profesional durante los estudios, aparece muy marcado para los secundarios técnicos y las universidades tecnológicas, aunque se hace abstracción de las pasantías, muchas veces obligatorias. Es posible que para estos jóvenes, la actividad profesional durante los estudios constituya una verdadera alternativa a la formación en el seno del sistema educativo. El nivel de ocupación es más alto que para los jóvenes de la misma franja etaria y la experiencia adquirida más importante que para los egresados de la universidad en otras disciplinas.

Hay una primera cuestión, que es observar cuándo una cohorte está inserta, qué proporción de ésta indica el proceso de inserción y, luego, el reconocimiento de una etapa de *inserción inestable*. Es lo que Castel, Robert (2001) llama estado *"transitorio-duradero"*, porque

"(…) esas personas tienen un estatuto intermedio entre la exclusión y la inserción definitiva. Y da como ejemplo la situación de los jóvenes que vagan de pasantía en pasantía, a veces con pequeñas tareas antes de desesperar y abandonar esa sufrida trayectoria del candidato a la inserción".

Y una etapa de *inserción estabilizada*, para lo cual es necesario comparar el comportamiento de cada cohorte o generación con el proceso de otras generaciones. Encontraremos también generaciones de *inserción fácil* y generaciones de *inserción difícil*, en las que juegan diferentes condicionamientos del contexto.

A fin de tener en cuenta la dinámica longitudinal de las trayectorias de inserción y reconocer las bifurcaciones y desviaciones típicas, se han utilizado modelos de duración no paramétricos[11] (probabilidades).

Los gráficos representan la evolución de *tasas de inserción* de personas ocupadas en cada fecha que permiten llamar la atención sobre dos fases en el proceso de inserción de la cohorte. Una primera fase donde la tasa de no insertos decrece rápidamente y una segunda en donde la tasa de no insertos deviene más o menos constante y no

---

10 Esto solo se refiere a los títulos de las ingenierías relevadas en UTN. Gral. Pacheco, pero podría aplicarse a otras disciplinas y otras ramas de la ingeniería.

11 Cf. SPss, 10.0.

depende más del tiempo[12]. Cuando la cohorte entre en la segunda fase, se puede decir, que su tasa de inserción tiende a bajar mucho, y que estos miembros de la cohorte tienen serios problemas de inserción.

En esta dirección proponemos dos criterios para analizar la inserción de una cohorte, por un lado, el saldo acumulado de entradas y salidas del empleo, divididos por el total de efectivos de la cohorte, que puede homologarse a la *tasa de empleo* en cada momento en el tiempo. Este criterio es preferible a utilizar la *tasa de desempleo* (Eckert, 2001) porque permite analizar la progresión de la inserción (Panaia, 2006), que vendría a ser la *tasa de actividad*. Al comienzo del período este indicador es netamente superior a la tasa de empleo y el desvío disminuiría progresivamente, la estabilización del desvío es lo que proporciona una información adicional. La secuencia de las tasas de empleo que constituyen el proceso hasta la inserción, las llamaremos *tasas de inserción*.

El segundo criterio es establecer *"secuencias contínuas de empleo"* que dan cuenta de los períodos de actividad/inactividad o entre el empleo y el desempleo cuando estos son muy frecuentes y también de la prolongación de los períodos de búsqueda. Con la aplicación del primer criterio veremos que los procesos de inserción están muy incididos por este tipo continuo de entrada y salida del mercado de trabajo, sobre todo entre los estudiantes, donde la inserción tarda mucho más en estabilizarse.

La construcción de estos indicadores se completa por la articulación con las historias de vida o biografías realizadas que permite observar las consecuencias de los encadenamientos de empleos, temporarios o no y los modelos de inserción. Este tipo de análisis permite observar también diferencias por subgrupos y trata de responder al interrogante sobre las modalidades individuales o de pequeños grupos homogéneos de inserción (Panaia, 2006).

La inserción de una cohorte particular, según Eckert, se caracteriza por su duración (el intervalo de tiempo entre la salida y la espera de entrada), por la altura de este techo (más o menos el 80% de efectivos de la cohorte), y por el perfil de su inserción.

Según este autor las variables que explican el perfil de inserción se puede clasificar en tres grupos:

a) Las variables de la cohorte misma como sus efectivos (stock), función de la demografía y de la escolaridad de la cohorte, si la escolaridad ha aumentado y tiene un efectivo (stock) aumentado por las salidas retrasadas; para lo cual se utiliza el *coeficiente de retención*.

---

12   Una cohorte se considera inserta cuando el 80% de la misma se ha inserto en el mercado.

b) Las variables de *política de empleo*, la creación de empleo joven ha tenido un efecto sobre la inserción de ciertas cohortes, sobre todo por los elevados niveles de precariedad y flexibilización.

c) En fin, y sobre todo, la *coyuntura económica*. Pero es importante destacar: 1. un mejoramiento de la coyuntura no tiene un efecto inmediato puede tardar más o menos sobre la duración de la inserción, en el tiempo de espera o sobre la forma de evolución de los indicadores; 2. no es solamente la coyuntura actual, después de la salida de la cohorte es la que tiene importancia, sino también aquellas de los años precedentes, ya que allí se determinan los niveles de desempleo en el momento en que la cohorte sale del sistema educativo; pueden ocurrir situaciones singulares: una cohorte encuentra a su salida una coyuntura un poco menos buena que la de los años precedentes y se inserta tan bien o mejor que una cohorte que se beneficia de un mejoramiento de la coyuntura comenzada en el momento en que esa cohorte entra en el mercado de trabajo, porque hay un efecto de arrastre que beneficia a la primera cohorte.

El largo plazo el aumento del desempleo que caracteriza la década que incluye nuestro análisis, en términos generales alarga la duración de la inserción de las cohortes sucesivas y disminuye la tasa de empleo con la cual cada uno llega a la inserción.

Con la *concepción individualista de la inserción*, un individuo está inserto cuando logra una cierta situación definida, en principio, (el empleo con contrato de duración indeterminado, por ejemplo) y la cohorte se considera inserta cuando 80% de sus efectivos han logrado ese estado.

La *aproximación macro-económica de la inserción*, muestra que no es necesario mantener el estudio longitudinal de la cohorte, cuando la preocupación está centrada en el empleo y no en la inserción. Cuando la estabilización ya se ha adquirido, cuando la inserción de la cohorte está terminada, se pueden realizar un análisis de tipo tradicional. De manera que este es más un método adecuado para analizar el proceso de inserción sobre todo en poblaciones jóvenes o muy inestables mucho más que para estudiar el empleo y el desempleo. Pero estudiar este proceso es fundamental en las jóvenes generaciones y en los primeros años de inserción profesional. El fundamento lógico de la aproximación macro-económica de la inserción está centrada en que la singularidad del recorrido de una cohorte, todo a lo largo de su trayectoria, se sitúa al comienzo, en la fase de inserción y que seguidamente las diferencias entre cohortes se atenúan o desaparecen. En nuestro país, la profundización de la crisis económica actúa, diferenciando el comportamiento de las cohortes, aún ya pasados varios años desde la graduación, porque la estabilización es tardía y en niveles bajos de ingresos los modelos de inserción muestran inserciones poco adecuadas, lo cual acentúa la búsqueda de las salidas independientes e incluso el abandono de la profesión.

La ventaja de discriminar el proceso de inserción como diferenciado se focaliza en el problema de articulación entre lo longitudinal y el transversal y entre stock y flujo, que venimos planteando desde nuestra postura teórica y metodológica. Este es el desafío de comprender las etapas de inserción de nuevas generaciones de profesionales, sus representaciones del mercado de trabajo, de la reproducción del campo profesional, de los mecanismos de competencia, de los modos de adquisición de las competencias y de la gestión del trabajo, que tienen que ver con el contexto socio-histórico en que se forma cada generación, con su conformación demográfica y social y según la institución a la que pertenecen.

Los distintos comportamientos de cada cohorte pueden ser debidos a los acuerdos colectivos que reglan el orden de las jubilaciones, del tipo *"primera entrada, última salida"* o al tipo de profesión, a la experiencia adquirida con la edad, a las consecuencias de una mejora de la empleabilidad, o puede ser un efecto de la edad, etc. Así la tasa de desempleo de una cohorte cuando ella termina su inserción es naturalmente más elevada que la de las cohortes anteriores, aunque la tasa de desempleo global sea constante, pero seguramente no lo es si el desempleo global sube. Esta segunda explicación implica, por una parte, que cada cohorte tiende a mejorar su situación a medida que ella avanza en su vida activa; por otra parte, que si el desempleo global no disminuye durablemente, la tasa de empleo de salida tenderá a empeorar.

Hay que tener en cuenta, por otra parte, que los graduados recientes son enfrentados a las mismas formas de empleo propuestas por las empresas a los viejos graduados que están a la búsqueda de empleo. Una gran parte de las propuestas de empleo son para los empleos con duración determinada y *"en los sectores donde la tasa de rotación de la mano de obra es elevada"*, como ocurre con los *graduados recientes*, esto se traduce en problemas de inserción más frecuente.

Este es un *"efecto precariedad"*. Si una parte de las características del empleo de graduados recientes se mantiene en el tiempo, se puede considerar que han tenido una inserción más difícil debido a las nuevas normas de empleo. Las diferencias de desempleo entre las generaciones dependerán de la rápida transformación de la relación salarial, es decir, del aumento de la volatilidad del empleo, del aumento del desempleo, independientemente de las coyunturas.

La *aproximación macroeconómica de la inserción* se inscribe en una representación del conjunto del mercado de trabajo y de la población activa. Esta representación debe ser capaz de transplantar los efectos puestos en evidencia por el análisis longitudinal (efectos de edad, de generación y de coyuntura), a fin de explicar las observaciones hechas a un dato dado. De esta forma, consideramos que el análisis de la inserción deja de ser una suerte de dominio aparte establecido para el estudio de un proceso de transición entre la formación y el trabajo, para transformarse en un análisis general del mundo del trabajo.

El proceso

Como todo proceso está ligado a un contexto, pues los diferentes elementos contribuyen a estructurarlo. De la misma forma, este proceso retro-actúa sobre el contexto que ha contribuido a constituirlo, produciendo nuevos elementos que lo transforman. De esa manera proceso y contexto tienen una relación de co-construcción mutua (Mendez, 2010). Lo difícil de este reconocimiento que parece elemental es reconocer los procesos significativos y dentro de él las secuencias vinculadas con el proceso que se quiere estudiar.

Este trabajo se trata de considerar el contexto en que se desarrollan los procesos temporales y de establecer la generación de ventajas competitivas dinámicas que plantean la relación conocimiento-trabajo-territorio, a partir de un doble juego analítico entre las características de las demandas productivas de la zona y su incidencia en las trayectorias de los graduados y estudiantes de ingeniería. Al mismo tiempo, qué transformaciones produce en la dinámica de la zona la permanencia de los mismos, tanto en el aumento de los saberes técnicos de la región como en el proceso de industrialización, tecnificación e innovación. Son pocos los estudios en esta línea, que aportan saberes acumulados sobre las distintas regiones del país y datos que permitan este tipo de elaboraciones, en forma comparativa.

El tema de la inserción en el mercado de trabajo ofrece un ejemplo típico de ello ya que no solo es un proceso que cambia significativamente en relación a las profundas transformaciones del mercado de trabajo, sino que también tiene cambios vinculados con los diferentes actores que entran en el juego de la oferta y la demanda. Del empleo a vida y en relación de dependencia, con situaciones de contrato estable, donde la perspectiva de vida de los trabajadores se maneja con el criterio de la generalización del salario mensual y la carrera dentro de empresas que contribuyen a su capacitación, como situación mayoritaria a una flexibilización cada vez más diversificada, que abarca situaciones de contrato por tiempo determinado, con salarios estipulados por contrato y fuera de convenio y capacitación por cuenta de los propios trabajadores, el criterio de Carrera y de estabilidad del proceso de inserción, se hace cada vez más cuestionable.

En la década de los años 1990 y de los años 2000, como resultado de los primeros procesos de flexibilización se observa un aumento de la multiplicidad de inserciones, los trabajadores deciden no abandonar ninguna posibilidad de empleo, aunque esto signifique en algunos momentos tener varios empleos, varios empleadores y varios estatutos salariales simultáneos, pero también varios ingresos. Como ninguno de ellos puede asegurar la permanencia, o la obra social o la capacitación, se mantienen todas las posibilidades tratando de obtener de cada una un beneficio. Esto da la pauta del aumento de las incertidumbres, aún entre los graduados universitarios de carreras de alta demanda, como es el caso de la ingeniería.

Analizar estos procesos cada vez más complejos, genera una serie de interrogantes teóricos y metodológicos, muchos de ellos todavía no resueltos en términos técnicos y que si no se plantean y resuelven, pueden llevar a afirmaciones erróneas o falsas interpretaciones de los procesos analizados, por eso es válida esta reflexión sobre las secuencias y procesos, y dentro de ellas las modalidades que aparecen de simultaneidad, hibridación y bifurcación, entre otras. Estas identificaciones resultan claves para su codificación y posterior procesamiento informático cuando llega el momento del análisis de los datos.

Para el caso de los Laboratorios MIG, los datos recogidos sobre la inserción de los ingenieros y estudiantes de ingeniería en el mercado de trabajo en la década de los años 1990 y los años 2000, genera ya interrogantes y análisis diferentes a los tradicionales, porque introduce el concepto de secuencias de empleo que no siempre son estables y en algunos momentos son *pasivas* y en otros son *activas*. Esta variación de las secuencias que intervienen en la dinámica de un proceso, en este caso de inserción, conduce a pensar un concepto de secuencia que se acerca al propuesto, en su momento por Abbott (1995) donde afirma que cada *secuencia* se caracteriza por una *configuración* y cada vez que la *configuración* se transforma, esta secuencia cambia. Se puede abrir una nueva secuencia en el proceso, se puede superponer una secuencia con otra nueva o puede aparecer una nueva secuencia.

El análisis del proceso justamente se asienta en el mecanismo de desenvolvimiento de las secuencias que componen el proceso o etapas que adquieran un sentido coherente y que se puedan explicar sin confundirse ni sumarse. Las *secuencias* son los elementos claves para reconocer un proceso –en este caso de inserción en el empleo de grupos profesionales– reconociendo sus *configuraciones* (Mendez, 2010). Una de las preocupaciones de esta etapa de nuestro trabajo fue, justamente identificar tipos de secuencias, que pueden ser de simultaneidad, bifurcación, hibridación, etc., muy importantes para reconocer las situaciones actuales de empleo, donde simultáneamente a la *secuencia de empleo*, se da la *secuencia de búsqueda de empleo*, o la *simultaneidad de empleos* y como resolver estos nuevos conceptos técnicamente a partir de las herramientas informáticas que utilizan los Laboratorios MIG (Panaia, 2006)[13].

El reconocimiento de los tipos de secuencias y cómo se articulan con las distintas temporalidades sociales es uno de los grandes desafíos del análisis de la sociedad actual. De manera que se trata de avanzar en el reconocimiento de secuencias significativas y de temporalidades que impliquen proyectos colectivos, que tienen a constituirse en dominantes en los procesos sociales de inserción.

Una de ellas son las *secuencias continuas de empleo*. Este concepto está tomado de Eckert (2001), pero se adapta al tipo de bases de datos construida por el proyecto que dio origen a este trabajo. Se trata de *"todo el período en el curso del cual el individuo se mantiene en el empleo sin discontinuar, es decir, sin períodos de paro o de retiro"*, permite tener una medida de la continuidad en el empleo y de los períodos de entrada y salida del mercado de trabajo (Panaia, 2006).

Gráfico N° 1. Secuencias continuas de empleo. Generación 1994 y 1998

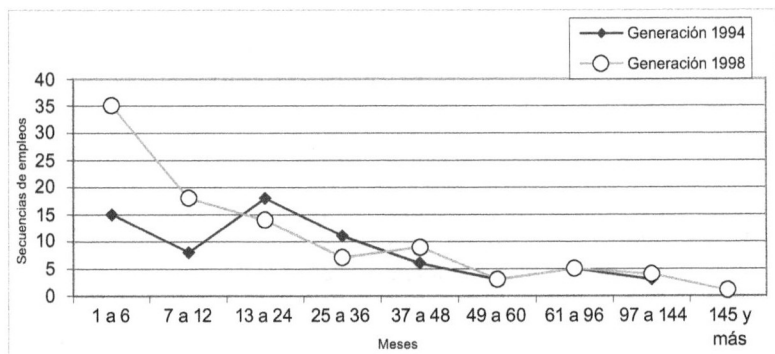

Fuente: Panaia, 2006, *Trayectoria de ingenieros tecnológicos en el mercado de trabajo*, Miño y Dávila.

---

13   Para graficarlo en un ejemplo concreto se tomaron dos generaciones de graduados en la Regional Gral. Pacheco antes de la ley de flexibilización del empleo y después (1995) se tomó la *Generación* 1994 y 1998, para ver si se pueden reconocer *configuraciones* diferenciadas en las secuencias del proceso de inserción.

En la *Generación del '98*, la modalidad más frecuente de la *secuencia continua de empleo* para todos los empleos de la generación es de 1 a 6 meses, en el 36,5% de los casos y la siguiente frecuencia es de 18,7% para las secuencias de 7 meses a 1 año. Es decir, que más del 55,2% de la generación tiene secuencias continuas de empleo de esa longitud. Solo el 9,4% de la generación logra secuencias de 37 a 48 meses el 5,2% de 61 a 96 meses y el 4,2% de 97 a 144 meses de continuidad. La *configuración* que se conforma en este caso es mucho más frecuente, pero también más frágil en términos de inserción y de duración del empleo[14].

La *cantidad de empleos* por la que pasa cada una de las generaciones estudiadas muestra un comportamiento diferenciado en cada una de ellas. La *Generación del '94*, tiene la modalidad más frecuente entre los 3 y 4 empleos en la misma proporción que para 9 y más empleos con un 28,6% y le sigue una acumulación de 5 a 6 empleos para el 21,4% de la generación. El 14,3% de ellos tiene entre 7 y 8 empleos a lo largo de su trayectoria ocupacional y solo un 7,1% realiza toda su trayectoria ocupacional en 1 o dos empleos. En casi todos los casos los cambios tienen origen en la búsqueda de una mejor inserción ocupacional, con mejor sueldo y mejores condiciones de trabajo.

Para la *Generación del '98*, en cambio la modalidad más frecuente se encuentra entre 1 y 2 empleos o a lo sumo entre 3 y 4 en la misma proporción de 31,2% respectivamente, quiere decir que más del 60% de la generación acumula a lo largo de su trayectoria ocupacional, a lo sumo cuatro empleos, una proporción menos de 21,9% tiene entre 5 y 6 empleos en su vida ocupacional y una proporción de apenas 12,5% supera los 9 empleos durante su trayectoria en el mercado de trabajo. Casi todos los cambios tienen por origen una búsqueda de mejores ingresos, porque hay pocos ascensos verticales en las jerarquías de los puestos, y predomina más bien una rotación horizontal.

Valga este ejemplo para reflexionar sobre la importancia del análisis de las *secuencias* y las *configuraciones* que puede ser considerado como el aspecto temporal de esos cambios. La identificación de secuencias en una orientación procesal es una necesidad analítica y el señalamiento de períodos o fases que adopta cada *configuración* ayuda a comprender el proceso. El proceso puede no ser ni lineal, ni conti-

---

14 Es importante señalar que para completar la definición de la *configuración*, el análisis de los desvíos proporciona información adicional sobre la fiabilidad de la inserción, así como diferencias por orientación en la estabilización de la inserción, también se puede observar que hay fuertes diferencias según la cohorte en el proceso de estabilización de la inserción, que identifican las generaciones que tuvieron procesos más difíciles y más largos.

nuo, ya que la orientación de un proceso no se limita al surgimiento de momentos sucesivos y discontinuos. El análisis de *secuencias y configuraciones* es de interés desde el momento en que toman sentido unos en relación a los otros y donde el análisis es capaz de poner al día los principios que unen esos movimientos provisoriamente aislados para el análisis, pero que adquieren un sentido en el marco del proceso estudiado.

Otro de los problemas pendientes en la literatura especializada o por lo menos poco abordado es la trayectoria de los titulados universitarios en el mercado de trabajo. Desde una perspectiva más general y económica, tampoco se analizó la incidencia en estas trayectorias de los niveles de empleo y desempleo, de los efectos de la inestabilidad de los contratos y de los bajos ingresos, aun para profesiones que quieren promocionarse, como la ingeniería. Tiende a tratarse el problema como una cuestión de motivación individual, donde tiene poca ingerencia el contexto donde se desarrollan estos procesos y las consecuencias de estos contextos a veces poco promisorios en estas trayectorias de profesionales estratégicos para el desarrollo.

Hoy es evidente que el núcleo de la cuestión está en las instituciones educativas, sobre todo públicas y en el dinamismo de las demás instituciones, para identificar nuevas actividades o nichos de interés, para evitar bolsones de desempleo y marginación por falta de actualización o creatividad. Compatibilizar los distintos esquemas teóricos para analizar el problema, por lo menos en la Argentina, es todavía materia de debate y carece de una instrumentación adecuada por varias razones: los cambios en la estructura productiva, el re-acomodamiento de las instituciones empresarias y educativas, los cambios en la organización del proceso de trabajo y la desigual incorporación de tecnología, la fragmentación del mercado de trabajo y las modificaciones en las identidades profesionales como resultado de la doble presión que ejercen sobre ellos las transformaciones del mercado y los nuevos sistemas de relaciones entre los actores.

De manera que sus trayectorias laborales se re-estructuran en nuevas direcciones escapando a los análisis transversales que proporcionan los estudios estadísticos tradicionales en base a los datos recogidos por Censos y Encuestas.

Un aporte importante al estudio de este tipo de metodologías lo ha hecho toda la Escuela de Oviedo (España) con los trabajos sobre uso del tiempo, aplicada particularmente al trabajo femenino, pero con algunos intentos también de aplicación a las trayectorias de los jóvenes en el mercado de trabajo. Más importantes son sus aportes sobre la sobre-educación de los jóvenes graduados y sus problemas de empleabilidad en relación al resto de países de la Unión Europea. No obstante, para esta escuela los análisis de trayectoria son fragmentarios y se mantiene un criterio muy cuantitativo del análisis el proceso. También, ya comentado en varias oportunidades, los estudios del CEREQ, que fueron los más cuidadosos en los mecanismos de sistematización de los datos cuantitativos y su articulación con los cualitativos.

Un aporte reciente, interesante desde lo metodológico es el realizado desde el LEST (Mendez, 2010), donde se revisan conceptos sociológicos básicos con el fin de aportar a la metodología de los análisis longitudinales y en forma más general "*a todo proceso, entendido como conjunto de fenómenos organizados en el tiempo que combina los ingredientes, los motores y las secuencias, cuando esos cambios modifican la orientación misma del proceso y se producen bifurcaciones*"[15].

Otro de los conceptos que aporta esta Escuela a la discusión es el concepto de contexto, que en algunas disciplinas se controla y por eso es posible la repetición de los experimentos y, en cambio, en las Ciencias Sociales es fundamental saber como se relaciona cada elemento con ese contexto y en base a ello, comprender la originalidad de cada situación.

Basados en los aportes de Andrew Pettigrew (1990), se discute el concepto de contexto, definiendo éste, como "*el conjunto de elementos presentes en una situación*", en su argumentación, plantea que "*un proceso mantiene una doble relación compleja y no determinada con el contexto en el cual se desenvuelve*". Todo proceso está ligado a un contexto, pues los diferentes elementos contribuyen a estructurarlo. Al mismo tiempo, "*un proceso retro-actúa sobre el contexto que ha contribuido a construirlo, produciendo nuevos elementos que lo transforman. Proceso y contexto tienen una relación de co-construcción mutua*"[16].

Para poder escribir la historia del proceso se basan en cuatro elementos que se entrelazan para construir una teoría. Los elementos significativos para el proceso o *ingredientes*, que pueden tener diferentes momentos o *secuencias*, puestos en marcha por distintos *motores* y donde pueden aparecer cambios de orientación identificados como *bifurcaciones*.

"Estos cuatro conceptos definen el proceso como un conjunto de fenómenos organizados en el tiempo que combina los ingredientes y los motores, pues el

---

15 Traducción propia.
16 Traducción propia.

EL ESTALLIDO DEL TIEMPO

cambio eventual permite identificar secuencias. Cuando esos cambios modifican la orientación misma del proceso, se habla de bifurcaciones"[17].

Si bien este conjunto de conceptos funcionan como un todo a los efectos del análisis se pueden separar.

Los *ingredientes* son definidos como los elementos de un contexto que es pertinente para un proceso. Si ellos no intervienen, el proceso no existiría o sería diferente. Las *secuencias*, pueden ser activas o pasivas, según el momento, para lo cual elaboran el concepto de *secuencias*. Un mismo proceso puede estar constituido por diferentes *secuencias*, y cada una de ellas se caracteriza por una *configuración*. Cada vez que esta configuración se transforma profundamente, se abre una nueva *secuencia* en el proceso.

Con este criterio analizar un proceso es descomponerlo en sus distintas secuencias cada una con su sentido, sin agregarse por simple sumatoria[18].

Los *motores*, son indispensables para poder definir cuáles son los generadores del movimiento dentro del proceso, que es lo que moviliza los cambios de *secuencias* dentro del proceso. Y las *bifurcaciones* dan cuenta de las transformaciones más importantes del proceso. Se basa en los *acontecimientos* que provocan crisis y en la aparición de alternativas que cambian la orientación del proceso.

Como señala Grossetti (2004)[19], la intensidad y el ritmo de la recomposición de los ingredientes, la importancia del cambio, pero también la imprevisibilidad y su irreversibilidad constituyen los criterios más importantes para identificar las *bifurcaciones*. Esta práctica de investigación que implica analizar el proceso como un todo, permite al fin del trabajo del investigador, rever todo el proceso y ofrecer un cuadro global explicativo del proceso estudiado. En nuestro caso, que estudiamos procesos de inserción en el mercado de trabajo, es de gran utilidad contar con estructuras analíticas que nos permitan diferenciar cada elemento del proceso y recuperar después una mirada global.

También desde los caminos individuales de los estudiantes y graduados hay temas pendientes que han modificado las dinámicas de los procesos y que plantean nuevos interrogantes técnicos para su aplicación. Muchas veces hemos mencionado la presencia de *"trayectorias interrumpidas"* en las distintas unidades académicas, aparecen con diferente regularidad, como un indicador de las dificultades

---

17 Traducción propia.
18 Tracción propia sintetizada.
19 Grossetti, M., 2004 citado por Mendez, A., 2010.

que tienen los estudiantes para terminar su Carrera, para alargar los estudios o incluso para mantener una inserción en ascenso en el mercado de trabajo. Vale la pena hacer algunas precisiones sobre este proceso que no se da en todos los lugares igual y tampoco para todos los grupos. Si rastreamos el concepto, encontramos que Bourdieu (1978) considera el *"efecto de trayectoria interrumpida"* como un accidente que ocurre cuando

> "Las estrategias que los individuos emplean para evitar la devaluación de sus títulos que es correlativa a la multiplicación de titulados del mismo título, y entonces se reconocen solo los más visibles. Es decir, las estrategias colectivas por las cuales un grupo logra mantener el dominio de los mecanismos para mantener o aumentar las ventajas adquiridas, encontrando así el fundamento de la declinación, particularmente marcadas en ciertas coyunturas y en ciertas posiciones sociales, entre las chances objetivamente ofertadas en un momento dado del tiempo y las aspiraciones realistas que no son otra cosa que el producto de otro estado de las chances objetivas: esa declinación es muy frecuentemente el efecto de una caída en relación a las trayectorias personales o colectivas que ya estaba inscripta como potencialidad objetiva en la posición anterior y en la trayectoria conducen a esa caída"[20].

Para comprender el concepto planteado por Bourdieu, se plantean tres puntos esenciales, siguiendo los razonamientos de otro autor que hace una lectura interpretativa de Bourdieu (Eckert, 2005), para profundizar los objetivos de trabajar este concepto. El primero es que las interrupciones de Carrera afectan sobre todo las trayectorias de grupos sociales, aunque la interrupción sea un hecho personal y la encontremos en trayectorias individuales, afectan por el solo hecho de su ocurrencia a todo el grupo. Esto, sin duda no es igual para todos los grupos, hay grupos que son más vulnerables a la aparición de este tipo de conductas de interrupción. Muchas veces estos hechos están acompañados por algunos hechos sociales remarcables, que contribuyen a que esos grupos más vulnerables, tiendan a interrumpir sus Carreras.

Por ejemplo, en el caso de la Regional Avellaneda, según los datos del Laboratorio MIG-UTN-FRA, para los graduados de la cohorte 2007 (DT N°7), de Ingeniería Industrial y de Ingeniería Electrónica, el 19% de los graduados tuvo interrupciones durante su carrera y estas duran entre uno y dos años. De una manera mayoritaria se producen en los últimos años de la carrera. Los motivos de interrupción declarados por los graduados se asocian fundamentalmente a

---

20 Traducción propia.

cuestiones académicas, vinculadas a la pérdida de regularidad y a la necesidad de aprobar finales adeudados para continuar y finalizar el Plan de estudios, pero algunas veces, esta regularidad se pierde y termina en el abandono de la carrera universitaria.

El segundo punto a tener en cuenta es que los grupos profesionales, en general tratan de mejorar la posición adquirida o por lo menos de mantenerlas, de manera que las pugnas ocultas de cada grupo están muchas veces ligadas a las diferentes condiciones de quienes participan de cada grupo. Es allí que hay que buscar, las razones de las decisiones de algunos de interrumpir o abandonar.

Por último, hay que ver si las interrupciones en estos grupos no aparecen como efectos de contagio asociados a situaciones históricas de expectativas que no son cubiertas, para cuando se cuente con el título o cuando ya se está en el mercado de trabajo. Alguno de estos mecanismos es capaz de producir la interrupción de las trayectorias, pero hay que saber cuál se corresponde con el grupo que estamos analizando, para lo cual hay que poder caracterizar la evolución social particular, ver qué estrategias de reproducción o de mejoramiento utiliza y cuál es la posición social del grupo en el contexto social, sus estrategias educativas y sus prácticas educativas.

Al respecto Bourdieu (1978) señala que

> "entrar en la cursada y en la competencia por lograr el título, en fracciones hasta ese momento débiles, que utilizan la institución para mejorar su posición relativa, ha producido muchas veces el efecto contrario al buscado por esos grupos, ya que las instituciones aseguran las promoción justamente a los grupos que ya están afianzados y que invierten en educación y en titulación aumentando permanentemente la demanda de mayor educación y produciendo una suerte de inflación en los títulos".

El efecto contraproducente es el alargamiento de la duración de la carrera, la aparición de grupos que interrumpen, porque no ven colmadas sus expectativas y la desvalorización de los títulos que se persiguen. Según Bourdieu se puede considerar que *un título tiene todas las chances de haber sufrido una devaluación en la medida que aumentan muy rápidamente los titulados y este aumento es más rápido que el acrencentamiento del número de posiciones en las cuales esos títulos tienen posibilidad de inserción*[21]. De esta manera resulta fundamental aumentar la cantidad de posiciones en las que ese título tiene incumbencia.

---

21 Traducción propia.

Para poder realizar este tipo de estudios es necesario poder confrontar por un lado, la distribución de la población según su título, y por el otro, la distribución en el mercado de trabajo de la cantidad de puestos demandados para ese título. Como no se cuenta con datos específicos a nivel de cada zona o región y los datos estadísticos a los que se puede acceder, más pequeños son por ciudad de más de 500.000hbs, es difícil hacer confrontaciones entre la oferta y la demanda. Además en algunas Universidades la demanda queda retenida en la zona, pero en otras donde la demanda estable es mucho menor, entonces la dispersión de los titulados de cada grupo por especialidad y por generación, es muy grande. Se carece de índices adecuados para este tipo de mediciones.

A esta escasa posibilidad de medición se agregan algunos fenómenos que son observables a simple vista, con los datos estadísticos existentes. Por un lado, el aumento de los años de escolarización, especialmente de algunas poblaciones profesionales, en las últimas décadas. La variedad de títulos, con diferente duración y valorización del título, de especialidades semejantes que complica el ejercicio de cada titulación, cuando se encuentran en el campo profesional, muchas veces provenientes de universidades privadas que reúnen poblaciones pequeñas, pero muy seleccionadas por su posición relativa alta en la sociedad y, por último, un mercado de trabajo, poco transparente, que utiliza mecanismos de confianza o de amistad, más que concursos de capacidad, para ocupar puestos jerárquicos. La misma estructura industrial argentina, tan sesgada hacia las pequeñas y medianas empresas favorece este tipo de ubicación de los titulados universitarios, sin un análisis profundo de sus mejores posibilidades de competir en el mercado.

Esto nos lleva a otro tema de importancia para la evaluación de las trayectorias interrumpidas, que es la valorización del título, el valor que le dan al diploma los grupos de las nuevas generaciones de profesionales y, especialmente el grado de expectativas que cumplen estos títulos cuando se llega a su ejercicio: nivel de salarios, prestigio social, posibilidad de continuar ejerciéndolo, posibilidad de acceder a cargos de poder, etc.

Un aporte muy interesante en la dirección de encontrar mecanismos de medición de estos nuevos procesos está en la tercera parte del libro, que intenta aportar a la teoría y metodología de los relevamientos en las Ciencias Sociales.

Bibliografía

Abbott, A. (1995) "Sequence Análisis: New Methods for Old Ideas", *Annual Review of Sociology*, vol. 21 (pp. 93-113).

Blaug, M. (1983) "El status empírico de la teoría del capital humano: una panorámica ligeramente desilusionada", en Toharía, L., *op. cit.* (65-103).

Borghi, V. y Annamaria, L. (2004) "La condizione occupazionale dei laureati : una comparazione da uno a tre anni dalla laurea", *Revista Sociologia del Lavoro* N° 94/2 (137-154).

Bourdieu, P. (1978) "Classement, déclassement, reclassement", *Actas de la recherche en sciences sociales* N° 24, París.

Castel, R. (2001) *La metamorfosis de la cuestión social*, Avellaneda, Paidós.

CEREQ (1997/98) "Generación 92", Encuesta de entrada a la vida activa, 1997/98, Marseille, Francia.

Chicchi, F. (2000) "Approccio biografico e grounded theory: una proposta metodologica per l'analisi delle nuove forme di debolezza sociales", *Revista Sociología del Lavoro* 78/79 (28-56).

Demazière, D. y Dubar, C. (1999) "Symposium sur: Analyser les entretiens biografphiques. L'exemple des récits d'insertion", *Sociologie du Travail* N° 4/99, París.

Eckert, H. (2001) "Analyser les mouvements d'accés et de retrait de l'emploi au cours de la periode de inserción professionnelle", *Rev. Formation et Emploi* N° 73, Francia.

Eckert, H. (2005) "Declassement: de quoi parle-t-on?", *Net. Doc.* 19, Cereq, Marseille, noviembre.

Gallart, Ma. A.; Pessagno, G. y Quilici, Inés (1984) "Estrategias de Supervivencia en un mercado cíclico: la inserción ocupacional de los técnicos de nivel medio en la industria de la construcción de Buenos Aires", *CIE*, Cuaderno N° 34, Buenos Aires, marzo.

García Espejo, Ma. I. (1998) "Recursos formativos e inserción laboral de jóvenes", *CIS*, Madrid, julio.

Grossetti, M. (2004) *Sociologie de l'imprevisible*, París, PUF.

Mendez, A. (comp.) (2010) "Procesus", BRUYLANT, Academie Belgique.

Panaia, M. (1999) "Algunos aportes teóricos para captar el rediseño del mercado de trabajo profesional", *Monitoreo de inserción de graduados DT* N° 2, CEA/UBA y EUDEBA, marzo.

Panaia, M. (2006) *Trayectorias de ingenieiros tecnológicos. Graduados y estudiantes en el mercado de trabajo*, Buenos Aires, Madrid, Miño y Dávila Editores.

Pettigrew, A. (1990) "Longitudinal Field Reserch on Change: Theory and Practice", *Organization Science*, vol. 1, N° 3, agosto (pp. 267-292).

Rosanvallon, P. (1995) *La nueva cuestión social*, Buenos Aires, Ed. Losada.

Vernierès, M. (1997) *L'insertion professionnelle, analyse et débats*, París, Económica.

Capítulo 7

Desocupación, trabajo doméstico y desigualdad: una mirada desde el uso del tiempo en la ciudad de Rosario, Argentina[1]

Andrea Delfino

Con el advenimiento de la Modernidad, dos dinámicas se entrelazaron para erigir a una específica noción de trabajo en un lugar hegemónico. La generalización de las relaciones de producción capitalistas y el proceso de escisión y especialización de los espacios en público/laboral y privado/doméstico entronizaron la noción de trabajo inscrita en la economía de mercado, a la vez que colocaron a las restantes formas de trabajo en un lugar subordinado.

Esta transformación dio lugar a que los procesos de producción que se realizan en cada una de las esferas tomen la forma de procesos aparentemente paralelos, independientes y sin sentido de relación. En la medida en que cada una de las esferas realiza una función específica y se establece una clara frontera entre ambas, los dos procesos de trabajo llegan a ser completamente extraños unos a otros (Carrasco, 1995). Sin embargo, el trabajo remunerado y el trabajo no remunerado realizado al interior del hogar se encuentran altamente integrados, constituyendo dos dimensiones del trabajo social que están enteramente relacionadas (Bruschini, 2006), o mejor, constituyendo dos aspectos de un único proceso (Carrasco, 1995).

Por un lado, la esfera industrial requiere para la producción de mercancías, además de otras mercancías, de fuerza de trabajo. Esa fuerza de trabajo, esencial para el funcionamiento del capitalismo, es reproducida al margen de las normas de este sistema: su reproducción y mantenimiento se realizan en la esfera doméstica. De forma inversa, la esfera doméstica depende, para reproducir a los individuos y repro-

---

1   Versión revisada y actualizada del artículo publicado en la *Revista Estudos Feministas*, Vol. 20, N° 3, Año 2012, Universidade Federal de Santa Catarina, Brasil.

ducirse a sí misma, de la producción industrial. Esta relación se concreta en la variable distributiva. Como estos beneficios generalmente no llegan a cubrir los costos de la reproducción de la fuerza de trabajo, es necesaria la realización de un trabajo adicional que permite transformar en consumibles aquellos bienes no consumibles adquiridos en el mercado. De manera adicional a este sinnúmero de interacciones, la esfera pública reinvierte sobre la esfera doméstica en forma de servicios públicos gratuitos (Carrasco, 1995). En este sentido, y para Vaiou (1991/1992 y 1995), los servicios públicos actúan modificando el tipo de trabajo doméstico, y condicionando tanto el tiempo necesario para su realización, como las rutinas diarias de las mujeres, que son quienes, principalmente, las realizan.

Son justamente estas interacciones las que permiten plantear que las reestructuraciones en curso en los mercados de trabajo y en los sistemas de bienestar acarrean una creciente tensión entre los recursos distribuidos y disponibles en las familias y los niveles de vida sedimentados en las costumbres, gustos y convenciones sociales, conllevando un incremento del trabajo no remunerado realizado en el interior de los hogares.

En este sentido, este artículo tiene por objetivo mensurar el tiempo asignado por los desocupados al trabajo doméstico, describir el tipo de actividades básicas que componen este trabajo y caracterizar el reparto diferencial de esas actividades entre varones y mujeres. Para alcanzar los objetivos planteados se recurrió a la metodología de uso del tiempo a través de la técnica del diario autoadministrado. Fueron encuestados un total de 119 beneficiarias y beneficiarios del Programa Jefes y Jefas de Hogar Desocupados (en adelante, PJJHD) en la ciudad de Rosario, Argentina, entre marzo y septiembre de 2006.

El marco de análisis del cual se parte privilegia el encuentro teórico entre los estudios del trabajo y la perspectiva de género. Este encuentro posibilitó –a partir de la década del 80 del siglo pasado– la ruptura conceptual de la noción de trabajo y su pluralización, permitiendo ampliar la mirada hacia formas de trabajo que se desarrollan en ámbitos diferentes a los del mercado y, consecuentemente, sin remuneración. Este enfoque permite problematizar el trabajo no remunerado de forma articulada con las diferentes formas que toma el trabajo remunerado, enmarcar esta articulación dentro de relaciones de subordinación donde la disponibilidad femenina para procurar el bienestar cotidiano y la actividad laboral de los varones es amplia y mayoritaria (Torns, 2008) y, finalmente, entender que el mismo no solo está dirigido a las personas dependientes. Así, el trabajo no remunerado desempeña un rol sistémico contribuyendo al bienestar social[2].

1. Algunas aproximaciones conceptuales y metodológicas a la noción de trabajo doméstico

El trabajo no remunerado realizado al interior del hogar[3] constituye el núcleo del proceso de reproducción social. Para Benería (1984), debe entenderse por reproducción un proceso dinámico de cambio vinculado a la perpetuación de los sistemas sociales. La misma incluye tanto la reproducción social como la biológica, de modo que su significado rebasa el de la reproducción de los seres humanos. En este sentido, es posible distinguir tres aspectos que se corresponden a diferentes niveles de abstracción teórica:

a) *la reproducción social*: se refiere a la reproducción de las condiciones sociales que sostiene un sistema social. En este caso, la cuestión fundamental está relacionada con el tipo de estructuras que se deben reproducir para que pueda darse esa reproducción social en su conjunto. Este aspecto de la reproducción implica la transmisión del acceso y el control de recursos económicos de una generación a otra;

b) *la reproducción biológica*, o procreación, consiste esencialmente en la crianza de los hijos. Aunque es un componente básico de la reproducción de la fuerza de trabajo, se puede diferenciar claramente de ésta; y

c) *la reproducción de la fuerza de trabajo*: no sólo se refiere al mantenimiento cotidiano de los trabajadores presentes y futuros, sino también a la asignación de agentes a determinadas posiciones en el proceso productivo. Es decir que, mientras la reproducción biológica es estrictamente cosa del desarrollo físico de los seres humanos,

---

2　Este enfoque no implica soslayar ni desconocer el debate más reciente en torno a la noción –de fuerte raíz anglosajona– de *care*. Sin embargo, el mismo está más orientado en discutir y mostrar los límites del Estado de Bienestar e incorpora en su definición las actividades de cuidado realizadas de forma remunerada. Trabajos insoslayables para dar cuenta de la controversia sobre la definición y contenido del *care* son los de Badgett y Folbre (1999) y Letablier (2007).

3　Tal como señala Carrasco (2013), a medida que se fueron visibilizando algunas de sus características o funciones, se fueron utilizando diferentes terminologías (trabajo doméstico, trabajo reproductivo, etc.) intentando nombrar e incluir esos nuevos elementos descubiertos. En ese itinerario ninguno de los términos ha sido totalmente satisfactorio.

la reproducción de la fuerza de trabajo tiene que ver con el proceso por el cual esos seres humanos se convierten en trabajadores.

La distinción entre estos tres niveles de reproducción facilita el análisis del modo en cómo la mujer, en general, y la división del trabajo, en particular, se ven afectadas por la reproducción. Según Benería (1984), dado el estado actual de la tecnología, sólo la reproducción biológica está inevitablemente ligada a la función reproductiva específica de la mujer. Sin embargo, todas las sociedades han asignado a la mujer otros dos aspectos fundamentales de la reproducción de la fuerza de trabajo, a saber, el cuidado de los hijos y el complejo de actividades asociadas con el mantenimiento diario de las fuerzas de trabajo dentro de la unidad doméstica. La razón de esto se encontraría, siempre dentro de la perspectiva de la misma autora, en el papel reproductor de la mujer; función que ha constituido la base de la asociación de la mujer con el cuidado de los niños y con otras tareas relacionadas con el mantenimiento cotidiano de la fuerza de trabajo. En esta asociación se encontraría la raíz de la separación entre la esfera en que primariamente se concentra la mujer y aquella en la que lo hace el varón. Esta clasificación moderna y capitalista fue la que creó la base institucional de la subordinación de las mujeres (Fraser, 2016).

Los tres niveles planteados por Benería (1984), muestran con claridad como esas actividades forman los sujetos del capitalismo, al tiempo que los constituyen como seres sociales formando sus *habitus* y el *ethos* cultural en los que se mueven. La socialización y la educación de los niños garantizan el proceso de conversión de esos seres humanos en trabajadores y lo sustancial de ese proceso se produce al margen del mercado (Bruschini, 2006; Fraser, 2016).

En relación a los elementos que definen el trabajo doméstico, es posible señalar que una de las primeras conceptualizaciones sobre el mismo puede encontrarse en el estudio pionero de Margareth Reid de la década del 30. En él se considera trabajo doméstico a aquellas actividades no remuneradas realizadas en el hogar llevadas a cabo por y para sus miembros, actividades que podrían ser reemplazadas por bienes del mercado o servicios pagados, si circunstancias tales como los ingresos, las condiciones del mercado y las inclinaciones personales permiten que el servicio fuese delegado en alguien fuera del grupo familiar. En este sentido, el trabajo doméstico no remunerado se define por el denominado criterio de la tercera persona, esto es, por tratarse de un tipo de trabajo que podría ser realizado remuneradamente por una persona externa al hogar (Reid, 2016).

Se trata esta de una conceptualización centrada, fundamentalmente, en las transformaciones más frecuentes y elementales del entorno físico del hogar, que solo incorpora una definición restringida de cuidados, ciñéndose a la prestación concreta y activa de cuidados personales (Durán, 2005b). En este sentido, una serie de autores (Aguirre, 2005; Carrasco, 2016; Del Re, 1995; Durán, 2005b; Vaiou, 1991/1992) señalan que este tipo de definición desconoce conceptos esenciales para entender el trabajo de los responsables del hogar, tales como los conceptos de *"dirección"*, *"gestión"* y *"disponibilidad"*, difícilmente traducibles en estimaciones de esfuerzo, intensidad o tiempo. Asimismo, estas actividades tienen un objetivo distinto a los del mercado, vinculado al cuidado de la vida y no al beneficio privado; tienen lugar bajo relaciones diferentes a las relaciones capitalistas y muchas de ellas tienen una difícil o mala sustitución de mercado, en la medida que implican aspectos afectivos y emocionales (Carrasco, 2016). Son por ello mucho más difíciles de observar por observadores externos y de conceptualizar y percibir por los propios sujetos que las realizan.

Desde la perspectiva de Picchio (2001), el contenido del trabajo de reproducción social no remunerado es el cuidado del mantenimiento de los espacios y bienes domésticos, así como el cuidado de los cuerpos, la educación, la formación, el mantenimiento de relaciones sociales y el apoyo psicológico a los miembros de la familia[4]. En lo que respecta a las actividades concretas desarrolladas y a su peso relativo, éste refleja los cambios históricos y culturales, mientras, en lo que se refiere a sus funciones de fondo, sigue manteniendo una posición central en el proceso de reproducción social de la población, que interacciona con el papel de los servicios públicos y la producción de los bienes y servicios de mercado necesarios para la subsistencia de la población. Este trabajo, necesario tanto para quien lo recibe como para quien lo asigna, forma parte de la organización profunda de las condiciones de vida, sedimentada en prácticas históricas de relación entre hombres y mujeres, clases y generaciones.

Para la autora, las grandes funciones del trabajo de reproducción social no remunerado diferenciadas a escala del sistema son las siguientes:

---

4   En una dirección similar, Durán (1997) señala que el trabajo no remunerado es, sobre todo, trabajo de cuidados. La idea de cuidados —como noción relativa a aquellos bienes, servicios, actividades o relaciones más básicas para la existencia y reproducción de las personas en las sociedades en las que viven— es de desarrollo relativamente reciente. Estas primeras aproximaciones igualaron la noción de cuidados a la de trabajo no remunerado realizado en el ámbito del hogar (Rodríguez, 2007).

1) *ampliación* de la renta monetaria en forma de nivel de vida ampliado, que también incluye la transformación de bienes y servicios por medio del trabajo de reproducción social no remunerado. La ampliación tiene en cuenta los aspectos cuantitativos del trabajo de reproducción no remunerado y permite sumarlo a la renta monetaria para definir el nivel de vida en término de bienes y servicios bajo la forma en la que efectivamente se utilizan;

2) *expansión* del nivel de vida *"ampliado"* en forma de una condición de bienestar efectiva, que consiste en el disfrute de niveles específicos, convencionalmente adecuados, de educación, salud y vida social. Esta tiene en cuenta los aspectos cualitativos del trabajo de reproducción social y, en particular, la inversión de sentido inherente al trabajo de cuidado de las personas; y, finalmente,

3) *reducción* cuantitativa y cualitativa de la población trabajadora a los trabajadores y trabajadoras efectivamente empleados; en este caso, el trabajo no remunerado desarrollado en el ámbito doméstico y familiar sirve de apoyo para la selección, realizada en el mercado de trabajo, de las personas y las capacidades personales efectivamente utilizadas en los procesos productivos, facilitando, material y psicológicamente, los procesos de adaptación a los mismos y/o absorbiendo las tensiones que generan.

La ausencia de un intercambio mercantil en el caso del trabajo doméstico o trabajo de reproducción social familiar ha determinado la invisibilidad de una contribución fundamental a la riqueza social, pero también ha permitido ocultar una parte significativa de los costos de reproducción. En este sentido, Bruschini (2006) señala que es fundamental considerar el tiempo del trabajo doméstico como tiempo para la reproducción social, entendiéndolo como básico para resolver algunos problemas de la acumulación capitalista que no se ecuacionan en el sistema generalizado de intercambios realizados a través de la moneda.

Para Durán (2005a), el conjunto del trabajo no remunerado que se realiza en las familias en un momento dado es el resultado del ajuste entre demanda y oferta. La demanda de trabajo no remunerado parte de cinco categorías sociales principales: los niños, los enfermos, los ancianos, los sobreocupados en la producción para el mercado y los autoconsumidores. Las tres primeras categorías tienen en común que son en gran medida insolventes, es decir, no pueden pagar a precio de mercado el trabajo de asistencia que necesitan, por lo que alguien (el Estado a través de los servicios públicos, los familiares y amigos, u otros) ha de hacerlo por ellos. Parte de la población que vende su tiempo en el mercado sí puede comprar trabajo de atención; este trabajo es generalmente provisto por personas de los niveles sociales más bajos. En tanto, el autoconsumo de trabajo es la respuesta de la mayor parte de la población de rentas medias y bajas –especialmente de las mujeres–, porque su nivel de salarios, la cantidad de trabajo que venden al mercado y otros componentes de tipo cultural no le permiten adquirir trabajo para su propia atención; pero en cambio, está en condiciones de producirlo por sí misma. En tanto, la oferta de trabajo no remunerado es producida principalmente por mujeres.

Las actividades no remuneradas realizadas en el ámbito del hogar abarcan un amplio espectro de tareas. Sin embargo, a los efectos de convertirlas en categorías analíticamente operativas se las agrupó en un número limitado de subconjuntos:

a) *trabajo doméstico (en sentido restringido)*: es aquel tipo de trabajo que supone la producción y transformación de mercancías, y el cuidado y el mantenimiento de los espacios realizado en el interior del hogar de forma no remunerada. Es un tipo de trabajo que está sometido a la orientación de los quehaceres; es decir, sometido al tiempo que exigen las cosas y hace que la jornada no esté sometida a un horario estricto. Desde el punto de vista operativo, uno de los criterios más difundidos para definir y delimitar este conjunto de actividades es el denominado *"criterio de la tercera persona"*, por tratarse de un tipo de trabajo que podría ser realizado remuneradamente por una persona externa al hogar. Es decir, el trabajo doméstico puede ser definido como aquel tipo de trabajo que produce bienes y/o servicios que son susceptibles de transformación en prácticas de trabajo mercantil. Incluye las tareas de alimentación[5], limpieza y orden del hogar, limpieza y orden de la ropa y el calzado, coser y tejer, reparación y mantenimiento de la vivienda, cuidado de plantas y mascotas, cuidado de la huerta y animales de granja y reparación y mantenimiento de vehículos;

b) *trabajo específico de cuidados (no pagados)*: este conjunto de trabajos se definen como la acción de cuidar a un niño o una persona adulta o anciana dependiente integrante de la familia para el desarrollo y el bienestar de su vida cotidiana. Incluye todas las tareas relacionadas con los niños (desde la alimentación al estudio, pasando por el juego o la atención sanitaria) y las tareas de cuidados de enfermos o personas ancianas. Si bien implica un

---

5   Dentro de esta actividad se incluye la preparación de los alimentos y de la mesa, así como también la limpieza de la cocina y/o de los utensilios.

trabajo material, se trata de actividades que dependen de manera muy importante de las relaciones interpersonales que se establecen entre la persona que provee los servicios de cuidado y quien los recibe. Al igual que el *"trabajo doméstico (en sentido restringido)"*, este tipo de actividades son susceptibles de ser delegadas por los miembros de la familia en personas ajenas a la misma y mercantilizadas. El mismo agrupa las siguientes actividades: cuidado de personas enfermas y/o adultos mayores dependientes y a niños[6], así como también los desplazamientos necesarios para las tareas de cuidado; y

c) *adquisición de bienes y servicios y gestiones relacionadas con el hogar y la familia*: este subgrupo no sólo contempla todas aquellas actividades cuya realización permite la obtención de bienes y servicios externos imprescindibles para el consumo privado del grupo doméstico, sino también todas aquellas gestiones relacionadas con la familia y el hogar. Estas actividades, también denominadas *"articuladoras del bienestar"*, *"obligatorias"* y/o *"servicio de apoyo"*, fueron pensadas como formas de articulación, de enlace entre los ámbitos domésticos y públicos (Picchio, 2001), o como formas de vincular la producción del bienestar, que tiene lugar en las familias, con las prácticas de asignación de recursos mercantiles y públicos (Martínez Franzoni, 2005). Incluye las compras, pagos y todo tipo de trámites.

2. Características de la población estudiada y metodología de investigación

Dentro de esta investigación fue considerada como desocupada aquella persona cuya condición de tal fue reconocida por las instituciones especializadas de acción social. Se trata, entonces, de desocupados asistidos por el Estado nacional y más específicamente beneficiarios del mayor programa regulatorio del desempleo de la historia argentina: el Programa Jefas y Jefes de Hogar Desocupados[7].

---

6   Siempre que fue posible, es decir, siempre que fue especificado por el beneficiario encuestado, el tiempo invertido en dar la comida a los niños fue contabilizado dentro de las tareas de cuidado. La adopción de este criterio responde a la necesidad de ampliar la mirada sobre el trabajo doméstico y familiar apartándose de las visiones más materiales ligadas a la transformación, e incluir las numerosas actividades de gestión, disponibilidad, cuidados, etc.

7   El PJJHD fue creado en 2002, en el marco de una crisis económica, social y política sin precedentes en la historia argentina, y estuvo vigente hasta aproximadamente mediados

EL ESTALLIDO DEL TIEMPO

Es importante señalar que los beneficiarios del PJJHD conjugan una situación particular. A diferencia de un subsidio al desempleo tradicional, la percepción de ese beneficio no estaba limitada en el tiempo, y sus beneficiarios debían retribuir contraprestando con diferentes tareas entre 4 y 6 horas por el beneficio monetario percibido. Adicionalmente, el monto recibido tenía una escasa significación económica, y en algunas oportunidades era complementado con algún trabajo informal.

Para alcanzar los objetivos planteados se recurrió a la metodología de uso del tiempo a través de la técnica del diario autoadministrado. Fueron encuestados 119 beneficiarios del Programa Jefes y Jefas de Hogar Desocupados en la ciudad de Rosario, Argentina, entre marzo y septiembre de 2006. De las 119 encuestas realizadas, 107 corresponden a mujeres, mientas que las 12 restantes corresponden a hombres, todos ellos beneficiarios del PJJHD[8].

Por las características propias del Programa y/o por los *"criterios de elegibilidad"* de los perceptores, los beneficiarios encuestados comparten las siguientes características: 1) todos los encuestados son argentinos; 2) excepto una beneficiaria, todos tienen al menos un hijo menor de 18 años a cargo o discapacitados de cualquier edad. La excepción señalada es producto del hecho que en una segunda etapa el Programa se hizo extensivo a desocupados jóvenes y a mayores de 60 años que no contaban con prestación previsional; y 3) para la fecha en la cual fue desarrollado el trabajo de campo (marzo y septiembre

de 2006. Para esa época el gobierno de Néstor Kirchner comenzó a imprimir una serie de reformulaciones a las políticas de asistencia. El PJJHD aseguraba un ingreso mensual mínimo de 150 pesos (30 euros aproximadamente) a familias en condiciones de pobreza cuyo jefe/a de hogar se encontrase desocupado y tuviera al menos un hijo menor de 18 años o discapacitados de cualquier edad. El beneficiario debía retribuir este ingreso con la realización de una contraprestación laboral o educativa. Estas características permiten incluir al PJJHD dentro de los programas de transferencias monetarias condicionadas.

8   Para delimitar el porcentaje de encuestas correspondientes a cada uno de los sexos se utilizaron como referencia los datos surgidos de la Encuesta Permanente de Hogares (EPH) que realiza el Instituto Nacional de Estadísticas y Censos (INDEC) para el Aglomerado Gran Rosario durante el segundo semestre de 2005 (periodo inmediatamente anterior a la realización del trabajo de campo). Para ese momento, en el Aglomerado Gran Rosario, la población con planes de empleo estaba compuesta por un 92,4% de mujeres y un 7,8% de hombres. Tal como señalara Julio César Neffa (2007), desde el inicio de la implementación del PJJHD la cantidad y la proporción de mujeres fueron superior a la de varones, y esta diferencia fue acentuándose a medida que pasó el tiempo. Este proceso llegó a ser tan relevante que comenzó a hablarse de una paulatina feminización del Programa a lo largo del tiempo en todo el país. Sin embargo, en este análisis no puede dejar de mencionarse una intencionalidad (en un principio latente y con posterioridad manifiesta) desde el Estado de mantener a las mujeres protegidas. Parte de esta población con pocas posibilidades de empleabilidad, pero vinculada a la atención de la calidad de vida de los niños/as, comienza a ser paulatinamente derivada al denominado Programa Familias.

de 2006), los beneficiarios llevaban entre tres y cuatro años de permanencia dentro del Programa.

En relación a la edad de los beneficiarios encuestados es posible señalar que hay diferencias marcadas entre las mujeres y los hombres. Las primeras se encuentran concentradas fundamentalmente entre los 25 y los 49 años. Dentro de este rango, la mayor presencia es de las beneficiarias con edad entre 30 y 34 años. En el caso de los hombres la situación es diferente, ya que predominan los hombres mayores a 45 años.

Respecto del nivel de escolaridad de los beneficiarios encuestados, tanto en el caso de los hombres como de las mujeres, priman los beneficiarios con primaria completa, seguidos por los de secundaria incompleta en el caso de las mujeres y de secundaria completa en el caso del los hombres. En relación al estado conyugal de las beneficiarias, y si consideramos de forma agregada a las casadas y unidas de hecho, este grupo constituiría el más representativo, seguidas por las solteras. El único grupo con escasa presencia es el de las viudas, situación que puede ser explicada claramente por la edad de las beneficiarias que son fundamentalmente jóvenes y adultas. Entre los hombres beneficiarios entrevistados también predominan los casados y unidos de hecho.

Las preguntas relacionadas con el número de hijos y de la cantidad de personas convivientes en el hogar presentaron altos niveles (alrededor del 50%) de no respuesta o de errores, lo cual no permite elaborar tendencias claras. Entre los que respondieron priman los hogares con cinco miembros y los beneficiarios con 2 y 3 hijos.

Analizar el tiempo asignado por los desocupados asistidos por el Estado al trabajo doméstico requiere una serie de consideraciones desde el punto de vista metodológico. En este sentido, es importante destacar que tanto el trabajo doméstico (en sentido restringido) como el trabajo de cuidados no pagos carecen de horarios definidos, y la cantidad de tiempo de trabajo destinada a dichas actividades estará determinada por las necesidades de los miembros de la unidad familiar. Además, la disponibilidad se extiende a fines de semana y días feriados. De ahí que ni uno ni otro estén sujetos a horario fijo y requieran la disponibilidad de él o los agentes que los realizan todo el tiempo (Rodríguez Chaurnet, 2004).

Adicionalmente, es muy habitual que las tareas del hogar se realicen en forma simultánea, densificando el ritmo de trabajo. Desde la perspectiva de Aguirre (2005), una de las mayores dificultades encontradas en la medición del trabajo no remunerado tiene que ver con la variabilidad de la ejecución de tareas y, sobre todo, en la acumulación de tareas simultáneas. Reforzando esta complejidad, diferentes investigaciones han señalado la fuerte tendencia por parte de los encuestados a no registrar la simultaneidad de tareas en el trabajo doméstico y familiar.

Finalmente, y muy relacionado con este último punto, es importante considerar que el trabajo de cuidados es un tipo de actividad que depende en gran manera de las relaciones interpersonales. Esta característica intrínseca hace que el mismo no sea fácilmente visualizado y/o reconocido, incluso por quienes lo realizan. De esto se deriva la tendencia por parte de los encuestados o informantes a subestimar su participación y el tiempo medio empleado. Dos razones podrían ser encontradas en la base de esta dificultad. La primera de ellas se encontraría en que es una actividad difusa y típicamente secundaria (Ramos Torre, 1990). Es difusa porque se puede presentar en múltiples variantes, situadas en ese amplio espectro que va desde el trabajo doméstico-familiar propiamente dicho al ocio. Esto determina que en muchas situaciones el cuidado de la prole no se considere una actividad laboral propiamente dicha. Asimismo, y siempre desde la perspectiva de Ramos Torre (1990), el trabajo de cuidados es una actividad típicamente secundaria porque no tiende a realizarse de forma segregada, sino simultáneamente con otras y además subordinándola a ellas. Esto hace que no se perciba como tal y que quede desplazada por la relevancia de la actividad principal.

La segunda razón, de orden más general, puede ser encontrada en lo que Murillo (2000) denominó *"domesticidad"*. Para la autora, esta concepción que supone la plena disposición para el otro se ha visto *"encerrada en una urna de nobles celofanes"* que ocultan una serie de servicios traducibles en términos productivos, pero intencionalmente diluidos en la excelsa valoración de lo femenino unido al desprendimiento de si, a olvido de si, en un ritual más cercano al don, al regalo, conforme a la regla social que otorga al significado *"hogar"* una calidez desprovista de trabajo y obligaciones. En relación a esta cuestión Fraser (2016) señala que el *"amor"* y la *"virtud"* constituyen la moneda con la cual el capitalismo ha compensado las actividades reproductivas o no remuneradas.

Derivado de estas consideraciones metodológicas debemos reconocer que es factible medir con mayor o menor precisión el tiempo dedicado a las tareas domésticas típicas, pero que esta posibilidad de captación está, generalmente, ceñida a las transformaciones más frecuentes del entorno físico del hogar y a la prestación concreta y activa de los cuidados. Sin embargo, y como ya fue señalado, resulta difícil de captar la llamada *"carga mental"* (Aguirre, 2005) que conlleva la gestión, disponibilidad, dirección y armonización de estas actividades en el tiempo y en el espacio. Este tipo de actividades relacionadas con los dominios simbólicos están próximas a tareas de dirección y a condiciones de disponibilidad, y son por ello mucho más difíciles de captar por observadores externos y de conceptuar y percibir por los propios sujetos que las realizan.

Para el análisis de los datos fue utilizado un repertorio limitado y simple de índices, los mismos constituyen los más usuales en este tipo de investigaciones (Ramos Torre, 1990):

1. *duración media genérica*: cantidad media de tiempo que emplea en una determinada actividad el conjunto (o un subconjunto específico) de la población estudiada;
2. *tasa de participación*: porcentaje de individuos que participan realmente en una determinada actividad; y
3. *duración media específica*: cantidad media de tiempo que emplea en una determinada actividad el conjunto de individuos que participan realmente en ella.

La distinción crucial es, lógicamente, la que separa la duración media genérica de la duración media específica. La primera toma en consideración la media de tiempo haciendo abstracción de en qué medida la población estudiada participa realmente de la actividad, mientras que la segunda sólo toma en consideración a los participantes reales. Para el análisis, fueron utilizados índices sintéticos; es decir, aquellos que toman en consideración el tiempo real destinado a varias tareas superpuestas. De este tipo de índices surgen valores menores que los obtenidos por agregación. Por el contrario, los índices obtenidos por agregación plantean algunas dificultades ya que hay tareas que se realizan simultáneamente (Durán, 2005b). Para el establecimiento de los diferentes índices fue contabilizado sólo el tiempo demandado por cada una de las actividades consignadas por los beneficiarios encuestados como actividad principal. Es decir, en esta ocasión no se hará referencia a las pocas simultaneidades registradas por los beneficiarios encuestados.

3. Tiempo, trabajo doméstico y desocupación

En relación al trabajo no remunerado realizado al interior del hogar, surgen de los diarios de actividades dos elementos fundamentales. El primero de ellos –de larga constatación en estudios que privilegian los enfoques de género– se relaciona con la distribución de las tareas y del tiempo asignado, diferenciales por sexo en el trabajo doméstico en general. De los datos surgidos de los diarios de actividades es posible observar una amplia desigualdad existente en los tres subconjuntos de actividades tanto en lo que respecta a las tasas de participación como a las medias genéricas de tiempo. Si bien la mayor participación femenina es innegable en el trabajo doméstico (en sentido restringido) y en el trabajo de cuidados, ésta se acentúa aún más en las actividades relacionadas con la adquisición de bienes y servicios y gestiones relacionadas con el hogar y la familia.

Cuadro N° 1. Media de tiempo (en horas y centésimas de hora) genérica y específica del trabajo no remunerado al interior del hogar (en horas semanales de lunes a viernes)

Trabajo doméstico	Hombres			Mujeres		
	Media Genérica	Tasa de Particip.	Media Específica	Media Genérica	Tasa de Particip.	Media Específica
Trabajo doméstico (en sentido restringido)	8,45	66,66	12,68	19,77	100	19,77
Trabajo de cuidados (no pagados)	4,54	58,33	7,78	8,79	87,85	10
Adquisición de bienes y servicios y gestiones relacionadas con el hogar y la familia	1,02	33,33	3,06	4,01	88,79	4,52

Fuente: Elaboración propia con base en trabajo de campo.

En este sentido y de forma clara, los comportamientos económicos de las familias exceden las orientaciones del mercado (Pouw, 1998) y se presentan como el resultado de un proceso social complejo que requiere bienes y trabajos, y que está regulado por normas sociales que se han sedimentado a lo largo del tiempo y están connotadas por sus contextos locales (Picchio, 2001).

El segundo elemento de análisis se desprende de la tensión creciente entre los recursos distribuidos y disponibles en la familia y los niveles de vida sedimentados en las costumbres, gustos y convenciones sociales, la cual hace pensar que las reestructuraciones en curso en el mercado de trabajo y en los sistemas de bienestar se están traduciendo en un incremento del trabajo no remunerado realizado por las mujeres en los núcleos familiares. La presión sobre el trabajo no remunerado es permanente, ya que a éste le corresponde cubrir el desfase entre las rentas disponibles y las normas sociales de consumo y, en particular, entre las condiciones laborales y las condiciones de vida (Picchio, 2001).

En adelante nos detendremos en un análisis más detallado de cada uno de los tres subconjuntos, haciendo especial referencia a los datos surgidos del trabajo de campo.

Trabajo doméstico (en sentido restringido)

Al interior de este subconjunto es posible observar una amplia variedad de situaciones. Mientras algunas de las actividades básicas que lo componen muestran elevadas tasas de participación y un número importante de horas asignadas, en otras la participación o dedicación a ellas es nula.

Las tareas relacionadas con la preparación de la comida, y en menor medida las relacionadas con la limpieza y orden del hogar y de la ropa, son las actividades que muestran las tasas más altas de participación tanto de las beneficiarias mujeres como de los beneficiarios hombres. Sin embargo y de forma conjunta, es posible observar, en estas mismas actividades, importantísimas desigualdades entre uno y otro sexo, ya que en los tres casos la participación de las mujeres supera ampliamente a la de los hombres. En resumidas cuentas, las tasas de participación masculinas más altas se encuentran en las tareas relacionadas con la preparación de la comida y, en menor medida, en las actividades relacionadas con la limpieza y orden del hogar y de la ropa, pero justamente se trata de actividades en las cuales las mujeres alcanzan tasas muy altas de participación, superando el 80%.

Teniendo en cuenta el tiempo medio específico insumido por estas tres actividades, es interesante señalar que en dos de ellas (limpieza y orden del hogar, y limpieza y orden de ropa y calzado) el tiempo invertido por los hombres es mayor que el invertido por las mujeres.

En este sentido, los datos surgidos de los diarios de actividades muestran, en las tareas relacionadas con la preparación de alimentos y en aquellas relacionadas al orden y la limpieza (tanto del hogar como de la ropa), importantes desigualdades relativas a la participación diferencial de los sexos. De esta manera, se corrobora en todas esas actividades cotidianas centrales en la organización del hogar los resultados de una larga tradición de investigaciones. No acontece lo mismo si consideramos el tiempo medio específico asignado a estas actividades. En las dos actividades relacionadas con la limpieza y el orden (de ropa y del hogar), los hombres que se involucran en estas actividades lo hacen por más tiempo que las mujeres.

Cuadro N° 2. Media de tiempo (en horas y centésimas de hora) genérica y específica de las actividades relacionadas con el trabajo doméstico (en sentido restringido) (en horas semanales de lunes a viernes)

	Hombres			Mujeres		
	Media Genérica	Tasa de Particip.	Media Específica	Media Genérica	Tasa de Particip.	Media Específica
Total trabajo domestico	**8,45**	**66,66**	**12,68**	**19,77**	**100,00**	**19,77**
Alimentación	2,46	33,33	7,38	9,42	99,07	9,51
Limpieza y orden del hogar	2,25	25	9,00	4,88	88,79	5,50
Limpieza y orden de ropa y calzado	1,00	25	4,00	3,13	84,11	3,72
Coser y tejer	0,08	8,33	1,00	0,52	26,17	2,00
Reparación y mantenimiento de la vivienda	0,00	0	0,00	0,00	0,00	0,00
Cuidado de plantas y mascotas	0,00	0	0,00	0,35	15,89	2,21
Cuidado de la huerta y animales de granja	0,00	0	0,00	0,06	2,80	2,00
Reparación y mantenimiento de vehículos	0,08	8,33	1,00	0,00	0,00	0,00
Trabajo domestico sin especificar	3,04	33,33	9,12	1,62	14,02	11,57

Fuente: Elaboración propia con base en trabajo de campo.

En tanto, aquellas actividades vinculadas con la autoproducción, como podrían ser las englobadas en coser y tejer y en cuidado de la huerta y animales de granja, son actividades que presentan una participación del 26,17% y el 2,80%, respectivamente, de las beneficiarias mujeres, y una nula o escasísima participación de beneficiarios hombres. Según Aguirre (2005), la expansión de la pobreza en las áreas urbanas actualiza el interés por tener presente estas actividades desarrolladas fundamentalmente por las mujeres como forma de contribuir al bienestar de sus familias. Para la autora, un interrogante a responder sería en qué medida algunas actividades domésticas han sido propulsadas fuera del hogar en los últimos años (mercantilizadas) y en qué medida han vuelto a ser *"familiarizadas"* como estrategia de bajar costos frente a la disminución de los ingresos de los hogares.

Una amplia literatura latinoamericana ha puesto en evidencia que los hogares adaptan sus estrategias de vida para hacer frente al desempleo y a la caída de los ingresos familiares a consecuencia de las políticas de ajuste aplicadas en la región. Así, el aumento de los precios de los bienes de consumo habría incentivado la autoproducción y orientado a los sectores de bajos ingresos hacia los mercados informales, más adaptados a su capacidad de compra. Los datos surgidos de los diarios de actividades, relacionados con las actividades de autoconsumo y la participación de los beneficiarios en trabajos remunerados informales relacionados con la venta o intercambio de productos ya elaborados o de elaboración doméstica, confluyen en confirmar para nuestro caso de estudio las tendencias más generales señaladas para América Latina.

Finalmente, las actividades ocasionales (tales como la reparación y el mantenimiento de vehículos y de la vivienda) presentan una participación nula de las mujeres pero también una participación muy escasa de los hombres. Las actividades relacionadas con el mantenimiento y la reparación de vehículos son las únicas actividades (tanto al interior del subgrupo como considerando al conjunto del trabajo no remunerado al interior del hogar) en las cuales la participación masculina supera a la femenina. Aún cuando es necesario relativizar esta participación por su escaso peso numérico, se trata de una tendencia corroborada por otras investigaciones. Tanto para Ramos Torre (1990) como para Wainerman (2007) son pocos los hogares en los que los varones no se ocupan de algo o mucho de las pequeñas reparaciones de plomería o electricidad que demanda el funcionamiento de la casa, del mantenimiento de vehículos y de otras tareas que no requieren ser hechas cotidianamente aunque sí precisan de ciertas *"técnicas"* o *"calificaciones"* supuestamente más extendidas entre los hombres que entre las mujeres.

Trabajo específico de cuidados

En este apartado analizaremos todas aquellas actividades de cuidado que son realizadas de manera *"honoraria o benéfica"* (Batthyány,

El estallido del tiempo

2009) por parientes en el marco de la familia. Dentro de este grupo son consignados también los desplazamientos derivados de esas tareas de cuidados.

En términos generales, las tareas específicas de cuidados no remunerados pueden estar dirigidas a adultos mayores, a enfermos y también a niños. Si bien es posible observar en los diarios de actividades de los beneficiarios tareas de cuidados destinadas a estos tres grupos de población, es innegable la supremacía que cobran las tareas de cuidados dirigidas a los niños en la cotidianeidad de los beneficiarios de planes sociales. Los denominados *"criterios de elegibilidad de la población objetivo"*, es decir los criterios que definían quienes podían convertirse en beneficiarios del PJJHD, actúan reforzando la centralidad de estas actividades ya que uno de los requisitos era que el o la jefe/a de hogar desocupado/a tuviera al menos un hijo menor de 18 años o discapacitados de cualquier edad.

Desde la perspectiva de Ramos Torre (1990), el cuidado de la prole constituye una actividad social de primera importancia dada su trascendencia biológica y cultural. El *"tiempo parental"*, como lo denominaron Barrère-Maurisson, Rivier y Marchand (2001), agrupa todas las actividades efectuadas por los padres con o para sus hijos. Se trata, por una parte, del tiempo dedicado a ocuparse de los hijos: vestirlos y bañarlos, darles de comer, jugar con ellos, pasar con ellos tiempo fuera de casa, llevarlos a la escuela, acompañarlos en sus actividades extraescolares, ayudarlos con sus deberes escolares; por otra parte, se trata también del tiempo dedicado a los adolescentes: hablar, mirar juntos un programa de televisión, etc. En este sentido, sería posible diferenciar entre estas actividades a aquellas más vinculadas con la sociabilidad, con el trabajo doméstico en sentido restringido, con las actividades de seguimiento escolar y con los desplazamientos necesarios para estas tareas[9]. Al reagrupar esta amplia gama de actividades de características tan diferentes es posible observar que el trabajo específico de cuidados (sobre todo en el caso de los niños) aúna tanto componentes instrumentales como componentes expresivos si, como ocurre típicamente, los que lo realizan son el padre y la madre que encuentran una gratificación inmediata y no condicional en su práctica (Ramos Torre, 1990).

---

9   Barrère-Maurisson, Rivier y Marchand (2001) denominan a estas últimas *"tiempo parental taxi"*.

Cuadro N° 3. Media de tiempo (en horas y centésimas de hora) genérica y específica de las actividades relacionadas con el trabajo específico de cuidados (en horas semanales de lunes a viernes)

	Hombres			Mujeres		
	Media Genérica	Tasa de Particip.	Media Específica	Media Genérica	Tasa de Particip.	Media Específica
Total trabajo de cuidados	4,54	58,33	7,78	8,79	87,85	10,00
A personas enfermas y adultos mayores dependientes	1,75	16,66	10,50	0,16	5,61	2,83
A niños	0,71	16,66	4,25	4,94	80,37	6,15
Desplazamientos necesarios para las tareas de cuidados	2,08	50,00	4,17	3,66	71,96	5,08

Fuente: Elaboración propia con base en trabajo de campo.

A partir de los diarios de actividades puede observarse la permanencia de un patrón tradicional de comportamiento en relación a aquellas actividades vinculadas con el cuidado de los niños. Las tasas de participación de los beneficiarios en las actividades relativas al cuidado de los niños muestran una de las mayores distancias dentro de las denominadas actividades básicas. La media de tiempo específica destinada por las mujeres y por los hombres beneficiarios actúa confirmando la permanencia de este patrón. Mientras que las beneficiarias que declaran dedicar tiempo a tareas de cuidados de sus hijos lo hacen por más de 6 horas semanales (de lunes a viernes), en el caso de los hombres el tiempo dedicado cae a poco más de 4 horas.

Asimismo, es posible observar la recurrencia a inversiones de tiempo de otras mujeres (de la familia generalmente) como instancias de ayuda y colaboración en la crianza de los hijos. Es el caso de tres beneficiarias que manifiestan colaborar en el cuidado de sus nietos y de una beneficiaria que manifiesta (a través de las actividades registradas) desplazamientos constantes a la casa de su madre que la ayuda en el cuidado de su hija.

En el caso de los desplazamientos necesarios para las tareas de cuidados, la mayoría de ellos se vinculan con el cuidado de los niños y refieren a los traslados a la escuela, a las actividades de apoyo escolar (que los niños generalmente realizan en centros comunitarios del barrio), y a los comedores comunitarios, traslados para la búsqueda de turnos y/o controles médicos y traslados a actividades deportivas. En estas actividades las distancias entre las tasas de participación de las mujeres y de los hombres beneficiarios se acortan.

En relación al trabajo de cuidados a personas enfermas o adultos mayores, es la única actividad de la que, participando tanto hombres como mujeres, la mayor tasa de participación es la masculina[10]. La media de tiempo específica de la actividad también es mayor para el caso de los hombres llegando a superar las 10 horas semanales (de lunes a viernes).

De los diarios de actividades de los beneficiarios del PJJHD se desprende que, en relación al trabajo específico de cuidados no remunerados, el lugar central está ocupado por los cuidados a los niños y adolescentes, y por los desplazamientos derivados de esas tareas de cuidados. Esta situación es clara en el caso de las mujeres beneficiarias. Los hombres beneficiarios, en cambio, muestran una participación equitativa en el cuidado de los niños y adolescentes, y en el cuidado de los enfermos y adultos dependientes; sin embargo, las asignaciones de tiempo son mayores en este último caso.

En este tipo de actividades es fundamental considerar que los contactos entre familiares que residen en distintos hogares no sólo son afectivos. En muchos casos conllevan fuertes transferencias de dinero y/o de trabajo no remunerado que hace posible la subsistencia de los hogares dependientes. Las transferencias las reciben sobre todo los hogares con personas ancianas, enfermas o con niños pequeños. Aunque no se moneticen, las transferencias de trabajo tienen una importancia mayor para el bienestar colectivo que las transferencias familiares de patrimonio y rentas (Durán, 2005a).

Adquisición de bienes y servicios y gestiones relacionadas con el hogar y la familia

Este conjunto de actividades es el que menor tiempo insume en horas semanales (de lunes a viernes) en relación con los otros dos subconjuntos de actividades (trabajo doméstico en sentido restringido y trabajo específico de cuidados). Esta característica se puede observar

---

10 Como señalamos anteriormente, la actividad básica que también mostraba una mayor participación masculina era de la *"reparación y mantenimiento de vehículos"* dentro del subgrupo *"trabajo doméstico (en sentido restringido)"*. Sin embargo, en esta actividad la participación femenina era nula.

tanto para el caso de las mujeres como para el caso de los hombres. Tal como señaláramos, las mujeres beneficiarias dedican 19,77 horas semanales (de lunes a viernes) al trabajo doméstico en sentido restringido, 8,79 horas al trabajo de cuidados y sólo 4,01 horas a la adquisición de bienes y servicios y gestiones relacionadas con el hogar y la familia. El menor tiempo invertido en este tipo de actividades también puede ser observado en el caso de los hombres beneficiarios, quienes les dedican 8,45 horas, 4,45 horas y 1,02 hora, respectivamente.

En términos globales y agregados surgen otros dos elementos de análisis. El primero de ellos a ser señalado es que en las actividades vinculadas con la adquisición de bienes y servicios y gestiones relacionadas con el hogar y la familia se producen las menores tasas de participación masculinas. Sólo el 33,33% de los hombres beneficiarios encuestados han dedicado tiempo a este tipo de actividades durante las semanas de referencia. Si a este dato lo ponemos en relación con las tasas de participación femenina, surge un segundo elemento de análisis. La *"crónica desigualdad que estructura el trabajo doméstico y familiar en su conjunto"* (Ramos Torre, 1990: 128) aquí se ve reforzada. Las actividades vinculadas con la adquisición de bienes y servicios y gestiones relacionadas con el hogar y la familia son las que muestran una mayor distancia entre uno y otro sexo en lo relativo a sus tasas de participación.

Cuadro N° 4. Media de tiempo (en horas y centésimas de hora) genérica y específica de las actividades relacionadas con la adquisición de bienes y servicios y gestiones (en horas semanales de lunes a viernes)

	Hombres			Mujeres		
	Media Genérica	Tasa de Particip.	Media Específica	Media Genérica	Tasa de Particip.	Media Específica
Total adquisición de bs. y servicios y gestiones	**1,02**	**33,33**	**3,06**	**4,01**	**88,79**	**4,52**
Compras corrientes	0,98	33,33	2,93	2,71	85,05	3,19
Otras compras	0,00	0,00	0,00	0,13	6,54	1,93
Gestiones	0,04	8,33	0,50	0,76	42,99	1,77
Desplazamientos por gestiones	0,00	0,00	0,00	0,41	25,33	1,61

Fuente: Elaboración propia con base en trabajo de campo.

Desagregando el subconjunto en sus actividades básicas, es posible señalar que son las compras corrientes las que alcanzan las mayores tasas de participación y, consecuentemente, ocupan una mayor cantidad de tiempo tanto para las mujeres como para los hombres[11] beneficiarios del PJJHD encuestados, aun cuando se mantiene una amplia diferencia en la participación de unos y otros. Los hombres y las mujeres que participan de estas adquisiciones lo hacen con tiempos muy similares (3,19 horas en el período de lunes a viernes para las mujeres y 2,93 horas en el mismo período para los hombres beneficiarios)[12].

Es interesante observar que este tipo de comportamiento presenta algunos elementos comunes, pero también otros completamente opuestos al caso español analizado por Ramos Torre (1990). Allí era posible observar el estrechamiento de las desigualdades entre varones y mujeres en sus respectivas tasas de participación y sus medias de tiempo específico.

Para Ramos Torre (1990) esto no se trataría del funcionamiento de un cierto principio de igualación de situaciones, sino del hecho que estas actividades tienen ciertas características que generan, con independencia de condicionamientos sexistas, este relativo estrechamiento de diferencias. Estas características distintivas están dadas por su periodicidad y rigidez temporal. Así, las compras –incluso las compras corrientes– no precisan realizarse con una periodicidad diaria, mientras que las actividades domésticas fundamentales sí lo requieren. Esto permite que las tasas de participación diaria de los sujetos directamente implicados en ellas se reduzcan de forma considerable. Consecuentemente, las mujeres, que son las que las realizan, alcanzan tasas de participación inferiores a las propias de trabajo doméstico, estrechando sus diferencias con los varones. Por otro lado, los condicionamientos espaciales a los que las actividades de compras están sometidas determinan un mínimo de tiempo muy rígido para la realización de la tarea. Ir de compras supone un desplazamiento fuera del hogar e invertir un mínimo innegociable de tiempo; contrariamente, en las actividades domésticas la fluctuación del tiempo para

---

11 La tasa de participación masculina en las compras corrientes constituye una de las más altas tasas de participación de los hombres considerando todas las actividades básicas incluidas en los tres subconjuntos. Sólo es igualada por la participación en las actividades relacionadas con la alimentación y superada por la participación en los desplazamientos relacionados con las tareas de cuidados.

12 Entre las mujeres se evidencia una alta dispersión. Lo más frecuente (19,8% de las beneficiarias) es una dedicación de 2,0 horas. Cuatro beneficiarias (4,4%) son las que menos dedican (0,5 horas) y sólo una beneficiaria es la que dedica el máximo de tiempo a las compras corrientes (9,5 horas).

realizarlas es mucho mayor. Además, una vez invertido ese mínimo de tiempo imprescindible, las actividades de compra no precisan una alta inversión de tiempo diario. La conjunción de ambos factores define sus características de rigidez temporal: aquellos que las realizan se mueven en franjas de tiempo muy delimitadas. Esto explica que los varones y las mujeres inviertan, al realizarlas, cantidades muy similares de tiempo. Por esta razón, la igualación que aparece en este campo es resultado de su específica rigidez temporal.

El comportamiento de los beneficiarios del PJJHD en relación a la adquisición de bienes corrientes se aproxima al caso español en que las medias específicas de tiempo son similares para los hombres y las mujeres. La rigidez temporal característica de este tipo de actividades también puede ser aplicada para nuestro caso de análisis, constituyéndose así en el elemento central para explicar este dato. Sin embargo, no parece ocurrir lo mismo con la otra característica que Ramos Torre (1990) le adjudica a las compras corrientes: la periodicidad. Esta característica constituía en el caso español la lógica explicativa fundamental que permitía dar cuenta del estrechamiento de las desigualdades entre varones y mujeres en las tasas de participación en las actividades relacionadas con la adquisición de bienes.

Las compras corrientes de los beneficiarios encuestados, lejos de ser periódicas, se caracterizan por ser diarias, al menudeo y en diferentes comercios, incluso en muchos casos se realizan dos veces al día. Sin lugar a dudas, los magros ingresos obtenidos a través de las asignaciones monetarias estatales y el tipo de trabajo remunerado realizado por los beneficiarios que conlleva ingresos irregulares no posibilitan la existencia de un día específico semanal destinado a las adquisiciones. La periodicidad diaria de las compras corrientes asimila estas actividades a aquellas otras, propias del trabajo doméstico (en sentido restringido) que también requieren de una periodicidad diaria.

En relación con las otras actividades básicas que conforman el subgrupo, es posible observar que los hombres prácticamente sólo participan de las compras corrientes, ya que muestran una participación casi insignificante en la realización de gestiones y una participación nula en las actividades relacionadas con la compras no corrientes (es decir, con otras compras) y en los desplazamientos necesarios para la realización de las gestiones.

La insignificante participación masculina en las gestiones exteriores del grupo familiar llama en un principio la atención. Una serie de investigaciones habían señalado la participación igualitaria de hombres y mujeres o incluso la mayor participación masculina en este tipo de actividades. Esta diferencia puede ser comprendida por el tipo de gestiones mayoritariamente realizado por las y los beneficiarios del PJJHD, las cuales están fundamentalmente relacionadas con la procura de turnos médicos en los centros de salud públicos (actividad íntimamente ligada a las tareas de cuidado) y, en mucho menor medida, por pagos de impuesto y búsquedas de tickets o vales de alimentación[13]. Es decir, en las tareas de gestión el peso mayoritario está constituido por gestiones relacionadas con los cuidados.

Si tenemos en cuenta que los desplazamientos que suponen las gestiones son contabilizados en una categoría aparte, es factible suponer que buena parte del tiempo invertido en estas actividades está relacionado con las esperas. Desde la óptica de Schwartz (1992), esperar es una señal reveladora de las relaciones de poder en los escenarios de interacción. La falta de coordinación de los horarios sociales lleva a que alguien deba esperar; quien espera es la persona que tiene relativamente poco poder y cuyo tiempo puede ser malgastado por los más poderosos. Para el autor, el análisis de las decisiones relativas a la espera es una manera útil de llegar a comprender el proceso mediante el cual se resuelven las incoherencias de los horarios sociales en la vida diaria. En una dirección similar, Lewis y Weigert (1992) señalan que las esperas son una de las formas en que se resuelven los desajustes y los conflictos entre los diferentes tipos de tiempo social que operan en los distintos niveles de la estructura social.

4. Consideraciones finales

El punto de partida para analizar el trabajo doméstico es considerar que los hogares adaptan sus estrategias de vida para hacer frente al desempleo y a la caída de los ingresos familiares como consecuencia de las políticas de ajuste aplicadas. Así, el aumento de los precios de los bienes de consumo genera cuatro tipo de prácticas: 1) *"familiariza"* (es decir, re-introduce en el hogar) actividades que habían sido propulsadas fuera del hogar, esto es, mercantilizadas; 2) incentiva la autoproducción; 3) orienta a los sectores de bajos ingresos hacia mercados informales, más adaptados a su capacidad de compra; y 4) propulsa hacia el ámbito comunitario actividades típicamente familiares como la comida.

---

13 Modalidad adoptada de las prestaciones alimentarias del Estado provincial a partir de 2005 en reemplazo de las tradicionales cajas alimentarias. El sistema de tickets o vales permitía a los beneficiarios canjearlos por comestibles en los comercios adheridos.

Estos cuatro comportamientos impactan en el tiempo que necesita ser asignado para la realización de actividades dentro del hogar. Pero ese impacto es diferencial en términos de género. Las reestructuraciones en curso en el mercado de trabajo y en los sistemas de bienestar acarrean una tensión creciente entre los recursos distribuidos y disponibles en la familia y los niveles de vida sedimentados en las costumbres, gustos y convenciones sociales, conllevando un incremento del trabajo no remunerado que realizan las mujeres en los núcleos familiares. La presión sobre el trabajo no remunerado es permanente ya que a este le corresponde cubrir el desfase entre las rentas disponibles y las normas sociales de consumo y, en particular, entre las condiciones laborales y las condiciones de vida (Picchio, 2001).

A partir de los datos surgidos de los diarios de actividades es posible observar una amplia desigualdad existente en los tres subconjuntos de actividades relativas al trabajo no remunerado realizado en el interior del hogar (trabajo doméstico en sentido restringido, trabajo de cuidados no pagados, y adquisición de bienes y servicios y gestiones relacionadas con el hogar y la familia) tanto en lo que respecta a las tasas de participación como a las medias genéricas y específicas de tiempo. Si bien la mayor participación femenina es innegable en el trabajo doméstico (en sentido restringido) y en el trabajo de cuidados, ésta se acentúa aún más en las actividades relacionadas con la adquisición de bienes y servicios y gestiones relacionadas con el hogar y la familia.

En este tercer subconjunto, la "*crónica desigualdad que estructura el trabajo doméstico y familiar en su conjunto*"[14] se ve reforzada, mostrando la mayor distancia entre uno y otro sexo en lo relativo a sus tasas de participación. Estos datos van a contrapelo de una serie de investigaciones que mostraban el estrechamiento de las desigualdades entre varones y mujeres en las tasas de participación y en las medias específicas de tiempo en las actividades vinculadas con la adquisición de bienes y servicios y gestiones relacionadas con el hogar y la familia.

Esta tendencia podría ser explicada, fundamentalmente, por las características que adquieren dos de las actividades básicas que conforman este subgrupo en la vida cotidiana de los beneficiarios del PJJHD. La primera de ellas, las compras corrientes, se caracteriza por ser diaria, al menudeo y en diferentes comercios e, incluso, en muchos casos se realizan dos veces al día. La segunda está relacionada con el tiempo de gestiones externas realizadas por las y los beneficiarios del PJJHD, las cuales están mayoritariamente direccio-

---

14 Ramos Torre, 1990, p. 128.

EL ESTALLIDO DEL TIEMPO

nadas a la procura de turnos médicos en los centros de salud públicos (actividad íntimamente ligada a las tareas de cuidado) y en mucha menor medida por pagos de impuesto y búsquedas de tickets o vales de alimentación. Es decir, en las tareas de gestión, el peso mayoritario está constituido por gestiones relacionadas con los cuidados. Sin lugar a dudas, los magros ingresos obtenidos a través de las asignaciones monetarias estatales, el tipo de trabajo remunerado realizado que conlleva ingresos irregulares y la precariedad general en la que discurre la existencia de los beneficiarios son los elementos básicos en los que se asientan este tipo de prácticas.

Bibliografía

Aguirre, R. (2005) "Trabajo no remunerado y uso del tiempo. Fundamentos conceptuales y avances empíricos. La encuesta Montevideo 2003", en Aguirre, R.; García Sainz, C. y Carrasco, C. (ed.), *El tiempo, los tiempos, una vara de desigualdad* (pp. 9-34), Santiago de Chile, CEPAL, Unidad Mujer y Desarrollo N° 65.

Barrère-Maurisson, M.A.; River, S. y Marchand, O. (2001) *Tiempo de trabajo, tiempo parental. La carga parental: un trabajo de media jornada*, Buenos Aires, Argentina, CEIL-PIETTE.

Batthayány, K. (2009) "Cuidado de personas dependientes y género", en Aguirre, R. (ed.), *Las bases invisibles del bienestar social: el trabajo no remunerado en Uruguay* (pp. 87-123), Montevideo, Uruguay, INE, INMUJERES, UDELAR, UNIFEM.

Badgett, M.V. y Folbre, N. (1999) "¿Quién cuida de los demás? Normas sociosexuales y consecuencias económicas", *Revista Internacional del Trabajo* 118 (3), 347-365.

Benería, L. (1984) *Reproducción, producción y división sexual del trabajo*, Santo Domingo, República Dominicana, Ediciones Populares Feministas, Ediciones CIPAF.

Bruschini, C. (2006) "Trabalho doméstico: inatividade econômica ou trabalho não remunerado?", *Revista Brasileira de Estudos de População* 23 (2), 331-353.

Campillo, F. (2000) "El trabajo no remunerado en la economía", *Nómadas* (12), 98-115.

Carrasco, C. (1995) "El treball doméstic y la reproducció social", *Documents d'Analisi Geográfica* (28), 73-81.

Carrasco, C. (2013) "El cuidado como eje vertebrador de una nueva economía", *Cuadernos de Relaciones Laborales* 31 (1), 39-56.

Carrasco, C. (2016) "Margaret Gilpin Reid y las economías no monetarias", *Revista de Economía Crítica* (22), 208-212.

Del Re, A. (1995) "Tiempo del trabajo asalariado y tiempo del trabajo de reproducción", *Política y Sociedad* N° 19, Madrid, 75-81.

Delfino, A. (2009) "La metodología de uso del tiempo: sus características, limitaciones y potencialidades", *Espacio Abierto, Cuaderno Venezolano de Sociología* 18 (2), 199-128.

Durán, M.A. (1997) "La investigación sobre uso del tiempo en España: algunas reflexiones metodológicas", *Revista Internacional de Sociología* (18), 163-189.

Durán, M.A. (2005a) "El trabajo no remunerado y las familias", Consejo Nacional de la Mujer y Consejo Nacional de Coordinación de Políticas Sociales, *Decir mujer es decir trabajo. Metodologías para la medición del uso del tiempo con perspectiva de género*, Capacitación, Buenos Aires, Presidencia de la Nación, Consejo Nacional de Coordinación de Políticas Públicas, Consejo Nacional de la Mujer, Embajada de España, AECI, mayo.

Durán, M.A. (2005b) "Sociopsicología del trabajo no remunerado", Consejo Nacional de la Mujer y Consejo Nacional de Coordinación de Políticas Sociales, *op. cit.*

Fraser, N. (2016) "Contradictions of Capital and Care", *New Left Review* (100), 99-117.

Letablier, M.T. (2007) "El trabajo de 'cuidados' y su conceptualización en Europa", en Prieto, C. (ed.), *Trabajo, género y tiempo social* (pp. 64-84), Madrid, España, Hacer-UCM.

Lewis, D. y Weigert, A. (1992) "Estructura y significado del tiempo social", en Ramos Torre, R. (comp.), *Tiempo y sociedad* (pp. 89-131), Madrid, España, Centro de Investigaciones Sociológicas (CIS) y Siglo XXI.

Martínez Franzoni, J. (2005) "La pieza que faltaba: uso del tiempo y regímenes de bienestar en América Latina", *Nueva Sociedad* (199), 35-52.

Murillo, S. (2000) "El tiempo de trabajo y el tiempo personal: un conflicto de intereses", *Formación y Acreditación en Consultoría para la Igualdad, Bloque temático 8* (pp. 937-968), Vitoria-Gasteiz, País Vasco, España, EMAKUNDE-Instituto Vasco de la Mujer.

Neffa, J.C. (2007) "Plan Jefes y Jefas de Hogar Desocupados y su evolución en Argentina (2002-2006)", *V Congreso de la Asociación Latinoamericana de Sociología del Trabajo, Montevideo, Uruguay, del 18 al 20 de abril.*

Picchio, A. (2001) "Un enfoque macroeconómico 'ampliado' de las condiciones de vida", *Jornadas tiempo, trabajo y género*, Facultad de Ciencias Económicas de la Universidad de Barcelona.

Pouw, N.R. (1998) *La economía doméstica: desarrollo de una perspectiva alternativa*, Madrid, España, WIDE, Coordinadora Estatal de ONGDS.

Ramos Torre, R. (1990) *Cronos Dividido. Uso del tiempo y desigualdad entre mujeres y hombres en España*, Madrid, España, Ministerio de Asuntos Sociales, Instituto de la Mujer.

Rcid, M. (2016) "¿Qué es la producción doméstica?", *Revista de Economía Crítica* (22), 208-212.

Rodríguez Chaurnet, D. (2004) "Valoración económica y social del trabajo doméstico", en Chávez Carapia, J.C. (comp.), *Perspectiva de Género* (pp. 111-124), México, UNAM.

Rodríguez Enríquez, C. (2007) "Economía del cuidado, equidad de género y nuevo orden económico internacional", en Girón, A. y Correa, E. (ed.), *Del Sur hacia el Norte: Economía política del orden económico internacional emergente* (pp. 229-240), Buenos Aires, Argentina, CLACSO. Recuperado de: [http:// bibliotecavirtual. clacso.org.ar/ar/libros/sursur/giron_correa/ 22RodriguezE.pdf].

Schwartz, B. (1992) "Colas, prioridades y proceso social", en Ramos Torre, R. (comp.), *Tiempo y sociedad* (pp. 307-324), Madrid, España, Centro de Investigaciones Sociológicas (CIS) y Siglo XXI.

Torns, T. (2008) "El trabajo y el cuidado: cuestiones teórico-metodológicas desde la perspectiva de género", *Empiria, Revista de metodología de ciencias sociales* (15), 53-73. Recuperado de: [http:// revistas.uned.es/index.php/empiria/article/ view/1199].

Vaiou, D. (1991/1992) "Hogar y lugar de trabajo: la experiencia de las mujeres en el desarrollo urbano de Atenas", *Documents d'Analisi Geografica* (19-20), 123-140.

Vaiou, D. (1995) "El treball de les dones y la vida cuotidiana al sud d'Europa", *Documents d'Analisi Geografica* (26), 219-231.

Wainerman, C. (2007) "Familia, trabajo y relaciones de género", en Carbonero Gamundí, M.A. y Levín, S. (comp.), *Entre familia y trabajo, relaciones, conflictos y políticas de género en Europa y América Latina* (pp. 147-175), Rosario, Argentina, Homo Sapiens Ediciones.

Capítulo 8

Intensificación del trabajo y disponibilidad temporal: el caso de los trabajadores subcontratados de la seguridad privada en la ciudad de Santa Fe, Argentina[1]

Andrea Delfino y Paulina Claussen

"Los átomos de tiempo son los elementos de la ganancia"
(*El Capital*, Capítulo 8 "La jornada de trabajo", Karl Marx)

D urante el periodo que va entre los siglo XVIII y XIX comienza a tomar forma una noción trabajo que se construye a partir de una serie de capas de significación superpuestas. A partir de ese momento el trabajo pasa a constituir una unidad de medida, un cuadro de homogeneización de esfuerzos, un instrumento que permite que sean comparables las diferentes mercancías (Meda, 2007). La esencia del trabajo como factor de producción y unidad de medida es el tiempo. Así, el tiempo jugó un rol central en la constitución de las relaciones asalariadas de empleo que emergieron con la Revolución Industrial.

El tiempo que se vincula a esta noción de trabajo es el tiempo del reloj, abstracto, estandarizado, pasible de ser convertido en valor neutro para el cálculo de la eficacia y el beneficio y, adicionalmente, en una variable económica (Adam, 1995).

La escisión y la especialización de los espacios públicos y privados y la delimitación de la jornada laboral formaron parte del compro-

---

1 Este capítulo tiene como base el trabajo de campo realizado por Paulina Claussen para la Beca de Iniciación a la Investigación (Cientibeca) 2014 "Subcontratación laboral y condiciones de trabajo: el caso de las empresas de seguridad privada en la ciudad de Santa Fe". Versiones preliminares fueron presentadas en el XI Bienal del Coloquio de Transformaciones Territoriales - Salto, Uruguay, 2016 y en el VIII Congreso Latinoamericano de Estudios del Trabajo - Buenos Aires, Argentina, 2016.

miso social construido en la esfera política entre el movimiento obrero organizado y el capital. Desde una perspectiva temporal, es posible observar cómo la relación laboral estándar estableció límites vinculados a las temporalidades en relación a dos aspectos: a) en relación con el salario que reciben los trabajadores y al esfuerzo o tiempo de trabajo requerido para la obtención de ese salario y b) la parte del día, semana o año que se encuentra bajo el control del empleador (Rubery et al, 2005).

Marx ya había planteado en *El Capital*, que la variación de la jornada laboral oscila dentro de límites físicos y sociales y que ambos son de naturaleza elástica. De esa manera las regulaciones laborales restringen la obtención de plusvalía limitando la jornada laboral de forma coactiva por parte del Estado. Así la negociación en torno al tiempo y su significado se encuentran en el corazón de las relaciones asalariadas típicas y protegidas por los sindicatos y los convenios colectivos (Thompson, 1984).

Una perspectiva temporal de análisis permite también observar la forma por la cual el estatuto temporal que se erige como hegemónico a partir de la Revolución Industrial soslaya las demás temporalidades sociales que se construyen a partir de lógicas extra mercantiles.

Las nuevas formas de organización de la producción han dado lugar a sustantivas modificaciones en las formas de organización del tiempo de trabajo, marcando tendencias hacia su diversificación y su heterogeneización. Las mismas introducen verdaderos desafíos tanto en lo que respecta a la gran reducción en los avances por el control del tiempo de trabajo, como en sus efectos sobre el excedente de fuerza de trabajo. Es en este sentido que las nuevas maneras de organizar el tiempo, y en especial el tiempo de trabajo, se constituyen en una de las características distintivas del nuevo capitalismo.

Las transformaciones en las relaciones laborales pueden ser vistas como una transformación de las temporalidades asociadas al trabajo remunerado. En esta transformación cambian las formas de negociación en torno a los salarios y se produce un desdibujamiento de las fronteras entre tiempos laborales y no laborales.

En este marco, este capítulo aborda dos manifestaciones temporales derivadas de los procesos de reestructuración productiva y flexibilización laboral en el sector servicios: la disponibilidad temporal y la intensificación de los ritmos de trabajo en un grupo de trabajadores subcontratados de empresas de seguridad privada en la ciudad de Santa Fe, Argentina.

El trabajo se estructura en dos partes. La primera de ellas analiza la forma en la cual las trasformaciones en los procesos productivos dieron lugar a nuevas formas de organizar los tiempos de trabajo, deteniéndose de forma particular en cómo los procesos de flexibilización del tiempo de trabajo repercuten en términos de intensificación de sus ritmos y derivan en escenarios de disponibilidad temporal. La segunda parte describe la forma que toman estos procesos en las condiciones laborales de los trabajadores subcontratados de empresas de seguridad privada en la ciudad de Santa Fe, Argentina desde la perspectiva de los trabajadores.

1. Transformaciones en los procesos productivos y nuevas formas de organizar los tiempos de trabajo

Partimos de considerar que la noción de tiempo social posee una potencialidad única para dar cuenta de las transformaciones en el mundo del trabajo en tanto estas transformaciones constituyen una mediación para el análisis de la estructura social en constante movimiento.

El análisis de la jornada de trabajo y sus transformaciones fueron centrales en este tipo de perspectiva de análisis hasta bien entrada la década del 80. Claro está, esa centralidad en el análisis venía dada porque la jornada de trabajo constituía el prisma central a través del cual analizar la desigual y asimétrica relación entre el trabajo y el capital. Tal como señalara Marx, el capital no sólo transgredía los límites morales de la jornada sino también las barreras máximas puramente físicas de la misma. La esfera pública jugó allí un rol central en restringir esa extensión y dar lugar al tiempo de trabajo *"comprimido"* que respondía a un reclamo de la clase obrera para beneficiarse realmente del tiempo suplementario de no trabajo y de distanciarse de un trabajo degradado.

Las transformaciones productivas operadas a partir de la década del 70 imprimieron cambios en las temporalidades que exceden a la sola idea de duración de la jornada. En este apartado analizaremos algunos de esos procesos.

Desde la perspectiva de De Castro (2008, 2010; retomando a Prieto y Ramos, 1999) es posible señalar que dentro de la noción de tiempo de trabajo se comprenden tres aspectos:

1. *Tiempo de la relación contractual (o contrataciones)*: hace referencia a la duración de la relación contractual laboral y a su distribución a lo largo del tiempo. En este sentido, da cuenta de los ciclos

de entradas y de salidas del mercado de trabajo así como de las diferentes transiciones en su interior. El Estado es el regulador de esos ciclos por medio del desarrollo de determinadas modalidades de contratación (indefinida, temporal, parcial), de la reducción de las cuotas empresariales a la seguridad social, del abaratamiento del despido o del establecimiento de prestaciones para los periodos de inactividad.

2. *Tiempo de las prestaciones laborales (horarios y calendarios)*: refiere al modo en que las empresas utilizan y organizan el tiempo de los trabajadores en un determinado proceso productivo con sus duraciones, ciclos y ritmos específicos. Es decir, da cuenta de la duración diaria, semanal, o anual de la jornada de trabajo, así como a su distribución.

3. *Tiempo de la vida laboral (trayectoria o carrera profesional)*: hace referencia a la duración de la vida laboral y a su distribución a lo largo de la vida profesional. Su organización más habitual se realizaba en torno a tres etapas sucesivas: formación, empleo y jubilación. De Castro (2010) incorpora en este nivel de análisis los horizontes temporales laborales. Es decir, el modo en que el trabajador, desde un presente determinado, recuerda y espera el devenir de su trayectoria laboral en relación con el resto de su vida.

Así, el ordenamiento o distribución, la extensión o duración y el grado de intensidad se presentan como las dimensiones centrales del tiempo de trabajo.

En este marco es posible señalar que el modelo fordista de producción supuso una norma específica del tiempo de trabajo. Esta norma estandarizada, denominada *"norma[2] del tiempo de trabajo de compromiso fordista"* (Bouffartigue y Boutellier, 2002) o *"norma clásica"* (Rubery et al, 2005) se extendió a lo largo de las décadas del 50 y 60[3] y se caracterizó por el predominio de una relación contractual indeterminada, con un tiempo de prestación laboral en el que primaba la jornada a tiempo completo, con horarios previsibles y regulares[4].

---

2   Para Bouffartigue y Boutellier (2002), la noción de *"norma"* debe ser entendida en términos de su difusión y regularidad para un amplio número de trabajadores.

3   Este periodo fue decisivo en el largo proceso de disminución de la jornada de trabajo ya que fue a partir de este momento que entran en vigencia una serie de regulaciones normativas destinadas a reducir el tiempo de trabajo.

4   Las jornadas no estándares; es decir, las jornadas cuya duración fuera mayor de lo establecido (horas extra) o cuya prestación se realizara fuera de los horarios habituales (turnos, noche, fines de semana) se realizaban de forma voluntaria y recibían una compensación económica extraordinaria (De Castro, 2010).

A su vez esta norma estaba ligada a una estricta división sexual del trabajo. La exclusión de buena parte de las mujeres del orden estrictamente productivo formaba parte de este esquema. La homogeneidad de los horarios señalada permitió distinguir con claridad el tiempo de trabajo del tiempo del resto de los tiempos sociales, a la vez que posibilitaba una mejor y/o mayor sincronización entre ellos. La delimitación temporal entre la vida pública y privada constituyó parte del compromiso social creado en la esfera política entre el capital y el movimiento obrero organizado (Rubery et al, 2005). Las garantías temporales descriptas se presentaban como constitutivas de la noción de *"carrera"*; es decir, constitutivas de la idea de un progreso acumulativo de beneficios materiales y simbólicos (Sennett, 1998). Esta carrera ascendente se producía por norma general en el interior de una única firma.

Así, es posible observar que en el marco de la relación salarial fordista se consolida el compromiso social por medio del cual los trabajadores aceptan la relación de subordinación salarial y delegan en los empleadores el control de la organización del trabajo a cambio de una estricta delimitación del tiempo de trabajo y una compensación monetaria. La estricta separación entre la vida en el espacio público y aquella del espacio privado fue *"creada"* en la esfera política en el marco de la negociación entre el capital y el trabajo como parte del compromiso social. Desde la perspectiva de Dedecca (2004), la regulación de la jornada de trabajo hasta la década del 70 procuraba la separación entre el tiempo de la reproducción económica y el tiempo de la reproducción social. Así el principal objetivo de este modelo de regulación era limitar la extensión del tiempo económico sobre el tiempo total de las personas y sus familias. La asimetría de la relación capital-trabajo conlleva la necesidad que sea la esfera pública quien restrinja la extensión de la jornada, evitando la apropiación del tiempo disponible de los trabajadores por parte de las empresas. El establecimiento de este patrón posibilitó la regulación de la extensión del tiempo económico garantizando y *"protegiendo"* el tiempo para la reproducción social, a la vez que permitía la sincronización de los tiempos y el establecimiento de ritmos colectivos.

En América Latina el patrón de desarrollo dominante hasta la década del 70 asumió características específicas. Sin embargo, igual que las características del fordismo en los países industrializados, éstas dependieron de las condiciones socioeconómicas y políticas específicas de cada país; así como también, las estructuras socioeconómicas previas y las relaciones de fuerza entre los grupos políticos que impactaron en la elaboración de políticas y en la evolución de ese estilo de desarrollo (Weller, 1998). El mismo estuvo caracterizado por una dimensión fuertemente nacional, centrado en la industria, con mercados protegidos de la competencia externa y donde el impulso fabril fue alentado por el Estado. Este esquema –denominado prototaylorismo y/o fordismo periférico– no orientaba sus componentes técnicos, organizacionales y sociales hacia la obtención de la productividad sino a la disciplina y control de la fuerza de trabajo (Novick, 2000) y favorecía la regulación pública del contrato y de las relaciones de trabajo (Dedecca, 2004). Sin embargo este esquema convivió con la permanencia de actividades informales y formas atípicas de trabajo.

Desde la década del 70 se evidencian profundas transformaciones estructurales derivadas de la conjunción de dos procesos: cambios en las formas de producción y modificaciones en las funciones y estructura del Estado de bienestar. A partir de estas transformaciones el proceso de acumulación se vio liberado de ciertos obstáculos propios del modelo anterior (entre ellos las protecciones ligadas al trabajo y las restricciones a la libre circulación de capital) así como de las demandas de justicia social que ese modelo asumía (Boltanski y Chiapello, 2000). Para Leite (2009) los procesos de globalización y reestructuración productiva, representan el resultado de definiciones políticas de los sectores sociales, que frente a una nueva correlación de fuerzas entre el capital y el trabajo, decidirán no solamente romper el pacto anterior, sino también destruir el conjunto de institucionalidades que dieron lugar a la llamada sociedad salarial. Los Estados contribuyeron en este proceso mediante una progresiva eliminación y relajamiento de los límites legales que se habían establecido en la explotación de la fuerza de trabajo (Martín Criado y Prieto, 2015). Así, el modelo productivo que emerge con posterioridad a esta crisis (aun cuando las características del mismo no estén completamente definidas y el mismo no se haya generalizado) presenta como uno de los elementos centrales la búsqueda de la flexibilidad como estrategia tendiente a trasladar sobre los asalariados, así como a los subcontratistas y otros prestadores de servicio, el peso de la incertidumbre del mercado (Boltanski y Chiapello, 2002).

En América Latina la crisis de este modelo de desarrollo se dio en el marco del quiebre de los regímenes democráticos en buena parte del continente y con el descentramiento de la industria en tanto rama de la producción dinamizadora del desarrollo. En una primera etapa, se pueden percibir cambios en las formas de organización del trabajo que van en dos direcciones: por un lado se observan movimientos convergentes de racionalización y retaylorización en algunos puestos de trabajo, y por el otro una tendencia a promover nuevas formas de polivalencia y plurifuncionalidad (Novick, 2000). En las etapas siguientes se continuarán adoptando nuevas formas de organización de la producción de forma parcial y heterogénea.

Desde la perspectiva de Neffa (1998) es posible considerar que está emergiendo una nueva forma de organización de la producción aun cuando sus contornos no estén todavía totalmente definidos y su perfil no se haya generalizado. Una de las características distintivas de esta nueva forma de organización de la producción está dada por el pasaje progresivo de la empresa fordista a empresas de tamaño más reducido que construyen redes con proveedores, subcontratistas y con empresas innovadoras. Estas empresas buscan hacer frente al nuevo escenario incorporando innovaciones relacionadas con los procesos productivos para flexibilizar la producción, incrementar la productividad, reducir los costos y los riesgos, así como también incorporar el progreso tecnológico y los cambios organizacionales para innovar en los que se refiere a los productos (generar nuevos, aumentar la variedad, diversificarlos según los segmentos de mercado y mejorar la calidad) con la finalidad de responder de manera más adecuada, rápida y flexible a los cambios de la demanda. Este proceso conlleva una proliferación y una diversificación de situaciones de subcontratación, en tanto se resignifican formas de subcontratación existente pero también aparecen otras nuevas. Este proceso irá acompañado de una fuerte re-regulación de las relaciones laborales en todo el continente hacia la década del 90.

Tal como señaláramos en capítulos precedentes estas nuevas formas de organización de la producción han dado lugar a sustantivas modificaciones en las formas de organización del tiempo de trabajo, marcando tendencias hacia su diversificación y heterogenización. Es, en este sentido, que las nuevas maneras de organizar el tiempo, y en especial el tiempo de trabajo, se constituyen en una de las características distintivas del nuevo capitalismo. Estas transformaciones se convierten en verdaderos instrumentos para el disciplinamiento de la población tanto al interior de los procesos directos de producción como, en sentido más amplio, en el conjunto del proceso social de producción. En una dirección similar se ha señalado que las principales aportaciones de los diferentes modelos productivos se basan fundamentalmente en la reestructuración de las temporalidades como vía para mejorar la eficiencia y la rentabilidad. El capital ha encontrado en el tiempo la variable pasible de ser manipulada para incrementar la productividad o expandir la provisión de servicios a través de imponer a los trabajadores formadas más largas, más intensas y sometidas a las demandas organizacionales (De Castro, 2010; Rubery et al, 2005).

Estos cambios han dado lugar a un proceso de erosión de la norma del tiempo de trabajo de compromiso fordista y de emergencia de otras normas más flexibles. La mayoría de los autores acuerdan que el modelo que predomina es el modelo flexible –el cual presenta altos grados de diversificación en su interior–, sin embargo esto no implica la completa desaparición de las anteriores formas de organización del tiempo de trabajo sino una progresiva pérdida de relevancia[5] (Bouffartigue y Boutellier, 2002; De Castro, 2010; Rubery et al, 2005). En este modelo, la creciente incorporación de las mujeres al mercado de trabajo, con trayectorias que se aproximan cada vez más a las masculinas convierte en central la problemática de la *"doble jornada"* y refuerza los conflictos de articulación entre lo público/productivo y lo privado/doméstico, en la medida en que se observan escasos signos de cambios en lo que refiere al involucramiento de los varones en el trabajo doméstico de cuidados.

Para Bouffartigue y Boutellier (2002), los factores que están en la base de estas transformaciones son numerosos y pueden ser clasificarlos en tres tipos: productivos, tecnológicos y socio-institucionales. En relación a los primeros, es decir a los factores productivos es posible señalar que con el predominio de las formas de organización productivas flexibles se han diversificado las formas de contratación y de empleo, las cuales están asociadas a temporalidades cada vez más desarticuladas e inciertas.

En cuanto a los factores tecnológicos, la creciente integración de las tecnologías de la información y la comunicación en el ámbito de la producción ha sido compatible con las nuevas exigencias de flexibilidad respecto al tiempo, lugar y modo de la prestación laboral. Por un lado, ha permitido que el trabajador se desempeñe en una ubicación diferente a la empresa empleadora/cliente para la cual trabaja, favoreciendo así situaciones de externalización laboral. A su vez, algunas tecnologías han generado el fenómeno de la *"disponibilidad laboral permanente"*, estimulando –incluso para los asalariados típicos– el traslado de tareas a ámbitos extra-laborales, en horas y días de descanso.

Finalmente, y en relación a los factores socio-institucionales, la re-regulación de los mercados laborales posibilitó la legalización de

---

5   De Castro (2010), plantea la coexistencia de varios modelos de organización del tiempo de trabajo: el modelo cásico, el flexible-moderado y el flexible-extremo. El modelo cásico por un lado y los dos tipos de modelos flexibles representan dos formas distintas de organizar los aspectos temporales de la relación contractual, de la prestación laboral y de la vida laboral.

formas "*atípicas*" de empleo, tales como flexibilidad horaria y trabajo temporario, así como también el cobro por productividad. En este marco es necesario destacar la pérdida del poder de negociación de los sindicatos.

Retomando los tres aspectos anteriormente señalados que se comprenden dentro de la noción de tiempo de trabajo, es posible señalar que en los modelos flexibles las formas de contratación se diversifican dando lugar a contratos a prueba, temporarios y de tiempo parcial, entre otros.

En los que refiere al tiempo de prestaciones laborales, la jornada se adapta de manera cada vez más intensa a los ciclos de la demanda. Esto favorece la distribución irregular de las horas de trabajo a lo largo del día, de la semana y del año y también la prestación de la jornada fuera de las horas y de los días habituales[6] (De Castro, 2010), dando lugar a una desestabilización del orden temporal. Por un lado la distribución irregular de las horas de trabajo incrementa la coordinación de los tiempos productivos con los tiempos de los trabajadores pero dificulta la coordinación de los tiempos de trabajo con el resto de los tiempos sociales. Por su parte, la contracara del aumento de la coordinación de los tiempos empresariales es la disponibilidad temporal de los trabajadores y la difuminación de la frontera entre el tiempo de trabajo y el tiempo de no trabajo (De Castro, 2010).

Estas transformaciones en el ordenamiento y en la extensión del tiempo de trabajo suponen un impacto en la tercera dimensión del tiempo de trabajo; esto es, una intensificación de los ritmos.

Para Bouffatigue (2007), los dos "*tiempos-ideales*" de normas laborales que se imponen anclados en el retroceso de la norma fordista son, por un lado, la "*norma flexible autónoma*" y, por otro, una "*norma flexible heterónoma*".

Entre las características de la "*norma flexible autónoma*" se destacan: 1.- la separación trabajo/fuera del trabajo resulta menos evidente porque la movilización de capacidades intelectuales y cognitivas se presta menos a verse encerrada en un espacio/tiempo y más si algunas herramientas se pueden desplazar de un lugar a otro; 2.- la duración de una presencia simultánea de los trabajadores en el espacio/tiempo pierde pertinencia como condición primordial de la eficacia y como criterio de medida de la actividad de trabajo, su control se desarrolla

---

6   Este tipo de organización de los tiempos de trabajo se torna más evidente aun en las actividades de servicio. En ellas, la propia naturaleza de la actividad justifica en ocasiones la adopción de horarios irregulares, a la vez que la búsqueda de ventajas competitivas se convierte en el motor de la flexibilidad del trabajo (Martínez García, 2015).

a través de objetivos; 3.- el empleador asigna los objetivos, bajo apariencias con frecuencia contractuales, o el mismo individuo los define, en función de su modo de apropiación de las normas profesionales y de los ingresos deseados; 4.- la regulación del tiempo de trabajo se desplaza del campo del tiempo hacia el de los objetivos, que acaba definiendo la realidad de la carga de trabajo y las normas laborales justas y legítimas y 5.- las diferencias en el tipo de disponibilidad temporal de estos trabajadores y la de los asalariados poco calificados de los servicios se reconoce a nivel de la remuneración y del estatus salarial. Estos asalariados controlan mejor la disponibilidad temporal en la medida en que escapan de las formas de precariedad del empleo y de condicionamientos horarios más constringentes (horarios atípicos, interrupciones, vaivenes de las prestaciones). Ejemplos típicos de este tipo de situaciones son los gerentes, trabajadores de profesiones artísticas e intelectuales, ejercidas de forma liberal.

Por su parte la *"norma flexible heterónoma"*, es aquel modelo de flexibilidad derivado de los trabajos a tiempo parcial, fraccionados, escasamente previsibles y realizados en franjas horarias fuera de las normales. En este tipo de modelo la disponibilidad temporal no se corresponde con ningún tiempo de reconocimiento material (ya sea en términos salarial, de carrera profesional y/o de calificación) ni tampoco simbólico. Este tipo de disponibilidad vinculada a la norma flexible heterónoma se hace más evidente si se sufre la doble desventaja de ser mujer y carecer de las titulaciones y/o las calificaciones necesarias en el mercado de trabajo.

La clara diferencia entre uno y otro modelo de flexibilidad se basa en el grado de autonomía del trabajador. Allí se puede ver con claridad la distinción planteada por Elchardus (1994), entre flexibilidad para el trabajador –ligada a la soberanía o al menos a la autonomía personal sobre el tiempo– y la flexibilidad del trabajador –ligada a la sumisión a los tiempos dictados por la empresa y dependiente exclusivamente de sus intereses.

Las transformaciones en los tiempos de las relaciones contractuales y los tiempos de las prestaciones laborales repercuten en la forma en que es vivenciado el tiempo histórico. La idea de carrera profesional con escalones seguros, progresivos, prefijados dentro de una firma se esfuma, dando lugar a un proyecto profesional individualizado renovado en cada etapa. Para Sennett (1998), el resquebrajamiento del yo sostenible aparece expresado en el temor a estar al borde de la pérdida del control de la propia vida, un miedo que se enraíza en historias laborales flexibles y quebradas. Lo particular de la incertidumbre contemporánea es que existe sin la amenaza de un desastre histórico y, en cambio, está integrada en las prácticas cotidianas de un equipo de trabajo.

Abordaremos, ahora, dos manifestaciones temporales derivadas de los procesos de reestructuración productiva y flexibilización laboral que serán centrales para el análisis del caso abordado: la disponibilidad temporal y la intensificación de los ritmos de trabajo.

La disponibilidad temporal

La noción de disponibilidad en el ámbito laboral supone pensar en un tiempo *para* una entidad diferente al sujeto mismo, aun cuando ese tiempo sea *del* sujeto (Callejo, 2004). De esta forma el concepto va más allá de la clásica noción de jornada o tiempo de trabajo, al integrar diversas formas y escalas de subordinación del tiempo humano al tiempo profesional (Bouffartigue, 2012) y se opone a la regulación, superándola (Callejo, 2004). Desde la perspectiva de Martínez García (2015), la disponibilidad es una garantía dada por los empleados –y en el caso de las relaciones de subcontratación, por los proveedores de servicios– de que el trabajo será realizado, incluso fuera de los tiempos de trabajo contractual o considerado como normal, al margen de los horarios habituales que habían sido expresamente acordados para la realización del mismo.

Desde el punto de vista normativo, la disponibilidad temporal no se encuentra apoyada en el derecho laboral; sin embargo, las presiones para hacerse cumplir existen, al igual que las sanciones por su incumplimiento. La desregulación temporal implícita en la disponibilidad temporal parece activar los poderes reales frente a los poderes formales derivados de las instituciones reguladoras. En este sentido, se presenta como el fruto del poder –no escrito– del capital sobre el trabajo (Callejo, 2004).

La disponibilidad temporal supone una "*supratemporalidad*" que atraviesa la división entre todos los tiempos: tiempo de trabajo y tiempo de no trabajo, tiempo público y tiempo privado. Aparece como una imposición del tiempo laboral –de manera difusa– sobre el tiempo no laboral, implicando una posición de "*servicio*" fuera del espacio estrictamente laboral (Callejo, 2004).

Esta dimensión de la temporalidad laboral es una clara muestra de la ruptura de la norma de compromiso fordista, en la cual la regulación de los tiempos y horarios de trabajo limitaba la disposición de los empresarios sobre el tiempo de los trabajadores; a cambio, los empresarios tenían discreción en la organización del proceso de productivo, lo que les permitía incrementar el plusvalor relativo mecanizando y acelerando los ritmos (Rubery et al, 2005). El establecimiento de la jornada laboral delimitada suponía una unidad de medida con un principio y un fin establecido, la disponibilidad temporal en cambio se sobrepone a tales límites, tendiendo a lo ilimitado. Tampoco integra la jornada de trabajo como lo hacían las horas extras (Callejo, 2004).

Hay conceso en la bibliografía en que la disponibilidad temporal se presenta como la dimensión social más apreciada y exigida por las empresas y que la misma se puede observar tanto entre los cuadros, los expertos y los profesionales calificados como en los niveles inferiores del sector de servicios. Esta nueva manifestación de las temporalidades en torno al trabajo es contradictoria con la asignación de prioridad al trabajo doméstico y familiar, colocando a las mujeres en situación de desventaja. A su vez, la asignación social del rol reproductivo a las mujeres no sólo reduce su disponibilidad temporal sino que además es la condición para la disponibilidad temporal de los varones (Bouffartigue, 2012; De Castro, 2008; Devetter, 2006). Puede hablarse así, de una segmentación del mercado del trabajo basada en la disponibilidad temporal (De Castro, 2008).

Desde la perspectiva de Callejo (2004) y Martínez García (2015) es posible observar tres tipos de disponibilidad o tres modalidades de consentimiento respecto de la disponibilidad:

1.- *Vocacional o profesional* (weberiana): en este caso la disponibilidad al trabajo es considerada como un compromiso ético, un fin en sí mismo y está adscripta a la profesión.
2.- *Corporativa*: supone un compromiso con la corporación, con un grupo específico creado por el cargo y no por el salario. Es una disponibilidad adscripta al cargo.
3.- *Personal o sistémica*: derivada de un compromiso con la supervivencia sistémica. Basada en una evaluación realista de la situación, un cálculo de interés que tenga en cuenta posibles sanciones y recompensas; se trata de un cálculo pragmático que guía la conducta del trabajador sin que se le atribuya al contenido mismo de la norma un valor intrínseco.

Este cambio toma formas diferentes a las pasadas transformaciones del tiempo de trabajo, la jornada no se expande o se contrae, sino que el tiempo de trabajo penetra y contamina los otros tiempos sociales a través de la disponibilidad temporal.

La intensificación de los ritmos de trabajo[7]

Tal como señalamos en capítulos precedentes la intensificación de los ritmos del trabajo refiere al esfuerzo gastado por los individuos en el proceso de trabajo, pero también se relaciona con las inversiones de energía y con el desgaste a que se encuentran sometidos los trabajadores. De esta manera, la intensidad está relacionada con el modo, con la manera en cómo es realizado el trabajo. El grado de gasto de energías personales realizado por el trabajador en la actividad concreta constituye el primer elemento del concepto, pero no el único. La intensidad de trabajo es más que el esfuerzo, porque envuelve todas las capacidades del trabajador, sean capacidades de su cuerpo, de su mente, involucramiento emocional y saberes adquiridos a través del tiempo y transmitidos en el proceso de socialización. La intensificación de los ritmos de trabajo es el corazón mismo de la creación de valor (Coriat, 1994).

Las décadas del 80 y el 90 marcan el inicio de un proceso en el cual variadas formas de intensificación del trabajo se hicieron cada vez más frecuentes; esta nueva etapa de intensificación se produce en el marco de la flexibilización y de la desregulación de las relaciones de trabajo. Otra característica de esta nueva etapa del proceso es que la intensidad del flujo no ha desaparecido en el sector industrial y el mismo se está extendiendo a los otros sectores de la economía, fundamentalmente al comercio y a los servicios (Gollac, 2005; Pinilla García, 2004).

Desde la perspectiva de Gollac (2005), esta nueva etapa del proceso de intensificación tiene lugar a partir de distintos mecanismos. Por un lado, es posible observar ritmos impuestos por la organización industrial o burocrática, tales como los horarios de producción, la distribución de los productos y la cadencia de las maquinarias. Por otro lado, existen una serie de imposiciones temporales provenientes de la esfera del mercado, entre ellos la atención inmediata a la demanda y contacto con los clientes y el público. Se conjugan entonces exigencias internas a las organizaciones y exigencias de la demanda (el cliente).

Para el autor este proceso tiene características duales. Mientas que para algunos trabajadores el proceso de intensificación es la causa de la degradación de las condiciones de trabajo, implicando tanto dolores físicos y psicosociales como riesgos laborales, para otros se puede corresponder con una autoinversión compensada y satisfactoria.

---

7   Una versión más detallada del este proceso puede encontrarse en el capítulo *Las transformaciones en el mundo del trabajo desde la óptica temporal. Un tiempo con nuevos tiempos.*

Tanto el concepto abstracto de *"intensidad"* como la también vaga noción de *"carga"* presentan algunas dificultades para su medición, pero es claro que el peso sentido por los trabajadores de la actividad realizada, en términos de fatiga y de esfuerzos físicos y mentales, existen (Gollac, 2005; Pinilla García, 2004). Sin lugar a dudas estas dificultades para captar la intensificación de los ritmos se ve reforzada en muchos trabajos en el sector servicio en los países no desarrollados donde se observa una alta proporción de actividades caracterizadas por el tedio, las prácticas rutinarias y los trabajos poco calificados. Surge allí una pregunta: cómo analizar la intensificación en los servicios? El problema allí es de doble orden ya que por un lado el sector servicios supone una producción de símbolos y de interacciones con clientes y actores significativos (De la Garza, 2013); por el otro los clientes juegan un rol decisivo en el proceso.

Los procesos descriptos constituyen tendencias generales, las cuales adquieren especificidades en los casos particulares. Los esquemas temporales y la forma que toman en una relación laboral particular depende de múltiples factores: tales como el tipo de producción, las formas de contratación, las regulaciones sobre esa actividad económica y las prácticas laborales dentro de una organización. En este sentido, el análisis que llevamos adelante pretende ser un aporte a aquellas discusiones más generales vinculadas con las transformaciones de las temporalidades asociadas al trabajo remunerado.

2. Las condiciones laborales desde la óptica del tiempo: el caso de los trabajadores subcontratados de la seguridad privada en la ciudad de Santa Fe, Argentina

La metodología de trabajo

Para alcanzar los objetivos propuestos se adoptó una metodología cualitativa de tipo exploratorio, basada fundamentalmente en la realización de 12 entrevistas semiestructuradas a trabajadores/as de empresas de seguridad privadas que cumplen sus funciones en la ciudad de Santa Fe. En este sentido, se privilegió en el análisis la descripción de la perspectiva y/o de la mirada de los trabajadores respecto de cómo la organización del proceso de trabajo —en el marco de formas de subcontratación— tienen implicancias en la estructuración de la jornada y derrama sus efectos sobre el resto de los tiempos sociales.

La negativa de la gran mayoría de las empresas a colaborar brindando datos sobres sus empleados, hizo que la muestra deba ser obtenida recurrido a lugares donde es habitual encontrar personal de seguridad y solicitándole a los mismos su colaboración de manera directa. Las entrevistas fueron realizadas a lo largo de 2015. El criterio utilizado para juzgar cuando era adecuado finalizar el muestreo fue el de la saturación teórica.

El análisis de las entrevistas fue complementado con el uso de información pública y con la realización de entrevistas a los encargados de recursos humanos de algunas empresas de seguridad privada.

Las características de las empresas y de los trabajadores

El uso que se ha hecho, y se continúa haciendo, de las nociones tercerización/subcontratación/externación no es homogéneo. El mismo se presenta como polisémico incluso en la bibliografía de habla hispana (Basualdo y Morales, 2014; De la Garza 2011; De Almeida, 2011). No obstante, los autores acuerdan que se trata de un proceso que conjuga elementos nuevos con otros de vieja data, los cuales se remontan incluso al inicio de la Revolución Industrial. Sin embargo su importancia, a partir de la década del 80 y con mayor fuerza a partir de la década del 90, fue creciendo. En este sentido, hoy se presenta como un fenómeno intrínsecamente ligado a las nuevas formas de gestión y organización de los procesos de producción y del trabajo (De la Garza, 2011; De Almeida, 2011; Iranzo y Leite, 2006). En la actualidad adquiere una gran complejidad, la cual se encuentra dada no sólo por las diversas formas de remuneración y modalidades de contratación sino también por las diferentes y heterogéneas formas de utilización del tiempo de trabajo.

Así, el fenómeno de la subcontratación alude a una forma de producir bienes y servicios que se caracteriza por el desplazamiento de actividades que se realizaban en el seno de una empresa y que pasan a ser llevadas a cabo por otro agente externo a la misma, que puede ser otra empresa o trabajadores independientes. Resulta importante destacar dos características centrales de este fenómeno: 1.- las actividades subcontratadas se realizaban o eran susceptibles de ser realizadas por la empresa que las expulsa y 2.- el grado de coordinación o dependencia entre la empresa que subcontrata y el agente externo que realiza la actividad "*expulsada*". Si no se tuvieran en cuenta estas dos características, toda actividad de compra-venta de bienes y servicios que realiza una empresa sería susceptible de ser confundida con una forma de subcontratación.

La OIT ha catalogado a la subcontratación de acuerdo a diversos criterios: su duración (transitoria o permanente), la cercanía o distancia del objeto de subcontratación en relación a la actividad central de la empresa, el nivel de especialización de las actividades subcontratadas, el lugar de realización de dichas actividades (externa o interna), la existencia o no de intermediarios y el objeto de la subcontratación. Según el objeto de la subcontratación, puede clasificarse en subcontratación de bienes y/o servicios y en subcontratación de trabajo o subcontratación laboral. La subcontratación de bienes y/o servicios implica una relación comercial entre dos empresas que se caracteriza por el encargo de una a otra de la producción de etapas, partes o partidas completas de la producción de bienes o la prestación de servicios. La empresa contratada realiza estas actividades con sus recursos y asumiendo riesgos. Por otro lado, la subcontratación laboral o de trabajo se desarrolla cuando una empresa contrata a otra el suministro de trabajo. De este modo, existe una relación comercial entre las empresas y una relación laboral entre la empresa suministradora de trabajo y los trabajadores. No obstante, los trabajadores están bajo dependencia y subordinación de la empresa que contrató a la suministradora (Echeverría, 1997; Echeverría y Uribe, 1998; Echeverría Tortello, 2010).

Este tipo de subcontratación rompe con la relación laboral clásica que implica la participación de dos sujetos nítidamente definidos: empleador y trabajador, dando lugar a lo que se ha denominado *"relaciones triangulares de trabajo"* (Kurczyn Villalobos y Zavala Gamboa, 2012). Esto implica que los trabajadores trabajan para una empresa diferente de la que paga sus salarios. En el caso analizado en el presente estudio, existirían tres partes: la empresa que contrata a la que provee servicios de vigilancia, la empresa que provee estos servicios y los trabajadores que trabajan para esta última.

En el contexto latinoamericano además es fundamental incluir en el análisis el rol de las cooperativas de trabajo que ofrecen al subcontratante la mercancía trabajo, sin generar relación laboral ni en la cooperativa ni en el trabajo subcontratado (puede ser interno o externo, al mando de la cooperativa o del subcontratante, en tareas conexas o centrales) y la contratación de trabajadores/as autónomos o monotributistas que por medio de contratos de obra o servicios establecen una relación entre partes (De la Garza, 2011; Esponda, 2017).

Por su parte Basualdo y Esponda (2014) señalan que otro aspecto central y controvertido se relaciona con las actividades que pueden ser o no objeto de subcontratación. Para las autoras es posible considerar dos puntos de vista en relación a esta cuestión. Por un lado se considera que solo pueden ser plausibles de tercerización las actividades secundarias de determinada actividad principal; las cuales pueden ser de tres tipos:

a) partes/componentes de productos
b) distribución comercialización
c) servicios conexos: limpieza, vigilancia, transporte, portería, etc.

En este marco los servicios de vigilancia, dado su carácter secundario, se convierten en actividades pasibles de ser contratadas. De esta manera pueden ser consideras como los primeros y principales sectores de subcontratación. Incluso es posible observar que en los últimos años el número de subcontratados en este sector ha crecido fuertemente.

Según datos del Ministerio de Seguridad, la provincia de Santa Fe contaba para junio de 2015 con un total de 179 empresas registradas y 8.087 vigiladores habilitados. En tanto, en la ciudad de Santa Fe, para la misma época, se encontraban operando un total de 45 agencias, 20 de ellas radicadas en la misma ciudad, mientras que las 25 restantes, si bien operaban en la ciudad de Santa Fe, dependían de una sede central radicada en otra ciudad. Estas agencias responden a sus oficinas centrales radicadas 6 de ellas en Santo Tomé, 17 en Rosario, mientras que las dos restantes, 1 se encuentra en Sauce Viejo y 1 en Recreo.

En tanto entre las características socio-demográficas de los trabajadores, las entrevistas realizadas dan cuenta que en su mayoría los vigiladores son varones jóvenes. Más de la mitad de los entrevistados posee una edad comprendida entre los 25 y 35 años. En lo referido al sexo de los trabajadores, la base de datos del Ministerio de Seguridad de la provincia, daba cuenta que este sector se encontraba fuertemente dominando por los varones, con solo un 1,49% de mujeres trabajando en seguridad privada. Las entrevistas realizadas, permiten llegar a conclusiones similares, con solo un 17% de mujeres entre la población entrevistada. Esto da cuenta de la existencia de una fuerte segregación horizontal por sexo al interior de las empresas de seguridad, convirtiendo a la misma en una clara actividad masculinizada.

En lo referido al nivel educativo, podemos ver que el 42% de los trabajadores poseen secundario completo, mientras que un 33% cuenta con secundario incompleto. Se observa a su vez una alta relación entre el nivel de instrucción de los entrevistados y su edad, los jóvenes son los que poseen mayores niveles de instrucción. En lo que respecta a las trayectorias laborales previas, las entrevistas dan cuenta de que todos los trabajadores poseían un trabajo antes de ingresar a la seguridad privada, es decir en ningún caso la actividad en seguridad privada fue la forma de ingreso al mercado de trabajo. Las actividades en las que estos se desarrollaban eran variadas y escasamente vinculadas a su actual empleo. Solo el 22% de los entrevistados provenía de una fuerza pública.

Para nuestro caso de análisis partimos de considerar junto a Martínez García (2007, 2015) que son las relaciones sociales de la subcontratación las que determinan el conjunto de las relaciones de trabajo en el sector. Así, los trabajadores de los servicios de vigilancia se encuentran inmersos dentro de un sistema de flexibilidad heterónomo –es decir, impuesto– en el cual la determinación de los tiempos de trabajo efectivos son establecidos por el cliente y donde la disponibilidad temporal de los trabajadores proviene de una lógica de subsistencia económica y de preservación del puesto de trabajo. Adicionalmente, las condiciones en las cuales las tareas son realizadas imprimen una intensificación particular al ritmo de trabajo. A continuación nos detendremos en uno y otro aspecto.

La disponibilidad temporal de los trabajadores

Hay un acuerdo generalizado entre los autores en que las mutaciones operadas en el tiempo de trabajo actúan imprimiendo una serie de transformaciones en las prácticas tanto a nivel social como individual. Los aspectos temporales de las actividades productivas se articulan con los aspectos temporales del resto de las actividades sociales puesto que tales relaciones son las que contribuyen a configurar la estructura temporal de la sociedad. Así, cualquier cambio generalizado en la organización interna del tiempo de trabajo obliga en alguna medida a reestructurar el resto de los tiempos sociales (de Castro, 2010). El cambio del orden temporal del trabajo hunde sus raíces en las trasformaciones productivas, entre las cuales el desarrollo del sector servicios –especialmente los de cuidado a personas, atención comercial y ocio– y la expansión de las actividades de subcontratación tienen un lugar central.

En relación a la jornada de trabajo, de nuestra investigación surge que los trabajadores de los servicios de vigilancia deben cubrir un "*objetivo*" que va desde las 200 hasta las 208 horas mensuales dependiendo de la empresa para la cual trabajan. El total de horas trabajadas depende de ese "*objetivo*". Si trabajan dicha cantidad de horas, se les paga el salario completo, quienes trabajan menos se les pagaba una proporción de la cantidad de horas trabajadas. En tanto quienes superan ese total reciben un pago por horas extras[8].

Los horarios de trabajo son por turnos rotativos, variando estos según la empresa de seguridad y en algunos casos la empresa que contrata seguridad. Trabajan entre 4 y 9 días en horario diurno, descansan 1 o 2 días y vuelven a hacer otro turno entre 4 y 9 días pero en horario nocturno, y así sucesivamente. En el caso de aquellos vigiladores que se desempeñaban en lugares donde solo se trabaja de lunes a viernes en horario comercial, deben cubrir la diferencia los días sábado y domingo en otro *"objetivo"*.

Cabe aclarar que el trabajador del servicio de vigilancia no puede abandonar su puesto de trabajo hasta que no llegue su relevo; esto es, si un trabajador cumple funciones de 18 a 6 y a las 6 de la mañana su relevo no llega a cumplir su turno, este debe permanecer en su puesto hasta que el mismo llegue, si por razón de fuerza mayor el vigilador no se presentara a trabajar, este deber permanecer hasta las 18 y luego volver a tomar su turno. En base a lo anterior nos encontramos con trabajadores que han reconocido haber llegado a trabajar hasta 36 horas de corrido. El relato realizado por los trabajadores guarda estrecha relación con la descripción realizada por Marx en relación a los turnos de trabajo:

"(…) como no puede dejar de ocurrir, por una u otra causa falta de tanto en tanto uno de los muchachos de relevo. Cuando esto sucede, uno o más de los muchachos presentes, que han terminado su jornada, tienen que suplir al ausente (…)". (1975 [1867]: 311).

Asimismo, diversas investigaciones contemporáneas han dado cuenta que los horarios más insociales y con menos control por parte de los asalariados son más frecuentes en las posiciones más bajas de la estructura del empleo.

En algunos casos, la empresa llama a cubrir estos puestos a quienes se encuentran en jornada de descanso, según la empresa en la cual trabajan, queda o no a elección del trabajador abandonar el descanso y presentarse a trabajar. Sin embargo la mayoría de los trabajadores ha reconocido que quienes se encuentran en funciones suelen ponerse de acuerdo para cubrir dicho turno y así no *"molestar"* a quien está descansando.

---

8   Al igual que en el análisis de Cardoso (2011) las horas extras son vistas aquí como un instrumento individual para aumentar la remuneración.

Los vigiladores, no suelen ver con malos ojos que la empresa los llame en sus días de descansos o los haga trabajar por fuera de su turno, sino que suelen atribuírselo a una falta de solidaridad de sus propios compañeros. Esto muestra de forma clara cómo la disponibilidad temporal y la aceptación de las condiciones de trabajo son cada vez más determinantes en el funcionamiento del mercado de trabajo (Martínez García, 2015). Para Gollac (2005) aquellas organizaciones que tienen poca comprensión de la complejidad son particularmente perniciosas en este proceso.

Dentro de las distintas formas de disponibilidad temporal o de tipos de conformidad o de consentimiento respecto a la misma por parte de los trabajadores que describimos, podemos observar para el caso estudiado que la disponibilidad que prima es aquella vinculada al cálculo pragmático que guía la conducta del trabajador sin que se le atribuya al contenido mismo de la norma un valor intrínseco. Es dentro de este tipo de consentimiento que es posible interpretar la actitud de los trabajadores de los servicios de vigilancia, para quienes no son las perspectivas de carrera profesional, ni el compromiso positivo con la profesión los que motivan el compromiso con el trabajo sino la preservación de su empleo. En el sector de la vigilancia privada la preservación del empleo está estrechamente ligada a las fluctuaciones de la demanda. Al *"caerse un objetivo"* la empresa, si no consigue uno nuevo, recorta personal, empezando por los vigiladores que entraron en último lugar. Tan pronto como se consigue uno nuevo, se comienza contratando aquellos que salieron de la empresa en último lugar. Asimismo, *"caerle bien"* al cliente también es importante para permanecer en el puesto, ya que la mera llamada del cliente a la empresa es suficiente para que el trabajador sea desplazado de su *"objetivo"*, aun cuando la razón del traslado sea simplemente que al cliente *"no le gusta la cara"*[9].

En el relato es posible observar dos elementos que en este caso aparecen entrelazados: por un lado la centralidad de la empresa subcontratante en la adopción de definiciones respecto de los trabajadores y de los espacios de trabajo y por el otro lado el lugar –o mejor aún, el control– del cliente en un sector de actividad donde las interacciones tienen un lugar relevante. Desde la perspectiva de Rubery et al (2005) la adaptación a las necesidades del cliente es la fórmula con la que se

---

9   En encuentros informales mantenidos con trabajadores del área de Recursos Humanos de una de las empresa de seguridad privada manifestó: *"acá no hay experiencia que sirva, vos podes ser el mejor, pero si al cliente no le gusta tu cara te tengo que cambiar"* incluso los mismos trabajadores manifestaban algo similar *"si le caes bien, te dejan trabajando acá, a veces llaman a la empresa y te piden, eso es lo mejor que te puede pasar"*.

legitiman las renovadas exigencias de disponibilidad e incremento de los ritmos de trabajo.

El 67% de los entrevistados sostiene que los horarios de trabajo son complicados y dificultan la posibilidad de establecer una vida estructurada que les permita disfrutar de sus familias, amigos o realizar otras actividades que deseen, aunque manifiestan que con el tiempo se acostumbraban. Las mayores dificultades se presentaban en lo referido al trabajo nocturno

> "(…) es difícil para uno organizar su vida, la empresa hace cronogramas y uno sabe cuándo trabaja, pero no es fácil cuando tenés que pasar toda la noche despierto, porque usas el día para dormir. Muchos trabajadores estructuran su vida en base al trabajo, no pueden desconectar en ningún momento, llegan a la casa y hablan de trabajo y eso no está bueno" [10].

El tener que trabajar de corrido durante toda la noche, hace que muchos de los vigiladores solo puedan descansar 3 o 4 horas, ya que las mañanas suelen utilizarlas para trámites o pasar un rato en familia. *"Este es un trabajo full time, tenés que estar todo el día dependiendo de si la empresa te llama, no hay cumpleaños, feriados, fiestas, nada"*, *"lo peor es el turno de la noche, porque la noche se hizo para dormir, acá tenés que estar despierto, atento, dormís de día, estas con los horarios cambiados y eso le hace mal al cuerpo"*. Los horarios de recambio de los turnos suelen también ser vistos como problemáticos a la hora de organizarse, *"trabajo de 9 a 15.30, qué haces a esa hora?, te corta todo"*. El 33% restante de los entrevistados consideraba que si bien los horarios no son cómodos, el hecho de contar con cronogramas de trabajo claros, permite al vigilador organizar su vida diaria, ya que este sabe de ante mano el horario que le tocara cubrir.

La situación descripta por los entrevistados se aproxima al caso de las enfermeras del sector hospitalario analizado por Martínez García (2015). En ambos casos es posible observar cómo a los tiempos planificados pero poco compatibles con las expectativas de vida familiar, social y personal, se le suma cierta imprevisibilidad horaria debido a la necesidad de garantizar la continuidad de la atención, así como por la obligación de compensar las ausencias. De la misma manera, la comprensión de la disponibilidad temporal —es decir, la aceptación de los cambios de horarios y la realización de tareas de relevo— de los trabajadores en ambos sectores debe centrarse en las relaciones de

---

10 El sentimiento de que el tiempo de trabajo ocupa casi las 24 horas del día también fue constatado por Cardoso (2011) en su análisis sobre el sector automotriz.

reciprocidad entre pares que permiten mitigar las tensiones temporales existentes entre las exigencias del trabajo y las de la vida privada.

Asimismo es posible observar cómo los trabajadores de los servicios de vigilancia encuentran grandes dificultades en coordinar los elementos flexibles e inflexibles de sus vidas laborales, familiares, amigos, ocio. Esto es especialmente palpable en las vivencias de los trabajadores de servicios, donde la propia naturaleza de la actividad justifica en ocasiones la adopción de horarios irregulares. El trabajo no sólo deja de articular el cotidiano sino que la disponibilidad temporal en el trabajo trastoca las fronteras entre tiempo de trabajo y tiempo de la vida y espacio de trabajo y otros espacios. Desde la perspectiva de Callejo (2004) la disponibilidad temporal se configura en un "*no tiempo*" en oposición a la jornada de trabajo delimitada.

Los elementos señalados también fueron observados por Cardoso (2011) para el caso de los trabajadores del sector automovilístico. La autora muestra cómo los horarios atípicos de trabajo son las formas que más desorganizan la vida de los trabajadores fuera del espacio de trabajo, acarreando grandes dificultades para compaginar la pluralidad de tiempos sociales. Asimismo, el trabajo nocturno repercute en el sueño y en ausencia en momentos de la vida familiar que los trabajadores consideran importantes.

Del análisis se desprende que la relación con el tiempo se individualiza a través de los horarios variables y atípicos. La necesidad de exactitud y precisión es el corolario obligatorio de este proceso. En este sentido, la flexibilización y la desincronización esfuman las fronteras entre las grandes secuencias colectivas de actividades. La adaptación al tiempo deja de ser dictada enteramente por normas colectivas centralmente impuestas.

Las tareas del agente de seguridad privada y el proceso de intensificación de los ritmos de trabajo

Las tareas realizadas por los trabajadores de la seguridad privada son heterogéneas, las mismas van desde el control de acceso, rondas internas, control y cuidado de vehículos, hasta controlar ómnibus antes de su partida o a su arribo en terminal, control de bares, llenado de planillas de ingreso o egreso de personal, control de locales, personas, "*caras que entran*". Dichas tareas no suelen variar en el tiempo, mientras permanezcan en un mismo objetivo. Los entrevistados sostuvieron en un 75% de los casos, las tareas realizadas son siempre las mismas, situación que puede considerarse lógica, sobre todo si tenemos en cuenta que el 92% de los entrevistados posee un lugar fijo de trabajo. Poseer un lugar fijo de trabajo es considerado un privilegio y ventaja de quienes logran *"caerle bien"* al cliente. De ahí la importancia del uso del *"sentido común"* para responder a las situaciones que puedan presentarse y el gran desgaste que implica para el trabajador el *"estar atento a todo"*.

Muchas de las tareas realizadas se caracterizan por ser rutinarias, repetitivas, tediosas y monótonas. Sin embargo, las mismas conviven con situaciones que el trabajador debe enfrentar a partir de su propio criterio sin contar con ningún tipo de lineamiento empresarial y sin recibir ningún tipo de capacitación.

Si bien el trabajador es contratado por la empresa de seguridad, debe responder a un sistema de ordenes dual, por un lado la empresa que los contrato y por el otro, la empresa que contrata seguridad. En el 50% de los casos, las tareas de un día habitual de actividad son determinadas por la empresa que contrata seguridad, en el 25% de los casos por la misma empresa de seguridad y en el 25% restante por ambas. Los vigiladores deben responder a las órdenes de sus superiores, las cuales la mayoría de las veces son trasmitidas al trabajador por medio de un supervisor que hace de nexo entre la empresa contratante y el trabajador. El sistema de órdenes duales al cual se encuentra sometido el vigilador, suele generar una tensión en el mismo que lo obliga a responder con cierta flexibilidad para adaptarse a las distintas relaciones sociales en cual este participa, la cual no se limita solo a la empresa de seguridad, o la empresa contratante, sino que se extiende a otros actores sociales. Las continuas relaciones en las cuales se ve involucrado el vigilador hacen que el mismo se encuentre muchas veces sometido a realizar tareas que si bien no son partes de las tareas señaladas, deben ser realizadas en pos de evitar conflictos posteriores.

Para Pinilla García (2004), no sólo una alta e impuesta presión externa puede derivar en una carga mental para el trabajador, sino que también la misma puede verse incrementada notablemente por las consecuencias de posibles errores que el trabajador cometa en la realización de su tarea, ya sea sobre equipos o materiales, sobre la calidad del producto o servicio o sobre las personas. La percepción de la gravedad, real o no, de las posibles consecuencias ocasiona una mayor tensión para el trabajador.

Los trabajadores solían manifestar, *"tenés que caerle bien al dueño, sino te tienen dando vuelta por todo Santa Fe"* o, *"acá la gente viene, te pide cosas y vos no le podés decir que no, porque se quejan con los dueños y te sacan"*, *"Si alguien te pide un favor, lo tenés que ayudar, no le podés decir que no podés hablar, o que lo hagan ellos que ese no es tu trabajo".* Las ordenes a las que están sometidos estos trabajadores llegan incluso a colocar al trabajador en una situación incómoda. Una de las tareas que se les solicita comúnmente es retirar del lugar a personas con *"cara rara",* o pedirle a determinadas personas que abran sus bolsos, situación que los coloca frente a una situación incómoda, no solo ante las persona a quien le se le solicita, sino también frente al resto de la gente que se encuentra presenciando la situación, quienes algunas veces se muestran indiferentes y otras veces la observan con rechazo.

Estas tensiones que se observan en el sector, convierten a la actividad del agente de seguridad privada, en una actividad desgastante aun cuando las tareas específicas que realizan no demanden un gran esfuerzo físico. Al preguntársele sobre las responsabilidades que posee como vigiladores, el 100% contesto que estas eran muchas. *"No parece pero son un montón".* El sistema de ordenes dual a la que están sometidos estos trabajadores, la necesidad de utilizar el *"sentido común",* como ellos mismos solían sostener, para evitar conflicto tanto con los clientes de la empresa de seguridad como por quienes se encuentran en el *"objetivo",* coloca al vigilador frente a una gran presión, que se refleja en un exceso de responsabilidades.

De la descripción anterior se deriva que el nivel de demanda de las actividades, la heterogeneidad de las mismas y la necesidad de estar contantemente concentrado en las rutinas laborales así como también la ausencia de capacitación que le de herramientas para poder actuar a partir de competencias incorporadas imprime en los trabajadores un ritmo intenso de trabajo.

3. A manera de cierre

Partimos de considerar que las relaciones de trabajo en el sector de la seguridad privada conjugan elementos propios de tendencias generales vinculadas a las transformaciones de las temporalidades con especificidades propias de la relaciona sociales de subcontratación en el sector servicios.

En este sentido fue posible observar para el caso analizado que la disponibilidad temporal se constituye en un recurso fundamental (una *"garantía"* en términos de Martínez García) dado por el proveedor del servicio de que la tarea o el trabajo será realizado incluso fuera del tiempo de trabajo del contrato o considerado *"normal".* En un sector donde la experiencia previa y las calificaciones no están presentes a la hora de la contratación, la calidad de las competencias junto con la disponibilidad temporal caracterizan el desarrollo de la actividad. Esa disponibilidad es impuesta al trabajador y se derivada de la naturaleza propia de la actividad como de la constante adaptación a la demanda que impone el proceso de subcontratación. A su vez hay una relación estricta entre el salario recibido y las horas efectivamente trabajadas, eliminando todos aquellos tiempos muertos o porosos dentro del proceso productivo.

Asimismo la heterogeneidad de las actividades realizadas, la sobredemanda en torno a las mismas, la necesidad constante de *"estar atento a todo"* y de actuar en base al *"sentido común"* sin un protocolo de funcionamiento respecto al proceso de trabajo dan cuento de un proceso creciente de intensificación del ritmo de trabajo que caracteriza al trabajo en el marco de los procesos de subcontratación.

Para Martín Criado y Prieto (2015), estas nuevas temporalidades dan cuenta de una subordinación de los horarios de trabajo que no es meramente técnica, es social, es la subordinación de una actividad sobre otra, inseparable de la subordinación de un grupo sobre otros. Esta subordinación muestra la distribución social de los tiempos y los conflictos que puede suscitar. Así, la interdependencia, los conflictos en tanto el tiempo se convierte en un objeto de competencia y lucha y las relaciones de poder, se constituyen en las tres dimensiones que permiten comprender las temporalidades sociales.

Tal como señala Martínez García (2015) es posible observar para el caso analizado la pertinencia y la centralidad del análisis marxista de la plusvalía. Mientras que por un lado la focalización de los resultados del trabajo puede materializarse con frecuencia en la prolongación del tiempo de trabajo; por otro la eliminación de la *"porosidad"* del tiempo de trabajo, es decir las pausas, los momentos de sociabilidad habitual presentes en el trabajo, se traduce en una intensificación de su ritmo.

En efecto en el análisis marxista el beneficio depende de que el capitalista logre que se produzca más a cambio del salario, ya sea alargando la jornada laboral (plusvalía absoluta) o incrementando la producción por unidad de tiempo comprado (plusvalía relativa) por eso el conflicto central entre el capital y el trabajo es un conflicto sobre el control y sobre la disposición del tiempo del asalariado.

El caso analizado permitió así dar cuenta de las nuestras estrategias para reducir la porosidad del tiempo de trabajo e intensificarlo y servirse de la fuerza de trabajo adecuada en el momento adecuado.

Bibliografía

Adam, B. (1995) *Timewatch. The social analysis of time*, Cambridge, England, Polity Press.

Basualdo, V. y Esponda, M.A. (2014) "La expansión de la tercerización a nivel global a mediados de los años setenta, sus antecedentes históricos y su alcance actual", en Basualdo, V. y Morales, D., *La tercerización laboral* (pp. 11-18), Buenos Aires, Argentina, Siglo XXI.

Basualdo, V. y Morales, D. (2014) "Introducción", en Basualdo, V. y Morales, D., *La tercerización laboral* (pp. 11-18), Buenos Aires, Argentina, Siglo XXI.

Boltanski, L. y Chiapello, È. (2002) *El nuevo espíritu del capitalismo*, Madrid, Ediciones Akal.

Bouffartigue, P. (2012) "La disponibilit'e temporelle au travail: nouvelles formes, nouveaux enjeux", *Temps de travail et travail des temps*, oct., Strasbourg, France.

Bouffartigue, P. y Bouteiller, J. (2003) "A propos des normes du temps det travail. De l' erosion de la norme fordienne aux normes emergentes", *Revue de l'IRES* (42), 1-23.

Bouffartigue, P. y Bouteiller, J. (2002) "L' érosion de la norme du temps de travail", *Travail et Emploi* (2), octubre, 43-55.

Callejo, J. (2004) "Disponibilidad temporal corporativa y género: aproximaciones empíricas", *Anduli* (4), 31-59.

Cardoso, A.C.M. (2011) "Os tempos de trabalho na sociedade contemporânea: tensos, intensos, flexíveis e incertos", *XXVIII Congresso Internacional da ALAS*, Recife, Brasil, UFPE.

Claussen, P. (2015a) "Subcontratados en la seguridad privada. Una aproximación a las características y condiciones laborales de los vigiladores en la ciudad de Santa Fe", *Jornadas de Jóvenes Investigadores (Edición 2015)*, Santa Fe, Argentina, UNL.

Claussen, P. (2015b) "Los vigiladores y sus condiciones de trabajo en la ciudad de Santa Fe", *9nas Jornadas de Investigadores en Economías Regionales*, Santa Fe, Argentina, CEUR (CONICET) y FCE-UNL.

Coriat, B. (1994) *Pensar pelo Avesso. O modelo japonês de trabalho e organização*, Rio de Janiero, Editora da UFRJ/Revan.

De Almeida, M. (2011) "A regulacao das relacoes de trabalho na terceirizacao da industria de calcados de Franca", *Mediacoes. Revista de Ciencias Sociais*, vol. 16 (2), 279-296, Universidade Estadual de Londrina.

De Castro, C. (2008) "La influencia de las expectativas en la organización temporal de la vida laboral", *Política y sociedad*, vol. 45 (2), 169-188.

De Castro, C. (2010) "Trabajadores en busca de narraciones: las consecuencias de las transformaciones del tiempo de trabajo sobre la configuración de las identidades narrativas de los trabajadores", Memoria para optar por el grado de doctor, Universidad Complutense de Madrid.

De la Garza Toledo, E. (2013) "Trabajo no clásico y flexibilidad laboral", *Caderno CRH*, vol. 26 (68), 315-330.

De La Garza, E. (2011) "La subcontratación laboral y la acumulación de capital a nivel global", en *CLACSO, Encuentro Internacional, La subcontratación laboral: miradas multidimensionales*, Bogotá, Colombia, Universidad de los Andes.

Dedecca, C.S. (2004) "Tempo, trabalho e gênero", en Costa, A.; Menicucci de Oliveira, E.; Bezerra de Lima, M.E. y Soares, V. (org.), *Reconfiguração das relações de gênero no trabalho* (pp. 21-52), São Paulo, Brasil, CUT.

Devetter, F.-X. (2006) "La disponibilité temporelle au travail des femmes: une disponibilité sans contrepartie?", *Temporalités* (4).

Echeverría Tortello, M. (2010) *La Historia inconclusa de la subcontratación y el relato de los trabajadores*, Santiago de Chile, Gobierno de Chile, Dirección del Trabajo.

Echeverría, M. (1997) "Subcontratación de la producción y subcontratación del trabajo", *Temas Laborales* 3 (7), Santiago de Chile, Dirección del Trabajo.

Echeverría, M. y Uribe, V. (1998) *Condiciones de trabajo en sistemas de subcontratación*, Santiago de Chile, OIT.

Elchardus, M. (1994) "In praise of rigidity: On temporal and cultural flexibility", *Information sur les Sciences Sociales* 33 (3), 459-77.

Gollac, M. (2005) "L'intensité du travail: Formes et effets", *Revue économique* vol. 56, 2, Économie et Sociologie: Terrains de confrontation, mar., 195-216.

Iranzo, C. y Leite, M. (2006) "La subcontratación laboral en América Latina", en De la Garza, E. (coord.), *Teorías sociales y estudios del trabajo: nuevos enfoques*, Barcelona, España, Anthropos Editorial.

Kurczyn Villalobos, P. y Zavala Gamboa, O. (2012) "Las relaciones triangulares de trabajo. Problemas jurídicos para su determinación", *Revista Trabajo* (9), 45-70.

Leite, M. (2009) "O trabalho e suas reconfigurações: Conceitos e realidades", en Leite, M. y Araujo, A., *O trabalho reconfigurado. Ensaios sobre Brasil e México*, São Pablo, Brasil, Editorial FAPESP.

Martín Criado, E. y Prieto, C. (2015) "Introducción", en Martín Criado, E. y Prieto, C. (eds), *Conflictos por el tiempo: poder, relación salarial y relaciones de género* (pp. 7-21), Madrid, España, CIS, Universidad Complutense de Madrid.

Martínez García, E. (2007) "As disponibilidades de tempo na construção de normas temporais de trabalho", *Laboreal* 3 (2), 85-87.

Martínez García, E. (2015) "La disponibilidad temporal de los asalariados en la organización flexible del trabajo", en Martín Criado, E. y Prieto, C. (eds.), *Conflictos por el tiempo: poder, relación salarial y relaciones de género* (pp. 25-48), Madrid, España, CIS, Universidad Complutense de Madrid.

Marx, K. (1975 [1867]) "Capítulo 8: La jornada de trabajo", *El Capital. Crítica de la economía política*, México, Siglo XXI.

Meda, D. (2007) "¿Qué sabemos sobre el trabajo?", *Revista de Trabajo* 3 (4), 17-32.

Neffa, J.C. (1998) *Los paradigmas productivos taylorista y fordista y su crisis. Una contribución a su estudio desde la teoría de la regulación*, Buenos Aires, Argentina, PIETTE-CONICET, Lumen Humanitas.

Novick, M. (2000) "La transformación de la organización del trabajo", en De la Garza, E. (coord.), *Tratado Latinoamericano de Sociología del Trabajo* (pp. 123-147), México, El colegio de México, Facultad Latinoamericana de Ciencias Sociales, Universidad Autónoma Metropolitana, Fondo de Cultura Económica.

Pinilla García, J. (2004) "Intensificación del esfuerzo de trabajo en España", *Cuadernos de Relaciones Laborales* 22 (2), 117-135.

Prieto, C. y Pérez de Guzmán, S. (2013) "Desigualdades laborales de género, disponibilidad temporal y normatividad social", *REIS* (141), enero-marzo, 113-132.

Rubery, J.; Ward, K.; Grimshaw, D. y Beynon, H. (2005) "Working Time, Industrial Relations and the Employment Relationship", *Time and Society* 14 (1), London, Sage.

Sennett, R. (1998) *La Corrosión del Carácter*, Barcelona, España, Anagrama.

Thompson, E.P. (1984) "Tiempo, disciplina de trabajo y capital industrial", en Thompson, E.P., *Tradición, revuelta y conciencia de clase. Estudios sobre la crisis de la sociedad preindustrial* (pp. 239-293), Barcelona, Crítica.

Weller, J. (1998) "Los retos de la institucionalidad laboral en el marco de la transformación de la modalidad de desarrollo", *Serie Reformas Económicas* (10), Santiago de Chile, CEPAL, LC/L.1158, noviembre.

El estallido del tiempo

Capítulo 9

Trayectorias de ingenieros en un contexto flexible y los tiempos profesionales[1]

Marta Panaia

El panorama en la Argentina, como en muchos otros países latinoamericanos muestra que los procesos de *"institucionalización"* del profesional son más débiles que en los países desarrollados, pero en algunos casos como en las ingenierías, han tenido una importante repercusión en el desarrollo y además están relacionados con los paradigmas de crecimiento a nivel educativo y político.

Durante las décadas de expansión de la sustitución de importaciones, el aumento de la matrícula, del número de profesores y de egresados, así como el numero de invitados extranjeros y la participación de los egresados de la Carrera en distintas actividades demuestra que existe una *"masa crítica"* de ingenieros que se consolida cada vez más en todo el país a pesar de que su número es siempre escaso para las demandas de una industrialización que debería consolidarse. La realización de Congresos Nacionales, la existencia de revistas especializadas o como órganos de expresión de sus ideas, los Centros de Asociación Profesional y la cantidad de obras construidas o donde su participación es estratégica muestran el grado de asociación entre el desarrollo de esta profesión y el crecimiento del país.

Las últimas décadas muestran una crisis de estas profesiones tradicionalmente establecidas, como la ingeniería, por los cambios en el mercado de trabajo profesional y en la estructura productiva. Sin

---

1   En esta capítulo se revisitan los siguientes trabajos "Trayectorias de ingenieros en un contexto flexible y de fragmentación territorial", en Panaia (coord.) *Trayectorias de graduados y estudiantes de ingeniería*, Biblos, 2011. "El desafío profesional de la mujer ingeniera", en Panaia (coord.) *Universidades en cambio: ¿generalistas o profesionalizantes?*, Miño y Dávila, 2015 y *Trayectorias de emprendedores tecnológicos en una zona industrializada*, Panaia, Massetti, Formento, Doc. de Trabajo N° 4, MIG-UTN, Gral. Pacheco, junio, 2006.

duda, existe una inadecuación entre el proyecto personal de los ingenieros o de los jóvenes estudiantes de estas Carreras y las demandas del mercado de trabajo, porque cuando más se demandan las especialidades más variadas de la ingeniería, resulta más difícil encontrarlos en cantidad y calidad en el sector productivo. No solamente es lento el crecimiento de los graduados en las especialidades más demandadas como la Mecánica, la Eléctrica o la ingeniería en Gas; Petróleo y en Minería, sino que además se importan ingenieros para cubrir las demandas más importantes. Según el Ministerio de Educación, Secretaría de Políticas Universitarias, para el año 2010, último año de estadísticas desagregadas publicadas los estudiantes de ingeniería son 94.203, de los cuales 20.743 son nuevos inscriptos, sin embargo los egresados son 3937, o sea no alcanzan al 4,2 %, esto en las universidades de *gestión pública*. En las universidades de *gestión privada* hay 4392 estudiantes de los cuales 953 son nuevos inscriptos y los egresados son 266, es decir un poco más del 6%.

En cambio si se toman las terminales del CONFEDI, que incluyen todas las terminales de Ingeniería, que el Ministerio incluye en otros rubros como Industria y Tecnología de Alimentos y Computación e Informática. Los números para el año 2010 son los siguientes: En la *gestión pública*, 175.366 estudiantes de los cuales 35.074 son nuevos inscriptos 140.292 son re-inscriptos y 6162 son egresados, o sea 3,5%. Mientras que en la *gestión privada* los estudiantes son 30.086, de los cuales 5081 son nuevos inscriptos, 25.005 los re-inscriptos y 1284 los egresados, o sea 4,3%. Estas estadísticas no se publican con apertura de género.

Se estima que en algunas especialidades muy demandadas, se requieren alrededor de 7000 nuevos ingenieros por año, por ejemplo, en informática y sistemas, mientras que en el país se reciben en 2010 solo 1010 ingenieros y en Computación 28 mientras que la demanda cuadriplica esa cantidad. En Petróleo, y especialmente con la demanda generada en Vaca Muerta la demanda es muy superior a la graduación anual, que en 2010 alcanzaba 24 ingenieros por año. A todas luces es imposible cubrir la demanda, nada más que a nivel tecnológico se requieren unas diez mil demandas por año y solo pueden cubrirse unas cuatro mil, poniendo en riesgo la posibilidad de crecimiento en algunos sectores. Muchas veces los cargos de los ingenieros son ocupados por técnicos o estudiantes que tienen algunos años cursados y no han completado sus estudios y también por ingenieros extranjeros, porque la demanda supera la oferta existente.

Estas carreras son también las que tienen un mayor abandono, particularmente en los dos primeros años y como puede observarse en las estadísticas de 2010 un elevado número de re-inscriptos. Sin que haya muchos estudios de los abandonadores de estas carreras, casi, el 50% de los alumnos de ingeniería abandona los estudios, aunque muchos de ellos trabajan gracias a los años cursados en esas Carreras.

Este capítulo se centra en indagar, cómo afecta la flexibilidad del mercado de trabajo el ejercicio profesional de los ingenieros y cuáles son las formas de inserción habituales para lograr una estrategia profesional que les permita un ingreso razonable y un desempeño profesional acorde con sus estudios, así como una buena calidad de vida y ampliar sus aspiraciones profesionales. Cuál es la incidencia de la mercantilización de las relaciones de trabajo, la segmentación de los mercados de trabajo o la heterogeneidad y coexistencia de distintos mercados de trabajo y la caída relativa de las escalas salariales y fragmentación de las temporalidades de trabajo ante las modificaciones de las trayectorias de *carrera interna de la empresa,* pero también para alternar ésta con su inserción en el *mercado abierto.*

Existe bastante consenso entre los estudiosos del tema en otros países (Giré, Béraud y Déchamps, 2000) sobre tres procesos que resultan significativos a la hora de evaluar los procesos que los afectan más directamente. En *primer* lugar, los procesos de tercerización de la economía que lleva a una menor disponibilidad de empleos directamente relacionados con la industria. O sea que la cantidad de ingenieros empleados en la industria tienen una tendencia declinante, lo cual evidentemente afecta su imagen de referencia (Lanciano y Nohara, 1995; Bouffatigue y Gadeá, 1997; Panaia, 2006). No se puede olvidar que desde 2016 hasta mediados de 2018 la caída de sectores como Construcción e Industria, que son los que más demandan ingenieros tienen una caída de actividad de -22,7% y -1,8% respectivamente.

En *segundo lugar*, el aumento de las estructuras jerárquicas de las empresas que pone en cuestión quienes son cuadros y quienes no y que revisa en los hechos la relación del ingeniero con la empresa y con su proyecto personal, ocasionando a veces serios divorcios, dificultades para el ingreso de jóvenes ingenieros, reconversiones dolorosas para ingenieros de más de 40 años, despidos a veces numerosos, por reestructuraciones empresarias y no pocas veces por competencias técnicas que quedan obsoletas después de varios años, falta de un *Plan de Carrera* con una promoción aceptable (Bolstanki, 1982; Bolstanki y Chiapello, 1999; Peretti, 1992; Panaia, 2006; MTSS, 2007). Todas estas razones convierten la relación de los ingenieros con las empresas mucho más inestables hoy en día, porque lesionan sobre todo su poder de mando, su estabilidad y la proyección futura de su carrera.

Por último, en *tercer* lugar, los cambios en la separación de las tareas de concepción, de investigación, de desarrollo, de producción, y de gestión que eran consideradas inevitables en los tiempos fordistas, son hoy poco operatorias, porque hay una tendencia a des-compartamentalizar al interior de la empresa y cambian los criterios del *managment*. Por este motivo los aspirantes a esos cargos deberán manejar la matriz de conocimientos técnicos, pero también manejar otras lógicas, saber dirigir equipos, comunicarse fluidamente, conocer las nuevas formas de gestión, etc.

Es posible entonces pensar que la identidad proporcionada por la socialización tradicional basada en los conocimientos técnicos resulta insuficiente. Y de la misma manera, las trayectorias profesionales que estaban pensadas como el pasaje de una etapa de producción a una etapa de gestión, tienen contornos borrosos, porque ya no se puede separar nítidamente una de otra, hay elementos de ambas, en las dos. Programar el porvenir deviene más complicado y difícil y el concepto de *Plan de Carrera* deviene una antigüedad. Sin embargo, lo que cobra mayor importancia es la elaboración de un plan o proyecto personal durante el curso de los estudios. Los roles sociales no profesionales, pierden parte de su valor por el vaciamiento de los valores sociales y la mercantilización de la sociedad, la sociedad se hace más homogénea en sus necesidades pero más individualista y fragmentada en la construcción de la subjetividad (Linhart, 2009).

Trayectorias más típicas de los ingenieros

Para el caso argentino, respecto del *primer punto* hay que reconocer que las estadísticas son muy deficitarias y no hay buenas evaluaciones de la cantidad de ingenieros que trabaja en el ámbito empresario. De los últimos datos producidos por el Ministerio de Trabajo en 2007, se puede observar que la presencia de ingenieros es mayor en las empresas más jóvenes y más creativas y tiende a disminuir en las empresas más tradicionales (MTSS, 2007)[2]. No obstante lo que habría que valorar de estas apreciaciones son los posicionamientos estratégicos respecto a la innovación, que tiende a ocupar el ingeniero, sobre todo en las empresas más nuevas y creativas.

2　No son valores absolutos sino que están extraídos de una muestra de empresas y expresados en proporciones, de manera que es difícil hacer evaluaciones numéricas.

Respecto del aumento de los cuadros jerárquicos, es bastante evidente que la nueva gestión empresarial trata de responder a las demandas de autenticidad y libertad, ya que sobre todo los ingenieros jóvenes soportan con dificultad la disciplina de la empresa y el control estricto de los jefes y se niegan a ejercerlo con sus subordinados.

De hecho las carreras de empresa, en la Argentina, no constituyen más las *vías regias* de movilidad en el mercado de trabajo, que habían representado durante los períodos de mayor expansión económica de los países desarrollados y de muchas de las economías emergentes. Actualmente sus condiciones de desarrollo están afectadas por crisis cíclicas, la depresión del crecimiento de la industria, como uno de los sectores más afectados por la crisis del empleo de los ochenta y las estrategias empresariales que han adoptado las empresas, en los noventa (Kosacoff, 1998) y las crisis de 2001; 2008 y 2016-18, que profundizaron los procesos de caída industrial y empleo asalariado en los sectores productivos.

Si el concepto de *carrera en el trabajo* se mantiene como una característica solo de los sectores protegidos y además en estos la práctica del *"De layering"* es habitual para disminuir los niveles jerárquicos y manejar la distribución de las cuotas de poder, es necesario focalizar algunos análisis en las formas de promoción social en el trabajo y cuáles son sus correlatos con el antiguo criterio de *"carrera en el trabajo"* (Sabel, 1985)[3]. La frecuente formación de consultoras de ingenieros que se contratan externamente a la empresa y que cumplen tareas de asesoramiento muestra a las claras la aparición de otras formas de acceso a la empresa que les permite cubrir las etapas de falta de contratación, de inestabilidad y de caída de la demanda. Esto implica ya no una carrera de ascensos sino una relación horizontal con las jerarquías empresarias y una amplia flexibilidad de contrataciones solo limitadas por su propia capacidad de trabajo y de subcontratación.

Otras corrientes de pensamiento, en cambio, señalan que el concepto de *Carrera* tiene variaciones según la posición de clase. Así la clase media, concibe la Carrera no como una serie de puestos cada vez más complejos, sino como una progresión a través de una jerarquía de puestos reconocida socialmente, cada uno de los cuales es claramente más prestigioso que el anterior. Para el trabajador oficial, en cambio,

---

3   Se refiere explícitamente al concepto de Sabel de *"serie de tareas remuneradas que desafían y requieren sucesivamente el desarrollo de cualquier capacidad que se tome como medida del valor del desarrollo humano (...)"*. La idea de una carrera en el trabajo se convierte en una cosmología comprimida que define lo que es la virtud y cómo se pone a prueba: en suma una visión del mundo. Cf. Sabel, Ch, 1985 pág. 120 y sigs.

es indiferente a este criterio de *Carrera* y solo valora el aprendizaje o la destreza técnica en términos de *"savoir faire"* (Braun, Fuhrman, 1970, citado por Sabel, 1985). En el caso más reciente de las consultoras, la carrera es medida en términos de la capacidad de ampliación del mercado y de la magnitud de la facturación y/o de la capacidad de especialización en un rubro que los convierta en referentes para sus propios consejos profesionales.

Para este trabajo, se toma como base los datos producidos por los Laboratorios MIG[4] que tienen relevamientos de Ingenierías en varias regiones del país sobre las trayectorias de ingenieros y utilizan una metodología común que permite la comparabilidad de los datos, que utilizan técnicas longitudinales que incorporan la medición de las temporalidades sociales. Cuando se analizan las opciones de los graduados y estudiantes avanzados en la elección de su trayectoria profesional en ingeniería, se observan cuatro tipos diferentes de gestión de su carrera y de opción del uso de su tiempo profesional:

1. La estabilidad en empresas o en el ámbito estatal, que implica un tiempo establecido y completo, la existencia de pagos jubilatorios, vacaciones, horas extras y asistencia médica y de obra social.
2. Los contratos por tiempo determinado, en el sector público o privado, que implican un tiempo de trabajo que incluye o el proyecto o una tarea definida y que durante ese tiempo incluyen el pago de aportes, de obra social y vacaciones. Estas situaciones suelen combinarse con docencia o con servicios de consultoría que cubren los períodos sin contrato.
3. Los trabajos por cuenta propia o independientes que incluyen servicios de asesoramientos, peritajes, trabajos en obra, etc. que tienen mayor inestabilidad, dependen del nivel de actividad de la economía y muchas veces exigen el pago privado de la obra social y los aportes jubilatorios, con lo cual son frecuentemente también complementados por la docencia y la investigación, para poder cubrir aportes y obra social, por vía estatal. Aquí una de las estrategias más frecuentes es el pluriempleo que generalmente significa un sobre empleo en cantidad de horas de trabajo.
4. La generación de micro-emprendimientos o pequeñas empresas alrededor de su conocimiento profesional que les permitan subir sus ingresos pero correr con los riesgos y los costos de su estabilidad en el mercado.

---

4   Mig-UTN FRA; MIG-UTN Gral Pacheco; MIG-UTN FRRE; MIG-UTN- SC; MIG-UNRC-FI.

Los límites entre la tercera y cuarta clasificación de las trayecto-rias es muy borrosa porque salvo que se realicen estudios detallados de tiempo para poder clasificar a los llamados *emprendedores*, es difícil definir cuándo pertenecen a una u otra tipología. Las similitudes entre el multiempleo y el *emprendedorismo*, sobre todo según la rama o sector productivo son muy endebles.

Se toma como ejemplo un ejercicio realizado por Massetti con el caso de UTN Gral. Pacheco, para observar la distribución del tiempo de trabajo según las formas de contratación predominante en cuatro especialidades de ingeniería, que se dictan en esa regional.

Para tener una idea de las frecuencias típicas en esta Regional, instalada en una zona típicamente industrialista, con concentración importante de automotrices y metalmecánicas, se pueden observar los porcentajes de la situación de empleo en el año 2006, que es un año de expansión económica y sin embargo puede verse que es baja la proporción de trabajo estable.

Cuadro N° 1. Cantidad de empleos de los graduados con relación de dependencia por especialidad

N° de empleos	Especialidad				
	Ingeniería mecánica	Ingeniería eléctrica	Ing. civil y construcción	Lic. en organiz. industrial	Total
1/2 empleos	20,1	15,2	22,2	53,6	26,8
3/4 empleos	30,6	34,8	22,2	35,7	31,9
5/6 empleos	25,4	32,6	11,1	8,9	22,1
7/8 empleos	10,4	10,9	27,8	-	9,4
9 y más emp.	13,4	6,5	16,7	1,8	9,8
Total	100	100	100	100	100 254

Fuente: MIG-UTN-Gral Pacheco, 2006.

Como puede observarse la proporción de uno o dos empleos durante toda la trayectoria está en un promedio del 26,8% si bien en algunas especialidades como Organización 53,6% es mucho más alta que en otras como Eléctrica 15,2%, mientras que es evidente que en algu-nas especialidades como Construcción sigue las temporalidades de los tiempos de obra que se acercan a los dos años y, por lo tanto, la cantidad de empleos es muy superior.

Haciendo el ejercicio de tomar solamente a los que presentan durante su trayectoria empleos por contrato, o sea que no aparecen formas de estabilidad y compatibilizando las bases de Graduados y estudiantes de las cuatro especialidades de la Regional, se observa lo siguiente:

Cuadro N° 2. Situación ocupacional de los contratados según carrera –UTN Regional Pacheco– 2006

Situación ocupacional	Carrera			
	Ing. Mecánica	Ing. Eléctrica	Ing. en Construcciones	Lic. en Organización industrial
Pluriempleo	38,2%	62,5%	50,0%	66,7%
Más de un empleo sin pluriempleo	58,8%	31,3%	50,0%	33,3%
Empleo único	2,9%	6,3%		
Total	100%	100%	100%	100%

Fuente: MIG-UTN-Gral. Pacheco Massetti, bases compatibilizadas, 2006.

Por un lado, estos graduados contratados, que aparecen en porcentajes relativamente escasos, pero cuyas actividades laborales se parecen mucho a la relación de dependencia, a tal punto que se puede considerar que estos graduados con el tiempo se convertirán en estables o sino empleados bajo modalidades muy desfavorables (*monotributistas* o *empleados en negro, o trabajadores independientes para compensar ingresos*), pero es difícil pensar que son *emprendedores*.

Gráfico N° 1. Relación tiempo laborable/tiempo trabajado. Por carrera. En valores relativos

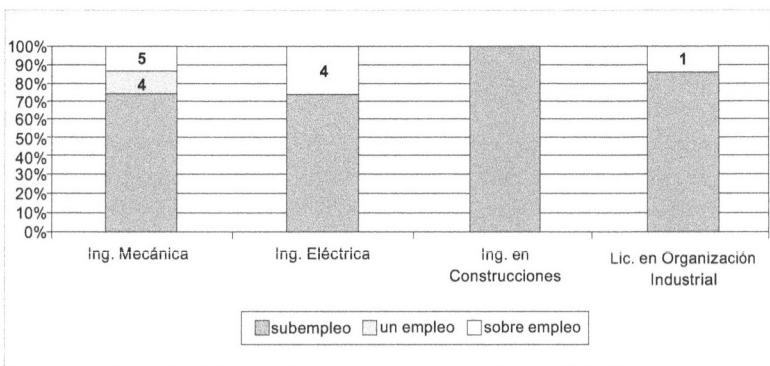

Fuente: MIG-UTN-Gral. Pacheco. Massetti, Bases compatibilizadas, 2006.

También se puede ejemplificar con datos el caso del uso del tiempo de los estudiantes de ingeniería y graduados de las cuatro especialidades de la UTN Gral. Pacheco que definen su trayectoria con la creación de *emprendimientos,* porque ya durante su trayectoria de estudiantes se caracterizaron por el contrato a tiempo determinado y el pluriempleo y la simultaneidad de empleos como estrategia.

Unificando la población, sin discriminar por carrera, los empleos de casi 3 de cada 4 *emprendedores* duran como máximo dos años (para un 12% de ellos hasta 6 meses). De esta manera y en vistas a una definición de los mismos, se sabe ya que los *emprendedores,* es decir, los estudiantes y graduados que en 2006 son emprendedores, tienen muchos empleos de corta duración durante su trayectoria laboral. En un importante grupo de emprendedores (47%) con períodos en los que superponen varios empleos.

Gráfico N° 2. Tipología de intensidad del empleo durante la trayectoria según carrera. En valores relativos

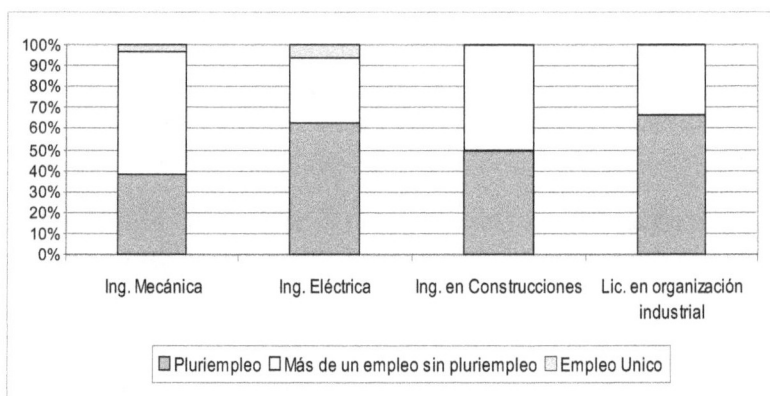

Fuente: MIG-UTN-Gral. Pacheco. Massetti, Bases compatibilizadas, 2006.

Esto se debe a que ninguno de estos empleos es estable y ninguno asegura por sí solo la manutención de los emprendedores o microempresarios y su grupo familiar. También demuestra que no prevalece esta condición de la identificación de una actividad rentable a la que se le aplican las redes sociales, conocimientos y experiencia para lograr el nacimiento de una nueva empresa. Sino que toda oportunidad de ingresos que aparece en el mercado, se asume como trabajo, para lograr aumentar los ingresos y mejorar el nivel de vida, pero no necesariamente todas estas actividades tienen el mismo objetivo, ni contribuyen a crear una empresa, si bien hay actividades que tienen más permanencia que otras, no todas van en una misma dirección. Lo que es evidente es el uso intensivo de la actividad profesional en pos de lograr un mejor nivel de vida aprovechando su calificación. En este sentido, se dice poco de la decisión de ser *microempresario* y –como concluye Massetti– se acerca más a *estrategias múltiples de sobre-vivencia.*

También en el caso de los estudiantes y graduados que deciden una trayectoria de *emprendedores* se puede observar que: Entre los graduados de *Ingeniería Mecánica* de la UTN Gral. Pacheco, en 2006, predominan las trayectorias en las que se suceden una variedad de empleos (sin superponerse). En los graduados de *Ingeniería Eléctrica,* en cambio, las trayectorias de empleos simultáneos o *"pluriempleo".* De la misma manera, para los graduados de *Organización Industrial* el *pluriempleo* predomina en dos tercios de los casos. Quiere decir, que cuando se pueden hacer co-variar las distintas situaciones de empleo de los individuos que tienen *comportamientos emprendedores,* éstos no son homogéneos, sino que tienen comportamientos diferenciados por Carrera y posiblemente distintas características de *emprededorismo.* Es difícil sostener que estas conductas puedan derivar en un incubamiento de empresas, ya se son lábiles y cambiantes y responden muy frecuentemente a la estructura del pluriempleo, más que a la de la conducta emprendedora (Shapero, 1984 y Gartner, 1988).

De esta manera, se puede decir que los *emprendedores* graduados de Ingeniería Mecánica de la Regional Pacheco, acceden a empleos sucesivos; mientras que las otras carreras tienden a acceder a empleos de menor duración, pero simultáneos, más similares al formato de contratación *"por proyectos".* Es decir, la calidad de los empleos de los graduados *emprendedores,* se asemeja más a una estrategia múltiple de aumento de ingresos.

Por esta razón se señala más arriba que los límites entre la tercera y cuarta clasificación de las trayectorias es muy borrosa porque salvo que se realicen estudios detallados de tiempo para poder clasificar a los llamados *emprendedores,* es difícil definir cuándo pertenecen a una u otra tipología.

Es difícil establecer cuando estas situaciones se convierten en una *micro-empresa* o en *una pequeña empresa, una consultora u otra forma jurídica.* Es más fácil sostener que dada la variedad de conductas, estas poblaciones tienen *condiciones personales emprendedoras,* iniciativa y capacidad de innovación, lo cual no siempre deriva en la creación de empresas y analizar en los casos en que realmente se concreta la formación de una *micro o pequeña empresa* cuáles son sus condiciones de viabilidad y permanencia en el mercado.

En el caso de la UTN-Gral Pacheco, en 2006, en que se realiza este relevamiento casi la mitad (42%) de los *emprendedores* trabajan en actividades relacionadas con la industria. La situación ocupacional típica en las trayectorias relacionadas con actividades del ámbito industrial es el *Multiempleo*.

Gráfico N° 3. Graduados emprendedores. Distribución de los empleos por rama

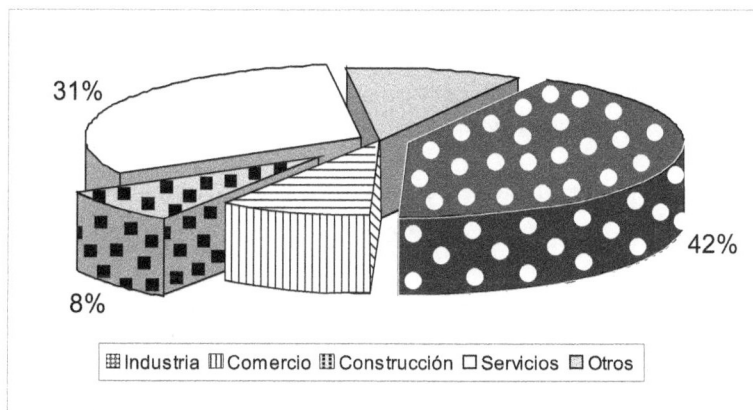

Fuente: MIG-UTN-Gral. Pacheco; Massetti, bases compatibilizadas, 2006.

Los "*Servicios*"[5] por el contrario, presentan trayectorias cuya situación ocupacional se relaciona más con el empleo único. El pluriempleo se reparte en un tercio en Industria, otro tercio en "*servicios*", 15% en comercio y 15% en otras actividades.

En el caso de la *Ingeniería Mecánica* –según Massetti–, donde las trayectorias son más largas tomando la "*industria*" y "*servicios*" como actividades típicas para las *situaciones ocupacionales de pluriempleo*, la concentración es diferente. Los emprendedores de *Ingeniería Mecánica* se concentran alrededor de las actividades industriales (50%); específicamente, uno de cada cuatro en la "*fabricación de herramientas*" (metálicos, maquinarias). Este rubro reúne actividades complejas y específicas, donde la formación de grado es fundamental y al mismo tiempo requiere una importante inversión en maquinarias.

---

5   Se codificaron las siguientes actividades en la variable "*rama*" que se toman aquí como parte de "*servicios*": Servicios. Relaciones y docentes; Servicios prestados; Instalaciones y Servicios. Sociales.

Justamente Gartner (1985) señala cuáles son los factores del contexto que afectan la formación de la nueva organización. Estos tienen que ver con la disponibilidad de capital, las recesiones económicas, la infraestructura y factores de la aparición del mercado, el desarrollo económico y social y la ayuda de las elites socio-políticas, junto con la aceptación cultural.

Seis de cada diez *emprendedores* de Ingeniería *Mecánica* realizan su actividad independiente en sociedad; independientemente de la actividad que realicen. En el otro extremo solo 3 de cada diez *emprendedores* de *Organización Industrial* realizan su actividad en sociedad, como se puede observar en el siguiente gráfico según funcionen en su propio hogar o tengan un local específico para el funcionamiento de la actividad para cada rama o sector productivo.

Gráfico N° 4. Presencia de Socios y sector de la actividad independiente, 2006

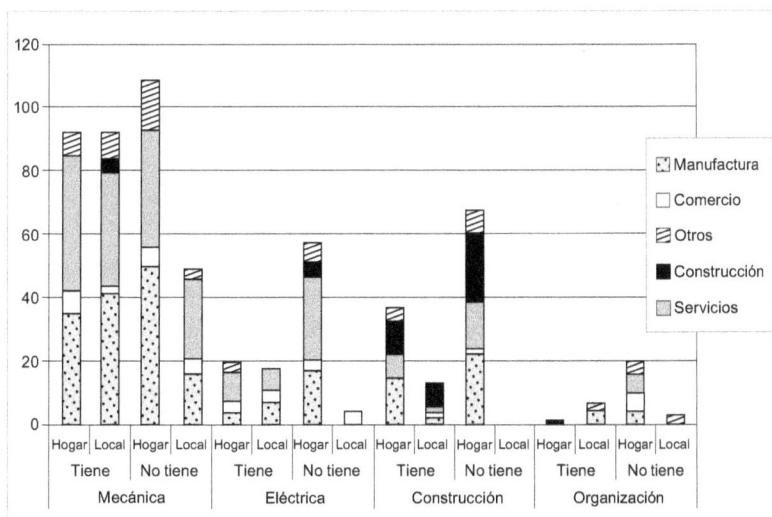

Fuente: MIG-UTN-Gral Pacheco; Massetti, bases compatibilizadas, 2006.

En el cuadro anterior se puede observar un importante subgrupo de los *emprendedores* de *Ingeniería Mecánica* inserto en la industria realiza sus actividades sin recurrir a la capitalización a través de una sociedad, y además realizan sus actividades en su propia casa. Esto coincide con las investigaciones realizadas por otros autores entre los nuevos empresarios exitosos, muestran que prefieren acceder a créditos

familiares o de redes informales, para la inversión en sus emprendimientos, cuando todavía no se sabe si lograrán ser exitosos, que utilizar
las redes bancaria formales (Kantis, Angelelli, Gatto, 2002).

Respecto de la tarea realizada, cuando se observa la situación
ocupacional por rama según carrera, lo que predomina en las trayectorias de este mismo subgrupo de población es el *multiempleo;* es decir
varios empleos sucesivos, pero no simultáneos.

Es preciso aclarar que hay pocos estudios en el medio académico
argentino no solamente para las ingenierías, en realidad, para ninguno de los grupos profesiones más típicos del país y existen contadas
excepciones en que sean comparables por el uso de relevamientos y
métodos similares. Por otra parte, los estudios no son homologables
para todas las profesiones porque priman distintas representaciones
de carrera y son otros los objetivos valorados socialmente en cada
carrera, en las cuales ellas se desenvuelven. Los trabajos genéricos
que abordan este tipo de temática dan cuenta fundamentalmente del
hecho de la ruptura de las trayectorias socio-profesionales o laborales
dadas las condiciones existentes de contratación en el mercado de
trabajo o el nivel educativo. Es decir, trabajan con categorías sociales
más amplias o de determinado nivel de estudios alcanzados.

Gráfico N° 5. Pluriempleo y Multiempleo de los Graduados y estudiantes de las cuatro especialidades con Contratación Independiente por
Rama según carrera. En valores absolutos, 2006

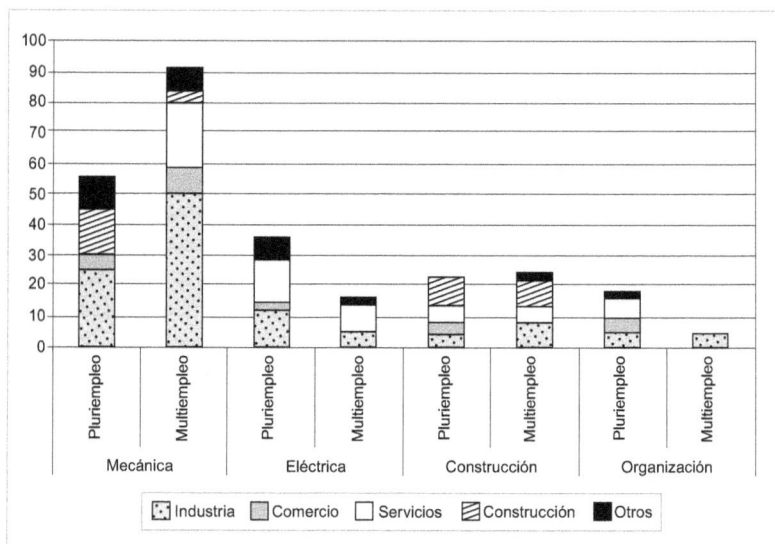

Fuente: MIG-UTN RGP. Massetti, bases compatibilizadas, 2006.

Esto permite suponer, que una parte de los graduados registrados como posibles emprendedores porque realizan actividades independientes en realidad se encuentran bajo modalidades de contratación ambiguas. Es posible que un segmento de los graduados de mecánica que realizan actividades industriales en su propia casa sin aporte de socios y con trayectorias en las que prepondera el *Multiempleo* sean en realidad empleados de alguna empresa que los obliga a facturar como *monotributistas*. En esta situación se encontrarían 22 graduados (un tercio de la base compatibilizada) de los cuales 12 son graduados de *Ingeniería Mecánica* (poco menos del 20% del total).

En cambio, se pueden considerar *emprendedores propiamente dichos* los que ya se han capitalizado, realizando su actividad en locales específicos y en sociedad. Por otra parte, una franja intermedia de *emprendedores posibles* cuya actividad presenta bajos niveles de capitalización (ubicados en la propia casa).

Tanto el pluriempleo como la simultaneidad de los empleos solo pueden ser captados por los estudios de trayectorias con técnicas longitudinales y solamente profundizando los estudios de empleo del tiempo, colaborar con definir estas categorías nuevas de empleo profesional que surgen en el mercado de trabajo.

En cuanto a la metodología se utilizan técnicas longitudinales y entrevistas biográficas (Panaia, 2006)[6] que permiten hacer un primer barrido de los parámetros que usan los propios graduados para calificar sus expectativas y representación de su experiencia profesional, tanto referida a las dificultades para construir la trayectoria profesional, como la realización de sus expectativas y la percepción de la solidez de la formación recibida[7].

El concepto básico que se trabaja es el de *estrategia profesional* (*Profesional Proyect*) (Sarfatti Larson, 1977), con el que se trata de nombrar los procesos históricos por los cuales ciertos grupos profesionales llegan objetivamente a establecer un monopolio sobre un segmento específico del mercado de trabajo, al hacer reconocer su experiencia por el público, con la ayuda del Estado. Más que de estrategias individuales se trata de *estrategias colectivas* llamadas también objetivos. Esta es una estrategia histórica de constitución de un mercado profesional y no del ejercicio individual de una actividad profesional, está vinculada con las Asociaciones Profesionales y los Centro de control de la profesión.

---

6   Todos los estudios sobre las ingenierías articulan un método de relevamiento cuantitativo con una entrevista biográfica en profundidad.

7   Estos datos están referidos específicamente a la Universidad Tecnológica Nacional, que es la Facultad que produce mayor cantidad de ingenieros del país.

Como se señala más arriba, el concepto básico que se indaga es el de *estrategia profesional* (*Profesional Proyect*) (Sarfatti Larson, 1977) con el que se trata de nombrar los procesos históricos por los cuales ciertos grupos profesionales llegan objetivamente a establecer un monopolio sobre un segmento específico del mercado de trabajo. Siguiendo las contribuciones de Sarfatti Larson (1977) ya mencionadas la profesionalización es sustancialmente una estrategia puesta en acto por los miembros de una ocupación o de una parte de éstos, constituida por dos procesos: un proceso de creación y control del mercado de los servicios profesionales y un proceso de movilidad social colectiva, es decir, de elevación de la posición detenida de los miembros de la ocupación en la estratificación social. La movilidad social colectiva representa un objetivo obvio para una estrategia ocupacional.

Esta imagen llevada a la empresa, no obstante, sufre modificaciones, que no aparecen en el proceso de socialización universitario y que genera crisis de tipo identitario cuando se trata de integrar el proyecto personal al proyecto de la empresa. Estas carencias tienen que ver con la autonomía, la espontaneidad, la movilidad, la capacidad rizomática, la pluri-competencia, la convivencialidad, la gestión del tiempo, las necesidades familiares, la apertura a los otros y a las novedades, la disponibilidad, la creatividad, la intuición visionaria, la sensibilidad ante las diferencias, la capacidad de escucha con respecto a lo vivido y la aceptación de experiencias múltiples, la atracción por lo informal, y la búsqueda de contactos personales (Boltanski y Chapiello, 1999).

Otra cuestión a tener en cuenta es que hay tres variables que modifican las decisiones típicas de estas trayectorias que son el sexo, porque los tiempos dedicados a la profesión difieren mucho entre los hombres y las mujeres, sobre todo por sus responsabilidades reproductivas; el ciclo de vida, por las responsabilidades que se deben afrontar en cada una de ellas y el desarrollo de las fuerzas productivas en las rama de ejercicio (estrategia productiva-formas de contratación-desarrollo tecnológico).

De hecho la instalación de las diferentes formas de flexibilidad en el mercado de trabajo (horario y salarial), en la organización del proceso de trabajo (particularmente la ruptura de la cadena fordista) y en las formas de contratación (precarización y contratación por tiempo determinado) se muestra la necesidad de plantear una visión más global de la articulación entre los tiempos de trabajo y los restantes tiempos sociales, tomando en cuenta por lo menos las temporalidades en la empresa, en la familia y en la vida urbana o en el traslado de la vivienda al trabajo.

Reflexiones finales

De la experiencia realizada en la Universidad Tecnológica Nacional podemos concluir las formas de flexibilización del mercado de trabajo profesional y la organización de sus propios tiempos de trabajo de los profesionales de la ingeniería, permiten tipificar sus modalidades de inserción y en alguna medida poner en tensión su propia identidad profesional.

La identidad de los ingenieros se pone en tensión de diferentes maneras, que tienen que ver con la constitución de sus propias trayectorias. En primera instancia la trayectoria laboral truncada o con frecuentes bifurcaciones es el escenario más reiterado de la carrera profesional del ingeniero tecnológico argentino. La exclusión de trayectorias continuas o de largo plazo, condiciona frecuentemente el multiempleo y la secuencia frecuente de contrataciones de corta duración, a veces en simultaneidad y/o la asociación de ingenieros en pequeñas empresas consultoras o al frente de emprendimientos empresarios de pequeñas y medianas empresas con trayectorias de suerte diversa en el mercado. El rol de los ingenieros en los cargos directivos, como consultores independientes y en tareas de asesoramiento por contrato es ampliamente conocida en nuestro país y muchas veces desgastante de su potencial de acumulación de conocimientos en función del crecimiento.

La exclusión de tareas de concepción y diseño en algunas de las ramas de tecnología avanzada, limita el rol de los ingenieros a la operación y allí los perfiles de calificación demandados son similares a los de un técnico u otros profesionales intermedios, mientras que el ingeniero o queda sub-ocupado o se limita a las funciones de ajuste de la máquina. Más limitada aun es la posibilidad de inserción de la mujer ingeniera (Panaia, 2015, 2017, 2018; Iavorski Losada, 2015), frecuentemente descalificada en sus conocimientos y capacidades de mando por su género. La dimensión promedio de las empresas que las demandan, limita sus promedios de ingresos, multiplicando sus estrategias de empleo o diversificándolas hacia otras actividades para complementar ingresos, ya sea docencia, comercialización o incluso administración y venta.

Lo que interesa remarcar , a nivel metodológico, es la importancia de que también exista un acompañamiento de *los sistemas de captación estadísticos*, con *metodologías que logren describir el desarrollo longitudinal, a través del tiempo, de las trayectorias profesionales*, para comenzar a dar un principio de respuesta a preguntas claves en el desarrollo de este campo del conocimiento, que constituyen un desafío porque implican tanto construir herramientas teóricas como metodológicas y estadísticas y ponerlas a prueba. La experiencia de los Laboratorios MIG en este campo demuestra que no es posible utilizar un solo tipo de técnicas de análisis, sino que es necesario hacer combinaciones y articulaciones entre técnicas cuantitativas y cualitativas, pero no hay teoría sobre cómo se realiza esta articulación y cuáles son los mecanismos por los cuales esta combinatoria es más correcta.

De manera que se avanza en un terreno poco explorado de la sociología, pero absolutamente necesario para enfrentar el desafío de incursionar en sistemas complejos y diferentes temporalidades propias de los contextos de flexibilización. En el ámbito institucional universitario es frecuente el desorden estadístico, la falta de datos o su manipulación política y esto impide la construcción de información válida.

La constatación de que la competitividad y el logro de la calidad, eje principal en que está centrada actualmente la actividad económica, está apoyada en la capacidad de formar una mano de obra con características diferentes a las actuales, mueve a repensar todo el ámbito institucional, pero fundamentalmente el estado de las relaciones entre empresas y capacitación y entre universidades y formación.

Es evidente que hay una mayor preocupación en las empresas por la capacitación continua y, en cambio, estas preocupaciones varían bastante por región, por sector, por tamaño de empresas y categorías socio-profesionales. Por otra parte, en nuestro país no hay estudios ni datos de bases que permitan evaluar los resultados de esta formación continua, su calidad y sus características, tampoco sobre las consecuencias en la productividad, calidad y eficiencia de los distintos sectores de actividad. Por lo menos esta preocupación no supera contados estudios de casos.

No se han realizado en el país muchos estudios sobre las tendencias más recientes del mercado de trabajo profesional hacia la feminización de los calificados profesionales y tampoco sobre la des-masculinización de este mercado. Se carece de estudios de las características de sus sectores de mercado más cerrados, que mantienen mayor proporción de asalarización y burocratización y de los sectores más flexibilizados y tampoco de las posibilidades emprendedoras de las profesiones con mayor capacidad de innovación. No hay estudios de ingresos profesionales por especialidad ni estudios de desgranamiento universitario. Estas comparaciones podrían proporcionar un mapeo de las zonas de mayor movilidad vertical y horizontal, pero también territorial.

También es importante avanzar en el conocimiento de la distribución estructural de las calificaciones profesionales, por rama y por carácter de la ocupación, así como las condiciones de contratación y de mercado que pueden funcionar como mecanismo de atracción o rechazo de otros profesionales extranjeros.

Por último, el potencial entre los titulados universitarios y los efectivamente ocupados son un importante indicador de las demandas de la estructura productiva y del grado de desarrollo de los países. Las técnicas longitudinales requieren operativos estadísticos con seguimiento a lo largo de varios años, lo cual encarece mucho el sistema y, en las técnicas cualitativas de historia de vida, es difícil lograr buenas articulaciones y un nivel importante de generalizaciones.

Bibliografía

Boltanski, L. y Chapiello, E. (2002) *El nuevo espíritu del Capitalismo*, Madrid, AKAL (Gallimard, 1999).

Bolstanki, L. (1982) *Les cadres. La formation d'un groupe social*, París, Editions de Minuit.

Chanlat, J.F. (1990) "L'individu dans L'organisation. Les dimenions oubliées", Université Laval. (s/d).

Bouffartigue, P. y Gadéa, Ch. (1997) "Les ingenieurs français-spécificités nationales et dynamiques récentes d'un groupe professionnel", *Revue Française de Sociologie* XXXVIII (pp. 301-326).

Gartner, W.B. (1988) "Who is an entrepeneur? Is the wrong question", *American Journal of Small Business*, vol. 12 (pp. 11-32).

Gartner, W.B. (1985) "El marco conceptual para describir el fenómeno de la nueva creación de la empresa", Academia de la Revisión de la Gerencia, S. Louis University John Cook, School of Business (pp. 696-706).

Giré; Béraud y Déchamps (2000) "Les ingénieurs identités en questions", ESCHIL-INSA de Lyon, enero.

Iavorski Losada, I. (2015) "Mujeres ingenieras, una minoría en las Universidades Tecnológicas. El caso de la UTN-FRA", en Panaia, M. (coord.) (2015), *op. cit.*

Kantis, H.; Angelelli, P. y Gatto, F. (2002) "Nuevos emprendimientos y emprendedores: de qué depende su creación y supervivencia? Explorando el caso argentino" (mimeo), Universidad de Gral. Sarmiento.

Kosacoff, B. (ed.) (1998) *Estrategias empresariales en tiempos de cambio*, Buenos Aires, CEPAL/UNQUI.

Lanciano, C. y Nohara, H. (1995) *Socialisation des ingenieurs et construction de leurs competences. Au Japon, en Allemagne, en France et en Grande-Bretagne. France*, Paris, L'Harmattan.

Linhart, D. (2013) *Trabajar sin los otros*, Valencia, Universitat de Valéncia (Primera Ed. *Travailler sans les autres?* Paris Ediciones du Seuil, 2009).

Massetti, A. (2006) "Trayectorias laborales de la población estudiantil. El uso del SPSS, en el procesamiento de sistemas de medición longitudinal para las trayectorias de empleo continuo", DT N°3, UTN RGP, abril.

MTSS (2007) *Estructura productiva y empleo. Un enfoque transversal*, Buenos Aires, Miño y Dávila, noviembre.

ME (2010) "Anuario", Argentina, SPU.

Panaia, M. (2006) *Trayectorias de Ingenieros Tecnológicos. Graduados y alumnos en el mercado de trabajo*, Buenos Aires-España, Miño y Dávila, marzo.

Panaia, M. (coord.) (2011) *Trayectorias de graduados y estudiantes de ingeniería*, Buenos Aires, Biblos.

Panaia, M. (2015) "El desafío profesional de la mujer ingeniera", en Panaia, M. (coord.), *Universidades en cambio: generalistas o profesionalizantes?*, Buenos Aires, Madrid, Miño y Dávila.

Panaia, M. (coord.) (2018) *Profesión e innovación en un contexto flexible*, Buenos Aires-Madrid, Editorial Miño y Dávila, UBA-UNDAV.

Panaia, M. (coord.) (2017) *De la formación al empleo. El desafío de la innovación*, Buenos Aires-Madrid, Editorial Miño y Dávila.

Panaia, M.; Massetti, A. y Formento, M.C. (2006) "Trayectorias de emprendedores tecnológicos en una zona industrializada", Doc de Trabajo N° 4, MIG-UTN Gral. Pacheco, junio.

Peretti, J.M. (1992) "Cadres: la grande peur de l'an 2000", *Stratégies ressources humaines* N° 3 (pp. 51-58).

Sabel, C. (1985) "La división del trabajo en la industria", España, Ministerio de Trabajo y Seguridad Social.

Sarfatti Larson, M. (1977) *The Rise of Professionalism*, Berkeley, University of California Press.

Shapero, A. (1984) "The entrepreneurial event", en Kent (eds.), *The enviroment for entreprenurship*, Lexington Press.

Parte III

Metodologías y fundamentos del uso del tiempo

Introducción

Del concepto de tiempo social a las estrategias de su abordaje

Andrea Delfino

L a noción de tiempo social fue utilizada por primera vez en el campo de la teoría social en unos pocos párrafos de la obra de Emile Durkheim *Las formas elementales de la vida religiosa*. Esta obra, publicada por primera vez en 1912, constituye un verdadero Big Bang en la medida en que inaugura el campo de reflexión sobre la problemática del tiempo en la teoría social. Hasta ese momento la reflexión sobre el tiempo había estado en manos de la filosofía.

El elemento central del análisis durkheimiano sobre el tiempo se centra en considerarlo una representación colectiva. Es el ritmo de la vida social lo que está en la base de la categoría. Así, el calendario ritual es el que tiene la función de garantizar la regularidad de las actividades sociales y de plasmar la vida colectiva. El calendario es la materialización de las constricciones colectivas sobre el individuo, y, de forma más específica, es la materialización de las constricciones temporales. Esta identificación entre tiempo y calendario (u otro sistema de cómputo temporal) enlaza de forma casi sinonímica la problemática del tiempo a los aspectos cronológico-duracionales.

Pensar al tiempo de esta manera supone concebirlo como algo externo, previo y constrictivo en relación a cada individuo en particular; es decir, supone concebirlo como un hecho social (Elias, 1998; Ramos Torre, 1990). En este marco, el tiempo es tanto derivado de la sociedad como dictado/construido en sociedad (Gell, 1996).

El análisis de Durkheim abrió un importante debate relacionado con los orígenes sociales y con las funciones de la categoría tiempo, así como también, sobre cómo el tiempo social puede ser distinguido y diferenciado del tiempo astronómico. Sin embargo, estas ideas permanecerán en un relativo aletargamiento hasta 1937, año en que se publica en los Estados Unidos el artículo de Sorokin y Merton *El tiempo social: un análisis metodológico y funcional.*

Para los autores el cómputo del tiempo basado en premisas físicas transcurre inexorablemente en unidades relativamente homogéneas, mientras que el tiempo social se despliega con diversos ritmos; a veces rápidamente, a veces con lentitud, y, a veces, con interrupciones (por ejemplo, el sueño y las vacaciones). Así, el tiempo social puede ser dividido en intervalos derivados de las actividades sociales colectivas en lugar de mostrar flujos uniformes. La tendencia de los grupos es a localizar en el tiempo los acontecimientos sociales en relación con otros acontecimientos o períodos sociales y a utilizar los mecanismos del cómputo temporal exclusivamente físico simplemente para "*marcar el tiempo*" entre los acontecimientos sociales de interés. Tributarios de los principios durkheimianos básicos, los autores subrayan la idea de que los sistemas de cómputo temporal reflejan las actividades sociales del grupo.

Si bien la obra programática de Sorokin y Merton reclamó, de forma temprana y siguiendo el camino emprendido por Durkheim, al tiempo como un objeto de estudio propio dentro de la teoría social en la medida en que lo proveyeron de un carácter sociocultural, no fue sino hasta la década del 60 cuando la problemática comienza a tener un abordaje más sistemático dentro de la teoría social.

Desde la perspectiva de Ramos Torre (1990), lo que se entiende por tiempo social nunca se precisa mucho y tal vez lo más claro es que, si se atiende estrictamente a la evidencia presentada a favor de la idea, sus sentidos son variados. El autor encuentra tres sentidos fundamentales:

1) la identificación entre tiempo social y relojes sociales, es decir, los sistemas de computación del tiempo –que permiten discriminar momentos-fechas y medir intervalos– en los que se utilizan tan sólo acontecimientos y procesos sociales;

2) por tiempo social se denominan a las variadas utilizaciones del tiempo, es decir, al modo en que el formar parte de grupos sociales de distinto tipo determina el uso del tiempo de los humanos; y

3) de una manera más genérica que puede englobar a las dos anteriores; el tiempo social es presentado como la ordenación temporal de los procesos sociales y acontecimientos sociales, es decir, la manera específica que tienen las sociedades humanas de ordenarse temporalmente.

Estos tres sentidos de la noción de tiempo social contienen en su interior una característica central y, sin lugar a dudas, indiscutida: el carácter plural del tiempo. Para Valencia García (1999, 2007), la idea de pluralidad temporal representa una estrategia para el tratamiento de la realidad socio-histórica. La distinción entre tiempos estructurales y episódicos, entre ritmos dilatados y ágiles, entre la secuencia y la simultaneidad, permite poner en juego la permanente tensión entre sincronía y diacronía, entre necesidad y azar, entre determinismo y libertad. La idea de multiplicidad del tiempo admite, además, la incorporación de la *"subjetividad sobre el tiempo"*, tanto como la del *"tiempo de la subjetividad"* de los actores del mundo real: su riqueza de percepciones temporales, sus memorias y olvidos, sus esperanzas y proyectos.

En este sentido, el tiempo no es uno y siempre el mismo, sino múltiple en sus manifestaciones, lo que abre la posibilidad de construir tipologías de tiempos y eventualmente narrar sus historias y coexistencias (Ramos Torre, 1990), y de reconocer la trama de temporalidades y de ritmos que se conjugan en una realidad concreta (Valencia García, 1999, 2007).

Fuertemente engarzados en esta idea, Lewis y Weigert (1992) consideran que el tiempo social impregna todas las esferas de la vida social y que esta infiltración puede estructurarse teóricamente mediante la identificación de los diferentes tipos de tiempo social que operan en los distintos niveles de la estructura social. Esta idea constituye el punto de partida para el desarrollo de una *"tipología constructivista"* de los tiempos sociales. En este sentido, el tiempo personal y el tiempo de interacción forman parte del micro-nivel de la organización social. En tanto, el tiempo organizacional o institucional y el tiempo cíclico se alojan en el nivel macro de la organización socio-temporal.

Dentro de esta tipología, el tiempo social es interpretado como una modalidad de sentido humana elaborada en los procesos de interacción, limitada por las realidades físicas del organismo y la naturaleza y estructurado en las instituciones y organizaciones de cada sociedad. Para Lewis y Weigert (1992), tres rasgos del tiempo social constituyen el núcleo de esta tipología:

1) *Encaje*: es el reconocimiento de que la vida humana y las acciones sociales que la componen forman un complejo solapamiento de acciones y sentidos en diversas etapas de su realización. Funciona como un mecanismo que hace plausible la experiencia de continuidad del yo, de una identidad permanente que pasa por situaciones diferentes. En la sociedad moderna, está limitado a las

realidades mundanas del curso de la vida, la carrera, los horarios institucionales y los planes personales; ofrece una continuidad de la subjetividad y del yo más precario, pero es el único tiempo de plausibilidad a disposición del hombre moderno.

2) *Estratificación*: es el rasgo central estructurador de la vida humana y opera como un mecanismo que hace plausible la experiencia del autocontrol y del control social como realidad única. La objetividad de la vida humana se deriva, en parte, de sus localizaciones en la estratificación de los tiempos sociales, en los cuales el yo actúa en ocasiones como un individuo libre, en otras observando los horarios del Estado y en otras cumpliendo el programa previsto para una carrera en una institución.

3) *Sincronicidad*: Es una derivación del encaje temporal y la estratificación y opera como un mecanismo para hacer plausible la racionalidad de la acción y la planificación humanas. La racionalidad supone el ordenamiento de las acciones y expectativas como medio para alcanzar objetivos futuros. Este ordenamiento es un producto intersubjetivo: la racionalidad es esencialmente una realidad pública por medio de la cual un cierto número de individuos entiende el futuro del mismo modo. Sincronizar la propia vida es una realización pública que funde la individualidad insalvable de la experiencia personal, formada por tiempo encajado, con la colectividad irreductible del orden social, constituido por los tiempos sociales estratificados.

Centrar la mirada en el análisis de las temporalidades sociales permite comprender, a través de una perspectiva de largo plazo, la relevancia que ocupa una actividad en la vida social y la temporalidad intrínseca que la misma supone. En este sentido y tal como lo señalaba Elías (1998) el tiempo puede ser pensado como una *"síntesis compleja"*.

Tal como ya señaláramos en esta obra, la sociedad industrial y su –intrínseca– noción del tiempo, a la vez que consagran como hegemónica una noción determinada y específica de trabajo, instauran un esquema de organización del tiempo que moldea y es moldeado por esa noción de trabajo. Este proceso conlleva la entronización de la idea de trabajo con una significación homogénea, mercantil y abstracta cuya esencia es el tiempo.

Este proceso contiene tres características básicas. La primera supone el deber y la obligación, creados por el capitalismo, en torno al trabajo. La segunda está vinculada a la distribución del trabajo al interior del proceso productivo y sus implicancias en relación al tiempo de trabajo. Finalmente, la última característica se vincula con la incapacidad de reducir el tiempo necesario para la reproducción física, social y mental de los trabajadores y sus familias (Dedecca, 2004).

La hegemonía del tiempo económico no puede ocultar dos cuestiones íntimamente imbricadas: la existencia de tensiones dentro del esquema temporal de la sociedad industrial (Carrasco, 2016a) y la pluralidad temporal (Elías, 1998; Ramos Torre, 1992). Una primera tensión se plantea entre empresarios y trabajadores en relación al tiempo de trabajo. La segunda tensión está vinculada a las desigualdades y asimetrías en torno al uso y a la percepción de los tiempos entre varones y mujeres. En este sentido, es posible señalar que la existencia de un tiempo económico que se caracteriza por ser homogéneo, mecánico y abstracto no colonizó todos los ámbitos de la vida y se mantienen tiempos no susceptibles de ser mercantilizados. El trabajo doméstico y de cuidados no remunerado que se realiza en el interior de los hogares es un ejemplo claro de esa situación. Este tipo de trabajo se caracteriza por su irregularidad, por no suponer horarios fijos y/o repetitivos (aun cuando interactúa con los horarios de las instituciones), por la multiplicidad y diversidad de las tareas que involucra las cuales no procuran la obtención de un beneficio sino el bienestar de las personas (Delfino, 2015).

Como es posible observar "*los tiempos*" constituyen un aspecto central de la vida en sociedad, sin embargo las perspectivas dominantes de las disciplinas sociales han legitimado sólo aquellas investigaciones vinculadas al tiempo cuantitativo medido en unidades del reloj mecánico o el calendario, invisibilizando y desvalorizando los tiempos que caen fuera del ámbito mercantil, los cuales no son cuantificables y están sujetos a las relaciones humanas. Estos tiempos contienen una serie de aspectos subjetivos y emocionales imposibles de evaluar de forma cuantitativa (Carrasco, 2016a y 2016b).

El esquema temporal antes descrito se ha modificado crecientemente desde la década del 70. A partir de ese momento se inaugura una etapa que supone una profunda redistribución de la renta y de la riqueza y también de los tiempos y de los trabajos. Este nuevo esquema de uso global del tiempo tiende a inducir modificaciones en la distribución social de la riqueza (Dedecca, 2004). En este sentido es posible señalar que cualquier perspectiva temporal sobre la dinámica de la división social de las actividades en el momento actual no puede omitir un doble elemento: el desempleo masivo y el deterioro del trabajo (Bouffatigue, 2007). Los dos elementos sustantivos de este deterioro del trabajo vienen dados por la introducción de las denominadas formas contractuales *"atípicas"* y por los procesos de intensificación/densificación de los ritmos de trabajo.

El tiempo económico profundiza la subordinación de los otros tiempos –de cuidados, de estudios, de reproducción– y actúa ejerciendo una creciente presión sobre el tiempo disponible de la población. El proceso de reestructuración productiva y las transformaciones en las funciones del Estado conllevan el aumento de las horas invertidas en el trabajo doméstico y de cuidados no remunerado. Por su parte la flexibilidad de la jornada de trabajo rompe con las rutinas y los horarios máximos, conllevando tensiones tanto al tiempo requerido para las actividades de reproducción, ocio y estudios.

Las crecientes tensiones que muestra este nuevo cuadro temporal abren también una serie de desafíos en términos metodológicos. Esta sección se propone brindar algunos caminos metodológicos plausibles para analizar los rasgos temporales que exhiben los variados aspectos de la realidad social, es decir que exhiben los procesos sociales y, en este sentido, abren la posibilidad de dar cuenta de cómo las transformaciones operadas a nivel global impactan en el cotidiano de los sujetos jerárquicamente posicionados en toda la estructura de la sociedad.

Bibliografía

Bouffatigue, P. (2007) "División sexuada del trabajo profesional y doméstico. Algunos apuntes desde la perspectiva temporal", en Prieto, C. (ed.), *Trabajo, género y tiempo social* (pp. 111-127), Barcelona, España, Hacer Editorial-Editorial Complutense.

Carrasco, C. (2016a) "Tiempos en conflicto, sociedades insostenibles, diálogos necesarios", *Revista de Economía Crítica* (22), 108-125.

Carrasco, C. (2016b) "El tiempo más allá del reloj: las encuestas de uso del tiempo revisitadas", *Cuaderno Relaciones Laborales* 34(2), 357-383. doi: 10.5209/CRLA.53433.

Carrasco, C. y Recio, A. (2014) "Del tiempo medido a los tiempos vividos", *Revista de Economía Crítica* (17), 82-97.

Carrasco, C. y Domínguez, M. (2003) "Género y usos del tiempo: nuevos enfoques metodológicos", *Revista de Economía Crítica* (1), 129-152.

Dedecca, C.S. (2004) "Tempo, trabalho e gênero", en Costa, A.; Menicucci de Oliveira, E.; Bezerra de Lima, M.E. y Soares, V. (org.), *Reconfiguração das relações de gênero no trabalho* (pp. 21-52), São Paulo, Brasil, CUT.

Delfino, A. (2015) "Programas de transferencias monetarias condicionadas y temporalidad social. Un análisis del Programa Jefes y Jefas de Hogar Desocupados y su incidencia en el uso del tiempo de la población beneficiaria", Tesis de doctorado en Ciencia Política, Facultad de Ciencia Política y Relaciones Internacionales, Universidad Nacional de Rosario, Argentina.

Durkheim, E. (2003) *Las forma elementales de la vida religiosa*, Madrid, España, Alianza, Madrid (Edición original: 1912).

Elías, N. (1998) *Sobre o tempo*, Rio de Janeiro, Brasil, Jorge Zahar Editores.

Gell, A. (1996) *The anthropology of time: cultural constructions of temporal maps and images*, Washington, D.C., United States of America, Berg, Oxford.

Lewis, D. y Weigert, A. (1992) "Estructura y significado del tiempo social", en Ramos Torre, R. (comp.), *Tiempo y Sociedad* (pp. 89-132), Madrid, España, Centro de Investigaciones Sociológicas (CIS) y Siglo XXI (Edición original del artículo: 1981).

Ramos Torre, R. (1990) "El calendario sagrado: el problema del tiempo en la sociología durkheimiana (y III)", *REIS* (49), 77-102.

Ramos Torre, R. (1992) "Introducción", en Ramos Torre, R. (comp.), *Tiempo y Sociedad* (pp. VII-XXIII), Madrid, España, Centro de Investigaciones Sociológicas (CIS) y Siglo XXI.

Sorokin, P. y Merton, R. (1992) "El tiempo social: un análisis metodológico y funciona", en Ramos Torre, R. (comp.), *Tiempo y Sociedad* (pp. 73-88), Madrid, España, Centro de Investigaciones Sociológicas (CIS) y Siglo XXI (Edición original del artículo: 1937).

Valencia García, G. (1999) "El tiempo social: una dimensión fundante", *XXII Congreso de la Asociación Latinoamericana de Sociología*, Concepción, Chile, del 12 al 16 de octubre.

Valencia Garcia, G. (2007) *Entre cronos y kairós. Las formas del tiempo sociohistórico*, Ciudad Juárez, México, Anthropos.

Capítulo 10

Tiempos de trabajo y Tiempos de producción: Nuevos desafíos[1]

Marta Panaia

Introducción

La presente es una reflexión sobre las transformaciones sufridas por la regulación de los tiempos de trabajo y las dificultades de su medición en la medida en que existen pocos acuerdos estadísticos sobre cómo medir las nuevas modulaciones de la duración del trabajo.

La generalización de horarios irregulares de trabajo, el teletrabajo, el trabajo virtual, el trabajo en plataformas, las formas de trabajo por objetivo y el trabajo flexible, el trabajo colaborativo, el trabajo en disponibilidad con "0" hora asegurada de trabajo, hace que la noción de duración del trabajo tienda a desaparecer, a perder sentido, o a ponerse en cuestión la idea de *tiempo socialmente necesario* como medida de la producción, pero ¿cuáles son las nuevas normas dominantes y cómo sería posible asegurar una medición razonablemente apoyada en indicadores empíricos, de estas nuevas formas de extensión temporal del trabajo?

En base a varios años de observación en plantas industriales y de servicios, así como en varios campos de relevamiento de datos realizados en distintas regiones argentinas (Río Cuarto, Capital Federal, Gral. Pacheco, San Luis)[2] relevados todos entre 2000 y 2010, se pro-

---

1 Se revisitó Panaia, M. (2015) "Tiempos de trabajo y desafíos de su conceptualización y cuantificación en la etapa actual" en Panaia, M. (Coord.) (2015) *Universidades en cambio: ¿generalistas o profesionalizantes?*, Buenos Aires-Madrid, Miño y Dávila Editores-UBA-UNRC-UTN-FRRE y "El desafío de incorporar la medición de la duración del empleo en el mercado de trabajo" publicado en *Lavboratorio* Año VI N° 17/18. Otoño/Primavera (pdf *on line*).

2 Estos datos fueron recolectados en los diferentes Laboratorios MIG que se encuentran funcionando en el país.

pone una categorización que puede resultar de utilidad para la cuantificación y codificación de las nuevas características de esta variable.

La Argentina carece de estadísticas sistemáticas sobre el mercado de trabajo profesional, de manera que es bastante difícil hacer análisis confrontando las diferencias entre el mercado interno de las empresas y el comportamiento del mercado de trabajo profesional, sus estadísticas transversales son pobres y con problemas de completud y sus relevamientos son sumamente limitados en cuanto a trayectorias de los graduados en el mercado de trabajo, con posterioridad a la graduación, donde el *concepto de duración* y la *medición del tiempo de duración de los empleos* es considerado crítico en la actualidad. También resulta bastante complejo seguir estos egresados cuando se incorporan al mercado de trabajo de las empresas ya que tampoco éstos se pueden vincular estadísticamente con metodologías que tengan una *perspectiva temporal y genética* y que permitan superar el esquema de la economía aplicada para articular los aportes de la economía del trabajo[3].

En ese ámbito solo se pueden encontrar estudios de caso, realizados con variados marcos teóricos y estadísticos, que si bien resultan pioneros a la luz de la carencia sistemática, alumbran poco sobre el fenómeno a nivel nacional. Los datos relevados por el Ministerio de Educación sobre los egresados con título universitario no tienen ninguna continuación posterior a su egreso, de manera que una vez que salen del sistema, es difícil saber sus trayectorias y las formas de su inserción en el mercado de trabajo, menos aún hacer un seguimiento de sus carreras de empresa.

De esta forma son muy pocos los datos que permiten evaluar la secuencia de comportamiento de los titulados universitarios en el mercado de trabajo y sobre todo las *secuencias continuas de empleo* (Eckert, 2001) que son las que permitirían establecer criterios respecto a la estabilidad de los mismos.

Cuando se trata de abordar realidades sociales tan complejas como la flexibilización de la norma temporal, la inserción en el mercado de trabajo de los profesionales, el abandono del sistema educativo, los pro-

---

3   Si bien este debate queda fuera de los límites acotados de este trabajo, es muy pertinente al mismo, ya que no se trata de una reflexión sobre la teoría económica aplicada, sino sobre la economía aplicada (particularmente al mercado de trabajo), porque la primera es un ejercicio que permite aplicar la teoría y no se utilizan variables fuera de la teoría, mientras que en la economía aplicada, lo que domina es el problema y cualquier herramienta es válida. Por eso los campos aplicados son eclécticos y muchas veces utilizan herramientas que teóricamente están en contradicción. Esta resolución de problemas prácticos tiene un horizonte limitado, de manera que hay que apuntar a resolver contradicciones de la teoría en el plano de la vinculación micro-macro. Cf. Piore, M. (1983).

cesos repetidos de desempleo, las relaciones entre distintas cohortes o generaciones y aún las relaciones intra-generacionales, donde la medición del tiempo se hace indispensable para comprender la estabilidad de las trayectorias, se presentan tres tipos de obstáculos: *un obstáculo de tipo ideológico* que deriva del tipo de marcos teóricos impuestos en los análisis de la relación educación-trabajo, muy relacionados con la teoría del capital humano, las hipótesis credencialistas y enfoques cuantitativistas frecuentes en educación.

Un *segundo tipo de obstáculos* deriva de la aplicación de modelos deductivos asociados a los análisis económicos, aplicados a la sociología, que desconocen la construcción de teoría tomando como base los datos de la realidad (Glaser y Strauss, 1964). Por último, *un tercer obstáculo* de tipo metodológico se deriva de la falta de cuestionamiento sobre los métodos usuales de medición del tiempo frecuentes en Ciencias Sociales, donde la variable que es siempre discreta, se trata como continua. El cambio que se ha producido en el sistema productivo por la implementación de construcciones jurídicas, y sociales distintas a la típicamente fordista, no han sido incorporadas a las formas de medición condicionando fuertemente los resultados obtenidos.

La generalización de horarios irregulares de trabajo, así como las nuevas modalidades mencionadas, modifica la noción de duración del trabajo, pero ¿cuáles son las nuevas normas dominantes y cómo sería posible asegurar una medición razonablemente apoyada en indicadores empíricos, de estas nuevas formas temporales del trabajo?

Las nuevas normas temporales del trabajo

Este trabajo, intenta asumir el desafío de construir conceptos y modelos capaces de explicar prácticas sociales y trayectorias que se desenvuelven en el tiempo, contemplando al mismo tiempo el conjunto de relaciones sociales que van variando con ellas. Esto supone un análisis de tipo genético y esto es imposible sino se introduce la *medición del tiempo*, lo cual implica un desafío metodológico y matemático.

Para ello, los estudios de datos transversales resultan muy limitados y las propuestas econométricas del tipo LOGIT, suelen tratar el tiempo como una constante, lo cual limita mucho las interpretaciones de los datos. Se considera necesario actualizar las propuestas estadísticas con recolecciones de datos de tipo longitudinal y, al mismo tiempo, integrar los datos de tipo cuantitativo con la recolección de datos de tipo cualitativo, articulados desde la recolección e incluyendo un modelo de procesamiento de los datos que respete la recolección longitudinal, para facilitar el análisis[4]. Si se avanza en uno de estos tramos, sin avanzar en los otros, se siguen utilizando modelos fotográficos de procesamiento con instrumentos pensados para la captación longitudinal o se ven obligados a utilizar más de un instrumento y más de una forma de procesamiento, lo cual cuanto menos complejiza el análisis. Los distintos esquemas teóricos habituales en los análisis de la relación formación trabajo tampoco proveen de análisis de tipo longitudinal que puedan ser capitalizados en una experiencia como la que se expresa en este caso[5].

También en las formas de procesamiento la utilización de técnicas econométricas cercena habitualmente la posibilidad de articular con los datos cualitativos y obvia el tratamiento de ciertas variables, como el *tiempo* que se tratan como supuestos[6].

---

4   Las experiencias realizadas en otros campos del conocimiento como los análisis del sector informal, permiten afirmar que en los estudios de situaciones muy heterogéneas, donde predomina la diversidad, la captación estadística no es suficiente para comprender y explicar la riqueza de un fenómeno social dado y es necesario apelar a una combinatoria de ambos métodos. En este caso, se agrega la necesidad de captar trayectorias o itinerarios que pueden ser de corto plazo, pero significativos por su repercusión en la vida laboral.

5   En general el Programa de Investigación sobre el Capital Humano realiza estudios transversales o de series temporales, agregados por cohortes. Solo dos o tres estudios han utilizado datos longitudinales o verdaderamente individualizados. El ejemplo más reciente es el que hizo Fägerlind (1975) que se hizo el seguimiento de 15.000 individuos de Malmö (Suecia) desde la edad de 10 años en 1938 hasta la edad de 43 años en 1971 para medir sus coeficientes intelectuales con un test de inteligencia a los 10 y 20 años comparados con sus logros durante el proceso de escolarización, luego se siguieron sus carreras ocupacionales y sobre sus ingresos sin la deducción de impuestos. Luego se realizó un *análisis de senda* con regresión lineal con variables estandarizadas, pero se añadieron términos de interacción en un esfuerzo por llegar de alguna manera a un modelo multiplicativo. Este estudio contradice uno anterior de Jendes que concluye que ni las características familiares, ni las calificaciones cognitivas, ni los logros educativos, ni el estatus ocupacional explican en gran parte la renta de los hombres (Cf. Blaug, 1983).

6   Se refiere especialmente a una Encuesta de Graduados del mismo tipo de la que motiva estas reflexiones que se realiza en España, para el país vasco con procedimiento polietápico, con muestras estratificadas por municipios y luego rutas aleatorias y cuotas por sexo, edad y experiencia laboral. Se toma de 20 a 24 años y de 25 a 29 años. En el año 1992 se tomaron 110.000 casos. Además las variables que tienen que ver con la educación formal, también se integró a la encuesta, la formación adquirida en la empresa codificando el aprendizaje en el puesto de trabajo y la experiencia laboral. Todo se recoge por área del conocimiento codificada. Otro conjunto de variables recoge los tipos de contratos de ocupación, pero o toman el primer empleo y el último, sin mantener continuidad en la secuencia de información o solamente del primero. También se recoge el tamaño de la empresa donde se realiza el empleo (medida por la cantidad de empleados). La única etapa longitudinal de la encuesta está referida a la historia del desempleo, tomando número y duración del tiempo de desempleo y mecanismo con el cual sobrevivió en la etapa. Se incluyen las características socio-económicas del individuo y familia, origen socio-económico, nivel de estudios de los padres, etc., y acontecimientos personales y

Las técnicas de análisis habitualmente utilizadas son de regresión logística dentro de los modelos de elección cualitativa binaria o *"modelos de elección discreta"*, es decir, que permiten transformar una variable discontinua en una variable continua, mediante la asignación de dos valores arbitrarios 0 y 1 que convierten a la variable dependiente en una variable continua para el intervalo 0 y 1 aunque solo puedan observarse los dos extremos y luego se utiliza un modelo de probabilidades para tratar la variable dependiente. Los *modelos logit* se suelen estimar a través de técnicas de máxima verosimilitud ajustando en forma interactiva los coeficientes que se van obteniendo, hasta lograr estimadores consistentes. La varianza tiende a 0 y el número de observaciones a infinito. Luego se hacen una serie de ajustes (por el *chi cuadrado* con "n" grados de libertad). Este tipo de resultados es difícil de articular con recolecciones cualitativas y presenta los datos muy agregados.

El desafío es tratar simultáneamente variables cualitativas y cuantitativas a partir de modelos no lineales para poder cruzar variables organizativas relacionadas con la organización del proceso de trabajo y estructuras sociales con los datos cuantitativos de los graduados o de los profesionales que se insertan en las empresas.

Las trampas de la teoría

Indicadores alternativos fueron propuestos por las teorías económicas que no siempre lograron ser validadas en el terreno empírico, pero que se tomaron como síntoma indiscutible de los avances y el rendimiento de las trayectorias de formación y trabajo: los *salarios*. De hecho, la teoría mencionada de Faërlind no confirma el análisis exitoso de las trayectorias y sí, en cambio, se generaliza el indicador de Mincer, de que la correlación entre la educación y los ingresos es maximizada en el *"punto de adelantamiento" (overtaking)*; con lo cual los estudios sobre trayectorias o carreras de empresa se confunden muchas veces con complejas evaluaciones salariales según puesto ocupado y título obtenido (Blaug, 1983). Ya han comprobado muchos autores sólidamente las limitaciones que tiene la variable salarios para evaluar las diferencias de capital humano y para captar los matices de la variable tiempo que es la que intenta reflexionar este trabajo.

---

familiares que pueden incidir en las decisiones de formación y de trabajo. Cf. García Espejo, Ma. I. (1998).

La duración y la incorporación del tiempo que implican un enfoque más genético, histórico y relacional, son convertidos por las posturas neo-clásicas que apoyan la teoría del Capital Humano, en *leyes naturales*, que desconocen *acuerdos sociales* (Boltanski y Thévenot, 1994) y que se traducen, por ejemplo en este caso, en estudios sobre ingresos como el indicador más adecuado de los logros en la productividad de los estudios y de acceso al mercado de trabajo.

Según el concepto de Mincer de *"adelantamiento"* según la teoría del Capital Humano, todos los individuos que tienen un nivel dado de educación escogen ocupaciones que hacen que el valor actualizado de los ingresos obtenidos durante toda su vida sea el mismo[7]. El momento en el que se minimiza la dispersión de los ingresos se llama el *"punto de adelantamiento"* y Mincer (Mincer, 1958, 1962, 1970 y 1974) muestra que en USA, los años en que se cruzan están agrupados en torno a los 7/9 años después de entrar en la población activa, es decir, entre los 23 y los 33 años de edad, dependiendo del nivel de educación de que se trate. Por cierto, el *"punto de adelantamiento"* es también el punto en el que se maximizan los efectos producidos por la enseñanza formal en los ingresos; en este punto, los rendimientos de las inversiones pos escolares son aproximadamente iguales en ingresos perdidos a sus costes corrientes para los individuos.

El problema que plantea el concepto de *"adelantamiento"* es parecido al de la distinción entre *la formación en el trabajo costosa* y el aprendizaje por experiencia *"no costosa"*, a saber el hecho de que no se observa en los perfiles de ingresos obtenidos durante el ciclo vital por los individuos que ni han invertido en formación post-escolar, ni la han recibido. Mincer supone que estos perfiles de ingresos serán iguales a lo largo de toda la vida laboral y que las tasas de rendimiento de la inversión en enseñanza formal son idénticas a las tasas de rendimiento de la inversión pos-escolar de sus rendimientos. Así pues la cuestión del *"punto de adelantamiento"* tiene lugar entre 7 o 9 años después de terminada la escolarización produce un efecto único y definitivo en los ingresos (*por la experiencia laboral no costosa*), como el supuesto de que en los mercados de capital humano se llega realmente a un equilibrio general (Blaug, 1983).

Demás está decir, que estas conceptualizaciones son poco aplicables en la Argentina, y en general en América Latina, donde el régimen universitario es muy distinto al estadounidense, su ingreso es irrestricto,

---

7 Esto ignora los atractivos no pecuniarios de las ocupaciones, en los que nosotros ponemos especial interés, pero lo dejaremos por ahora entre paréntesis para no distraer nuestro razonamiento en este trabajo.

el mercado profesional tiene una dinámica diferente, la edad promedio de los graduados varía mucho por carrera y en el caso especial de las ingenierías el promedio de edad de sus graduados es de los más altos y el mercado de trabajo, en general, es mucho más heterogéneo. Esto no obsta, para que las Consultoras de Recursos Humanos más importantes de nuestro país se manejen con estrictos esquemas salariales de Mincer.

Otras conceptualizaciones teóricas adoptan para el análisis del seguimiento de graduados los métodos y técnicas de sobre-vivencia usualmente utilizados para los análisis de riesgo (Ewald, 1986) ya que el sobrevivir en la cohorte o generación y no abandonar los estudios hasta la graduación, tiene una similitud con el tratamiento de la sobre-vivencia en la vida frente a los riesgos, pero sin embargo *el procesamiento del tiempo*, considerado en estos casos como una constante, no se puede asimilar al proceso de la trayectoria en el mercado de trabajo de los profesionales, por su inestabilidad y por las convenciones sociales a las que responden que tienen lógicas menos masivas y responden a negociaciones muchas veces de pequeños grupos (Boltanski y Thévenot, 1994; Bessy, 1994).

Tampoco son asimilables los *criterios de trazabilidad* de las enfermedades con la *"trazabilidad"* de las carreras en el mercado de trabajo interno de las empresas, sin embargo, las metodologías y las técnicas matemáticas varían poco al respecto. ¿Cómo aceptar, entonces, yuxtaposiciones poco convincentes de referencias a lo económico y lo social, al interés individual y a la determinación colectiva, sin hacer referencia a metodologías específicas de las Ciencias Sociales?[8].

Con respecto, a la norma temporal dominante la actualidad social muestra que las normas sociales de tiempo de trabajo y empleo tiene una relación directa con la relación salarial, pero también con la noción de estabilidad y precariedad, con la multiplicación del despido, con los ciclos de vida activa y con las modificaciones del sistema de jubilaciones. De esta forma su medición, no es un tema menor[9]. Desde comienzos del siglo XX son los sectores patronales los que intentan imponer los horarios colectivos y una relación de empleo estable a los trabajadores,

---

8 La discusión sobre la obra de Hayeck, F., o la noción de *"simpatía"* de A. Smith, que tal vez sería pertinente en este punto, queda fuera de los límites de este trabajo por razones de espacio.

9 No se realiza aquí una discusión del concepto de norma tan caro a la sociología, si bien sería absolutamente pertinente, por razones de espacio. Valga señalar que se pueden repasar los conceptos de Lazarsfeld; Durkheim y Devetter, para recuperar la importancia en estas determinaciones de las normas jurídicas y sociales.

que en cambio, se resisten a la subordinación. Sin embargo, hoy en día, los trabajadores y los sindicatos son los que aparecen defendiendo la norma salarial fordista frente a los empleadores que en cambio quieren implementar la flexibilización del trabajo y del empleo (Boufffartigue y Boutellier, 2012). También se puede constatar que en las sociedades donde la acción sindical funcionó como protectoria de los niveles salariales, el aumento de la precariedad de las contrataciones y el aumento de las desigualdades, fue menor (Piketty, 2015).

Lo que resulta evidente es que los desafíos del tiempo de trabajo nunca pudieron ser aislados del conjunto de los desafíos ligados a los modos de control, de evaluación, de movilización y de remuneración de la fuerza de trabajo, pero si ha sido fuertemente neutralizado a nivel estadístico, convirtiéndolo en una variable constante. En este trabajo no es suficiente la objetivación estadística de esta variable, aunque esa objetivación es indispensable para su medición.

Compatibilizar los distintos esquemas teóricos para analizar el problema, por lo menos en la Argentina, carece todavía de instrumentación adecuada por varias razones: los cambios en la estructura productiva, el re-acomodamiento de las instituciones empresarias y educativas, los cambios en la organización de los procesos de trabajo y las modificaciones en las entidades profesionales, como resultado de la doble presión que ejercen sobre ellos las transformaciones del mercado y los nuevos sistemas de relaciones entre actores. A esto se agrega y no con una importancia menor, la falta de la autonomía e independencia de teorías, técnicas y procedimientos extranjeros, necesarios para lograr un desarrollo de la ciencia en forma independiente para resolver problemas propios de esta sociedad.

Como señalan Boltanski y Thévenot (1994), desde la epistemología de la Ciencia

> "La tensión entre recurrir a formas generalizadas y la referencia a personas particulares no es el resultado de la confrontación entre dos sistemas de explicación, sino que está en el centro de cada uno de ellos. La construcción de dos niveles, el de las personas particulares y el de la generalidad superior, forma un andamiaje teórico común a estos sistemas y los constituye como metafísicas políticas".

Por su parte, Piore (1983) señala desde la economía, que una política inteligente se basa en datos que indican lo que está ocurriendo en la economía y una buena teoría tiene que proporcionar una guía para la recolección e interpretación de los datos. Pero dado que los únicos datos precisos son los que generan los agentes económicos como parte de sus propios procesos de toma de decisión, una teoría que se desvíe de la realidad nunca será buena en este sentido. El hecho de que no existan datos es también un hecho a explicar (...), pero, no justifica la adopción de datos de otro nivel de generalidad (Boltanski y Thévenot, 1994)[10]. La economía aplicada se consigue más mediante una teoría inductiva que intente trazar el proceso real de la toma de decisiones. El enfoque inductivo intenta explicar e identificar los cambios de las reglas de toma de decisiones.

Las nuevas normas temporales

Los estudios habituales de nuestros países muestran el decrecimiento de la norma taylorista-fordista a favor de la incorporación de las normas de trabajo flexible, pero poco muestran la infinita cantidad de matices que tiene la implementación de esta flexibilidad, por el dominio de las normas de mercado o por el aumento de la competitividad como eje dominante de la economía.

Desde lo técnico, se suele demostrar la caída del paradigma taylorista, señalando la importancia que cobran los conocimientos inmateriales como determinantes de la producción y, con ese criterio son la automatización y la informatización de las actividades las que diseñan un nuevo sistema técnico.

La innovación pasa a jugar un rol creciente en la competitividad de las firmas, incorporando el rol estratégico del descubrimiento y la anticipación de productos y servicios. Esta prioridad del conocimiento convierte en un beneficiario salarial al polo más calificado de los asalariados, pero también tiene efectos sobre los asalariados subalternos, afianzando el proceso más o menos rápido de perdida de interés en los controles y procesos tayloristas.

Desde lo económico, se señala, por un lado, la difusión de la relación de servicios o por lo menos de su lógica a casi todas las actividades económicas, así como sus formas de competir, y por otro lado, el aumento de las incertidumbres del mercado, que condiciona el funcionamiento de los trabajadores según las demandas de las clientelas.

La incorporación de las contrataciones por plataforma, agrega una mayor cuota de incertidumbre estableciendo formas de disponibilidad horaria sin contraprestación de ningún tipo, de trabajos colaborativos sin remuneración, trabajos totalmente precarizados y sin posibilidad

---

10   Cf. En este sentido, se considera que el tiempo puede ser considerado un *"objeto limítrofe"*, en los términos de Boltanski y Thévenot, 1994.

de reclamo ante la inexistencia de patrones legales visibles en el país, donde se pone en cuestión *el tiempo socialmente necesario* como contrapartida del valor de la producción.

Por último, acompañan en general estos procesos los debilitamientos sindicales, las modificaciones o procesos de hecho de reconfiguración de las leyes del trabajo, con el aumento de las modalidades promovidas a favor de la flexibilidad y las nuevas concepciones de autonomía construidas desde las formas más atípicas de empleo y las nuevas subjetividades del trabajo.

Es muy probable que toda esta conjunción de procesos no se resuelva en una sola nueva norma de tiempo de trabajo y de empleo, sino en varias y que esta se corresponda con nuevas concepciones de los tiempos sociales. En definitiva, lo que se puede observar en los sectores productivos es la co-existencia de tiempos de trabajo y de empleo diferentes, que además coexisten con formas de evaluación y de control de modelos de organización diferentes, y formas emergentes de tiempos de trabajo encastradas en modalidades de control y organización residuales de la época taylorista-fordista.

Entonces es el propio tiempo de trabajo y empleo el que se encuentra en cuestión a favor de la emergencia de los nuevos tiempos de trabajo y empleo, sin medida, controlado por un sistema de compromisos sociales e individuales y por la subsistencia de formas híbridas de movilidad en el trabajo entre trabajadores asalariados e independientes (Zarifián, 1995).

Siguiendo las elaboraciones que surgen de las entrevistas y encuestas realizadas en los Laboratorios MIG a los graduados y profesionales que se insertan en el mercado de trabajo, se podrían conceptualizar a modo de síntesis *tres tipos de modelos de tiempo* que aparecen más frecuentemente en la inserción de los técnicos y profesionales más ligados a la actividad industrial y un *cuarto tipo* más reciente, ligado a los servicios y contrataciones de la *economía digital*, todavía no medido en el país.

No obstante, se necesitaría hacer un estudio pormenorizado de los tiempos que utilizan las empresas en cada situación de trabajo, en los cambios de organización que realizan y en los cambios de tecnología que incorporan. Los Laboratorios MIG, realizan en sus trabajos de campo, entrevistas a las empresas de la región y observaciones en las empresas que son potenciales contratantes de los profesionales estudiados, pero no se llega a un estudio pormenorizado de la organización de los tiempos que utiliza cada sector.

Es recién a través de las biografías que realizan los entrevistados, que se toma nota de la incidencia de los cambios de organización de los tiempos de trabajo y de cómo los afecta la flexibilidad en los procesos de formación/empleo y en sus trayectorias laborales, para terminar o continuar sus estudios y obtener logros satisfactorios en su vida laboral. Si bien, cuando se analizan los casos concretos es difícil identificar tipos puros y las formas híbridas son las más frecuentes.

Se parte para esta comprensión, en los estudios de Bouffatigue y Boutellier (2012), que avanzan en el análisis del tiempo de trabajo desde la organización del trabajo y que muestran la identificación de distintas normas que coexisten y que entran en muchos casos en conflicto en los ámbitos del trabajo. Es muy frecuente, por ejemplo, encontrar más de una norma temporal en una misma empresa según el proceso de trabajo que se aplique y según la tecnología de esa etapa de la producción, con lo cual coexisten normas temporales de trabajo y de producción distintas en una misma institución y ello significa distintas formas de contratación y distinta cantidad de horas de trabajo en la misma empresa.

Por un lado, la *norma fordista* que se presenta como dominante, en términos mayoritarios, con tiempos claramente establecidos y especializados, donde los controles, son externos e internos y la acción se encuentra encerrada dentro de los límites de la fábrica.

Los tiempos están establecidos y cuando exceden de la norma como las horas extras, los horarios nocturnos o rotativos, se encuentra pautado su reconocimiento en remuneraciones a un valor superior al de la remuneración normal. Esto va acompañado de una dinámica social, donde también están reconocidos los espacios de descanso y esparcimiento y los controles sociales para cursar la carrera profesional y la movilidad ocupacional.

La otra norma que aparece con distintos grados de visibilidad es la *norma flexible heterónoma*, en general impuesta desde distintas realidades empresarias, asociadas a formas específicas de producción y a las capas más precarias de trabajadores. En general se trata de normas aceptadas por imposición y no elegidas o concertadas por los trabajadores. Son pautas de temporalidad de poca legitimidad y muy asociadas a las normas de servicios, con corta duración y extendidas en las capas más precarizadas de la población trabajadora.

Por último *la norma flexible autónoma*, donde es posible organizar y dirigir el propio tiempo de trabajo y está fuertemente extendida entre los cuadros jerárquicos y los profesionales, intelectuales y categorías. Suele estar asociada a las formas de trabajo autónomo, por proyecto, a los cargos con compromiso jerárquico, al trabajo de los artistas y al trabajo profesional de mujeres de alto nivel cultural. Como señalan Bouffatigue y Boutellier (2012), la autonomía pura no existe y tampoco se puede definir como independencia o margen de las prácticas en relación a las prescripciones. El desafío de la noción de autonomía en una situación de compromiso, en el trabajo y con el colectivo, puede verse como una interdependencia activa[11].

La *cuarta norma temporal* derivada del trabajo con plataformas digitales que producen contrataciones de alta precariedad e incertidumbre son la novedad que se instala en el marco de la globalización y de la economía digital, cuyas consecuencias son todavía poco evaluadas en el país como el caso Uber, los convenios aprobados en "Vaca Muerta" y los contratos a disponibilidad con "0" hora de trabajo asegurada.

El desafío es, una vez logradas las definiciones conceptuales de las nuevas formas de tiempos de trabajo y de empleo, encontrar definiciones operacionales que permitan objetivar en estadísticas estas nuevas formas de los tiempos de trabajo y del empleo y realizar un sistemático trabajo de campo que muestre las formas predominantes en cada sector de la industria y de los servicios.

Las normas sociales de tiempo de trabajo remiten indisociablemente a la relación salarial, pero cuando no se cumplen las 8 horas establecidas por ley y se apela a la intensificación del uso de la fuerza de trabajo con la contratación de horas extras y la extensión del horario de trabajo a cambio de un sistema de francos compensatorios, esas relaciones se hacen muy difusas. También las situaciones de contrato precario y trabajo en negro, alargamiento de los tiempos jubilatorios o de adelantamiento de los retiros voluntarios, resultan modificatorias de la relación tiempos/salarios. Hoy en día los trabajos *"en plataforma"* o los contratos *"a disponibilidad"* sin la certeza de ningún horario de trabajo establecido (es decir que puede ser de 0 horas o de 24 corridas según las necesidades de la empresa) generan situaciones no codificadas para las estadísticas habituales, pero que cada vez se instalan más *de hecho* en el mercado de trabajo. Todas estas situaciones son altamente conflictivas y se resuelven de formas variadas y con negociaciones que muchas veces no entran en la situación colectiva, sino en cada empresa y en cada caso. Esto también se constituye en una seria dificultad para establecer normas predominantes o mayoritarias.

---

11 Tampoco se trata de la autonomía que ejercen las profesiones liberales, que trabajan con autonomía de objetivos, aunque están insertos en una red de reglamentos, contratos y reglas comerciales. Se puede incluir también el caso de los artistas, que constituyen el caso típico del trabajo creativo y sin ataduras, que conforma un tipo de trabajo no medido.

Es decir, que para poder encarar el tema se necesita contrastar la norma jurídica vigente, la norma social de trabajo consensuada entre los actores del trabajo, las normas de la tecnología en uso y las representaciones que cada uno de ellos tiene del contexto para establecer la norma mayoritaria o predominante.

Se puede intentar distinguir analíticamente las características técnicas, económicas, socio-culturales de cada rama y cada sector, para poder establecer las organizaciones de tiempo de cada uno, pero la realidad muestra que cuando se concurre a las empresas la forma en que cada una combina e imbrica todos estos factores, de manera que se necesita un minucioso trabajo analítico y de síntesis para poder elaborar el predominio de estas normas de tiempo, sus requerimientos de conocimientos y su vinculación con los salarios.

Como dice Zarifian (2011), en el trabajo moderno, lo que existe es la complejidad y la pluralidad y esto no quiere decir que no se pueda analizar, sino que hay que ser muy plástico y captar las tensiones que existen entre las diversas formas y no pretender encontrar un solo modelo, que no existe más que en la cabeza del investigador que lo formula.

Las trampas del procesamiento

Se retoman las experiencias de procesamientos de encuestas de seguimiento o trayectorias de graduados, para identificar los procedimientos habituales y las nuevas formas de procesamiento que se necesitan. Se encuentra con mucha frecuencia la utilización de técnicas transversales que se manejan con criterios estáticos, pero que ante la necesidad de incorporar la medición del tiempo convierten un tramo de la encuesta en una secuencia temporal. No obstante, si bien agregan en esta parte técnicas de recolección longitudinal, el procedimiento que utilizan para su procesamiento, es econométrico y muchas veces nada apropiado a las variables que trabajan. Un ejemplo es el mencionado anteriormente sobre la Encuesta en los países vascos (García Espejo, 1998).

Hay una serie de *funciones logit*, que utilizan las variables ordinales y luego está el *modelo de Cox*, que puede ser descrito como funciones de supervivencia que se relaciona con la denominada función de riesgo; que mide el riesgo en un tiempo determinado. Tanto la función de riesgo como la de supervivencia está factorizada en dos componentes la línea base de riesgo que depende exclusivamente del tiempo, mientras que la línea de supervivencia depende del valor de las co-variantes y de los coeficientes de regresión.

El modelo de Cox es comúnmente expresado en forma de riesgo y es llamado *"modelo de riesgos proporcionales"*. Se llama así, por el hecho de que para dos casos dados la ratio de sus riesgos es una constante en el tiempo, siempre que las co-variantes no cambien. Como la función tiempo no tiene que ser especificada, el modelo es descrito como parcialmente paramétrico o semi-paramétrico este es un modelo llamado de *verosimilitud parcial*, porque descansa en el hecho de que la función de verosimilitud para los datos surgidos del modelo de riegos proporcionales puede ser factorizado en dos partes, dejando una como constante y tratando al otro como de *verosimilitud ordinaria*.

La aplicabilidad del modelo de Cox deja constante el tiempo, entonces si no se cumple el postulado de riesgos proporcionales; se puede usar una función correctora del SPSS (log-minus-log) o una variable predictiva, cuyo valor cambia a lo largo del tiempo, entonces el tiempo es incluido como una variable predictiva.

El modelo asume que el tiempo es medido en una escala continua y, por lo tanto, dos hechos no pueden ocurrir en el mismo momento, en la práctica el tiempo siempre es medido en unidades discretas (en este caso igual que en la encuesta medida en meses del MIG) por más pequeñas que sean, pero para los individuos pueden darse ciertos eventos prácticamente al mismo tiempo (por ejemplo aprobar un examen) con lo cual hay que modificar el método de *verosimilitud parcial*.

Otro mecanismo (para sucesos repetidos) supone separar la muestra en estratos e idear un modelo diferente para cada estrato. Se supone que para cada individuo los múltiples intervalos de su historia laboral pueden ser tratados como independientes, con lo cual se pierde el análisis de las consecuencias de la repetición, como por ejemplo las permanentes interrupciones de carrera por causa del trabajo o los reiterados períodos de desempleo.

Una técnica similar de procesamiento de los datos tiene sobre el mismo tema el Grupo de Investigación Alma Laurea (Italia) (Borghi y Lilli, 2004) que depende del Consejo Inter-universitario y es el que lleva adelante las investigaciones sobre graduados de todas las carreras. Este grupo monitorea cada grupo de graduados al año, dos años y tres años de la graduación para ver los ocupados y desocupados por profesión y complementa el relevamiento con entrevistas en profundidad.

El uso de técnicas de articulación entre la recolección cuantitativa y cualitativa de los datos desde la concepción misma de los operativos de campo, permite cuestionarios más flexibles, operativos menos costosos, pero que pueden aplicarse en gran número de casos y permiten una rápida informatización. También obliga a los estudios multietápicos, que implican múltiples técnicas de procesamiento. Especialmente cuando se trata de medir *un proceso de inserción ocupacional*, en un mercado de trabajo de alta fluctuación o de poca posibilidad de estabilidad de la inserción, el problema de la medición se convierte en un tema significativo (CEREQ, 1998).

El realismo sociológico, que implica una interiorización de la realidad colectiva, plantea la inexistencia del trabajo "*a vida*", o lo que es lo mismo, de la estabilidad en el trabajo, que permitiría tratar el tiempo como constante. La realidad de la inestabilidad laboral en el mercado, hace imposible considerar ni siquiera una *verosimilitud parcial* para el supuesto temporal medido como constante. Los relevamientos longitudinales realizados en el mercado muestran que a lo largo de una trayectoria vital, se encuentran entre 10 y 15 trabajos diferentes en los ingenieros estudiados, lo cual obliga a considerar la medición del tiempo como *una variable de relevamiento continuo*, casi como una necesidad insoslayable[12]. No es realista seguir considerando el tiempo bajo el supuesto de que es una constante.

Por otra parte, la observación de las tasas habituales de desocupación y ocupación de los jóvenes son suficientemente contrastadas como para permitir identificar una *fase de inserción y una fase de estabilización en el empleo* y es frecuente ver la utilización de la evolución de una tasa de desempleo. Para este tipo de estudios no parece aplicable la *tasa de desempleo*, ni la *tasa de inserción* típica; en el primer caso porque la tasa de desempleo está referida a una población activa constituida, mientras que las poblaciones jóvenes están en proceso de inserción, en el caso de estudiantes y *abandonadores* la fase de inserción puede ser relativamente larga en los países periféricos y/o emergentes en el caso de los graduados universitarios, si bien los períodos de inserción pueden ser más cortos, es importante poder identificar cuando se estabilizan en el ejercicio de su profesión. Para el caso de los ingresantes jóvenes al mercado de trabajo, que buscan su primer empleo, se podría hacer el mismo tipo de salvedad para diferenciar su comportamiento de las poblaciones adultas.

Si la definición de Población Económicamente Activa (PEA) implica tomar en cuenta a la población ocupada a la cual se le agrega la pobla-

---

12 Se relevaron más de 5000 casos de estudiantes y graduados de ingenierías en los distintos Laboratorios MIG de Monitoreo de Inserción de Graduados, entre los años 2000 y 2019.

ción desocupada que busca ocupación, es poco adecuada para compararla con la *población en busca de inserción profesional* o de *inserción en la vida activa*, como es el caso de los estudiantes y abandonadores ya que resulta muy indefinida la frontera que separa una población de otra. En ambos casos, el desempleo y la inactividad pueden estar significando interferencias inducidas por la gran variedad de situaciones posibles entre la estabilización del profesional o del empleo tradicional[13]. Otra posibilidad que agrega mejorar la medición del tiempo en el uso de las metodologías longitudinales es la posibilidad del trabajar por cohortes y ampliar entonces el *criterio de inserción de la cohorte o generación*, cuando el 80% de la cohorte se encuentre inserta. Es evidentemente toda la cohorte la que se encuentra en proceso de inserción, de manera que es necesario encontrar una *población de referencia* y para ello, nada mejor que una cohorte anterior, que haya pasado por los mismos procesos.

Es muy difícil comparar estos estudios con datos de corte transversal de cualquier grupo de la población activa. La cuestión central parece ser develar si los *criterios de inserción profesional de una cohorte* está necesariamente condicionada por el contexto en el que llega al mercado de trabajo o si ellos pueden ser los *productores del curso mismo de su historia* y construir un camino diferente que funcione como referencia para otras generaciones. ¿Cuál es la pertinencia de la vinculación, en términos de Boltanski y Thévenot (1994)?

El planteo metodológico y técnico que está detrás busca establecer un criterio sobre como evaluar el proceso de inserción, si a través de juicios normativos y *exógenos* a la cohorte o con criterios *endógenos*, para después buscar su convergencia. En este caso se opta por probar métodos longitudinales para establecer *criterios endógenos* y dificultades propias de cada cohorte o generación profesional en el proceso de inserción, porque resultan más pertinentes y válidos aún para evaluar los sucesivos ingresos y retiros del mercado de trabajo, en las poblaciones estudiantiles y abandonadoras de los estudios, a través del uso de *calendarios* (Panaia, 2006). No obstante, se tienen en cuenta los datos del contexto del mercado de trabajo que pueden afectarlo[14] incluyendo las *planillas de acontecimientos* (Panaia, 2006) para poder luego establecer convergencias con acontecimientos externos y una

---

13 Posiblemente haya marcadas diferencias para situaciones donde además de analizar el mercado de trabajo profesional y el interno de las empresas, tengan peso mercados de trabajo locales con características muy bien definidas y la complejidad del análisis sea otro. Cf. Lanciano-Morandat, 2004.

14 Esta parte del relevamiento se puede realizar en forma auto-administrada.

vez elaborados los datos se realizan ejercicios comparativos para establecer la bondad y posibilidad de cada una de las técnicas utilizadas.

Por último, algunos grupos seleccionados por muestras representativas de la población relevada se les aplicaron entrevistas complementarias para profundizar el estudio de causas y características estructurales de las sub-poblaciones, a través del uso de *"entrevistas biográficas"* (Godard y Cabannes, 1996):

> "El uso de la biografía, historias de vida, en las Ciencias Sociales está asociada a la revalorización del sujeto como objeto de estudio en contraste con la posición positivista que, asociada epistemológicamente a las ciencias naturales, privilegia lo cuantitativo a lo cualitativo y fundamentalmente la estructura social por sobre el sujeto".

Así lo que se llamó la posición humanista en las Ciencias Sociales, ponía énfasis en la recuperación del ser humano y a través de su historia incorporaba conceptos dinámico-temporales que le permitieran comprender los procesos de cambio.

La recuperación del ser humano es un tema de preocupación pero a su vez es muy controvertido todo lo que ello sugiere y como se delimita esta recuperación en términos de tener en claro que es lo que nos interesa del sujeto. Si esto alude a su identidad como sujeto o si esta identidad nos interesa en función de ser referente social. También se puede plantear si el centro de la mirada va a ser el sujeto hacia lo social o si a la inversa, si la perspectiva es desde lo social hacia el sujeto. Tener en claro desde que perspectiva se está hablando del sujeto no es poco importante, pero no es suficiente. La subjetividad versus la objetividad es un dilema o se pueden buscar alternativas que no impliquen estas dualidades que siempre acompañan a las Ciencias Sociales e intentar salir de la circularidad de las discusiones por pares de variables.

La idea que se pretende instalar es el trabajo objetivo con el sujeto objetivamente y pensar las dimensiones que hay que crear para que siendo el sujeto la base de la información se tenga un parámetro de referencia lo suficientemente objetivo, que sin estar centrado en la subjetividad tampoco lo esté en el análisis de la estructura narrativa.

La dimensión que proponen Godard y Cabannes (1996), es la de *temporalidades sociales*[15] a través de la articulación de historias biográficas

---

15 El concepto de *"temporalidades sociales"* está tomado de Francis Godard (1996). Este es un método sociológico de biografías como organización temporal de las existencias o historias de vida en términos de la organización causal. Esto permite la construcción de objetos teóricos centrados en la cadena causal de acontecimientos y situaciones

que aludan a cuestiones tanto internas como externas del sujeto. La biografía como método de investigación en ciencias sociales recorre, a partir del quiebre ya mencionado, un camino conformando su historia y generando en su interior distintas corrientes (Dubar, 2000; Panaia, 2004). Dice una especialista francesa (Nicole-Drancourt, 2004) que si bien la necesidad de hacer mediciones longitudinales sobre la movilidad de estos actores sociales (estudiantes y graduados, profesionales, trabajadores) es evidente, no ocurre lo mismo con el carácter cuantitativo de la mayoría de los datos sobre este tema, lo cual es muy limitativo para investigar la inserción.

Algunas reflexiones finales

El tema de la medición de los tiempos de trabajo-empleo y de producción recién comienza a reflexionarse en los países periféricos y tanto en sus niveles conceptuales como operacionales, es todavía materia de mucha confusión, ya que lo que logra discriminarse conceptualmente no encuentra reflejo en las herramientas de medición y posibilidades de operacionalización estadística.

En este sentido, los sociólogos han hecho aportes importantes en estos temas logrando conceptualizar, diferenciar y discutir conceptos claves para comprender las nuevas formas de trabajo atípico, las complicaciones del trabajo por turnos y del trabajo nocturno y la incorporación de las nuevas formas de trabajo flexible, pero aún están lejos de lograr buenos consensos en las formas de operacionalizar estas variables y menos aún en sus formas de procesamiento.

Por otra parte, es importante señalar que se debe avanzar en dos direcciones que necesitan ser medidas para comprender las nuevas situaciones de trabajo y de vida. Por un lado, los *tiempos de la producción*, cuales son las formas de organización del tiempo de trabajo que predominan en los distintos sectores industriales y de servicios cómo se miden y se pagan esos tiempos, para poder otorgar a la relación salarial un valor en el registro del reconocimiento de la mayor o menor calificación del trabajo y sus condiciones de desempeño o generar otro tipo de indicador, que incluya las nuevas situaciones. Por otro lado, los tiempos de formación/trabajo, en términos de *temporalidades socia-*

---

sociales que organizan su existencia. Así la vida del sujeto no se reconstruye a partir de las representaciones subjetivas de la vida, sino a partir de aquellos acontecimientos que son potenciales de cambio en la construcción de las trayectorias individuales, como secuencias de acontecimientos en forma de secuencias causales.

EL ESTALLIDO DEL TIEMPO

les, necesarias para optimizar los tiempos de inversión en estudio y trabajo y lograr itinerarios más exitosos o de mayor reconocimiento a lo largo del ciclo de vida.

Se puede decir, a favor de esta deficiencia que no se traba de medir procesos sencillos sino muy complejos, muchas veces ambiguos y las más de las veces contradictorios.

Uno de los sectores donde se hace más evidente el cambio de los tiempos de trabajo y del empleo y donde la flexibilidad ha tenido mayores efectos es en los sectores profesionales y de servicios, particularmente los sectores donde se valora más la posesión de conocimientos de importancia o dominantes en la producción. De ahí que los estudios de trayectorias de graduados y de Sociología de las Profesiones o las Sociologías del Trabajo y el Empleo fueron los primeros subcampos en plantearse la evaluación operacional y los instrumentos estadísticos de estas mediciones.

Bibliografía

Bessy, C. (1994) "Despidos por motivos económicos y formas de gestión de la mano de obra", en Eymard-Dubernay, F., *Economía de las Convenciones*, Buenos Aires, Asociación Trabajo y Sociedad/CREDAL.

Blaug, M. (1983) "El status empírico de la teoría del Capital Humano: una panorámica ligeramente desilusionada", en Toharía, L., *El mercado de trabajo: teoría y aplicaciones*, Madrid, Alianza Universidad, Textos.

Boltanski, L. y Thévenot, L. (1994) "Las ciencias sociales y la legitimidad del acuerdo", en Eymard-Dubernay, F., *Economía de las Convenciones*, Buenos Aires, Asociación Trabajo y Sociedad/CREDAL.

Borghi, V. y Lilli, A. (2004) "La condizione occupazionale dei laureati: una comparazione da uno a tre anni dalla Laurea", *Revista Sociología del Lavoro* N° 94/2 (137-154).

Bouffartigue, P. y Bouteiller, J. (2012) *Temps de travail et temps de vie*, París, PUF.

Bouffartigue, P. y Bouteiller, J. (2001) "Durée du travail el declin de la norme du temps de travail: le sens de la mesure", *Séminaire LEST* 12/11/2001 (mimeo).

CEREQ (1997/98) "Generación 92", Encuesta de entrada a la vida activa, 1997/98, Marseille, Francia.

Dubar, C. (2000) *Trayectoires professionnelles, formes identitaires et mondialisation*, Laboratoire Printemps (France) ALAST (CD), Buenos Aires, mayo.

Eckert, H. (2001) "Analyser les mouvements d'accés et de retrait de l'emploi au cours de la periode d'inserción professionnelle", *Rev. Formation et Emploi* N° 73, Francia.

Ewald, F. (1986) *L'Etat providence*, París, Ed. Grasset.

García Espejo, Ma. I. (1998) *Recursos formativos e inserción laboral de jóvenes*, Madrid, CIS, julio.

Godard, F. y Cabanes, R. (1996) *Uso de las Historias de Vida en las Ciencias Sociales*, Centro de Investigaciones sobre Dinámica Social, Serie II, Universidad del Externado de Colombia, Bogotá, julio.

Lanciano-Morandat, C. (2004) "Marchédu trav ail et recompositions des systémes productifs localsés", *Sociología del Lavoro* III, Italia (173-188).

Mincer, J. (1958) "Investment in Human Capital and Personal Income Distribution", *J. Polit Econ*, agosto, 66 (pp. 281-302).

Mincer, J. (1962) "On-the-Job Training: Cost, Returns, and Some Implications", *J. Polit Econ*, suplemento, parte 2, octubre, 70 (5), (50-79).

Mincer, J. (1970) "The Distribution of Labor Income: A Survey with Special Reference to the Human Capital Approach", *J. Econ Lit*, marzo, 8 (1) (pp. 1-26).

Nicole-Drancourt, Ch. (1994) "Mesure l' inserción professionnel", *Revue Française de Sociologie*, XXXV (37-68), París.

Panaia, M. (2006) *Trayectorias de ingenieros tecnológicos. Estudiantes y graduados en el mercado de trabajo*, Buenos Aires-Madrid, Miño y Dávila-UTN-FRGP.

Panaia, M. (2004) "El aporte de las técnicas biografías a la construcción de teoría", *Revista Espacio Abierto*, vol. 13, N° 1 (enero-marzo) (51-73), Maracaibo, Venezuela.

Panaia, M. (2004) "La medición de la inserción de los titulados y estudiantes de la Educación Superior", Tesis Doctoral, Facultad de Ciencias Económicas/UBA (en prensa).

Piore, M. (1983) "Importancia de la teoría del Capital Humano para la Economía del Trabajo: un punto de vista disidente", en Toharía, L., *El mercado de trabajo: teoría y aplicaciones*, Madrid, España, Ed Alianza, Universidad Textos.

Piketty, T. (2015) *La economía de las desigualdades*, Argentina, Siglo XXI.

Thoemmes, J. (2012) "La fabrique des normes temporelles du travail", *La nouvelle revue du travail* N° 1, Paris (pp. 1-18).

Zarifian, Ph. (1995) *Le travail et l'événement*, Paris, L'Harmattan.

Zarifian, Ph. (2011) *Le travail et la compétence: entre puissance et contrôl*, Paris, PUF.

Capítulo 11

La metodología de uso del tiempo: sus características, historicidad, límites y potencialidades[1]

Andrea Delfino

1. La noción de uso del tiempo

El tiempo, al igual que el espacio, puede ser considerado como un vector[2] que organiza la vida social. Simultáneamente, estos vectores son producidos y sancionados socialmente a través de un sistema de representaciones que los organizan. Para una vasta literatura socio-antropológica, el tiempo es pensado y experimentado de manera diversa en cada grupo social. Esta diversidad es producto, tanto, de criterios internos a la estructura simbólica de los grupos sociales, como también, de las relaciones de jerarquía que presiden una sociedad basada en las clases[3].

La utilización del tiempo es expresiva de la forma que toman los diferentes tipos de relaciones sociales. Así, las definiciones sociales de tiempo o temporalidades son fuertemente marcadas por la experiencia de clase social, género y grupo etáreo. Derivado de lo anterior,

---

1 Una versión reducida de este trabajo fue publicado en la revista *Espacio Abierto, Cuaderno Venezolano de Sociología*. Vol. 18, N° 2 (abril-junio), 2009, Universidad del Zulia, Venezuela.

2 El concepto físico de vector refiere a toda magnitud en la que además del número real que la mide (cuantía) es necesario considerar el punto de aplicación, la dirección y el sentido.

3 Esta problemática constituye uno de los ejes centrales en torno al cual se articula la denominada antropología del tiempo. Las ideas sobre el tiempo como construcción social/cultural y sobre las disímiles conceptualizaciones que culturas diferentes elaboran acerca del tiempo constituyen las premisas fundamentales de este debate. Más recientemente ambas premisas han sido reformuladas en torno a la idea del tiempo como práctica social configuradora de identidad (Carbonell Camós, 2004; Gell, 1996). Dentro de esta subdisciplina, la cronometrización del tiempo es una de las claves que distinguen las sociedades llamadas industriales de las sociedades llamadas no (o pre) industriales.

los segmentos de tiempo adquirirán significados distintos para cada una de las categorías sociales recortadas por estos ejes clasificatorios.

Desde la perspectiva de Szalai (citado en Bruschini, 2006), el tiempo contabilizado en los estudios de uso del tiempo constituye una *"referencia estructurante"* de las proporciones del compromiso/involucramiento de las personas en toda una serie de actividades diarias. No es, por lo tanto, el tiempo en si mismo y sí el uso que las personas hacen de ese tiempo el objetivo de los denominados estudios de uso del tiempo.

Muchos aspectos interesantes de la vida social están asociados con la distribución temporal de las actividades humanas, regularidades de ritmo, duración, frecuencia y orden secuencial. Esto es, ciertas técnicas de recolección de datos permiten el cómputo razonablemente itemizado y mensurado de cómo las personas asignan su tiempo dentro de los límites de un día de trabajo, un fin de semana o cualquier otro período relevante.

La asignación, utilización y significados atribuidos a los usos del tiempo, en tanto sistema de comunicaciones, nos brinda una variable doblemente útil. Por un lado, porque la percepción del tiempo (tiempo de trabajo y tiempo de no-trabajo) está condicionada por la concepción antropológica del trabajo que los agentes poseen, por el lugar que ocupa en la vida de cada uno y por las expectativas creadas en torno de él. Adicionalmente, permite la comprensión de los procesos de jerarquización de las actividades cotidianas. Es, en este sentido, que la metodología de uso del tiempo se constituye en una herramienta valiosa para dar cuenta de la duración de los diferentes tipos de actividades, sus ritmos y secuencias, así como también, el contexto social en el cual esas actividades son desarrolladas[4].

---

4 Estas consideraciones deben restringirse a las sociedades modernas occidentales, abarcadas por el largo proceso de transformaciones en la noción y percepción del tiempo, que comenzó en la Edad Media. La ofensiva por la consolidación de una disciplina del tiempo en relación al trabajo forma parte –desde entonces– del panorama del capitalismo industrial disciplinado y se asocia al ahorro del tiempo, a la clara demarcación entre trabajo y ocio, y al más amplio proceso de mercantilización. Desde la perspectiva de Thompson (1984), dicho proceso supuso un cambio en el enfoque del tiempo de trabajo, conllevando un pasaje desde el trabajo orientado para las tareas de la época preindustrial hacia una nueva situación en la cual el trabajo pasa a ser regulado por el tiempo de las horas. A partir de esta revolución temporal, es el ritmo estandarizado del reloj el que pasa a gobernar la rutina y el tiempo de trabajo.

EL ESTALLIDO DEL TIEMPO

2. La historicidad de los estudios de uso del tiempo

Los primeros estudios

Poder datar históricamente el surgimiento de los primeros estudios de uso del tiempo no parece ser una tarea fácil. Un recorrido por la literatura específica nos enfrenta con lo que podríamos denominar dos etapas iniciáticas.

La primera de esas etapas se remontaría a 1845, con la publicación de Friedrich Engels de *The situation of the working class in England*. En esa obra es posible encontrar algunas estimaciones sobre cómo los obreros distribuían su tiempo. La noción de uso del tiempo también está presente en los estudios de Frédéric Le Play sobre la vida de los obreros europeos. Asimismo, es posible citar como un *"pionero tardío"* a Frederic Taylor, quien en 1911, quiso establecer la distribución del tiempo de trabajo con el objetivo de instaurar una gestión científica del mismo. Para esa misma época, Franklin Henry Giddings, uno de los fundadores de la sociología en los Estados Unidos, intentaba establecer el uso del tiempo de sus estudiantes de la Universidad de Columbia para analizar el impacto de la pertenencia a las diferentes clases sociales en los comportamientos temporales cotidianos (Samuel, 1998).

La segunda etapa se inauguraría con las encuestas y los estudios dirigidos por George Esdras Bevans. En 1913, el autor publica en Estados Unidos *How working men spend their time*, trabajo que incluye los resultados de una encuesta realizada, en 1912 en Nueva York, a obreros manuales sobre la distribución del tiempo en actividades y días de la semana. Hay quienes consideran a este estudio como la primera aplicación de la metodología de uso del tiempo para el estudio de cuestiones sociales (Breedveld, Van den Broek y Huysmans, 2002). Es posible encontrar, también, referencias a una encuesta que el autor dirigiera, en Inglaterra, sobre el uso del tiempo de los desocupados (Samuel, 1998).

Ese mismo año, Maud Pember Reeves publica el estudio *Round about a pound a week*, llevado a cabo en Lamberth (Londres) por un grupo de mujeres de la Sociedad Fabiana entre 1909 y 1913. El estudio recogía los datos surgidos de los diarios de actividades de un grupo de mujeres trabajadoras pobres con tres o más hijos. El objetivo de la encuesta era revelar las estrategias de supervivencia de las mujeres trabajadoras con familia numerosa, para, a partir de allí, indagar sobre los pasos para eliminar la pobreza.

Más allá de la exacta delimitación temporal de su surgimiento, es posible establecer que el origen de los estudios de uso del tiempo data de cuando en la emergente sociedad industrial surgió la preocupación por conocer y disponer de datos sobre la vida cotidiana de las familias urbanas, su dedicación a actividades económicas mercantiles y a actividades no remuneradas (García Sainz, 2005a).

Las décadas del 20 y 30: la Revolución Rusa y el rol de los exiliados

Desde la perspectiva de Araya (2003), el considerable potencial informativo de las encuestas y de los estudios de uso del tiempo ya se estimaba entre los investigadores en los años 20. Para esta época los objetivos planteados y las orientaciones de las investigaciones no difieren mucho de la etapa anterior, ya que se centraban en los estudios demográficos, los destinados a conocer el funcionamiento de la industria y la estructura de las comunidades rurales y poblaciones urbanas, investigaciones sobre patrones de trabajo en las aldeas, estudios psicológicos sobre actividades de los hombres desempleados en relación con los tiempos de ocio, etc.

La técnica se vuelve popular en la Unión de Repúblicas Socialistas Soviéticas (URSS) en las décadas del 20 y 30, donde los estudios de uso del tiempo son usados con fines de planificación y de medida del progreso desde la revolución (Breedveld, Van den Broek y Huysmans, 2002). Entre los estudios más conocidos de esta etapa figuran los realizados por la Oficina Central de Estadística y dirigidos, entre 1922 y 1924, por S. G. Strumilin. El objeto de estos estudios eran los trabajadores y granjeros soviéticos, teniendo entre sus fines dar cuenta de los cambios que conllevó la implementación del socialismo en la vida de los trabajadores soviéticos y la difusión de un uso más utilitario del tiempo.

Las ulteriores purgas estalinistas interrumpieron –para algunos autores de manera total– las investigaciones en este campo en la URSS (Raldúa Martín, 2001; Samuel, 1998). No obstante, la emigración a los Estados Unidos de Pitirim Sorokin, discípulo de Strumilin, permitió que los estudios sobre el empleo del tiempo prosiguieran.

Sin embargo, Samuel (1998) señala que por esos años en Estados Unidos ya se venían desarrollando una serie de investigaciones. Hacia fines de la década del 20 se habían realizado cinco estudios de uso del tiempo de propietarios rurales, dirigidos por un organismo gubernamental ligado a la economía doméstica y a la agricultura. En 1934, se había publicado la obra de G. Lundberg, M. Komarovsky y M. Mc

Inerny que utiliza la metodología de los estudios del tiempo para analizar el ocio y su evolución posterior a 1857, en una localidad cercana a Nueva York.

Sin lugar a dudas la publicación, en 1934, de *Time bugets and human behavior* de Sorokin y Beger le dará un gran espaldarazo a todo ese campo disciplinar dentro de los Estados Unidos. La obra, basada en una encuesta realizada a alrededor de cien personas en el marco de un programa gubernamental contra el desempleo, comprendía cuatro áreas principales: los componentes temporales, los contactos sociales informales, la posibilidad de previsión de las conductas humanas, así como también las motivaciones. Superando la mirada puramente cuantitativa de los presupuestos de tiempo, los autores intentan desentrañar la estructura de las motivaciones en la asignación del tiempo, para revelar las motivaciones conscientes. Consideran que la metodología de uso del tiempo les permite, sobre la base de la investigación empírica, comprender el significado del comportamiento humano.

La Segunda Guerra Mundial y la proliferación de los estudios de uso del tiempo

Hay consenso generalizado entre los autores (Araya, 2003; Breedveld, Van den Broek y Huysmans, 2002; Samuel, 1998) que con posterioridad a la Segunda Guerra Mundial los estudios de uso del tiempo proliferan, adquiriendo gran extensión.

A partir de entonces, el objetivo de estas encuestas fue derivado hacia el conocimiento de las pautas de consumo, la cultura y el ocio, el desarrollo de la industrialización y urbanización, las necesidades de planificación y la distribución del tiempo por género, fundamentalmente.

En la URSS, después de la interrupción estalinista, son abiertos entre 1954 y 1955 ocho centros de investigación sobre uso del tiempo. G. A. Prudenski es quien toma el relevo de la tradición iniciada por Strumilin. Entre 1958 y 1968 se llevan a cabo más de un centenar de estudios de uso del tiempo. Samuel (1998) señala que el economista V. Patrushev es el encargado de elaborar un marco teórico sobre los presupuestos de tiempo. En él distingue cinco categoría de tiempo, definidas por dos funciones económicas del tiempo (producción y reproducción) y por dos conceptos prestados de la contabilidad (beneficio y gasto), aplicando estas categorías a los recursos físicos y mentales. Al igual que en la etapa anterior, los estudios en la URSS continúan teniendo como objetivo estudiar los resultados de la revolución sobre la vida social y cultural.

Por su parte, en los Estados Unidos, Europa y Japón son los organismos gubernamentales y las empresas privadas los encargados de desarrollar encuestas y estudios de uso del tiempo. En las décadas del 50 y 60, muchas de esas encuestas son organizadas con el propósito de programar las emisiones de radio y televisión. Son ejemplos de esta etapa las encuestas encargadas por Radiotelevisión Española, Mutual Broadcasting Company y Nakanishi en Japón.

En este período, y a la par de esta serie de encuestas y estudios locales y/o nacionales con objetivos puntuales, se lanza un ambicioso proyecto internacional que tenía como objetivo la *"comparación sincrónica"* (Raldúa Martín, 2001) de las actividades diarias de las poblaciones urbanas y suburbanas de doce países. El "Proyecto de Investigación Multinacional y Comparada de Presupuestos de Tiempo", patrocinado por la UNESCO y la Secretaría General del Consejo Internacional de Ciencias Sociales, fue presentado en 1964 y dirigido por Alexander Szalai.

Los representantes de los doce países intervinientes (Bélgica, Francia, República Federal Alemana, URSS, Polonia, Bulgaria, Hungría, Checoslovaquia, Yugoslavia, Persia y EEUU) debieron establecer un procedimiento estandarizado en relación con la elección de los lugares de estudio, consensuar las características de la población a ser observadas, la administración de los cuestionarios, el método de muestreo y el registro, la clasificación y la codificación de los datos obtenidos. Para García Sainz (2005), estos aspectos metodológicos ensayados son, justamente, los que convierten al "Proyecto Szalai" en el antecedente directo de las actuales encuestas de uso del tiempo[5].

Raldúa Martín (2001) apunta que ante la singularidad del proyecto, la Secretaría de la Asociación Internacional de Sociología propone la creación de una mesa redonda especial en el Sexto Congreso Mundial de Sociología, de septiembre de 1966, celebrado en la ciudad francesa de Evián, para debatir allí los hallazgos de esta investigación internacional sobre el empleo del tiempo. Los resultados definitivos del proyecto fueron publicados en el informe *The Use of Time. Daily activities of urban and suburban populations in twelve countries,* el

---

5   El "Proyecto Szalai" también es utilizado como referencia obligatoria por los críticos de la metodología de uso del tiempo. En este sentido, el estudio comparativo internacional les permite hacer hincapié en las debilidades existentes en la recolección de los datos, destacar la *particular fragilidad del testimonio"* de los encuestados y poner en duda la validez de medir los hechos por un patrón arbitrario, como serían la hora y el día (Grossin, 1998).

cual consta de cuatro partes. La primera revisa el consenso multinacional alcanzado respecto a las técnicas de investigación, a los principios de organización aplicados y a los nuevos análisis a efectuar. La segunda parte se dedica a presentar los diversos puntos de vista y los resultados nacionales obtenidos. La tercera parte ofrece varias tablas de datos para estimular el análisis secundario y para que el lector establezca su propia interpretación. La cuarta parte proporciona la bibliografía sobre los documentos relevantes del proyecto y las investigaciones sobre uso del tiempo realizadas en las distintas partes del mundo.

Como balance de esta etapa es fundamental destacar que las investigaciones de uso del tiempo recibieron, con el Proyecto Szalai, su mayor empuje y a partir de entones los presupuestos de tiempo se establecen como método de investigación[6] (Breedveld, Van den Broek y Huysmans, 2002).

La década del 70: institucionalización e impacto de las reivindicaciones feministas en los estudios de uso del tiempo

A mediados de los 70 se produce la definitiva institucionalización del método establecido durante la etapa anterior. Por estos años se crea la Internacional Association for Time Use Research (IATUR) que constituye el RC-13 de la Asociación Internacional de Sociología. Con la labor desarrollada por la IATUR, se afianza el tratamiento científico de las encuestas de uso del tiempo en torno a propuestas de carácter metodológico y de unificación de procedimientos para la recopilación de información (García Sainz, 2005). También se crea un banco de datos de investigaciones sobre uso del tiempo (The Internacional Time Budget Archive).

Las reivindicaciones feministas de la década del 70, que plantean con fuerza las desigualdades de género en el orden social, evidencian que el trabajo doméstico no remunerado al interior del hogar representa una importante producción económica en cada país. Es así que comienzan los esfuerzos por medir el trabajo no remunerado e incluir

---

6 Algunos autores, entre los cuales es posible nombrar a Grossin (1998), consideran que lo estudios de uso del tiempo no constituyen un instrumento de conocimiento científico y que su uso debe quedar restringido a la tendencia habitual a la cuantificación temporal de las dificultades y de los apremios impuestos por la vida diaria. Para el autor "uno no dejará de contar el tiempo mientras continúe siendo una medida de valor material".

este tipo de producción en los sistemas de cuentas nacionales. Las encuestas de uso del tiempo se convierten, en este contexto, en el instrumento privilegiado tanto para evidenciar y mostrar la importancia del trabajo de reproducción social no remunerado como para recoger la información adecuada relacionada con este tipo de trabajo. La información estadística aparece, entonces, brindando la evidencia empírica que permite confirmar la desigualdad al proporcionar elementos que den cuenta del tamaño de las diferencias (Araya, 2003).

En los últimos años, estas líneas de análisis se vieron reforzadas con los desarrollos teóricos direccionados a revisar el concepto de trabajo, ambas perspectivas confluyen en la intención de recuperar aquellas actividades que se han hecho invisibles bajo la lógica del capitalismo (Carrasco, 2005a).

Hacia la década del 80, la mayor parte de los países de la Europa occidental había desarrollado algún tipo de operación estadística que permitiera captar el reparto del tiempo entre la población. La mayor parte de esas encuestas se realizaron como operaciones estadísticas diferenciadas, mientras que en otros casos formaron parte de otras encuestas o censos que habían ganado un desarrollo anterior.

Las últimas décadas del siglo XX y los inicios del siglo XXI: la internacionalización de los estudios de uso del tiempo y el fortalecimiento de su aplicación en América Latina

La década del 90 marca, a nivel de los estudios y de las encuestas de uso del tiempo, tres aspectos que merecen ser destacados. El primero de ellos refiere a los contenidos del plan de acción elaborado en la Conferencia Mundial de la Mujer de Beijing, China, de 1995. Dicho plan de acción recomendaba a todos los países a realizar encuestas de uso del tiempo con el objetivo de proveer un mapa de actividades, incluidas las relacionadas con el trabajo doméstico y la división del trabajo por género (Aguiar, 1999). Sin lugar a dudas, este elemento se constituye en el telón de fondo de los otros dos aspectos destacables de las encuestas de uso del tiempo en la década del 90.

El segundo aspecto se relaciona con la sucesiva incorporación de otras regiones del planeta (fundamentalmente países latinoamericanos y asiáticos) a la tendencia a desarrollar encuestas de uso del tiempo. Finalmente, el tercer aspecto está vinculado con el trabajo de homologación de las encuestas existentes en los distintos países europeos que viene desarrollando la oficina de estadísticas de la Unión Europea, EUROSTAT. El ambicioso proyecto de la EUROSTAT tiene como objetivo unificar metodologías y posibilitar la comparabilidad de los resultados.

Para Durán (1997, 2005c), *armonización* es la palabra clave que define este último proceso ya que permite comprender el esfuerzo internacionalizador de los últimos años en investigación empírica. El proyecto EUROSTAT tendería, de esta manera, a equilibrar la disponibilidad de datos sobre uso del tiempo que es mucho mayor en los países del norte y centro europeo, que en los países sureños, lo que provoca importantes problemas de periferialidad en el análisis.

Siguiendo con la perspectiva de la autora (1997, 2005c), la expansión de los estudios sobre uso del tiempo forma parte del crecimiento de los estudios sociales y económicos que se ha producido en todos los países desarrollados en las últimas décadas, como medio para facilitar la toma de decisiones políticas y la gestión de necesidades y recursos humanos. Así, las causas que contribuirían a explicar al auge o consolidación de los estudios de uso del tiempo serían las siguientes:

1. El cambio en la estructura demográfica y productiva de los países desarrollados. Con proporciones crecientes de jubilados, desocupados y estudiantes, hacen falta nuevos tipos de análisis de indicadores de la vida y cambio social. El tiempo aparece como una opción relativamente sencilla de medir, con buena capacidad descriptiva y explicativa.

2. La insatisfacción de amplios colectivos, especialmente las mujeres, con la invisibilidad a que el uso casi exclusivo de otras variables (como trabajo remunerado o ingresos) condena a algunos grupos y a algunas actividades que son centrales para el bienestar colectivo.

3. La expansión de un gran sector económico de actividades de ocio y medios de comunicación, que necesita y puede pagar una considerable información sobre sus consumidores y sobre el tiempo consumido en sus actividades. Los análisis de audiencia, vinculados a la publicidad, estimación de franjas horarias, etc. han dado gran impulso a los estudios generales de actividades.

4. El aumento del tiempo invertido en actividades no directamente productivas, como transporte y gestiones burocráticas.

5. La necesidad de cooperación internacional. Durante la década del 90 se ha profundizado la construcción de la sociedad europea, y se han reforzado los intercambios de todo tipo; entre otros, los de investigaciones y estadísticas.

6. El cambio tecnológico ha posibilitado el tratamiento de datos por equipos reducidos de investigadores o incluso por investigadores que trabajan individualmente.

En América Latina y el Caribe fue recién a mediados de la década del 80 que se comienzan a implementarse mediciones de uso del tiempo. Esta distancia en el tiempo en relación a los países europeos puede explicarse, entre otras causas, por un posterior desarrollo y conciencia conceptual y académica en torno a las transformaciones sociales, económicas y políticas en el mercado laboral y las familias desde un enfoque de género, por una posterior incidencia de los feminismos y por debilidades institucionales y de gestión de las oficinas nacionales de estadística para incorporar estas dimensiones en la agenda estadística de los países en contextos de escasez de recursos y débil sensibilización de la problemática (Aguirre y Ferrari, 2014).

Dentro del grupo de los 18 países, que hacia 2018 implementaban algún tipo de encuesta de uso del tiempo, existen heterogeneidades y diferencias en torno a las modalidades, metodologías, población objetivo, objetivos de las encuestas, fundamentos constitucionales y legales, actividades relevadas, instrumentos utilizados, instituciones ejecutoras y asociadas, cobertura geográfica y selección de indicadores, entre otras (Aguirre y Ferrari, 2014).

3. Las características básicas de la metodología de uso del tiempo

El objetivo básico de los estudios de uso del tiempo es viabilizar la comprensión de las formas y de las maneras específicas que tienen las sociedades humanas de ordenarse temporalmente. Es decir, este tipo de metodología intenta dar cuenta del modo por el cual formar parte de un grupo social específico determina el uso del tiempo de las personas. Las diferentes técnicas utilizadas para dar cuenta de este objetivo suponen la posibilidad de realizar una mensura, un conteo exhaustivo del tiempo asignado a las diversas actividades durante un período específico. Si bien la forma más desarrollada intenta captar la totalidad de actividades durante un período de 24 horas, esta metodología también se utiliza para relevar sólo algún tipo específico de actividades (trabajar, leer, por ejemplo) durante periodos de tiempo variables (parte de un día o varios días).

Desde la perspectiva de Belloni (1988), lo que define la metodología de uso del tiempo es el conjunto de elecciones efectuadas al utilizar esa técnica, las finalidades y el ámbito de investigación que le corresponde. Así, el objetivo principal del método se encuentra en proporcionar una ilustración, una descripción de los comportamientos generalizados que aparecen en la población estudiada; además de permitir extraer indicaciones de carácter más orientativo, más causal, a condición de que se exploten con rigor las posibilidades del instrumento.

Sin lugar a dudas, en una dirección similar a estos postulados camina el énfasis puesto por Gershuny y Sullivan (1998) sobre la necesidad de dotar de un análisis verdaderamente sociológico a la información captada con la metodología de uso del tiempo. Este tipo de análisis abriría la puerta a un estudio en profundidad de los diferentes aspectos de la temporalidad de la experiencia humana, aspectos que serían soslayados con un simple conteo de las horas asignadas a cada actividad.

Las principales contribuciones de los estudios de uso del tiempo se centran en permitir relevar y aprehender en detalle la vida cotidiana de una manera específica, no alcanzada por ninguna otra metodología. En este sentido, el método permitiría aprehender el estilo de vida de las personas, incluyendo su vida social, sobre la base de los patrones a partir de los cuales usan su tiempo (Hirway, 2001).

Centrada en un perspectiva que brinda un peso mayor a la dimensión política, Durán (1997, 2005) señala que los estudios de uso del tiempo son una de las formas de análisis del contrato social, o mejor aún una forma de análisis de la *"ejecución real"* del contrato social. En este sentido, el crecimiento de los estudios sociales y económicos, de los que formaría parte el desarrollo sin igual de los estudios de uso del tiempo, constituiría un medio para facilitar la toma de decisiones políticas y la gestión de necesidades y recursos humanos.

Esta metodología fue utilizada fundamentalmente para explorar aquella parte de la vida de las personas sobre las cuales no había otra información disponible e, incluso, sobre aquellas áreas que eran sistemáticamente oscurecidas por otras metodologías. Es así, que en las últimas décadas fue utilizada para medir el trabajo no remunerado, el trabajo *"invisible"* realizado por hombres y mujeres (pero esencialmente por estas últimas) y estimar la contribución de ese tipo de trabajo al bienestar de la población. Así, el trabajo no remunerado, y en particular el trabajo doméstico, se convirtieron en el foco en torno al cual se desarrollaron buena parte de los estudios y encuestas de uso del tiempo en los países desarrollados. Para Carrasco (2005b), las macroencuestas de uso del tiempo llevadas adelante en Europa colaboraron en la construcción de bancos de datos que muestran la multiplicidad de tareas que componen el trabajo del hogar, los tiempos de cada una de ellas y el desigual reparto del trabajo familiar doméstico entre hombre y mujeres. De esta manera, las encuestas de uso del tiempo aportaron un elemento esencial a la concreción de un cuadro estadístico capaz de medir la *"carga global de trabajo"* a la que se enfrentan hombres y mujeres y un marco integrado bajo el que sea posible observar las interrelaciones entre el trabajo remunerado y el trabajo familiar doméstico y se pueda analizar –desde una perspectiva global y realista–, el funcionamiento del mercado de trabajo, la forma de vida y de reproducción de las personas y la división sexual del trabajo.

El trabajo doméstico como núcleo fuerte de análisis se ha mantenido en los estudios de uso del tiempo desarrollados en América Latina y en los países asiáticos. Sin embargo, estos últimos han incorporado paulatinamente nuevos e interesantes objetivos, tales como el análisis de las redes económicas de trabajo de la población vulnerable, la mejora en las estadísticas laborales, la mejora en las estimaciones del ingreso nacional y la utilización de los datos obtenidos para el diseño de políticas de reducción de la pobreza, generación de trabajo y promoción del bienestar. Dentro de este último objetivo, la gran contribución de los estudios y encuestas de uso del tiempo consistiría en *"proveer bases sólidas para entender, medir y monitorear la sociedad sobre la cual deben ser formuladas, basadas y rediseñadas las políticas sociales"* (Hirway, 2001).

4. Las críticas a la metodología, sus límites e insuficiencias

La metodología de uso del tiempo, como cualquier otra metodología de investigación en el campo de las ciencias sociales, presenta una serie de limitaciones, las cuales lejos de invalidarla enfrentan al investigador con desafíos y recaudos tanto desde el punto de vista teórico como técnico. En el caso particular de la metodología de uso del tiempo varios de esos puntos débiles han sido recogidos en las últimas décadas con el objetivo de perfeccionar los instrumentos de captación y análisis de los datos.

Las limitaciones y las críticas a la metodología pueden ser agrupadas en dos grandes núcleos. El primero de ellos está relacionado con la falta de información sobre los aspectos más subjetivos del tiempo y el segundo refiere al tipo de testimonios recogidos o a lo que Durán (2002) denominó *"la intermediación del sujeto"*.

Una de las críticas más incisivas realizada a lo que denominamos el primer núcleo de críticas a la metodología de uso o presupuestos de tiempo fue la desarrollada por William Grossin en 1998. El artículo publicado en un número temático de la revista francesa *Temporalistes* centra su hilo argumental en la arbitrariedad del patrón de medida utilizado. Para el autor, en las investigaciones de uso del tiempo se considera a la hora como un envase, el día igual para todos, el fraccionamiento como válido y las operaciones aritméticas como posibles. Este *"a priori indiscutido"* sería el que actúa otorgando validación al método.

De forma contraria, Grossin (1998) considera que tanto el día como la hora constituyen imposiciones de la sociedad industrial que actúa recortando artificialmente el tiempo. En este sentido, la definición del día como unidad periódica resulta de un efecto de imposición social, consustancial a las sociedades industriales cuyo desarrollo está muy vinculado al factor tecnológico. Es el imperio de la máquina y la tecnología, implícito en la ideología productivista, el que condiciona esta división biofísica del día en unidades temporales precisamente recortadas. Eso justifica la adopción de una escala por horas para dar cuenta de los *"sistemas de actividades"* que sirven de síntesis descriptiva de los comportamientos previstos en la perspectiva de las veinticuatro horas recurrentes de los individuos y grupos.

Esta crítica referida a la teoría implícita es trasladada consecuentemente al método utilizado. En lo expuesto por Grossin (1998), la medida abstracta de horas y minutos empleados en actividades deja de lado la forma en que el actor efectúa esas actividades, las experimenta y las considera. Esto hace que desde el punto de vista económico, sociológico y personal las horas no sean intercambiables o equivalentes. De forma contraria, el cálculo de horas de actividades aparentemente similares reduce a las personas interrogadas a una población de individuos estadísticamente intercambiables. Las adiciones, oposiciones y comparaciones de actividades en términos de horas y minutos serían intrínsecamente falsas, tratándose más bien de una aberración inducida por una representación típicamente contemporánea del tiempo. Esta representación actuaría confiriendo al tiempo un valor material.

Para el autor, son los hombres los que producen el tiempo de su actividad, un tiempo específico al que le otorgan su propia medida. Dentro de este postulado, el reparto artificial del tiempo asignado o dedicado a una u otra actividad elimina las secuencias y articulaciones que les dan valor y sentido, así como también las yuxtaposiciones y las influencias que se ejercen inevitablemente entre las actividades en el cotidiano.

Desde la perspectiva de Gershuny y Sullivan (1998), la idea de la existencia de dos tipos contrapuestos o tipos duales de temporalidades, una *"científica o matemática"* y otra *"social"*, es cuestionable. Para los autores, la segmentación lineal del tiempo y la conformación del denominado *"tiempo del reloj"*, es un aspecto distintivo de cualquier sociedad compleja y tecnológicamente desarrollada. Consecuentemente, cualquier persona que viva en un sistema social de estas características será, necesariamente, afectado por esta manifestación de la experiencia del tiempo[7]. Este aspecto temporal de la experiencia humana, caracterizado por una secuencia lineal o progresiva de actividades, convive o se manifiesta de forma conjunta con la percepción relacionada con ese tiempo. Esta percepción es fuertemente dependiente de un gran número de significados simbólicos y atributos emocionales que se corresponden con significaciones específicas y prioridades relacionadas con actividades o eventos específicos.

De esta manera, el imperio, en los sistemas sociales urbanos y desarrollados, de una segmentación lineal del tiempo en unidades fácilmente medibles que constituye, por un lado, un aspecto necesario de su funcionamiento, y por el otro, un componente fundamental de la experiencia humana en estas sociedades, no supone desconocer la existencia de una pluralidad de tiempos. Dentro de esta coexistencia de diferentes temporalidades, cualquiera de ellas puede tomar prioridad en un punto particular dentro de la existencia individual cotidiana.

Más que centrarse en el debate sobre si la existencia de un *"tiempo científico o matemático"* y un *"tiempo social"* posibilitarían la construcción de un objeto de estudio sociológico, Gershuny y Sullivan (1998) prefieren reconocer que las personas experimentan el tiempo en diferentes y, potencialmente, simultáneas formas, todas ellas imbui-

---

7   Esta noción es largamente compartida dentro de la sociología del tiempo e incluso Aguiar (1999) señala, que en aquellas sociedades con una relativa capacidad de lecto-escritura existen suficientes signos temporales en todas partes, dando cuenta de cómo un sector de esa sociedad con capacidad de leer y escribir es responsable de la mediación del tiempo a través de relojes. Las tablas de horarios del transporte, los programas de radio, las campanas de la iglesia, las sirenas de las fábricas, etc., constituyen marcas temporales desarrolladas por organizaciones, las cuales son reconocidas por el conjunto de la población y no sólo por el grupo con capacidad de leer o escribir. Como fue señalado anteriormente, desde la perspectiva de la autora, incluso aquellos grupos que dentro de la sociedad poseen una capacidad parcial de lecto-escritura y una escasa accesibilidad a los relojes se ven forzados a usar números, incluso antes de aprender a escribir. De la misma manera, investigaciones desarrolladas en Brasil dan cuenta de cómo estos grupos son capaces de presupuestar y gerenciar su tiempo.

das de significación sociológica. En este sentido, una forma apropiada de medir el tiempo sería tratarlo como una secuencia lineal de actividades que permita, a su vez, medir la duración y la densidad de las actividades que constituyen esta secuencia. En este estudio del significado de las actividades, ni la cualidad del tiempo ni el reparto interno de las actividades pueden ser ignorados sin sesgar la investigación. Ambos elementos caminan en forma conjunta y cada uno otorga significado al otro.

Como es posible observar, las respuestas a la feroz crítica planteada por Grossin (1998) terminan incorporando algunas de sus líneas de análisis, particularmente aquellas que van en la dirección de anexar la valoración que hacen los actores, los protagonistas de sus propias actividades, así como también la dinámica y el contexto en el cual las desarrollan. Estas respuestas han tenido, en los últimos años, su correlato en diversas reformulaciones realizas a los instrumentos de recolección y análisis de la información con el objetivo de superar buena parte de este núcleo de limitaciones y críticas.

El segundo núcleo en torno al cual se han desarrollado una serie de críticas, y que sin lugar a dudas es fundamental considerar para poder realizar el análisis de los datos dentro de determinadas limitaciones, está relacionado con el tipo de testimonios recogidos.

En este sentido, una primera cuestión a considerar está relacionada con lo que Belloni (1988) denominó la "incapacidad de evidenciar la anomia". Dentro de las investigaciones de uso del tiempo no se deben esperar informaciones sobre los comportamientos que ridiculizan la moral corriente, a propósito de los cuales las personas entrevistadas emiten juicios de valor aceptables por el entrevistador. Aparte de los comportamientos verdaderamente criminales, la censura de los protagonistas se ejerce sobre los actos, no necesariamente ilegales, sino juzgados represibles. En el mismo sentido Grossin (1998) señala que ni siquiera la garantía del anonimato logra que el entrevistado reconozca la realización de aquellas actividades juzgadas como represibles. "Los entrevistados son modelos de virtud y asexuales. No tienen pereza, no vagean, no tienen conversaciones amorosas y no dedican ningún tiempo a sus relaciones íntimas" señala el autor irónicamente.

Para Durán (2002) este tipo de limitaciones no sólo se refiere a la metodología de uso del tiempo sino que puede hacerse extensible a las encuestas en general. La autora considera que la intermediación del sujeto en ciencias sociales es inevitable, tanto por parte de los observadores como de los observados. Las encuestas (tanto de opinión como descriptivas de hechos) requieren de la cooperación de informantes cuyas declaraciones no equivalen exactamente a su conducta real o a los hechos descriptos. En este sentido, el deseo de ocultación, la consciencia de los hechos y el grado de conocimiento son algunos elementos que mediatizan las respuestas. Según Durán (2002), un tipo especial de sesgo es el denominado *"deseo políticamente correcto"* que empuja al entrevistado a decir lo que cree que debe decir; y que se suma a la *"declaración interesada"* o sesgo a favor de respuestas que el entrevistado percibe como más conveniente para sí mismo, o al efecto *"congraciamiento"* que presiona al entrevistado a decir lo que cree que desea escuchar el entrevistador.

Una segunda cuestión, relacionada con el tipo de testimonio que permite recoger la metodología de uso del tiempo, es que *"sólo informan sobre lo que se manifiesta abiertamente"* (Belloni, 1988) y, más aún, que esos *"testimonios son frágiles"* (Grossin, 1998). La *"fragilidad"* estaría relacionada, en parte, con la inexactitud de la memoria en recordar el periodo de referencia (incluso cuando ese periodo de referencia es el día anterior). Este postulado plantea desde el punto de vista práctico tres inconvenientes: 1. la tendencia a informar sobre las actividades de un día *"típico"* y no sobre las actividades realmente realizadas durante el día anterior o incluso sobre las actividades *"anormales"* realizadas; 2. una tendencia a infravalorar determinadas actividades por considerarlas banales, usuales y rutinarias o intersticiales a dos actividades principales y/o aquellas actividades realizadas en solitario; 3. contrariamente, el tiempo consignado en el desarrollo de otras actividades se presenta largamente superior al tiempo demandado para su realización.

Finalmente, una última crítica se relaciona con el hecho que los presupuestos de tiempo no tienen en cuenta los elementos que sobredeterminan las condiciones materiales de existencia y la cultura de los encuestados. Comprendiendo, así, situaciones fijas, mientras que los grupos sociales se des-estructuran y se re-estructuran sin cesar, ya que toda vida social es reorganización y cambio. En este sentido, la metodología no permitiría distinguir lo que permanece, lo que está incluido en la tradición y la rutina, de aquello que pertenece a la dinámica social, a los cambios y a la movilidad (Grossin, 1998).

En una dirección similar Belloni (1988) enfatiza que toda actividad diaria informada es el resultado de una *"elección"* dentro de un sistema complejo de relaciones internas y externas al acto, que hace efectiva su realización. De esta manera, en los protagonistas existiría una actitud cambiante que los lleva a definirse frente a esas *"eleccio-*

nes" y a someterse a normas impuestas por un medio ambiente normativo, institucional y cultural o por prácticas en las cuales se inscriben.

5. La reformulación crítica de la metodología

Como señaláramos anteriormente, tres núcleos de información se constituyen, desde sus inicios, en los elementos básicos de la metodología uso del tiempo: el tipo de actividades desarrolladas por las personas, la ubicación temporal de esas actividades (es decir, el momento del día en el que fue realizada) y el tiempo demandado en su realización. Más recientemente una serie de autores (Belloni, 1988; Carrasco, 2005b; Durán, 1997 y 2005; Glorieux, 1998; Glorieux y Elchardus, 1999) vienen remarcando la necesidad de ampliar el tipo de información recolectada a fin de posibilitar un análisis más complejo, más cualitativo, pero por sobre todo más cargado de "*significación*" del uso del tiempo. Los autores han sugerido ampliar la mirada hacia cuatro ejes fundamentales:

- **El estudio de las simultaneidades o intensificación de uso del tiempo (actividades distintas realizadas dentro de la misma franja horaria):** intenta observar, dentro de lo que permite la información, cuáles son las simultaneidades más habituales y quiénes las realizan. Desde la perspectiva de García Sainz (2005), la reiterada ausencia de esta dimensión se fundaría en el modelo de tiempo lineal presente en las encuestas de uso del tiempo. Dentro del modelo de tiempo lineal, expresado en los diarios de actividades a partir de la cuantificación cronométrica, las acciones se suceden en el tiempo de una manera secuencial y ordenada. Sin embargo, el tiempo no sólo fluye linealmente sino que también se vive y se percibe como cíclico, adquiriendo su representación una dimensión circular (García Sainz, 2005; Luhmann, 1996; Ramos Torre, 1997). Esta forma de entender el tiempo, le permite a Luhmann (1996) introducir la distinción entre sucesión/causalidad (unas cosas suceden antes y otras después) y simultaneidad (todo ocurre a la vez). Es, justamente, este modelo de entender el tiempo y, consecuentemente, la posibilidad que ofrece de establecer la distinción entre sucesión y simultaneidad, el que brinda el marco conceptual a los desarrollos teóricos centrados en la necesidad de introducir la captación y el análisis de los simultaneidades en los estudios de uso del tiempo. Desde estas perspectivas, las personas acostumbran a realizar más de una actividad al mismo tiempo; o mejor, buena parte de las actividades cotidianas se realizan de manera simultánea y compartida. La expresión luhmanniana *"todo lo que acontece, acontece simultáneamente"* (Luhmann, 1996:160) mostraría que cualquier actividad se produce en un entorno con el que se relaciona en simultaneidad. Así, la captación del contexto en el que se realizan las acciones ofrece un universo analítico más amplio que la descripción cronométrica para interpretar los datos temporales (García Sainz, 2005). En esta misma línea de análisis, Ramos Torre (1997) señala que la simultaneidad no hace sino mostrar las dificultades de un presente que resulta demasiado complejo[8]. La simultaneidad es un hecho importante a estudiar por lo que ella refleja, tanto desde una vertiente positiva –vinculada con la capacidad de organización y realización simultánea– como desde una vertiente negativa –relacionada con su falta de reconocimiento y valoración social–, así como también por las repercusiones que puede tener en la salud y calidad de vida de las personas que las realizan (Carrasco, 2005b). El fortalecimiento de esta dimensión en los estudios de uso del tiempo permitiría profundizar los análisis centrados en la utilización del tiempo como ilustrativa de la forma en la que operan los patrones de género. En este sentido, diversos estudios han señalado que la realización simultánea de tareas –no remuneradas o remuneradas y no remuneradas– es, en general, un hecho diferencial de las mujeres. Por otra parte, la introducción de la simultaneidad en los análisis enfrenta al investigador con un problema de orden metodológico: ¿quién define cuál es la actividad principal y cuál es la actividad accesoria? Durán (1997, 2005) señala que en algunos casos se ha pedido expresamente al sujeto entrevistado que decida por sí mismo y priorice, pero habitualmente la estructura del cuestionario o el tipo o nombre de institución que promueve el estudio favorecen una perspectiva concreta y no otra. No muy alejadas de esta perspectiva se encuentran las consideraciones de García Sainz (2005), para quien la distinción entre actividades principales y secundarias presupone un consenso en torno a lo que informantes y estadísticos consideran como principal y secundario. De ahí que sean escasas las posibilidades de que los encuestados consideren principales algunas de las rúbricas reservadas para actividades secundarias. La mayor parte de la población seguirá la orientación marcada, con lo que se

---

8 En el marco de esta complejidad, la simultaneidad conlleva selección. No todo puede hacerse a la vez, sino sólo unas pocas cosas y las otras deben esperar un tiempo o someterse al destino de nunca ser realizadas (Ramos Torre, 1997a).

EL ESTALLIDO DEL TIEMPO

reproducirá el guión establecido. Así, lo que el cuestionario sitúa como principal aparecerá como tal con independencia de que el individuo lo considere más o menos importante. La posibilidad de que los individuos construyan o interpreten el tiempo de acuerdo con su propio criterio es reducida; más aún bajo la aplicación de técnicas de investigación cuantitativas.

- **Centrar la atención en los momentos del día en los cuales las actividades son realizadas y su encadenamiento secuencial:** más allá de la simple cuantificación del tiempo invertido en cada una de las actividades, el análisis de las actividades por franjas horarias posibilita intentar reconstruir el desarrollo de un día en la vida de las personas (Carrasco, 2005b).

- **La incorporación del lugar donde se realizan las actividades:** hacia fines de la década del 80, Belloni (1988) destacaba que los estudios de uso del tiempo habían permanecido alejados de la necesidad de situar las actividades en relación a los lugares donde se ejecutan. Esta circunstancia impedía, por un lado, comprender mejor los comportamientos y, por el otro, elaborar un mapa lógico que permitiera redefinir las actividades y el significado al cual están ligadas, de una forma que incorporara la movilidad espacial de los sujetos. La inclusión de la dimensión espacial, se convertiría, para la autora, en un elemento fundamental en los estudios relativos al entorno urbano. Sin embargo, desde la década del 90, han venido realizándose una serie de intentos por incorporar las variables referidas al lugar en la metodología de uso del tiempo. Mientras que por un lado, algunas investigaciones realizadas con la técnica del diario de actividades han simplemente incorporado esta dimensión en los instrumentos de recolección, por el otro están desarrollándose intentos más abarcadores que comienzan a explorar la posibilidad de conjugar los supuestos teórico-metodológicos de los usos del tiempo con el enfoque de la *time geography*[9]. Es, jus-

---

9   Esta corriente, desarrollada por Torsten Hagerstrand, se basa en la reconstrucción de las trayectorias individuales en el espacio y sitúa los lugares y los momentos en los que se asumen los diferentes roles, focalizando en la identificación de los factores que influencian, cercenan y/o restringen la actividad humana. Estas influencias proveen las fronteras globales que limitan el comportamiento de los agentes en el tiempo y en el espacio. Para poder concretar sus proyectos, los agentes deben utilizar los recursos inherentemente limitados de espacio y tiempo con el objeto de superar las restricciones con que son confrontados. Dentro de esta perspectiva se confiere especial atención a las restricciones a las actividades derivadas de las propiedades físicas del cuerpo y de los ambientes en los cuales los agentes se mueven (Ellegard, 2001; Flores, 2002; Giddens, 1989). Desde la perspectiva de Giddens (1989), la *time geography* es la única vertiente de la geografía que ha podido construir su armazón conceptual en torno a los modos por

tamente en esta dirección, que se encamina el planteo de Ellegard (2001), el cual busca testear la utilización de nuevas tecnologías para el desarrollo de un método que permita, por un lado, mejorar las oportunidades de presentar y de ilustrar el uso del tiempo y, por el otro, comprender el resultado de las regulaciones y restricciones a las que están sometidas las actividades. La aplicación del programa VR[10] le permitirá a Ellegard representar el tiempo y el patrón de actividades de una población de una manera diferente pero complementaria a los promedios de tiempo utilizados por los presupuestos de tiempo y a los dioramas utilizados por la *time geography*. Así, el planteo se orienta a sortear algunos límites de la metodología de uso del tiempo centrándose en situaciones más detalladas y más complejas de la vida cotidiana, como serían el contexto de las actividades y proyectos en los cuales se insertan las actividades específicas, o incluso sobre la distribución de las actividades entre los miembros de una familia. En resumidas cuentas, es posible establecer que para la mayoría de los autores la incorporación de la ubicación o el lugar donde se realizan las actividades actúan aportando información de tipo cualitativa para interpretación de las descripciones temporales.

• **Recabar información de las personas junto a las cuales se realizó la actividad:** la ampliación de las variables referidas a la compañía, al lugar y a la valoración subjetiva que los informantes otorgan a las actividades, vienen siendo resaltadas por diferentes autores (García Sainz, 2005) como los ejes que aportarían al aprovechamiento de los diarios de actividades una dimensión más cercana al tiempo social y que brindarían una mayor posibilidad

---

los cuales los sistemas sociales son constituidos a través del espacio-tiempo; apartándose, así, de la concepción del espacio y tiempo como meros contextos de acción. Para el autor, al centrar el análisis en las restricciones que dan forma a las rutinas de la vida cotidiana, la *time geography* comparte con la teoría de la estructuración el énfasis en la centralidad del carácter práctico de las actividades para la constitución de la conducta y de las instituciones sociales. Sin embargo, el autor encuentra que este enfoque posee, por un lado, una concepción simplista de los agentes y de los escenarios de interacción y, por el otro, una teoría del poder débilmente desarrollada.

10 Los programas VR (Realidad Virtual) son herramientas informáticas que intentan sumergir al usuario en un espacio virtual que le hace perceptible (por medio de técnicas avanzadas de procesamiento de imágenes y de la manipulación de periféricos que permiten la interacción y el desplazamiento multidimensional, así como el diseño de una rica interfase gráfica) un extenso conjunto de datos. Permiten de esta manera visualizar, manipular e interactuar con computadoras y con datos en extremo complejos. Sus aplicaciones son vastas y variadas y van desde la educación, la investigación, el arte y el diseño y la capacitación de personal, hasta la publicidad y el entretenimiento.

para comprender el contexto de las actividades y las vivencias que tiene la ciudadanía sobre su vida cotidiana.

Desde el punto de vista teórico-metodológico todos estos ejes van en la dirección de dotar de *"significación"* al uso del tiempo (Belloni, 1988; Glorieux, 1998; Glorieux y Elchardus, 1999) y están orientados a la tentativa de establecer relaciones entre los elementos recogidos (Belloni, 1988). En tanto, desde el punto de vista técnico, es importante resaltar que mientras algunos de ellos pueden resolverse redefiniendo o afinando la etapa del análisis de los datos, para otros es esencial la reformulación del instrumento de recolección de la información.

6. Las diferentes técnicas dentro de la metodología de uso del tiempo

Aun cuando la metodología del uso del tiempo se constituye por antonomasia a partir de la técnica del diario de actividades –a tal punto que en los países anglosajones las expresiones time budget studies y time budget surveys suelen usarse de forma intercambiable– se han desarrollado y aplicado diferentes técnicas para recabar información sobre las formas en las cuales una comunidad o un grupo de personas distribuye sus actividades y les asigna tiempo para su realización a lo largo de un día. A continuación se detallan las diferentes técnicas, sus principales características, sus alcances y límites.

Diario de actividades[11]

Desde la perspectiva de Durán (1997, 2005), el diario de actividades es una forma de relato en que el sujeto informa sobre sí mismo o sobre algún acontecimiento con periodicidad diaria, y se caracteriza –como el género literario– por la autonomía del estilo y contenido. Para la autora, la utilización de este tipo de información a efectos de observación extensiva y, por tanto, comparable, requiere suprimir las condiciones de libertad de percepción y descripción del sujeto, para someterlo a un formulario muy claramente pautado que precisa exactamente lo que el sujeto ha de observar y transcribir. En definitiva, transforma el diario en una encuesta.

---

11 Diario de actividades, encuesta de uso del tiempo, encuesta de presupuestos de tiempo o *time-budget survey* son expresiones equivalentes.

Desde el punto de vista técnico, el cuestionario toma la forma de un diario, una grilla –similar a las agendas o a los *"libros de contabilidad"* (Ramos Torre, 1990)– donde se encuentran delimitados los intervalos temporales dentro de los cuales el informante consignará, en sucesión, las actividades desarrolladas. Puede, de forma adicional, contener espacios donde informar las denominadas actividades secundarias (aquellas actividades que responden a las pregunta *¿qué más estaba haciendo?*), la ubicación espacial donde las actividades se desarrollan y si la actividad fue realizada en solitario o si el informante estaba en compañía de otras personas. Los instrumentos se complementan con información demográfica de los informantes y otros relativos a la vivienda, familia, etc. y pueden ser administrados externamente (por un entrevistador o supervisor) o auto-administrados; de igual manera, las actividades relevadas pueden estar codificadas o ser agrupadas con posterioridad.

Entre las principales ventajas del uso de esta técnica es posible enumerar:

a) por la propia disposición del formulario, las actividades no pueden sumar más de 24 horas diariamente, que es el mayor riesgo de los recuentos de memoria ante listas de actividades (Durán, 1997, 2005; Ramos Torre, 1990).

b) al seguir de cerca las actividades de cada sujeto en uno o varios días, evita cierto sesgo hacia la reconstrucción del día promedio al que pueden tender la técnica de lista de actividades y, en ese sentido, puede lograr mayor precisión y exactitud (Durán, 1997, 2005; Ramos Torre, 1990).

c) permite abordar el problema de la simultaneidad de los trabajos no remunerados al relevar las actividades secundarios y/o terciarias a través del registro de más de una actividad para el mismo bloque horario de un día (Esquivel, 2012).

Sin embargo, a pesar de estas ventajas, para algunos autores el diario de actividades no es la panacea y entre los inconvenientes o desventajas más resaltados cabe señalar:

a) requiere una colaboración íntima del entrevistado (Durán, 1997, 2005), una familiaridad con la escritura (Aguiar, 1999; Durán, 1997, 2005; García Sainz, 2005) y una capacidad de auto-observación que para algunos grupos sociales puede ser disuasoria;

b) en aquellas oportunidades que se recoge información sobre varias personas del mismo hogar, la observación yuxtapuesta posibilita análisis muy enriquecedores, pero también genera problemas relevantes, porque la resistencia a informar aumenta en la medida en que disminuye la conciencia del anonimato (Durán, 1997, 2005). Para algunos autores, la desconfianza de los informantes aumentaría en el caso de acciones indagatorias promovidas por el gobierno (García Sainz, 2005);

c) el elevado costo económico (Durán, 1997, 2005; García Sainz, 2005; Hirway, 2001), fundamentalmente, porque requieren de la disponibilidad de los investigadores en el campo durante mucho tiempo y porque en el caso de los diarios auto-administrados es frecuente que el investigador deba retornar varias veces a buscarlos (Hirway, 2001);

d) la cuantificación cronométrica en la que se basa la técnica del diario de actividades constituiría la mayor expresión del modelo de tiempo lineal. Este modelo es visto como poco ilustrativo de las vivencias que experimentan los individuos en sus vidas cotidianas (García Sainz, 2005);

e) no considera el esfuerzo de los agentes y la eficiencia en la realización de las actividades (Hirway, 2001);

f) no tiene en cuenta la tecnología usada o los obstáculos que se presentan en la realización de las actividades (Hirway, 2001).

Lista o encuesta de actividades

Este tipo de técnica, constituye más una alternativa (García Sainz, 2005; Ramos Torre, 1990) que una variante a los diarios de actividades o encuestas de uso del tiempo. Lo que se busca es establecer si una determinada población ha realizado, en el día anterior a la entrevista o en un período temporal más amplio (semana, mes, etc.), un conjunto previamente fijado de actividades sobre el que se pregunta directamente. Esa lista de actividades puede ser diseñada en función de las necesidades y demandas de conocimiento situadas en un contexto local específico (Aguirre y Ferrari, 2014).

Tienen la ventaja de poder sacar a la luz la participación en actividades poco frecuentes, secundarias o de duración muy corta, que no aparecen o están sub-representadas en las encuestas de uso del tiempo[12]. También puede ser superior a estas últimas en capacidad

---

12 En este sentido García Sainz (2005) señala que, respecto al concepto de trabajo, las listas o encuestas de actividades tratan de hacer visible lo que ha permanecido oculto a los indicadores sociales y económicos; por ello, se pone el énfasis en el trabajo no remunerado, tratando de neutralizar la hegemonía de lo mercantil y sus efectos discriminantes (ingresos, prestaciones, etc.).

para determinar la participación real en los distintos tipos de actividades (Ramos Torre, 1990). Estos elementos llevan a algunos autores a considerar que, aun cuando las encuestas o listas de actividades se apoyan también en técnicas distributivas, están menos ceñidas que los diarios de actividades a procedimientos estandarizados, posibilitando de esta manera una perspectiva más conceptual y analítica, así como también una percepción dinámica de lo social (García Sainz, 2005).

No obstante, son consideradas un instrumento imperfecto para determinar la duración de las actividades; la razón de este argumento estaría relacionada con los mecanismos de la memoria (Ramos Torre, 1990). En este sentido, la reconstrucción de las actividades realizadas durante la jornada anterior siguiendo la secuencia temporal de su desarrollo (encuesta de uso del tiempo) es más precisa que el establecimiento de la duración de una actividad sin tener ningún punto de referencia temporal (lista o encuesta de actividades), hecho que llevaría consignar las actividades en términos normativos (lo que suele durar o debe durar). Adicionalmente, cuantas más sean las actividades sobre las que se pregunte tanto más probable es que el día acabe durando más de 24 horas, cosa imposible en los diarios o en las encuestas de uso del tiempo (Durán, 1997, 2005; Ramos Torre, 1990).

Buena parte de los estudios de uso del tiempo realizados en España y en América Latina se apoyan en este tipo de técnica.

Observación participante

Existen referencias de realización de estudios de uso del tiempo basados en la técnica de la observación participante en Brasil en pueblos originarios y comunidades campesinas. Este tipo de estudios tenía como objetivo cronometrar la organización social de comunidades cuya población no poseía educación formal (Aguiar, 1999).

Este tipo de técnica presenta entre sus limitaciones que muy pocos casos pueden ser observados al mismo tiempo, así como también que la propia metodología interfiere en las actividades que están siendo observadas. Sin embargo, aun cuando estas investigaciones se vean restringidas en los estudios de gran escala, aportan un gran valor exploratorio para la realización de estudios más sistemáticos (Aguiar, 1999).

Entrevistas grabadas

De forma similar a la técnica de la observación participante, los estudios de uso del tiempo basados en entrevistas grabadas son de gran utilidad cuando se trabaja con poblaciones con bajo o ningún nivel de instrucción, con pueblos originarios o campesinos o con poblaciones de edad avanzada. En tanto, sus límites se relacionan con la tendencia de los entrevistados a relatar un día típico en sus vidas y no las actividades del día previo (que generalmente es la información solicitada), y con las dificultades que presentan para una mediación estandarizada.

Diarios o encuesta de actividades combinados con entrevistas

La combinatoria de la técnica del diario o de la lista de actividades con entrevistas se ha comenzado a utilizar con mayor sistematicidad en las últimas décadas. El objetivo fundamental de esta combinatoria de técnicas es lograr una comprensión más cabal de las actividades cuantificadas y dotar de *"significación"* al uso del tiempo. En la medida en que una actividad y/o su realización no siempre están dotadas de la misma significación, el recurso de la entrevista actúa permitiendo su comprensión dentro de un contexto específico.

7. Consideraciones finales. Las potencialidades de la metodología de uso del tiempo para el análisis sociológico

En términos generales, el surgimiento de los estudios de uso del tiempo puede situarse en el periodo comprendido entre mediados del siglo XIX y las primeras décadas del siglo XX (Delfino, 2007). Sin lugar a dudas, su alumbramiento está íntimamente vinculado a la preocupación por conocer y disponer de datos sobre la vida cotidiana de las familias urbanas, su dedicación a actividades económicas mercantiles y a actividades no remuneradas durante el período de emergencia de la sociedad industrial (García Sainz, 2005).

A partir de entonces, y a lo largo del siglo XX, otras orientaciones y objetivos fueron, paulatinamente, incorporándose a las encuestas y estudios de uso del tiempo, tales como el conocimiento de las pautas

de consumo, la cultura y el ocio, el desarrollo de la industrialización y urbanización y las necesidades de planificación, fundamentalmente. Pero, sin lugar a dudas, son las reivindicaciones feministas de
la década del 70 y los desarrollos teóricos direccionados a revisar el
concepto de trabajo de las últimas décadas –elementos que confluyen
en la intención de recuperar aquellas actividades que se habían convertido en invisibles bajo la lógica del capitalismo– los que abren un
campo de estudios prácticamente inexplorado en los estudios de uso
del tiempo: la distribución diferencial de las actividades por sexo. A
partir de entonces, la metodología de uso del tiempo se convierte en
un instrumento privilegiado tanto para evidenciar y mostrar la importancia del trabajo de reproducción social no remunerado como para
recoger información adecuada relacionada con este tipo de trabajo.

Si, como planteáramos al inicio de este artículo, la utilización del
tiempo es expresiva de la forma que toman los diferentes tipos de
relaciones sociales, la información estadística construida a partir de
este tipo de herramienta tiene la potencialidad de brindar la evidencia
empírica que permita dar cuenta de las desigualdades –constitutivas
de las relaciones de género como de las relaciones que presiden una
sociedad de clases– al proporcionar elementos que den cuenta del
tamaño y del alcance de esas diferencias.

Bibliografía

Aguiar, N. (1999) "Time Use Analysis in Brazil: How far will time use studies
have advanced in Brazil by the year 2000?", Paper presented at the 1999 IA-
TUR Conference "The State of Time Use Research at the End of the Century",
University of Essex, 6-8 October.

Aguirre, R. y Ferrari, F. (2013) *Las encuestas sobre uso del tiempo y trabajo no
remunerado en América Latina y el Caribe. Caminos recorridos y desafíos hacia
el futuro*, Cepal, Serie Asuntos de Género 122, Santiago de Chile, Chile.

Araya, M.J. (2003) *Un acercamiento a las encuestas sobre uso del tiempo con orientación de género*, Serie Mujer y Desarrollo N° 50, Naciones Unidas, CEPAL, Santiago de Chile, Chile.

Belloni, M.C. (1988) "Les limites de recherche des budgets-temps", *Temporalistes*
(8), 21-24. Disponible en: [http://www.sociologics.org/temporalistes].

Breedveld, K.; Van Den Broek, A. y Huysmans, F. (2002) "Background to the methods
used in the Time Budget Survey (TBO). Social and Cultural Planning Office of the
Netherlands". Disponible en: [http://www.scp.nl/onderzoek/tbo/english/achtergron-
den/history.pdf].

Bruschini, C. (2006) "Trabalho doméstico: inatividade econômica ou trabalho não
remunerado?", *Revista Brasileira de Estudos de População* 23 (2), 331-353.

Carbonell Camós, E. (2004) *Debates acerca de la antropología del tiempo*, Barcelona, España, Universitat de Barcelona.

Carrasco, C. (2005a) "Tiempo de trabajo, tiempo de vida. Las desigualdades de género en el uso del tiempo", en Aguirre, R.; García Sainz, C. y Carrasco, C. (ed.), *El tiempo, los tiempos, una vara de desigualdad* (pp. 51-81), Santiago de Chile, Chile, CEPAL, Unidad Mujer y Desarrollo, N° 65.

Carrasco, C. (2005b) "Hacia una metodología para el estudio del tiempo y del trabajo", en Consejo Nacional de la Mujer y Consejo Nacional de Coordinación de Políticas Sociales, *Decir mujer es decir trabajo. Metodologías para la medición del uso del tiempo con perspectiva de género. Capacitación*, Buenos Aires, Presidencia de la Nación, Consejo Nacional de Coordinación de Políticas Públicas, Consejo Nacional de la Mujer, Embajada de España, AECI, mayo.

Delfino, A. (2007) "Las potencialidades de la metodología de uso del tiempo para el estudio de los patrones de actividad laboral y familiar", *8vo. Congreso Nacional de Estudios del Trabajo: "25 Aniversario de Aset". Asociación Argentina de Especialistas en Estudios del Trabajo*, del 8 al 10 de agosto, Buenos Aires, Argentina.

Durán, M.A. (1997) "La investigación sobre uso del tiempo en España: algunas reflexiones metodológicas", *Revista Internacional de Sociología* (18), 163-189.

Durán, M.A. (2002) "La contabilidad del tiempo", *Praxis Sociológica* (6), 41-62.

Durán, M.A. (2005) "La investigación sobre uso del tiempo en España en la década de los noventa. Algunas reflexiones metodológicas", en Consejo Nacional de la Mujer y Consejo Nacional de Coordinación de Políticas Sociales, *Decir mujer es decir trabajo. Metodologías para la medición del uso del tiempo con perspectiva de género. Capacitación*, Buenos Aires, Presidencia de la Nación, Consejo Nacional de Coordinación de Políticas Públicas, Consejo Nacional de la Mujer, Embajada de España, AECI, mayo.

Ellegard, K. (2001) "The individual and her household in the population. A VR-visualisation of activity patterns", Paper presented at the IATUR-Conference Time Use 2001, Statistics Norway, Oslo, October 3-5.

Esquivel, V. (2012) "El cuidado infantil. Un análisis en base a la encuesta de Uso del Tiempo en la Ciudad de Buenos Aires", en Esquivel, V.; Faur, E. y Jelin, E. (ed.), *Las lógicas del cuidado infantil. Entre las familias, el Estado y el mercado* (pp. 73-106), Buenos Aires, Argentina, IDES, UNFPA, UNICEF.

Flores, F. (2002) "Trabajo, género y rutinas temporales", *Scripta Nova, Revista Electrónica de Geografía y Ciencias Sociales, Universidad de Barcelona*, 119 (48). Recuperado de: [http://www.ub.es/geocrit/sn/sn119-48.htm].

García Sainz, C. (2005) "Aspectos conceptuales y metodológicos de las encuestas de uso del tiempo. Aplicación al caso de España", en Consejo Nacional de la Mujer y Consejo Nacional de Coordinación de Políticas Sociales, *Decir mujer es decir trabajo. Metodologías para la medición del uso del tiempo con perspectiva de género. Capacitación*, Buenos Aires, Presidencia de la Nación, Consejo Nacional de Coordinación de Políticas Públicas, Consejo Nacional de la Mujer, Embajada de España, AECI, mayo.

Gell, A. (1996) *The anthropology of time. Cultural constructions of temporal maps and images*, Washington, D.C, United State, Berg.

Gershuny, J. y Sullivan, O. (1998) "The sociological uses of time-use diary analysis", *European Sociological Review*, 14 (1), 69-85.

Giddens, A. (1989) *A constituição da sociedade*, São Paulo, Brasil, Martins Fontes.

Glorieux, I. y Chardus, M. (1999) "What does your time mean? Some arguments for including indicators on the meaning of time use in time budget research", Paper prepared for de 1999 IATUR Conference "The state of time use research at the end of century", University of Essex, Colchester, UK, 6-8 october.

Glorieux, I. (1998) *Que signifie votre temps? Quelques arguments pour inclure, dans la recherche sur les budgets-temps, des indicateurs sur le signification du temps. Temporalites* (39), 18-25. Recuperado de: [http://www.sociologics.org/temporalistes].

Grossin, W. (1998) "Limites, insuffisances et artifices des études de budgets-temps", *Temporalistes* (39), 8-17. Recuperado de: [http://www.sociologics.org/temporalistes].

Hirway, I. (2001) "Time Use Studies: Conceptual and Methodological Issues with Reference to the Indian Time Use Survey", Paper sent to the 2001 meeting of the International Association of Time Use Research, Oslo, Norway.

Luhmann, N. (1996) *Introducción a la teoría de los sistemas*, México DF, México, Anthropos.

Raldúa Martín, E. (2001) "Comparación internacional de los empleos del tiempo de mujeres y hombres", *REIS* (94), 105-126.

Ramos Torre, R. (1990) *Cronos Dividido. Uso del tiempo y desigualdad entre mujeres y hombres en España*, Madrid, España, Ministerio de Asuntos Sociales, Instituto de la Mujer.

Ramos Torre, R. (1997) "La ciencia social en busca del tiempo", *Revista Internacional de Sociología* (18), 11-37.

Samuel, N. (1998) "Pour ou contre les budgets-temps?", *Temporalistes* (39), 4-7. Recuperado de: [http://www.sociologics.org/temporalistes].

Thompson, E.P. (1984) "Tiempo, disciplina de trabajo y capital industrial", *Tradición, revuelta y conciencia de clase. Estudios sobre la crisis de la sociedad preindustrial* (pp. 239-293), Barcelona, España, Crítica.

Capítulo 12

Técnicas de análisis longitudinal y técnicas biográficas en el mercado de trabajo profesional[1]

Marta Panaia

Tardíamente aparece en América Latina y en particular en Argentina la preocupación por los estudios especializados de sociología de las profesiones y su incidencia en las decisiones de política universitaria sobre los contenidos del currículo, las facilidades de ingreso y graduación en el nivel de empleo y sus características en el mercado de trabajo. El problema es como captar con los métodos existentes, fenómenos muy complejos por la estructuras de decisión que implican y fuertemente incididos por los contextos socio-económicos, hasta que logran estabilizarse, sin por eso dejar de medirlos.

En última instancia el objeto en cuestión serían los vínculos entre el sistema universitario y la construcción social del mercado de trabajo y exige dirimir, por un lado, algunos interrogantes previos y compatibilizar sistemas teóricos diferentes y, por el otro lado, demostrar empíricamente cómo funcionan algunas relaciones inevitables entre ambos sistemas, que ponen en tensión la cuestión institucional y el sistema profesional. Es probable que la inadecuación que mantuvo durante años la separación entre ambos campos del conocimiento tuviera que ver con la ingerencia de la política económica en la autonomía universitaria y la independencia de ésta para adaptar sus cambios a las necesidades del mercado de trabajo u oponerse a la política económica.

No obstante, hoy es evidente que mucho más que la problemática meramente política, el centro de la cuestión está en el Estado Educador y en el grado de dinamismo con que las demás construcciones

1   Fueron revisitados los artículos de mi autoría "Técnicas de análisis longitudinal en el mercado de trabajo profesional" publicado en Ulrich Teichler, *Graduados y empleo: investigación, metodología y resultados. Los casos de Europa, Japón, Argentina y Uruguay* (pp. 260-270). Miño y Dávila/FFyL/UBA-Universidad Kessel/Alemania. Madrid-Buenos Aires y "Los aportes del uso de las técnicas biográficas a la construcción de teoría", *Revista Espacio Abierto*, Venezuela, edición enero-marzo 2004, pp. 51-74.

sociales institucionales, particularmente las instituciones universitarias enfrentan las nuevas situaciones económicas y sus posibilidades de identificar nuevas actividades o nichos de interés y evitar bolsones de desempleo y marginación por falta de actualización o creatividad (Gallart, 1998)[2].

La compatibilización de los esquemas teóricos para analizar estos problemas, por lo menos en la Argentina, carecen todavía de instrumentación adecuados, por varias razones. En *primer lugar*, los cambios de la estructura productiva de las últimas décadas han significado modificaciones en los requerimientos de calificaciones profesionales. Estos procesos de reconversión se encuentran en plena evolución y en correspondencia con los cambios de paradigma técnico-productivo internacional que asociados a la aparición de una serie de nuevas tecnologías contribuyeron a modificar sustancialmente aspectos de la producción mundial. Además esta evolución no es lineal sino con marchas y contramarchas de distintas políticas industriales que dejan procesos inconclusos y controversiales.

En *segundo lugar*, las propias instituciones empresarias y educativas se encuentran en un proceso de reacomodamiento para ajustar su rol, planteando nuevos requerimientos, actualizando sus planes de estudio y desarrollando nuevos vínculos con la sociedad, para revisar los esquemas teóricos. Especialmente los procesos de flexibilización laboral, que avanzan de hecho sin la contrapartida legal, generan demandas y perfiles de empleo que se contradicen con los procesos de formación que mantiene criterios más conservadores.

En *tercer lugar*, el sistema productivo modifica sus formas de gestión de la producción al punto que las habituales formas de sector y rama, que apuntan respectivamente al análisis micro-económico y de mercado ya no son de utilidad para comprender las formas de inserción y la movilidad profesional en el mercado de trabajo. La necesidad de trabajar en encadenamientos productivos para poder analizar las cadenas de valor y facilitar la vinculación internacional presiona sobre la demanda de calificaciones y la generación de nuevos puestos de trabajo con perfiles novedosos. Las identidades profesionales se modifican como resultado de la doble presión que ejercen sobre ellos

---

2   Otros cuestionamientos hacen cargo a las Ongs, a las cámaras empresarias, sindicatos, etc de la posibilidad de responsabilizarse de funciones educativas, pero restan muchos interrogantes sobre la articulación entre el Estado y el sector privado. Gallart (1998), plantea como indelegable el rol del Estado en estos temas y deja como cuestiones abiertas: 1) Las formas de financiación; 2) La articulación entre formación general y formación específica; 3) El gerenciamiento privado o público de la formación y 5) La provisión de los servicios de apoyo a la formación de mediano y largo plazo.

las transformaciones del mercado y los nuevos sistemas de relaciones entre actores, de manera que se reestructuran en nuevas direcciones, escapando a los análisis transversales que proporcionan los estudios estadísticos tradicionales en base a los datos recogidos por Censos y Encuestas.

Estos están basados todavía en el concepto de rama y de sector y en el de ocupación, cuando en realidad los límites de los primeros se han desdibujado y un mismo producto pertenece a varias ramas según a qué altura del proceso productivo se analice y donde el pluriempleo se ha extendido para asegurar los niveles de supervivencia y es muy difícil establecer una sola ocupación principal, o límites entre una sola ocupación y ocupaciones conexas, es mucho más frecuente hablar de familias de ocupación (Vincent, 1988).

La estructura de la oferta según los cortes transversales

Argentina carece de toda estadística sistemática sobre el mercado de trabajo profesional, sus estadísticas transversales son pobres y con problemas de completud y sus relevamientos son sumamente limitados en cuanto a trayectorias de los graduados en el mercado de trabajo, con posterioridad a la graduación. En ese ámbito solo pueden encontrarse estudios de caso, realizados con variados marcos teóricos y estadísticos, que si bien resultan pioneros a la luz de la carencia sistemática, alumbran poco sobre el fenómeno a nivel nacional (Gallart, 1984; Testa, 1994 y 1998). En esta dirección son importantes los aportes realizados con técnicas longitudinales de los Laboratorios MIG[3], aunque siempre referidos a instituciones puntuales y no se han extendido a nivel nacional.

Los datos relevados por el Ministerio de Educación sobre los egresados con título universitario no tienen ninguna continuación posterior a su egreso, de manera que una vez que salen del sistema,

---

3 Los Laboratorios de Monitoreo de Inserción de Graduados (MIG) surgen en la década de 1990, a propuesta del PAITE-UBA (Programa del Área de Investigación sobre Trabajo y Empleo) frente a la preocupación constante por conocer los procesos de inserción de graduados en el mercado de trabajo profesional. La propuesta de instalación de un dispositivo técnico de relevamiento sistemático en diferentes instituciones de educación superior permite la producción de datos estadísticos capaces de responder interrogantes fundamentales sobre la construcción de trayectorias laborales en estudiantes, graduados y abandonadores para todas las disciplinas. Esto es posible a partir de la aplicación de una metodología de investigación que combina estudios longitudinales con entrevistas biográficas que recorren simultáneamente las trayectorias de formación y empleo para un periodo de tiempo determinado.

es difícil saber sus trayectorias y las formas de su inserción en el mercado de trabajo. La única fuente sistemática son los Censos de Población que se realizan cada 10 años y que producen información muy agregada y las Encuestas Permanentes de Hogares, que producen información muestral, solo de 24 ciudades y por el tamaño de la muestra no se pueden desagregar sectores tan pequeños y mantener la representatividad[4].

Por otra parte, tampoco se conoce la suerte de los que tienen estudios universitarios incompletos o cambios en su elección universitaria y que sin duda mantienen una situación diferenciada en el mercado de trabajo, debido a la cantidad de años de estudios. A pesar de que los abandonadores[5] han aumentado sistemáticamente durante la última década, predomina, implícitamente, el concepto de que la meta a lograr es la carrera universitaria terminada y el resto de las trayectorias incompletas constituyen casos desviados del tipo ideal representado por el graduado, de allí que no se realice ningún tipo de seguimiento sobre las trayectorias laborales de los estudiantes que no terminan su carrera universitaria o que la abandonan por otra.

De esta forma son muy pocos los datos que permiten evaluar la secuencia de comportamiento de los titulados universitarios en el mercado de trabajo y en la estructura productiva y aún la movilidad de la oferta por las preferencias de Carrera o el destino de los que no finalizan los estudios. Los datos para la población argentina con calificación profesional, se contabilizan por primera vez con esta codificación en el Censo de 1991 y permiten realizar determinado tipo de estudios. En él se considera operacionalmente la calificación ocupacional como

> "(...) la referida a la complejidad de la tarea concreta. Esta complejidad se establece a partir de ciertos elementos constitutivos del proceso de trabajo: objeto de transformación o materia prima, instrumentos de trabajo y actividades o acciones del trabajador"[6].

---

4   Se han introducido importantes cambios en la Encuesta Permanente de Hogares convirtiéndolo en un relevamiento continuo, pero esto ha significado la pérdida de comparabilidad con los datos anteriores y cambios metodológicos que no permiten el procesamiento por grupos socio-profesionales en todas las inserciones ocupacionales, tienen a captar solo la primera ocupación.

5   Se utiliza el término de abandonadores para los alumnos que abandonan sus estudios, en lugar del más restringido de desertores.

6   Código de Ocupaciones aplicado al censo Nacional de 1991 y a la Encuesta Permanente de Hogares. Una evaluación más detallada de los datos que proporciona la fuente censal se puede ver en INDEC, 1998.

Sin embargo, se pierde la continuidad en 2010, que no se realiza el relevamiento por título universitario. Los datos provenientes de las estadísticas universitarias, ya sea de las acumulativas producidas por la Secretaría de Estadísticas Universitarias o de los propios establecimientos universitarios, permite un cierto seguimiento de los alumnos que se mantienen en el sistema, que se reinscriben año a año y que egresan. Llegados a este punto, las estadísticas pierden toda continuidad. También existen datos de sus cuerpos docentes, de sus gastos por rubro, de la cantidad de establecimientos y de las inversiones realizadas, pero es muy difícil utilizarlos en relación a la inversión real que implican, porque solo quedan incluidos en el sistema estadístico los alumnos que se mantienen en el sistema y no el total de los alumnos en los que se invierte. También se debe señalar que un análisis de tipo institucional, en base a las estadísticas producidas por las unidades académicas tampoco refleja las situaciones reales de los graduados en el mercado de trabajo, ni del uso presupuestario, ya que la información se recoge con un criterio administrativista y no de seguimiento en el mercado de trabajo.

Incluso, no hay en este sistema de estadísticas una recuperación del desgranamiento ni de los estudiantes universitarios, que cambian de especialidad, con seguimientos posteriores. Lo que puede observarse, ante las estadísticas existentes de los establecimientos educativos universitarios, es el gran desbalance que existe entre los alumnos que ingresan en el sistema y los que egresan. Una visión cuantitativa de esta evolución no da cuenta de las causas. No obstante, la visión cuantitativa de la diferencia debe ser evaluada, por un lado, a la luz de las políticas universitarias de potenciación de los proyectos de investigación universitarios, detección de áreas de vacancia y creatividad y, por el otro, a partir de la política nacional y las estrategias empresarias de creación de puestos de trabajo, resulta fundamental analizar la emergencia de nuevos campos profesionales. Para ello, los estudios de datos transversales resultan muy limitados y se considera necesario actualizar las propuestas estadísticas con recolecciones de datos de tipo longitudinal y, al mismo tiempo, integrar los datos de tipo cuantitativo con la recolección de datos de tipo cualitativo, en este caso biográficos, articulados desde la recolección para facilitar el análisis[7].

---

7   La experiencias realizadas en otros campos del conocimiento como los análisis del sector informal, permiten afirmar que en los estudios de situaciones muy heterogéneas, donde predomina la diversidad, la captación estadística cuantitativa no es suficiente para comprender y explicar la riqueza de un fenómeno social dado y es necesario apelar a una combinatoria de ambos métodos. En este caso, se agrega la necesidad de captar

La articulación cuanti-cualitativa

Los profundos cambios producidos en la sociedad no pueden ser comprendidos plenamente solo con la investigación cuantitativa y *"tradicional"*, especialmente si el intento cognitivo se dirige específicamente hacia el mundo del trabajo y hacia las nuevas formas de debilidad social derivadas de sus transformaciones estructurales. Los grupos sociales involucrados en procesos de debilitamiento social, presentan mayores dificultades de medición que otros más homogéneos. Las revelaciones estadísticas tradicionales parecen de hecho ser incapaces de rastrear a través de las categorías clásicas de sexo, edad, nivel de instrucción, renta, clase social, movilidad social, pobreza, etc, un perfil adecuado. Es necesario un análisis muy profundo y referido a la específica situación personal (Rosanvallon, 1995) a la historia de vida y a las vivencias particulares de cada sujeto involucrado. Quien vive situaciones de riesgo de exclusión social ligada al mundo productivo no es definible solo a través de categorías conceptuales tradicionales y, al contrario, parece ser siempre muy discriminatoria y significativa, en este sentido, se intenta individualizar algunas homologías internas a las diversas trayectorias biográficas: fractura social o familiar, dificultades comunes sobre el mercado de trabajo, carencia cognitiva y/o experiencia escolástica trabajada, etc. (Chicchi, 2000).

Subsiste el problema del área gris que se forma entre el trabajo y el no trabajo para poder definir sociológicamente, de manera de no recurrir a conceptos *"maniqueos"* como los de ocupación y desocupación, que por supuesto tienen una utilidad estadística. Sin embargo, la situación de los que recién ingresan al mercado de trabajo o de los individuos que experimentan situaciones de grave riesgo de exclusión social deben ser analizados a partir del recorrido que ha llevado a la persona y qué es lo que lo lleva a *"abandonarlo"*, cuánto es el tiempo que permanecen en estas situaciones y cómo logran salir de esos lugares, no por su pertenencia a categorías macro-estadísticas.

La extrema complejidad y diversificación de los fenómenos se presta más a estudiar las nuevas fases débiles de la sociedad o los espacios inestables sin renunciar a quedarse solo con las estrategias cuantitativas de investigación, particularmente cualitativa en grados, en el mismo tiempo de mirar contemporáneamente a los dos lados de la relación y por eso, se propone la explotación diacrónica de la

---

trayectorias o itinerarios que pueden ser de corto plazo, pero significativos por su repercusión en la vida laboral.

EL ESTALLIDO DEL TIEMPO

experiencia singular de vida y el contexto socio-económico en transformación (Demazière y Dubar, 1999)[8].

Las investigaciones realizadas por los Laboratorios MIG articulan estos dos tipos de datos para las unidades académicas que los han instalado. De hecho, y dadas las falencias del sistema estadístico argentino, no existen datos que puedan sustituir los recogidos por las instituciones universitarias, en profundidad y riqueza de información. Las diferencias por profesión y por región, impiden un tratamiento solo estructural de los datos y requieren de la utilización de métodos cualitativos de relevamiento y de análisis, pero también es cierto que dada la gran fragmentación del sistema estadístico educativo, la recolección de datos en las unidades académicas, de acuerdo a sus presupuestos y necesidades, y sin una modulación general, puede producir una fuerte *babelización* de la información, una falta general de comparabilidad de los resultados obtenidos y/o la superposición de esfuerzos con otras áreas del sistema, si el esfuerzo de medición no está acompañado de políticas de construcción y diseño de los datos, así como consensos dentro de la comunidad académica.

Las técnicas biográficas

El uso de la biografía, historias de vida, en las Ciencias Sociales está asociada a la revalorización del sujeto como objeto de estudio en contraste con la posición positivista que, asociada epistemológicamente a las ciencias naturales, dio prioridad a lo cuantitativo y a la estructura social por sobre el sujeto. Así lo que se llama la posición humanista en las Ciencias Sociales, pone énfasis en la recuperación del ser humano y, a través de su historia, incorpora conceptos dinámico/temporales que le permitan comprender los procesos de cambio.

En este capítulo se trata de mostrar la importancia de articular los dos métodos cuantitativos con técnicas longitudinales con la fecundidad de los estudios biográficos ensamblados desde el relevamiento, para el estudio de las trayectorias de las nuevas formas de inserción

---

8   Estos dos autores han elegido trabajar sobre un cuerpo de entrevistas realizadas en 1994/1995 acerca de jóvenes salidos 8 años antes del sistema escolar sin el bachillerato. Los jóvenes estaban invitados a contar su recorrido de inserción desde su salida de la escuela primaria. Las entrevistas han sido conducidas para escapar en la medida de lo posible del cuestionario. Se trata de que los jóvenes que cuentan su historia se impliquen en el relato, que digan sus experiencias y sus trayectorias en el mundo del trabajo, que digan qué es lo que ha sido más importante para ellos, cómo lo viven y qué es lo que ellos proyectan para el futuro. Estas entrevistas son deliberadamente conseguidas para tomar sus trayectorias de inserción en su dimensión más subjetiva.

ocupacional y social, en base a las temporalidades sociales, es decir, en base a la incorporación de la medición del tiempo. Con este objetivo se avanza, en algunas consideraciones generales sobre las dos estrategias de investigación enunciadas que constituyen un recurso posible lleno de potencialidades inesperadas. El uso de la biografía en la investigación social puede utilizar una tradición ahora secular, que no obstante, tiene una cierta discontinuidad, pero que ha producido hasta hoy materiales de indudable riqueza. Es posible, en tal óptica y muy sintéticamente individuar dos principales y distintas fases de evolución de este recurso (Poiririer, Clapier-Valladon, Raybant, 1983).

La aproximación biográfica se desarrolla en los Estados Unidos sobre todo en el ámbito de la *Escuela de Chicago* y tiene como referencia privilegiada y emblemática la gran investigación de Thomas y Znaniecki[9]. Este *monumental* trabajo empírico se considera el bautismo de la aproximación biográfica en sociología, es hoy un clásico. Para los sociólogos de la *Escuela de Chicago* el tema de la investigación dominante resguarda la organización y la desorganización social y, en tal sentido, la documentación biográfica (que incluye cartas, diarios y otros documentos personales) representa el material sociológico más preciado para comprender esa dinámica.

En el complejo espacio entre las dos guerras, se multiplica la investigación fundada sobre documentos personales, sobre la temática de la inmigración, de la desorganización familiar y ambiental, el suicidio, la inadaptación y la delincuencia juvenil, la situación de pobreza y algunas minorías étnicas. Esto provoca un intenso debate metodológico sobre la posibilidad que brinda la utilización de los materiales

---

9   *"In contadino polacco in Europa e in America"* de Thomas e Znaniecki, 1918-1927, está publicada en cinco volúmenes, en 1918 en una versión preliminar y en 1927 en su edición definitiva. El material de investigación recogido y constituido principalmente de materiales biográficos auto-producidos (por ejemplo, 427 cartas) de campesinos polacos inmigrantes a los Estados Unidos. Los dos autores obtuvieron el material a través de una inserción en un impreso periodístico en el cual se pedía que se enviara material que contuviese la historia de la propia vida desde la infancia hasta el presente. El objeto específico de análisis estaba constituido por el cambio y la desintegración de la estructura familiar originaria en relación a la elección migratoria, a la situación económica y a la nueva vida urbana en el lugar de inmigración. La utilidad del material biográfico recogido es visto por los autores como el medio a través del cual la sociología puede mediar en la relación entre características subjetivas y aspectos socio-culturales, ambos constantemente en cambio. Esta investigación atrajo sobre sí muchas críticas, sobre todo de carácter metodológico, entre las cuales la más ilustre fue la de Blumer que restó legitimidad a los documentos personales en términos de la confirmación o falsación empírica, sin embargo, esta crítica no ha logrado disminuir la importancia de esta obra todavía hoy considerada un importante clásico de la sociología. Cf. Chicchi, 2000.

biográficos para probar hipótesis o generar teoría, con una conclusión negativa, que señala que mientras los documentos personales pueden tener valor en sí por la riqueza de la información y de los datos que contienen, ellos no tienen valor de prueba (M. de Bernart, 1990). Los documentos personales y los materiales biográficos quedaron en el olvido y cayeron en desuso en el momento de máxima expansión y suceso de la sociología americana.

En cambio, se retoma esta técnica en Europa a fines de los años 50. El viejo continente, la convierte en el vehículo metodológico privilegiado de los intereses de otras disciplinas vinculadas con la *experiencia vivida* en la marginalidad social y asume la forma del *método de investigación* de los programas políticos y sociales. Instrumento de conocimiento, pero también de lucha política, en cuanto portador y propugnador de un valor, dejar de desconocer la situación ideológica del *sujeto*, dominio que desconocían las operaciones de medición cuantitativitas de la ciencia social de ese tiempo, al par de construir un nuevo modo de conocer, una fuente alternativa al conocimiento positivista y una ciencia social empeñada e involucrada en la transformación del mundo. Después de la experiencia de *"The Polish Peasant"* la historia de la aproximación biográfica, en Europa, se bifurca, por un lado, la investigación cuantitativa, aislada y productiva y, del otro, la *Escuela memorialista* polaca (Cipriani, 1987) con una singular y floreciente relación con el ambiente de la izquierda europea sobre todo en Italia y en Francia (Campelli, 1990).

En esta combinación difícil la *aproximación biográfica* tiende a perder completamente su apariencia de instrumento técnico/metodológico y se convierte en promesa de revolución cultural y política instrumento para su conocimiento diverso de la sociedad, anti-autoritario y anti-burocrático. *"La biografía se convierte, entonces, en investigación intensa como un momento de la investigación de la realidad y al mismo tiempo de la actividad práctico-crítica tendiente a su transformación"*. La sociología *"neutral"* y *"numérica"* americana nunca estuvo tan lejos: la exigencia de aquella conoce desde *"el bajo"* para entrar en el corazón mismo del objeto de estudio, de repartirlo durante la práctica de investigación llevándolo al límite, entonces, con-búsqueda, con investigación (Chicchi, 2000) y *"(...) la investigación se transforma en el fundamento suyo y en su praxis y se convierte en 'con-búsqueda'. De la Sociología como una técnica adiáfora y práctica administrativa socialmente neu-*

tra, se pasa a la sociología como participación humana, significativa y ocasión de auto-desarrollo" (Ferrarotti, 1981)[10].

A pesar de su larga trayectoria la *aproximación biográfica* construye su aislamiento, en parte por su *superficialidad metodológica y procedimental*[11] y, en parte, por su *espacio minoritario* (Cipolla, 1990) al interior de la Sociología. Aunque hay señales de una contratendencia en la actualidad, la *aproximación biográfica* disminuye su influencia en las Ciencias Sociales, durante toda la década de 1960. Fue solo a fines de los años '70 que la atención sociológica se vuelve nuevamente a la *aproximación biográfica* con un consistente número de investigaciones empíricas, que intentan retomar el debate teórico-metodológico puesta en segundo plano en la investigación de las dos décadas precedentes (Campelli, 1990).

Si bien existen puntos de contacto con su ascenso de la década del '60, su énfasis es diferente. Se mantiene una cierta predisposición *ideológica* a dar voz a los más marginados, pero esta no está dirigida a concientizar para la lucha política, sino a recuperar la denuncia del proceso de marginación social de los sujetos más débiles. De los años siguientes hasta hoy, la producción de investigación sociológica muestra últimamente muchas señales indicando un nuevo interés de la Sociología hacia este tipo de técnicas de indagación (Bovone, 1994).

Lo destacable a los fines de este trabajo es que la reflexión sobre *la aproximación biográfica* no se puede reducir a la discusión del nivel técnico del problema y luego reclamar por sus debilidades, sin legitimarlo por su insuficiente aporte a la verdad sociológica, sino hacer un balance diferente para no perder su eficacia heurística y sus virtudes metodológicas[12] no se reduce el material biográfico a un retrato más elevado (Ferrarotti, 1981). En términos de incorporar la dimensión temporal, utilizar la *aproximación biográfica* significa tomar en cuenta la necesidad de valorizar los materiales empíricos definidos por Ferrarotti como *materiales biográficos primarios* y hacer los conteos con la

---

10 Traducción propia.

11 Cipolla hablando de Montaldi, autor de una serie de investigaciones basadas sobre la aproximación biográfica entre 1960 y 1970, subraya la falta de una apropiada elaboración metodológica de los datos: *"(...) sin tratamiento de la información elemental hacia cualquier intento de construir tipologías que las conecta a la clase de pertenencia. Lo mismo la relación entre las acciones y el conocimiento presenta un estatuto constitutivo muy vago y de incierta utilidad"*. Cf. C. Cipolla, 1990. (Traducción propia).

12 Cf. Ferrarotti, 1981. *"El material biográfico por excelencia, representado por la 'historia de vida' donde viene exaltado no solo el contenido objetivo de la misma, sino su compromiso 'subjetivo' en el ámbito de una comunicación interpersonal compleja y recíproca entre el narrador y el observador"*. (Traducción propia).

reflexión metodológica necesaria y transversal en cada investigación que se quiera definir como sociológica.

La recuperación del ser humano es un tema de preocupación, pero a su vez es muy controvertido todo lo que ello sugiere y como se delimita esta recuperación en términos de tener en claro que es lo que interesa del sujeto. Si lo que interesa alude a su identidad como sujeto o si esta identidad interesa en función de ser referente social. También se puede plantear si el centro de atención es el sujeto hacia lo social o si a la inversa, la perspectiva es desde lo social hacia el sujeto. Si lo que se estudia es su transcurrir en el tiempo y la dirección de su trayectoria de vida o si ese transcurrir se estudia dentro de ciclos temporales más amplios, como los ciclos de vida, los tiempos sociales, u otros.

Tener en claro desde qué perspectiva se está hablando del sujeto es muy importante, pero no es suficiente. ¿La subjetividad versus la objetividad es un dilema o se pueden buscar alternativas que no impliquen estas dualidades que siempre acompañaron a las Ciencias Sociales e intentar salir de la circularidad de las discusiones *caeteris paribus*? La idea que se pretende abrir es cómo trabajar con el sujeto objetivamente y qué dimensiones hay que crear para que siendo el sujeto la base de la información se logre un parámetro de referencia lo suficientemente objetivo, que sin estar centrado en la subjetividad, tampoco lo esté en el análisis de la estructura narrativa. Esta dimensión (Godard y Cabanes, 1996) es la de *temporalidades sociales* a través de la articulación de historias biográficas que aludan a cuestiones tanto internas como externas del sujeto.

Antecedentes significativos

Con el fin de reordenar los aportes realizados por la técnica de la *aproximación biográfica* en las ciencias sociales, a partir del debate mencionado, sin desconocer un camino conformando su historia y generando en su interior distintas corrientes[13], se intenta tipificar tres para ver cuáles de sus aportes sirven a los fines de los objetivos de este trabajo: la Corriente Subjetivista; la Corriente Culturalista y la Corriente Sociológica.

Corriente Subjetivista: el objeto de investigación es el resultante de la interacción entrevistado-entrevistador y el conocimiento está

---

13 Agradezco en esta parte del trabajo los aportes realizados por la Lic. Verónica Budich.

basado en la inter-subjetividad de la interacción. Representada originalmente por la Escuela de Chicago y toma como antecedente principal la obra de Thomas y Znaniecki. Chicago tuvo como particularidad el uso de las biografías, sobre todo de los documentos personales y los temas a investigar estaban centrados en problemáticas sociales ligadas a la marginación (delincuencia, prostitución) y orientadas a ser la base de futuras políticas sociales. Se trata fundamentalmente de estudios aplicados sobre temáticas muy focalizadas y marcan su influencia en trabajos de las décadas de los años '30 y '40. Se destacan los trabajos (Frazier, 1940) sobre las condiciones de desarrollo de las personalidades de la juventud negra, la trilogía de Shaw sobre la delincuencia orientada a establecer las relaciones causales en las trayectorias criminales (Shaw, 1930) basadas en el uso de documentos personales; la obra de Anderson centrada en el estudio de aquellos miembros del ejército laboral de reserva que generan una cultura social del trabajo con una vida desarraigada e individualista (Anderson, 1923).

En Europa, el uso del método biográfico tiene sus representantes. En Inglaterra se destaca la obra de Tony Parcker (1962-1969) como defensor del testimonio de los actores, o sea, la transcripción de los documentos personales sin ninguna elaboración analítica para que el lector elabore sus propias conclusiones. En Francia el matrimonio Berteaux (1980), impulsores y revitalizadores del método, contribuyeron con su estudio sobre el oficio de los panaderos.

Dentro de la corriente subjetivista y revalorizando la construcción teórica conjunta a partir de la relación entrevistado-entrevistador el trabajo que ayuda más a definir el uso que se le da en estudios latinoamericanos es la investigación sobre movimientos sociales de Homero Saltalamacchia (1992). Este autor no focaliza su investigación en problemáticas orientadas a la formación de políticas, o sea, sus objetos de estudio no son las *conductas desviadas*, sino que se trata de una investigación social orientada a entender cómo se conforman los movimientos sociales, en términos de indagar cómo se construyen las representaciones individuales y colectivas que organizan e impulsan la acción.

El autor mencionado incorpora la historia de vida como herramienta no de mera recopilación de información, sino de construcción conjunta, interactiva, a través de un proceso de deconstrucción/reconstrucción de la memoria guiado por las consignas que se elaboran a partir del análisis de lo narrado en una primera entrevista. De esta manera, se propone un plan de trabajo de tres entrevistas:

1° El entrevistador se mantiene en una posición pasiva, de escucha y de delimitación temática, y el entrevistado es el verdadero y único protagonista de su historia; 2° Esta segunda fase del proceso, previo análisis del material obtenido en la primera fase, está signada por la participación activa del entrevistador para que conjuntamente con el entrevistado construyan el proceso de deconstrucción/reconstrucción de la memoria en función de profundizar sobre el sentido de la acción y discutir sobre interpretaciones alternativas. *La deconstrucción/ reconstrucción alude al recuerdo de los hechos vividos con el sentido que se les atribuía en ese momento y no desde sus convicciones y conocimiento actual*; por último, 3° A partir de la redacción de un informe por parte del investigador que será sometido a la crítica de los entrevistados para generar nuevas interpretaciones.

En esta perspectiva metodológica hay que precisar algunas conceptualizaciones que realiza Saltalamacchia (1992) y que son la estructura sobre la que posiciona su instrumental. Especialmente lo que el autor llama *"conceptos ordenadores"* y que parten de una desagregación de las distintas teorías seleccionadas y su tratamiento epistemológico, o sea como *"instrumento apto para la percepción de ciertas facetas del objeto no detectables desde una única óptica"*. Así, no parte de hipótesis para ser verificadas al final de la investigación sino de *"modelos de relaciones posibles"* para reconstruir aquel segmento de la realidad seleccionado. Los *conceptos ordenadores* surgen de un conjunto de reelaboraciones teóricas que toman en cuenta, por un lado, la relación individuo-sociedad y, por el otro, las tendencias sociales hacia la dispersión y hacia la reunificación.

El individuo es determinado socialmente y constituido por la palabra y es determinante a través de la praxis. La palabra es tomada en su *doble perspectiva*: como reservorio de la experiencia social y como vehículo para la comprensión de lo real. La lengua, a través de la palabra, es la que permite la producción y acumulación de los conocimientos. Estos conocimientos no serán conocimientos *reales* sino representaciones cognitivas desde el momento en que se internalizan como bagaje a través de un proceso de interpretación y como resultado de la propia selección y la dotación de sentido que incorpora.

Así, el dato no será tomado como lo real mismo sino como resultado de la aprehensión simbólica que le permite al sujeto comprender el medio y darle el sentido posible de ser transmitido por la palabra. Esta conceptualización del dato, le permite fundamentar su posición con respecto a las críticas de subjetividad. De esta manera, dice el autor, *"el dato siempre es un construido real"* desde el momento en que se produce un traspaso de lo real a lo simbólico se enfrenta un *"proceso de reducción, síntesis y de atribución de sentido".*

Así, siendo el orden simbólico distinto a lo real y la lengua, medio a través del cual se producen y se acumulan los conocimientos, como representación cognitiva es siempre una reproducción parcial. Estas representaciones cognitivas son el objeto de investigación dando prioridad a aquellas interpretaciones que organizan las conductas de los actores y descartando la historización fáctica. El autor adopta de la teoría lacaniana el concepto del *deseo* como móvil de la conducta y la parcialidad de las identidades y homogeneidades de los universos simbólicos individuales. El deseo está inserto en la relación entre proyecto y determinación, proyecto como constitución social del sujeto y determinación como la dinámica que lo induce a la acción.

Teniendo en cuenta lo anterior es indispensable captar el sentido de las semejanzas y diferencias conceptuales con que lo sujetos reconstruyen sus historias para encontrar rastros del universo simbólico y poder referenciarlo con universos comunes como resultado del proceso de interacción. Así, el lenguaje como vehículo de interacción y las semejanzas en las representaciones sirven para comprender desde dónde los entrevistados se relacionan con la sociedad global.

Por otro lado, las tendencias a la dispersión, como clase, edad y región son determinantes sociales de la conducta individual y estructuran zonas específicas de circulación de intercambios simbólicos que definen zonas o *"áreas de igualdad"* que conforman estructuras típicas de personalidad. Estos campos de experiencia común es lo que Bourdieu denomina *"habitus"* y a la que el autor toma, pero reformulándolos en relación con una cierta organización del inconsciente y sólo reconocible por sus efectos en la producción de conductas típicas. Lo importante es trascender los distintos subconjuntos sociales del que participan los individuos, para encontrar formas específicas de combinación. Se trata de comprender dentro de que creaciones objetivadas fueron construyéndose los sujetos a partir de que erigieron sus propios proyectos. Cada individuo es un testimonio de su sociedad y a través de su testimonio se ven los rastros de la sociabilidad constituyente.

El proceso de reunificación son las estructuras típicas, que permiten reorganizar discursivamente las diferencias. Esto alude a la búsqueda de unidades de sentido que conforman ciertas identidades sociales típicas, como universos comunes de referencia. Lo esencial del método es encontrar ciertos *significantes claves* a lo que se les pudiera atribuir la función de fijar sentido a toda la cadena significante, en cada uno de los discursos del testimonio biográfico, en cada época de su vida.

La propuesta de Saltalamacchia resulta muy interesante en términos de reflexión teórico-metodológica y las selecciones que realiza para fundamentar su instrumental. Los hechos como condicionantes, permiten modelar la acción en tanto que son subjetivamente valorados e interpretados. Así, lo que se rescata es el *sentido atribuido*, más que los hechos mismos, y la atribución de sentido ocurre en el plano subjetivo e inter-subjetivo de ciertas relaciones sociales que contribuyen a conformar el sentido de la acción.

Para la aplicación en el trabajo metodológico de articular lo cuantitativo y lo cualitativo, es interesante, de este último autor, la derivación teórica de los *conceptos ordenadores* que actúan como referentes externos. Estos conceptos ordenadores, devenidos de una múltiple perspectiva teórica, son los que van a permitir la comparación de las historias homogeneizando los discursos a través de un universo simbólico común. El autor, rescata lo subjetivo a través del reconocimiento de los criterios interpretativos que hicieron posible la biografía. Lo que no queda claro, es cómo se da el salto a la teoría del objeto, mencionada por el autor, como el fin de la investigación si el dato es construido a través de las representaciones que los sujetos realizan de lo vivido en términos de jerarquías de significantes. La pregunta que corresponde es ¿si el deseo es el móvil para la acción cómo se relaciona éste con la determinación social y cómo se produce la adaptación del concepto de "*habitus*"? Son imprecisiones que no quedan aclaradas por el autor.

Se rescata de Saltalamacchia los *conceptos ordenadores* como resultado de la explicitación de ciertos supuestos teórico-metodológicos generales en la relación individuo/sociedad en tanto referentes externos y guías conceptuales. Sin embargo, para el objeto de estudio propuesto en este trabajo, no es de aplicación la prioridad que el autor le otorga a las representaciones que los sujetos realizan de las vivencias y, que se manifiesta a través del discurso, por considerar que las representaciones se resignifican constantemente y no son un referente de comparación en términos sociológicos. Tampoco es claro, cómo se operacionalizan los conceptos ordenadores si el origen del dato es la representación subjetiva del acontecimiento vivido.

Las representaciones de lo social, como resultado de una internalización de significantes no son la base de este trabajo más que como dato adicional, ya que el centro de interés está puesto no en la interpretación subjetiva de la realidad, sino en la objetivación del proceso de *historias de vida*.

Corriente culturalista: intenta trascender la posición subjetivista incorporando el bagaje cultural a través del concepto de *"habitus"* de Bourdieu (1978), como enlace entre la subjetividad de la conciencia y la objetividad de las estructuras. Se intenta diferenciar entre los tiempos individuales y los tiempos sociales. Esta corriente muy ligada a la antropología está orientada al estudio de la constitución y funcionamiento de los sistemas socioculturales, pero revalorizando al individuo como objeto de estudio. Vale recordar como antecedente a la *Escuela de la Cultura y Personalidad* liderada por A. Kardiner y algunos discípulos relativamente directos de Franz Boas, fundador de la antropología americana y entre cuyos discípulos, encontramos antropólogos de la trayectoria de Benedict, Mead y Goffman.

En esta corriente cabe recordar la obra de Cora DuBois, 1920 (1994) que propone la utilización de los datos individuales a través del método biográfico, pero con la previa definición del objetivo teórico que nos posibilite relacionarlo con la variable cultural; también es memorable la obra de Abraham Kardiner (1945), que permite la articulación del campo del conocimiento y la cognición individual con las instituciones sociales.

Corriente Sociológica: el objeto de investigación ya no es el sujeto ni la incorporación subjetiva de las estructuras y procesos sociales sino que lo que se intenta es un abordaje estrictamente sociológico. El abordaje sociológico se realiza a partir del concepto de *"temporalidades sociales"* de F. Godard y R. Cabannes (1996) como organización temporal de las existencias. Su concepción de la biografía como *historia de vida* va a permitir la construcción de objetos teóricos donde el objeto no es el sujeto en su continuidad sino *la cadena causal de acontecimientos y situaciones sociales que organizan su existencia*. Así, la vida del sujeto no se reconstruye a través de las representaciones subjetivas de la vida sino a partir de aquellos acontecimientos que son potenciales de cambio en la construcción de las trayectorias individuales, como consecuencias de acontecimientos en forma de secuencias causales.

El objeto de la biografía no es el análisis de la estructura narrativa, ni una historia del sujeto individual, sino el ser sociológico que es menos sujeto en sí mismo que los acontecimientos que organizan su vida y su coyuntura. El tema es captar *a priori*, como acto teórico, aquellos acontecimientos tanto internos (*historia personal*), como externos (*historia social*) que pudieran estar incidiendo como potenciales de cambio en la trayectoria de un individuo. La construcción teórica del tiempo en una sucesión de acontecimientos causales requiere a su vez una serie de decisiones que deberán tomarse antes de iniciar el proceso de investigación y es lo que va a permitir comparar e interpretar la información.

Así el concepto de tiempo como tiempo social es determinante, por lo que Godard y Cabannés (1996) proponen establecer *montajes temporales*, que permitan establecer paralelismos entre la historia personal y la historia social. La construcción temporal de las existencias está conformada a través de lo que el autor denomina *calendarios*[14] que va a permitir la articulación de varias historias, como ser la *historia residencial, historia familiar, historia de formación y la historia profesional*. La articulación de estas historias será tomada contextualmente y teniendo en cuenta las características generacionales.

Estas tres corrientes parten, a su vez, de distintas concepciones en la relación sujeto-sociedad. Podemos concebir al sujeto como constructor de lo social, como determinado por lo social o como un proceso de mutua construcción en una particular dinámica de interacción.

En este trabajo se opta por una concepción sociológica de la biografía, que supone una concepción del sujeto como determinado y determinante de lo social en una mutua y constante interrelación y transponiendo la sociología del sujeto por una *sociología del acontecimiento* (Godard y Cabannes, 1996). A su vez, se incorpora el concepto de *temporalidades sociales* a través del registro de acontecimientos, nudos o bifurcaciones, en forma de cadenas causales que organizan la vida del sujeto. Estas cadenas causales en la medida que son continuas y conforman *secuencias continuas de empleo* (Eckert, 2001) son las que van a conformar las trayectorias recorridas por los sujetos bajo estudio. Así, siendo el tiempo el organizador de las existencias, el autor propone tres modelos temporales que permiten comparar e interpretar los datos. Los tres modelos propuestos son: el modelo arqueológico; el modelo procesal y el modelo estructural.

El *Modelo Arqueológico*: Este modelo está basado en tomar como punto de partida un punto de origen en la vida de los individuos que permitan explicar el resto. Este modelo es el que se utiliza (Berteaux y Berteaux Wiame, 1980) cuando realiza el estudio sobre los panaderos y toma como base la estructuración de clases en términos de pertenencia social de clases como determinante en la futura calificación

---

14 Calendarios como organizadores de secuencias de acontecimientos en un mismo campo de práctica. Esta conceptualización fue la que se utilizó para diseñar los instrumentos de recolección de datos de los Laboratorios MIG. (Panaia, 2006).

de los hijos. Se puede decir, siguiendo este esquema, que el nivel de educación de los padres permite inferir cuál será la trayectoria o el techo de la trayectoria en la generación venidera. Este modelo está basado en la concepción de que hay un acontecimiento fundador con el que encausan el resto de los acontecimientos.

La aproximación biográfica, tal como la describe Enzo Campelli (1996) es el método que posee entre sus virtudes aquella de mantener relativamente íntegro, el marco socio-histórico de referencia, por esto de no fracturar y seccionar el fenómeno en diversos segmentos manteniendo una mirada a 360° sobre el sujeto de estudio. Dirigidos hacia este tipo de investigación quedan todavía abiertos algunos problemas entre los cuales, la difícil gestión en la fase de análisis, de un material empírico tan rico y denso de información como el biográfico.

Esta dificultad, en tanto, puede ser reducida alrededor de aquella que Daniel Berteaux (1997) llama *"la impase de la concepción (biográfica) maximalista"*[15] eligiendo por eso recoger, no historias de vida abierta sobre todos los aspectos de todo el arco de vida del entrevistado, sino focalizar solamente sobre los elementos biográficos de algún modo relacionados con el mundo del trabajo y del no-trabajo y formación-no-formación.

En el texto de Constantino Cipolla (1990) "Oltre il soggetto per il soggetto" se afirma que *"el método posee virtudes peculiares indudablemente al mismo tiempo que es sociológicamente débil, viciado y expuesto a críticas a nivel metodológico"*. Aparece la necesidad, para la aproximación biográfica, de buscar *"formas de integración complementaria y simétrica con otras estrategias heurísticas"*[16].

Se puede presentar como explicación de pequeños acontecimientos, lo que el autor llama el efecto cascada o efecto a largo plazo que es cuando, a nivel simbólico, el recuerdo de un evento hace revivir una escena anterior. Este modelo remite a las bases del comportamiento posterior del individuo ya sea como transformación gradual o como comportamiento inicial más el encadenamiento gradual.

El *Modelo Procesal* que parte de la hipótesis de que a lo largo de la vida se producen distintos hechos y el objetivo está orientado a analizar cómo se estructuran estos procesos de encadenamiento a lo largo de la

---

15 *"Necesitamos poner la aproximación biográfica al servicio de la investigación y de sus fines: seguir la línea de vida del entrevistado focalizándose en un punto, es decir, sobre un aspecto particular de la vida del sujeto".* (Traducción propia).

16 Traducción propia.

vida. No parte del supuesto anterior de que todo está predeterminado de antemano. Este modelo supone, también, distintos conceptos de tiempo:

1. El tiempo tiene efecto propio: a mayor tiempo en un mismo estado menor posibilidad de cambiarlo. La idea es que el tiempo de permanencia en una misma situación condiciona el seguir estando en esa misma situación.
2. El orden de sucesión de los acontecimientos incide en el orden de aparición de los acontecimientos posteriores.
3. Tomar períodos enmarcados en secuencias de crisis, cambios y estabilidades.
4. Centrar el estudio en los puntos críticos.

Estos modelos temporales tienen en cuenta los tiempos internos de los individuos.

El *Modelo Estructural*: si bien el tiempo es un continuo se debe discontinuar y esto significa fijar un criterio de corte temporal a través de los acontecimientos que se seleccionan como significativos. Estos acontecimientos, si bien son un corte en sí mismos requieren de un contexto de referencias que sirva para homologar y para controlar aquellas variables ocultas que puedan estar operando.

* *Períodos históricos*: esta periodización organiza la historia de vida según las connotaciones específicas que, a cada período, lo hace reconocible como tal y no otro.
* *Generación*: cada generación tiene su identidad conformando cierta cultura generacional que la hace reconocible y esto está muy ligado a la educación.
* *Edades*: su establecimiento deberá quedar delimitado de antemano.

La *concepción de tiempo* es fundamental cuando de trayectorias se trata, pero la forma de incorporarla es distinta según los autores vistos:

Otra cuestión que debe ser aclarada en el abordaje de la biografía desde lo social es cómo se va a tomar "*lo social*", cómo se va a desagregar. La sociedad como un todo en la que el sujeto es conformado, viendo las *relaciones sujeto-instituciones* y de ser así cómo se seleccionan las instituciones y con qué criterio. En este trabajo las instituciones son las familias y unidades académicas como centros de socialización y formación, las empresas, el Estado y la demanda social en general como posibles contratantes de los graduados universitarios.

Los proyectos biográfico-laborales que propone Pries Ludger (1994, 2001) están basados en el análisis de las *trayectorias laborales* tomando como ejes estructurantes *cuatro instituciones* que el autor considera relevantes. Estas instituciones son *el clan* –como familia ampliada–, *mercado de trabajo, la empresa* y *la profesión* (incluye calificaciones, los saberes regulados socialmente, status, ingresos e identidad); y como estructuras cumplen la función de limitar y facilitar las trayectorias.

El proyecto biográfico laboral es el marco analítico para integrar el concepto de trabajo –orientador de las percepciones y acciones de los trabajadores– como concepto dinámico que cambia en el transcurso de la vida por la experiencia, la movilidad laboral y la trayectoria como la parte objetiva y mesurable por ser las secuencias en las suposiciones laborales. La dimensión de tiempo es evidente en todo el análisis a través del traspaso intergeneracional de prácticas y experiencias e intra-generacional como agregación de experiencias en el transcurso de la vida individual. Así, el proyecto biográfico integra dos ejes: *el tiempo*, ya que la idea de proyecto incluye tanto la proyección hacia el futuro de lo deseable, realizable, pero también es la resultante de las experiencias acumuladas y la *relación actor-sociedad* que integra la estructura socio-histórica y la percepción que de ella hace el sujeto. La integración de la idea de normalidad en la secuencia temporal y material en las diferentes etapas de la vida y los planes de los actores, en un juego de libertad, como control externo y control interno sobre la propia trayectoria.

El objeto de la biografía no es el análisis de la estructura narrativa (hermenéutica) ni una historia del sujeto individual –como constructor de su propia consistencia individual como identidad– sino el ser sociológico que es menos sujeto en sí mismo que los acontecimientos que organizan su vida y su coyuntura. El tema es captar a priori –como acto teórico– aquellos acontecimientos tanto internos "*historia personales*" como externos "*historia social*" que pudieran estar incidiendo como potenciales de cambio en la trayectoria de un individuo y, específicamente, dentro de la temática a investigar. La construcción teórica del tiempo en una sucesión de acontecimientos causales requiere, a su vez, una serie de decisiones que deberán tomarse antes de iniciar el proceso de investigación y es lo que va a permitir comparar e interpretar la información.

Los acontecimientos se pueden estructurar a partir de un punto de origen y ser pensados en términos de proyectos –basado en la concepción de un acontecimiento fundador–, se pueden centrar en la propia estructuración de los procesos de encadenamiento causal o se puede optar por un esquema más estructural en términos de tener pre-estructuradas de antemano aquellas temporalidades como fenómenos estructurales.

Un aporte interesante desde lo metodológico es el realizado desde el LEST[17], donde se revisan conceptos sociológicos básicos con el fin de aportar a la metodología de los análisis longitudinales y en forma más general a todo *proceso, entendido como conjunto de fenómenos organizados en el tiempo que combina los ingredientes, los motores y las secuencias, cuando esos cambios modifican la orientación misma del proceso y se producen bifurcaciones* (Mendez, 2010).

Otro de los conceptos que aporta esta Escuela a la discusión es el concepto de contexto, que en algunas disciplinas se controla y por eso es posible la repetición de los experimentos y, en cambio, en las Ciencias Sociales es fundamental saber cómo se relaciona cada elemento con ese contexto y en base a ello, comprender la originalidad de cada situación.

Mendez (2010) basado en los aportes de Andrew Pettigrew (1990), discute el concepto de contexto, definiendo éste, como *"el conjunto de elementos presentes en una situación"*, en su argumentación, plantea que *"un proceso mantiene una doble relación compleja y no determinada con el contexto en el cual se desenvuelve"*. Todo proceso está ligado a un contexto, pues los diferentes elementos contribuyen a estructurarlo. Al mismo tiempo, *"un proceso retro-actúa sobre el contexto que ha contribuido a construirlo, produciendo nuevos elementos que lo transforman. Proceso y contexto tienen una relación de co-construcción mutua"*[18].

Para poder escribir la historia del proceso se basa en cuatro elementos que se entrelazan para construir una teoría. Los elementos significativos para el proceso o *ingredientes*, que pueden tener diferentes momentos o *secuencias*, puestos en marcha por distintos *motores* y donde pueden aparecer cambios de orientación identificados como *bifurcaciones*.

> "Estos cuatro conceptos definen el proceso como un conjunto de fenómenos organizados en el tiempo que combina los ingredientes y los motores, pues el cambio eventual permite identificar secuencias. Cuando esos cambios modifican la orientación misma del proceso, se habla de bifurcaciones"[19].

---

17 Laboratoire d' Etudes de Sociologie du Travail (LEST).
18 Traducción propia.
19 Traducción propia.

Si bien este conjunto de conceptos funcionan como un todo a los efectos del análisis se pueden separar.

Los *ingredientes* son definidos como los elementos de un contexto que es pertinente para un proceso. Si ellos no intervienen, el proceso no existiría o sería diferente. Las *secuencias*, pueden ser activas o pasivas, según el momento, para lo cual elaboran el concepto de *secuencias*. Un mismo proceso puede estar constituido por diferentes *secuencias*, y cada una de ellas se caracteriza por una *configuración*. Cada vez que esta configuración se transforma profundamente, se abre una nueva *secuencia* en el proceso.

Con este criterio analizar un proceso es descomponerlo en sus distintas secuencias cada una con su sentido, sin agregarse por simple sumatoria[20].

Los *motores*, son indispensables para poder definir cuáles son los generadores del movimiento dentro del proceso, que es lo que moviliza los cambios de *secuencias* dentro del proceso. Y las *bifurcaciones* dan cuenta de las transformaciones más importantes del proceso. Se basa en los *acontecimientos* que provocan crisis y en la aparición de alternativas que cambian la orientación del proceso.

Como señala Grossetti (2004)[21], la intensidad y el ritmo de la recomposición de los ingredientes, la importancia del cambio, pero también la imprevisibilidad y su irreversibilidad constituyen los criterios más importantes para identificar las *bifurcaciones*.

Esta práctica de investigación que implica analizar el proceso como un todo, permite al fin del trabajo del investigador, rever todo el proceso y ofrecer un cuadro global explicativo del proceso estudiado. Para este trabajo donde los Laboratorios MIG estudian procesos de inserción en el mercado de trabajo, es de gran utilidad contar con estructuras analíticas que permitan diferenciar cada elemento del proceso y recuperar después una mirada global.

Reflexiones finales

Las técnicas implementadas en los Laboratorios MIG (Panaia, 2006) es la pre-estructuración de las temporalidades operacionalizadas a través de los acontecimientos. Estos acontecimientos son relevados a través de la articulación de historias: historia residencial,

---

20 Traducción propia sintetizada.
21 Grossetti, M.,2004 citado por Mendez, A. 2010.

familiar, profesional y de formación post escolar y organizados en *formato de calendarios.*

El instrumento de recolección para la articulación de las historias es una encuesta de tipo longitudinal que ligue los datos exógenos con los endógenos y específicamente en esta investigación la relación entre los procesos de decisión a lo largo de la trayectoria profesional-laboral y la inserción en el mercado de trabajo. La encuesta longitudinal permite analizar trayectorias lo que supone el tiempo y esto lleva a la necesidad de construir el tiempo.

Las cadenas explicativas están basadas en modelos de temporalidad que sirvan para homogeneizar conceptos que permitan el análisis comparativo de las respuestas y su posterior interpretación, tomando en cuenta la clasificación de modelos temporales que realiza Godard. Por otra parte, se cuenta con la conceptualización de tiempo de Pries que a través de la articulación entre lo *intergeneracional* y lo *intrageneracional* incorpora el pasado, presente y futuro articulando la interrelación entre trayectoria y concepto como limitación a la acción y espacios de libertad de decisión y acción. Ambos autores incorporan lo generacional, como dato relevante para delimitar el tiempo (Godard y Cabannes, 1996) y como puente temporal (Pries, 2001).

El relevamiento de datos complementarios y a la vez adicionales permite realizar los estudios de profundización para establecer causas de las bifurcaciones en las trayectorias y ayudan a explicar el comportamiento de cada generación y los datos estructurales alumbran sobre las dificultades y ventajas.

Bibliografía

Anderson, N. (1923) *The hobo*, Chicago (USA), University of Chicago Press.

Bertaux, D. (1980) *Histoires de vie où récits de pratiques? Methodologie de l'approche biographique en sociologie*, Paris, Cordes.

Bertaux, D. (1997) *Les récits de vie*, Paris, Nathan Università.

Bourdieu, P. (1988) "La ilusión biográfica", en Bourdieu, P., *Razones Prácticas*, España, Granica.

Bourdieu, P. (1978) "Classement, déclassement, reclassement", *Actas de la recherche en sciences sociales*, N° 24, París.

Bovone, L. (1994) *La actualidad de la sociología. Entre la reflexividad y la escucha*, Navarra (España), EUNSA.

Campelli, E. (1990) "Le storie di vita: un bilancio", *Sociología e ricerca sociale*, anno XIXI nuova serie, N° 31.

Campelli, E. (1996) "Metodo qualitativi e teoria sociale", en Cipolla, C. y Di Lillo, A. (a cura di), *op. cit.*

Campelli, E. (1999) *Da un luogo comune. Elementi di metodología nelle scienze sociali*, Roma, Carocci.

Cipolla, C. (1990) *Oltre il Soggetto, per il Soggetto*, Angeli, Milano.

Cipolla, C. (1991) *Teoria della metodologia sociológica*, Angeli, Milano.

Cipolla, C. y De Lillo, A. (a cura di) (1996) *Il Sociólogo e le sirene. La sfida dei metodi quilitativi*, Angeli, Milano.

Chicchi, F. (2000) "Approccio biografico e grounded theory: una proposta metodo-logica per l'analisi delle nuove forme di debolezza sociales", *Revista Sociología del Lavoro* 78/79, Anno (28-56).

Cipriani, R. (a cura di) (1987) *La metodología delle storia di vita*, Roma, Editrice universitaria di Roma-La Goliardica.

De Bernard, M. (1990) "Approccio biografico e storia di vita", en Guidicini, P. (a cura di), *Nuovo manuale della ricerca sociologica*, Angeli, Milano.

Demazière, D. y Dubar, C. (1999) "Symposium sur: Analyser les entretiens biogra-fphiques. L'exemple des récits d'insertion", *Sociologie du Travail* N° 4/99, Paris.

DuBois, C. (1944) *The people of Alor*, Minneapolis, University of Minnesota Press.

Eckert, H. (2001) "Analyser les mouvements d'accès et retrait de l' emploi au cours de la pèriode de inserción professionnelle", Marseille, CEREQ (mimeo).

Eckert, H. (2005) "Declassement: de quoi parle-t-on?", Net.Doc.19, Marseille Ce-req, noviembre.

Ferrarotti, F. (1981) *Storia e storia di vita*, Bari, Laterza.

Frazier, N. (1940) "Negro youth at the crossways: their personality development in the Middle States", Washington (s/e).

Gallart, Ma. A. (1998) "La articulación del Estado y del sector privado en la for-mación para el trabajo", *Boletín de "Educación y Trabajo"*, año 9, N° 2, diciembre.

Godard, F. y Cabannes, R. (1996) "Uso de las historias de vida en las ciencias so-ciales", Centro de Investigaciones sobre Dinámica Social, Serie II, Bogotá, Uni-versidad del Externado de Colombia, julio.

Grossetti, M. (2004) *Sociologie de l' imprevisible*, París, PUF.

INDEC (1998) *Estudios N° 31*, Encuesta sobre la conducta tecnológica de las em-presas industriales argentinas, República Argentina.

INDEC (1996) Equipo de análisis socio-ocupacional "Ocupados de Educación Téc-nica: Composición, origen educativo y localización productiva a inicios de la dé-cada", Buenos Aires, octubre.

Kardiner, A. (1968-C1945) *El individuo y su sociedad, la psicodinámica de la or-ganización social primitiva*, México, FCE.

Mendez, A. (comp.) (2010) "Procesus", Bruxelles, Bruylant, Belgique Academie.

Panaia, M. (2006) *Trayectorias de Ingenieros Tecnológicos. Graduados y alumnos en el mercado de trabajo*, Buenos Aires-España, Miño y Dávila, marzo.

Panaia, M. (coord.) (2011) *Trayectorias de graduados y estudiantes de ingeniería*, Buenos Aires, Biblos.

Pettigrew, A. (1990) "Longitudinal Field Reserch on Change: Theory and Practice", *Organization Science*, vol. 1, N° 3, agosto (pp. 267-292).

Pries, L. (1994) "Conceptos de trabajo, mercado de trabajo y proyectos biográficos-laborales", (mimeo), Puebla, México.

Pries, L. (2001) "The Disruption of Social and Goegraphic Space: mexican-Us Migration and the Emergence of Transnational Social Spaces", *International Sociology*, vol. 16, N° 1, march (55-75).

Poirier, J.; Clapier-Valladon, S. y Raybaut, P. (1983) *Les récits de vie. Théorie et pratique*, Paris, PUF.

Rosanvallon, P. (1995) *La nueva cuestión social*, Buenos Aires, Ed. Losada.

Saltalamacchia, R.; Colon, H. y Rodríguez, J. (s/f) "Historias de vida y movimientos sociales: una propuesta para el uso de la técnica", (mimeo).

Saltalamacchia, R. (1992) *Historia de vida*, Puerto Rico, Ediciones CUUP.

Shaw, C.R (1930) *The jack-roller, a delinquent boy'own story*, Chicago, EE.UU., University of Chicago Press.

Testa, J.; Lorenzo, M.; Brodsky, P. y Araujo, R. (1996) "Situación ocupacional e inserción profesional de graduados recientes de la Facultad de Ciencias Sociales", Estudio N° 1 Graduados de Relaciones del Trabajo 1987/1990, FCS/CBC, Buenos Aires.

Thomas, C. y Znaniecki, F. (1918-1927) *The polish Peasant in Europe and America*, Boston, Ghoram Press.

Vincent, M. (1988) "Les enseignements de l'application de la notion de filière à l'etude de *la construction immnobilière*", *Revue d'Economie Industrielle*, N° 46, 4to trimestre, París.